Von Catherine Cookson
sind als Heyne-Taschenbücher erschienen:

Das Geheimnis von Harrogate · Band 01/8163
Herz im Sturm · Band 01/8363

CATHERINE COOKSON

EIN NEUES LEBEN

Roman

WILHELM HEYNE VERLAG
MÜNCHEN

HEYNE ALLGEMEINE REIHE
Nr. 01/8478

Titel der Originalausgabe
THE GLASS VIRGIN
Aus dem Amerikanischen übersetzt von Alfred Starkmann

4. Auflage

Der Titel erschien bereits
in der Allgemeinen Reihe unter der Band-Nr. 01/5456

Wilhelm Heyne Verlag GmbH & Co. KG, München
Printed in Germany 1995
Umschlagillustration: Enno Kleinert
Umschlaggestaltung: Atelier Ingrid Schütz, München
Gesamtherstellung: Elsnerdruck, Berlin

ISBN 3-453-05698-1

Inhalt

BUCH EINS

Geliebte Tochter

1

Am Vorabend ihres siebten Geburtstages erfuhr Annabella Lagrange, daß Männer, die zwölf Stunden lang tief unten im Kohlebergwerk arbeiteten, nicht einen Penny mehr pro Tag verlangen durften, und daß sie, als sie es dennoch wagten, ihr tägliches Brot und ihr Dach überm Kopf verloren. Außerdem erfuhr sie an diesem Tag, daß ihr Vater einer Dame sämtliche Kleider ausziehen, sie baden und dann mit Erdbeeren füttern durfte.

Redford Hall lag in der Grafschaft Durham, sechs Meilen von Newcastle und fünf Meilen von South Shields oder Jarrow entfernt, je nachdem, welchen Weg man an der Straßenkreuzung einschlug. Von den sechzig Morgen wurde der größte Teil landwirtschaftlich genutzt, der Rest war ein prächtiger Park.

Redford Hall selbst bestand aus zwei getrennten Gebäuden, der Old Hall und dem House. Die Old Hall war ein Bau aus rohen Quadersteinen aus dem Jahre 1640, während das House im Jahre 1780 aus roten Ziegelsteinen und Holz errichtet worden war. Eine lange breite Passage verband die beiden Gebäude. An ihrer Westseite waren sechs Bogenfenster in tiefe Nischen eingelassen, die auf die westliche Auffahrt hinausgingen. Sie gewährten einen freien Blick auf die Gärten dahinter. Unterhalb der Passage war eine kleine Kapelle, die man an die Hall gefügt hatte.

An nassen oder kalten Tagen durfte Annabella in der Passage spielen. Am liebsten lief sie von einem Ende zum anderen von der Tür, die aus dem House führte, zu der, die in die Old Hall führte. Wenn sie an diese Tür kam, pflegte sie sich mit ausgebreiteten Armen gegen das schwere Eichenholz zu werfen und so lange zu horchen, wie sie wagte, denn sie war nie allein in der Passage – Watford oder die alte Alice waren immer dabei. Manchmal hörte sie ihres Vaters Stimme laut nach Constantine rufen. Manchmal hörte sie ihn lachen. Einmal war sie auf den Rücken gefallen, als die Tür aufgestoßen wurde und der Diener, ein Mischling mit blasser Haut und negroiden Zügen, heraustrat, wobei er ein großes Silbertablett mit dem Frühstücksgeschirr balancierte. Niemals, nicht ein einziges Mal, war sie durch diese Tür gegangen. In ihren Abendgebeten bat sie manchmal den lieben Gott, eine Art Wunder zu wirken, das sie auf die andere Seite der Eichentür bringen würde. In letzter Zeit begann sie sich vorzustellen, was sie auf der anderen Seite finden würde, und in ihrer Fantasie malte sie sich immer Bilder voller Licht, Farbe und Fröhlichkeit aus.

Es war nur ein zweifelhafter Trost für sie, daß sie nicht die einzige war, der der Weg durch die schwarze Eichentür versperrt war, denn ihre Mama ging nie in die Old Hall, auch niemand vom Personal außer Reeves, dem Ersten Diener, und dem Zweiten Diener, Faill. Constantine betrachtete sie nicht als zum House gehörig, weil er in der Old Hall wohnte. Er aß nicht einmal mit den anderen in der Küche.

Ihr Papa verbrachte viel Zeit in der Hall. Er schlief und aß dort, außer wenn sie Besuch im House hatten wie Onkel James und Tante Emma, die eigentlich immer nur zum Dinner kamen und nie über Nacht blieben. Nur Papas Freunde blieben über Nacht. Ihr Papa lachte viel und schien sehr glücklich zu sein, wenn er seine Freunde bei sich hatte, aber ihre Mama lächelte dann nicht einmal. Sie selbst konnte nicht behaupten, daß es ihr gefiel, wenn Papas Freunde da waren, weil er dann meistens eine Menge trank und die Pferde über das Moorland hetzte, so daß sie schweißgebadet zurückkamen. Beim letzten Mal hatte ein armes Pferd sich das Bein verletzt. Sie mußten es auf dem Hof erschießen, und sie hatte es gesehen. Das war an einem Tag, als ihre Mama durch den Park gegangen war, um Großmama zu besuchen.

Watford hatte sie ins Dachgeschoß in ihr Zimmer mitgenommen, und Watfords Fenster ging auf den Hof hinaus, und so hatte sie das Pferd gesehen. Sie hatte geschrien.

Mrs. Page, die Haushälterin, hatte Watford eins über den Kopf gegeben, und sie hatte deswegen noch mehr geweint. Mrs. Page hatte dann zu ihr gesagt: »Nun, nun, wir wollen doch nicht deine Mama aufregen und ihr von diesem Pferd erzählen, nicht wahr?« Sie hatte gehorsam geantwortet: »Nein, Mrs. Page«, obwohl sie wußte, daß die Haushälterin sich nicht so sehr darum sorgte, daß Mama von dem Pferd erfuhr, als davon, daß Watford sie zu einer Zeit in ihr Zimmer mitgenommen hatte, wo sie eigentlich im Kinderzimmer hätte ruhen sollen.

Es war immer alles wie umgewandelt, wenn Mama nicht im Hause war; die Dienstboten benahmen sich anders. Sie gingen viel langsamer, und sie lachten, wenn sie einander auf den Treppen begegneten. Und es war ein sicheres Anzeichen dafür, daß ihre Mama nicht da war, wenn Ada Rawlings ihren Kopf durch die Tür des Kinderzimmers steckte, denn sie und Watford flüsterten dann miteinander. Und manchmal legten sie sich gegenseitig den Kopf auf die Schulter und kicherten.

Niemand kicherte oder lachte, wenn ihre Mama in der Nähe war. Mama hob niemals ihre Stimme. Sie schrie nie, wie Papa es tat. Aber Damen schrien ja sowieso nicht, nur Männer und Dienstboten hoben ihre Stimme. Sie liebte ihre Mama, und ihre Mama liebte sie. Obgleich Mama ihre Liebe nicht durch eine schnelle, enge Umarmung oder einen heimlichen Kuß verriet, wußte sie, daß sie in ihre Liebe eingehüllt war. Ihre Mama war nicht glücklich. Sogar wenn sie Hand in Hand den Zickzackpfad in dem großen Wald entlanggingen, wußte sie, daß sie nicht glücklich war, und das bekümmerte sie. Wenn sie nachts wach lag und ihren seltsamen und wunderbaren Gedanken nachhing, überlegte sie immer und immer wieder, was ihre Mama glücklich machen würde.

Das House war heute verändert, weil ihre Mama sehr früh in Begleitung der alten Alice ausgefahren war. Sie hatten den Weg nach Durham eingeschlagen, um Onkel James und Tante Emma zu besuchen. Der Besuch hatte irgendwie mit Papa zu tun, denn sie war Zeugin des seltenen Ereignisses geworden, daß ihre Eltern früh um acht Uhr dreißig gemeinsam die Haupttreppe herunterschritten. Ihr Papa war länger als eine Woche nicht unten gewesen, weil er sich die Hüfte bei einem Sturz vom Pferd verletzt hatte, aber jetzt kam er mit Hilfe eines Stocks die Stufen herunter. Sie stand still, bis sie die weite Halle durchquert hatten und in der Veranda verschwunden waren. Dann flog sie über den Treppenabsatz einen Korridor hinunter und stürmte in die Passage, und vom letzten Fenster, wo sie ihr Gesicht an das Glas preßte, konnte sie gerade noch sehen, wie ihr Papa ihrer Mama in die Kutsche half.

Als sie ins Kinderzimmer zurückkehrte, war Watford nicht dort, aber das störte sie nicht im geringsten, denn völlig in Ruhe gelassen zu werden war für sie der einzige Ausgleich für Mamas Abwesenheit.

Als Mama das letzte Mal einen Tag lang fortgewesen war, war sie eine ganze halbe Stunde allein gewesen. Es war ein wundervolles Erlebnis, so wundervoll, daß sie geglaubt hatte, sie sei jemand anders. Sie hatte nur dagesessen und ihre Gedanken gedacht, ohne daß jemand sagte: »Miß Annabella. Miß Annabella, Miß Annabella.«

Als Watford an jenem Tag mit ihrer Freundin Ada Rawlings ins Kinderzimmer zurückkam, hatte sie auf Annabella gezeigt und geflüstert: »Siehst du, wie ich dir gesagt habe, sie hat sich nicht gerührt.« Und dann hatte sie laut gesagt: »Ist alles in Ordnung, Miß Annabella?« Und sie hatte geantwortet: »Ja, Watford, danke.« Die beiden Mädchen waren dann in den Tagesraum gegangen und hatten ihre Unterhaltung fortgesetzt, aber wieder im Flüsterton; und doch konnte sie alles, was sie sagten, deutlich hören. Sie wußte nicht, daß ihre Ohren sehr scharf waren, noch wußten sie es, und so hatte sie Ada Rawlings sagen hören: »Dazusitzen wie eine alte Frau, die von ihrem Ägypten träumt.« Und sie hatte über diese Worte nachgedacht. Was hieß das, von seinem Ägypten zu träumen? Sie wußte über Ägypten Bescheid. Mama hatte es in der Geschichtsstunde erwähnt. Ägypten war ein Land voller Sand und Steine. Die Steindinger waren Gräber, die man Pyramiden nannte, und die Sandstriche nannte man Wüste. Sie interessierte sich sehr für Sand, weil ihr Papa sich für Sand interessierte. Ohne Sand könnte man kein Glas machen, sagte er.

Dann hatten Watford und Rawlings über »das Hopsen«

geredet. Sie dämpften kaum ihre Stimmen, als sie vom Hopsen, der Berg- und Tal-Bahn, dem Cakewalk-Tanz, den Karussels und den Faustkämpfen sprachen. Sie kicherten immer unablässig, wenn sie vom Hopsen sprachen. An einem Tag zu Beginn des letzten Monats war fast das gesamte Personal zum Hopsen nach Newcastle gegangen; sie waren auf Flachwagen losgefahren. Ihre Mama und sie hatten vom Passagenfenster aus zugeschaut, wie sie die östliche Zufahrt hinunterfuhren. Auch ihr Papa war zum Hopsen gefahren. Sie hatte ihre Mama gefragt, was das ›Hopsen‹ war, und ihre Mama hatte erklärt, daß es ein Pferderennen mit einem Jahrmarkt war, und sie hatte gefragt: »Kann ich auch mal zum Hopsen gehen?«, und ihre Mama hatte ruhig erwidert: »Nein, mein Liebes; du wirst nie zum Hopsen gehen.«

Sie war ein wenig traurig deswegen, denn sie hatte tagelang gespürt, wie eine Welle der Erregung durch das Haus zog, und alles wegen des Hopsens. Jedermann schien glücklich bei dem Gedanken ans Hopsen, jedermann außer Alice und Harris und Mrs. Page und der Köchin, denn sie waren wie Mama vom Besuch des Hopsens ausgeschlossen.

Am Tag nach dem Hopsen hatte Rawlings erzählt, daß Cargill sie umarmt und geküßt hatte. Cargill mußte Rawlings lieben. Sie machte sich ein Fantasiebild von Cargill, und sie konnte nicht glauben, daß jemand seine Liebe erwiderte, nicht einmal Rawlings.

Sie beendete gerade ihr Frühstück, als Watford wieder in Begleitung von Ada Rawlings hereinkam und Watford sie anblickte: »Du bist ein braves Kind.« Sie wandte sich zu ihrer Freundin um: »Sie wird morgen sieben.« »Meine Güte! Was für ein Alter.« Ada Rawlings nickte ihr mit ihrem runden, roten Gesicht zu. »Fühlen Sie sich wie sieben, Miß Anabella?«

»Ich weiß nicht, Rawlings.«

»Was werden Sie zum Geburtstag bekommen?«

»Ich weiß noch nicht, Rawlings.«

»Sie werden's heute abend wissen, wenn Ihre Mama zurückkommt, nehme ich an.«

»Ja, Rawlings.«

Rawlings nickte ihr zu. Dann folgte sie auf ein Kopfzeichen Watfords ihrer Freundin in den Tagesraum, und Annabella hörte ihrer Unterhaltung zu, und obwohl sie die eigentliche Bedeutung dessen, was gesprochen wurde, nicht verstand, war sie dadurch beunruhigt. Ada Rawlings fragte: »Warum ist sie in solcher Aufregung losgefahren?«

»Das weiß ich genausowenig wie du; es kann nur eins sein, Geld.«

»Glaubst du, sie bekommt es?«

»Wohl kaum, wo ihr Onkel ihn derartig haßt.«

»Aber es ist ihr eigenes Geld, nicht wahr?«

»Das kann schon sein, aber ihr Onkel ist der Treuhänder, noch auf zwei weitere Jahre. Wenn sie dreißig wird, bekommt sie es – jedenfalls das, was davon übrig ist.«

»Weißt du, Betty, sie tut mir manchmal leid – sie lächelt nie. Ich bin jetzt vier Jahre in diesem Haus, und ich habe die Frau nie lächeln sehen.«

»Na ja, es ist ihre eigene Schuld, sie hätte ihn nie nehmen sollen, nicht so einen wie ihn. Er braucht eine Frau, die ihm gewachsen ist. Wie auch immer, sie hätte klug genug sein sollen zu wissen, daß er sie nicht wegen ihres Aussehens geheiratet hat, nicht einmal als Bettwärmer.«

Die beiden Mädchen begannen zu kichern, und Annabella, die auf die halbgeöffnete Tür gestarrt hatte, beugte ihren Kopf über das Frühstückstablett, auf dem ein winziges silbernes Kaffeeservice und zerbrechliches Porzellan standen. Als sie ihren Kopf wieder hob, hörte sie die Worte: »Wie viele, glaubst du, hat er gehabt?« Darauf folgte weiteres Gelächter und Watfords Antwort:

»Das fragst du mich, wo ich doch nur bis zehn zählen kann!«

»Er ist eine Woche nicht aus gewesen, stimmt's?«

»Ja, aber heute morgen hast du ja gesehen, daß er die Treppe geschafft hat.«

»Ja, ich weiß, aber das hat ihn ganz schön angestrengt. Sein Gesicht war grau. Er sollte seine Hüfte untersuchen lassen.«

»Das hat er doch, oder nicht? Und der Arzt hat Ruhe verordnet. Mehr kann man bei einer Sehnenzerrung nicht tun, ruhen. Aber stell dir ihn und Ruhen vor, huh! Er muß sich wie ein Löwe im Käfig fühlen.«

»Es wundert mich, daß er seine Freunde nicht hier gehabt hat, besonders den jungen Rosier. Das ist ein Kerl.«

»Wahrscheinlich ist der Ausflug heute morgen der Grund dafür, daß er sich zusammennimmt. Er wollte, daß sie wieder in die Schatzkiste greift, und obwohl sie so sanft zu sein scheint, ist sie störrisch. O ja. Unter diesem ›Komm Herr Jesus‹-Blick ist sie störrisch wie ein Maultier. Oh, wenn sie aber nur die Hälfte wüßte, wäre was los. Trotzdem, ›was ich nicht weiß, macht mich nicht heiß‹, sagt man.«

»Ja, so sagt man, und Gott sei Dank sieht sie nicht alles, was er anstellt. Aber weißt du was, Betty – wenn ich wählen könnte, würde ich ihn jederzeit vorziehen. Lieber lasse ich mich von ihm anschreien als von ihr anblicken. John genauso. Er sagt, er kriegt lieber einen Tritt in den Arsch als ein großes Stück Bibelkuchen. Er kann die verdammten täglichen Gebete nicht ausstehen. Er sagt, man muß allein dafür oder dagegen entscheiden dürfen.«

»Kann ich mir denken, daß er das sagt. Er wäre ein Heuchler, wenn er's nicht täte, bei allem, was er sich leistet. Es ist ein Wunder, daß die Polizei ihn nicht jedesmal verhaftet, wenn er nach Shields kommt.«

»O ja, da hast du recht. Weißt du, ich habe gerade an den Sonntag vor ein paar Wochen gedacht, als der Herr sich auf seinen Platz in der Kirchenbank setzte. Ich dachte Heh! Mein Gott, du hast aber Nerven, weil John mir gerade vor fünf Minuten erzählt hatte, daß er eine um vier Uhr morgens nach Hause fahren mußte. Er war todmüde und hatte schlechte Laune, sonst hätte er's mir nicht erzählt. Er erzählt mir nicht alles, weißt du ... Ist auch besser so.«

Irgend etwas an diesem Teil der Unterhaltung bewirkte, daß Annabella vom Tisch aufstand und ihren Stuhl heftig zurückschob. Das Geräusch brachte die Mädchen zur Tür und Watford fragte: »Sind Sie fertig, Miß?«

»Ja, Watford, danke.«

»Gehen Sie in das Schulzimmer und lesen ein bißchen, und dann gehe ich mit Ihnen spazieren, wenn das Wetter etwas besser ist.«

»Ich möchte lieber in die Passage.«

Watford hielt einen Augenblick inne, dann sagte sie: »Na gut. Aber daß Sie mir ja still sitzen und nicht herumlaufen oder spielen, bis ich komme. Gehen Sie nicht am letzten Fenster vorbei, verstanden?«

»Ja, Watford.«

»Drehen Sie sich um, damit ich Ihnen die Schürze abnehme.«

Gehorsam drehte Annabella sich um, und Watford löste die Seidenschleifen im Nacken und an der Taille; dann kämmte sie ihr langes braunes Haar, wobei sie zu ihrer Freundin sagte: »Wenn man es nicht jede Stunde kämmt, ist es voller Knoten.«

»Sie haben schönes Haar, Miß Annabella.« Ada Rawlings beugte sich über das Kind und sprach mit lauter Stimme wie zu einer Tauben, und Annabella erwiderte höflich: »Ja, Rawlings.« Dann fügte sie nach einem Augenblick hinzu, wie ihre Mutter sie sogar im Umgang mit Dienstboten gelehrt hatte: »Danke.«

»Das wär's«, sagte Watford. »Holen Sie Ihr Buch, und denken Sie daran, was ich gesagt habe.«

»Ja, Watford.«

Als sie in das Schulzimmer ging, hielt sie einen Augenblick inne und hörte Ada Rawlings sagen: »Sie ist fügsam, nicht wahr?«

»Ja, zu fügsam; es ist unnatürlich.«

»Meinst du, sie petzt?«

»Nein. Um gerecht zu sein, sie hat, soweit ich weiß, noch nie etwas weitererzählt. Und sie muß manchmal Dinge hören, ohne es zu wollen. Und darauf kannst du wetten, wenn sie etwas über mich erzählte, würde ich es von Madam erfahren. Bald. Ja … Oh, sie ist nicht schwierig. Wie ich vorhin sagte, die Stellung wäre ideal, Ada, außer der Stimmung, die hier herrscht, weißt du, wenn die Herrin zu Hause ist. Als wenn jemand gestorben wäre.«

»Nun, für heute ist die Beerdigung vorbei, nutzen wir die Gelegenheit.«

»Ja, du hast recht. Und bei Gott, an mir soll's nicht fehlen. Nur auf das gute alte Tantchen Page müssen wir aufpassen, und gemeinsam werden wir mit ihr schon fertig.«

Annabella konnte immer noch ihr Kichern hören, als sie das Ende des Korridors erreichte. Sie blieb eine Weile auf dem Treppenabsatz stehen. Das Haus war sehr still. Mrs. Page frühstückte wahrscheinlich mit dem Butler in ihrem Zimmer. Das übrige Personal aß in der Küche. Sie war allein, und sie würde vermutlich für den Rest des Tages allein sein. Die Aussicht verursachte wieder jenes seltsame Gefühl in ihrem Körper, ein Gefühl, das ihn schwerelos und glücklich machte, ein Gefühl, das sie drängte, die Füße hoch vom Boden zu heben, zu springen und zu laufen und sogar laut zu rufen.

Als die Uhr in der Halle neun Uhr schlug, betrat sie die Passage. Der Regen hatte aufgehört, und die Junisonne überflutete den Gang mit Licht. Die Büchereinbände in den Glaskästen, die die lange Wand säumten, zogen sie heute morgen sofort an – und nicht die Fenster. Die Kästen waren alle verschlossen. Als sie gefragt hatte warum, hatte ihre Mama gesagt, weil die meisten der Bücher von der Geschichte und Herstellung des Glases handelten und unersetzlich seien.

Aber nicht alle Bücher handelten von Glas. Sie war auf die Stufen zur Bibliotheksleiter geklettert und hatte laut verschiedene Titel vorgelesen, um ihrer Mama zu zeigen, wie klug sie war. Die Stücke und Sonnette von William Shakespeare. Wer war William Shakespeare?

Er war ein Dramenschriftsteller und Dichter, hatte ihre Mama gesagt, aber seine Werke seien noch viel zu erwachsen für sie.

»Das Verlorene *Paradies.*«

»Wie ist das Paradies verlorengegangen, Mama?«

»Deshalb, weil ein Mensch falsch gehandelt hat. Wenn Menschen falsch handeln, verlieren sie die guten Dinge im Leben. Je mehr du in der Bibel liest, desto besser wirst du das verstehen.«

Sie hatte heute ihre Bibel mitgebracht und auch ihr Französischbuch. Ihre Mama schrieb ihr jeden Tag einen kleinen Brief in Französisch, und sie schrieb ihr einen zurück. Sie hatte den Brief vom Morgen schon gelesen. Er begann: »Mon cher enfant«, dann hieß es einfach: »Ich wünsche Dir einen glücklichen Tag; in Liebe, Deine Mama.«

Bevor ihre Mama sie an diesem Morgen verließ, hatte sie ihr eine Hausaufgabe gestellt. Sie sollte versuchen, Teile des ›Bibelkuchens‹ ins Französische zu übersetzen. Wie viele Fehler sie machte, sagte sie, spiele keine Rolle. Aber sie nahm nicht an, daß sie viele Fehler machte, weil sie so gut in Französisch war.

Sie und Mama sprachen oft Französisch. Sie hatten sich schon immer in Französisch unterhalten. Und sie konnte schon immer lesen und schreiben. Ihre Mama sagte, sie sei ein sehr kluges Mädchne.

Sie nahm jetzt eine Karte vorn aus der Bibel. Oben auf der Karte stand ›BIBELKUCHEN‹, und darunter waren die folgenden Zutaten angegeben:

4 1/2 Tassen Buch der Könige I 4:22.
1 1/2 Tassen Buch der Richter 5:25, letzter Satz.
2 Tassen Jeremias 6:20, zweites Stück.
2 Tassen I. Buch Sam. 30:12, dito.
2 Tassen Nahum 3:12.
1 Tasse Zahlen 17:8.
1/2 Tasse Richter 4:19, letzter Satz.
2 Eßlöffel I. Buch Sam. 14:25.
Würzen nach Geschmack, II Zeit 9:9.
Sechs Jeremias 17:11.
Eine Prise Leviticus 2:12.
Zwei Eßlöffel Amos 4:5 (B. Puder).
Befolge Salomons Rezept zur Heranbildung eines guten Mädchens (Buch der Sprüche 23:14), und du wirst einen guten Kuchen erhalten.

Sie ließ sich auf der samtgepolsterten Bank, die an den fünf Fenstern entlangging, nieder, und begann zu übersetzen: Könige I 4 : 22 heißt: »Und Salomons Vorkehrung für einen Tag waren dreißig Maß feines Mehl und drei Dutzend Maß Schrot.« Dann übersetzte sie Buch der Richter 5 : 25, und statt des ersten Satzes – »Er bat um Wasser, und sie gab ihm Milch« – übersetzte sie den letzten: »Sie brachte Butter in einem herrlichen Gefäß.« Sie hatte Samuel erreicht, als Watford in die Passage kam. »Alles in Ordnung, Miß Annabella?«

»Ja, Watford, danke.«

»Möchten Sie irgend etwas? Ein Stück Kuchen? Die Köchin hat leckere Baisers gebacken.«

»Ja, danke, Watford, ich werde sie zu meiner Milch essen.«

Unvermittelt streichelte ihr Watford in einer Anwandlung von Zärtlichkeit das lange braune Haar und sagte: »Sehr wohl, Miß.« Watford konnte manchmal nett sein. Wenn sie glücklich war, war sie sehr nett. Warum waren die Menschen nicht immer glücklich?

Die schwarze Eichentür am anderen Ende der Passage öffnete sich und bewirkte, daß sie sich ruckhaft umwandte. Sie sah Constantine mit einem großen Bündel schmutziger Wäsche, die in ein Laken eingewickelt war, eintreten. Als er an ihr vorbeiging, lächelte er breit in ihre Richtung:

»Morgen, Missie.«

»Guten Morgen, Constantine.«

Constantine lächelte ihr immer zu und sprach mit ihr. Sie hatte Constantine gern, aber das mußte sie für sich behalten, weil ihre Mama den schwarzen Mann nicht gern hatte. Sie nannte ihn einen schwarzen Mann, aber nur sein Haar war richtig schwarz. Nachdem Constantine zurückgekehrt und wieder hinter der schwarzen Eichentür verschwunden war und Watford ihr die Milch und die Baisers gebracht hatte, machte sich ein Gefühl in ihr breit, das genau dem entgegengesetzt war, das sie beim Betreten der Passage empfunden hatte. Es war ein dumpfes, träges, schwerfälliges Gefühl. Langeweile konnte es eigentlich nicht sein. Sie wußte nur, daß es ihr nicht gefiel und daß sie deswegen das Interesse an der Lektüre verlor. Sie schaute aus dem Fenster und stellte sich sogar auf die Bank, um besser sehen zu können. In diesem Moment sah sie die Kinder.

Sie wußte, daß es Kinder waren, weil sie nicht die Größe der Gärtner hatten, vielmehr die Größe von Kaninchen, und wie aufgeschreckte Kaninchen verschwanden sie ständig in der Hecke, die den Obstgarten umgab. Als sie aus ihrem Blickfeld entschwunden waren, flüsterte sie laut:

»Bitte, laß sie zurückkommen.« Sie hatte keine Kinder mehr gesehen, seit ihr Cousin Stephen zum Dinner gekommen war, und das lag Wochen zurück. Aber Stephen war kein Kind, er war schon richtig erwachsen. Er war vierzehn, und er fuhr weg ins Internat, und er schlief auch dort. Das mußte aufregend sein, hatte sie zu ihm gesagt, und er hatte gelacht. Sie mochte ihren Cousin Stephen, sie mochte ihn sehr gern. Er hatte vornehme Manieren, fast genauso wie ihre Mama. Mama sagte, daß sein Vater – ihr einziger Bruder, der gestorben war – wie Stephan war, vornehm in allem, was er tat, und sie hatte hinzugefügt, daß Gott immer diejenigen jung zu sich nahm, die er liebte.

Aber hier waren jetzt richtige Kinder, direkt hier im Garten. Schnell sprang sie von der Bank, rannte zu dem Ende der Passage neben der Eichentür und nahm das Fernglas von seinem Ständer auf dem Regal, das an einem der Bücherschränke angebracht war. Das Fernglas durfte sie benutzen. Manchmal sagte ihre Mama: »Möchtest du mit dem Fernglas spielen?«, und wenn sie hindurchschaute, waren die Vögel auf den fernen Bäumen plötzlich ganz nah. Während sie jetzt auf die Bank zurückkletterte, hielt sie das schwere lange Glas an ihr rechtes Auge. Sie schloß das linke und blickte in den Obstgarten. Und da sah sie sie, die Kinder, ganz deutlich, als wären sie unten im Hof. Es waren zwei Mädchen und ein Junge, und sie hatten keine Strümpfe an. Sie konnte nicht sehen, ob sie Schuhe trugen, weil das Gras ihre Füße verdeckte. Aber die Kleider der Mächen waren kurz und zerlumpt, sie reichten gerade bis unter ihre Knie, und bei dem Jungen war das eine Hosenbein länger als das andere.

Sie ließ das Glas sinken, so schwer wurde es ihr. Als sie das nächste Mal hindurchschaute, sah sie, wie das kleine Mädchen sich Erdbeeren in den Mund stopfte. Es schien sich nicht die Zeit zu nehmen, die Stiele zu entfernen, sondern riß sie einfach von den Stauden und stopfte sie in den Mund. Aber der Junge häufte sie in seine Mütze, dann leerte er sie in die Schürze des größeren Mädchens. Während sie sie beobachtete, überkam sie wieder dieses schöne Gefühl, und sie wollte springen, von der Fensterbank springen über die Gärten und den Teich direkt in das Erdbeerbeet, das an den Obstgarten grenzte.

Wie lange würde sie wohl brauchen, wenn sie den ganzen Weg von der Seitentür aus rannte? Fünf Minuten vielleicht, weniger sogar, wenn sie an den Kompostgruben vorbeilief. Aber es war ihr verboten, an den Kompostgruben vorbeizugehen. Sogar Watford erlaubte ihr nicht, dort hinunterzugehen, wenn sie Verstecken spielten. Aber es würde die Entfernung um die Hälfte verkürzen, und sie könnte den Kindern guten Tag sagen und innerhalb kürzester Frist wieder zurück sein.

Ohne weiter zu überlegen, rannte sie aus der Passage und den langen Korridor hinunter. Bevor sie den Treppenabsatz überquerte, hielt sie inne, aber es war niemand in Sicht, und dann ging sie die Hintertreppe hinunter. Sie kannte die Hintertreppe, weil Watford sie als Abkürzung zur Küche benutzte, wenn ihre Mama abwesend war.

Sie wartete einen Augenblick, bevor sie die Tür öffnete, die in den Seitenhof führte. Als sie sich vorsichtig umblickte, sah sie niemanden auf dem Hof, sie hörte nur den Klang von Stimmen aus den Ställen am anderen Ende. Es war, als schwebte sie durch den Bogengang und den Pagodenweg, an dessen Ende sie nach links bog und durch eine schmale Öffnung auf einen Pfad gelangte, der in eine Richtung zu den Kompostgruben führte, in die andere zurück zum Haupthof.

Die Kompostgruben stellten sich als große Löcher im Boden und als eine Anzahl von Erhebungen heraus. Sie wußte, als sie daran vorbeilief, warum der Ort ihr verboten war. Sie hielt sich die Nase zu, senkte den Kopf und rannte weiter, bis sie zu dem Bach kam, der den Abfluß aus den Teichen auffing und der bis vor zwanzig Jahren, als der Brunnen gesenkt wurde, die Hauptwasserquelle für die Hall gewesen war. Jenseits des Bachs lief sie den steilen Abhang hoch, und oben hielt sie kurz inne und schaute nach unten. Und dann sah sie sie. Sie pflückten keine Erdbeeren mehr, sondern saßen unter der Hecke und aßen sie, so schnell sie konnten.

Sie wollte sie nicht erschrecken, deshalb blieb sie auf der anderen Seite der Hecke, bis sie zum Obstgarten kam. Sie kroch dann durch dieselbe Lücke, durch die sie das Gelände betreten hatten, und tat ihnen ihre Anwesenheit dadurch kund, daß sie einfach dastand und ihnen aus einiger Entfernung zulächelte.

Die Erscheinung hatte auf die drei Kinder unterschiedliche Wirkungen. Der Junge tauchte kopfüber ins Weißdorndikkicht, um zu entfliehen. Das kleinere Mädchen reif aus: »Ma! Ma!« Das ältere Mädchen aber war wie gelähmt vor Furcht, es konnte weder sprechen noch sich bewegen, sondern nur starr das in Seide gekleidete, mit Schleifen geschmückte gleichaltrige Mädchen anblicken.

»Eßt … eßt ihr Erdbeeren gern?« Ihre Stimme und was sie sagte bewirkte, daß der Junge aufhörte, mit den Beinen zu zappeln; das Kind hörte auf zu weinen, und das ältere Mädchen erwachte langsam aus seiner Trance.

»Kann ich euch beim Pflücken helfen?«

»Wärdu?«

Sie kannte sich mit dem nördlichen Dialekt aus, aber das Mädchen war schwer zu verstehen. Dann stand der Junge auf und stellte die Frage klarer:

»Bist du von hier?«

»Meinst du, ob ich hier wohne? Ja.« Sie beugte höflich den Kopf in ihre Richtung. »Mein Name ist Annabella Lagrange.«

Der Junge und das Mädchen sahen einander an. Dann sagte der Junge, indem er wieder Annabella anblickte, mit tiefen, gutturalen Lauten: »Du sagst, wir können ein paar pflücken?«

»Ja, ja, natürlich, so viele, wie ihr wollt. Sie können sie nicht mehr ausstehen, ich meine die Dienstboten. Watford meint, sie füttern die Schweine damit.« Sie lächelte. Es war schön, mit jemandem ihres Alters zu sprechen.

Als die drei Augenpaare nicht aufhörten, sie anzustarren, sagte sie: »Ich würde euch helfen, aber ich muß zurückgehen; ich habe meinen Unterricht.« Das war eine bessere Erklärung als zu sagen, sie habe Angst, daß Watford sie vermissen könnte.

Da sie nicht redeten, fragte sie: »Wo kommt ihr her?«

Der Junge und das Mädchen wechselten wieder Blicke, bevor der Junge antwortete: »Rosiers Dorf.«

»Oh. Mr. Rosiers Dorf. Oh, ich bin dort durchgefahren. Mein Papa kennt Mr. Rosier.«

»Jawohl, und wir kennen ihn besser.« Die Entgegnung kam schnell und mit solcher Bitterkeit, daß die Stimme des Jungen wie die eines Mannes klang und das Glücksgefühl in ihrem Inneren erstickte. Sie starrte in ihre Augen zurück und fragte nach einem Augenblick: »Seid ihr hungrig?«

Und jetzt antwortete das Mädchen: »Ja, Fräulein, die ganze Zeit. Sie sind am Streiken, und wir sind rausgeflogen, die Iren sind da.«

Sie konnte das nicht verstehen. Sie nahm nur wahr, daß die drei Gesichter, die sie anschauten, hungrige Gesichter waren. Sie hatte nie zuvor solche Gesichter gesehen. Selbst wenn sie mit ihrer Mama in der Kutsche ausgefahren war und arme Leute erblickt hatte, sahen sie anders aus als diese Kinder. Sie sagte jetzt leise: »Wenn ihr zum Haus geht und die Köchin fragt, wird sie euch bestimmt etwas zum Essen geben.«

Wieder ertönte die Stimme des Jungen, tief, bitter und zögernd jetzt: »Da kann man sich nie nirgendwo an der Hintertür zeigen, wenn man keinen Penny hat.«

»Einen Penny?«

»Ja, da muß für alles bezahlt werden; und wir haben kein Geld jetzt.«

Als sie einen Schritt näher auf sie zutrat, wichen sie gemeinsam zur Hecke zurück, und sie fragte: »Ihr meint, daß ihr der Köchin einen Penny geben müßt, bevor sie euch etwas zu essen gibt?«

»Ja, das meine ich, Abfälle.«

»Ich esse mein Dinner um drei Uhr, aber danach muß ich

ruhen. Könnt ihr um halb fünf zurückkommen, und ich bringe euch etwas?«

Als sie nicht antworteten, fügte sie hinzu: »Wenn ich mich sehr verspäte und ihr nicht warten könnt, stelle ich es –«, sie blickte sich um und deutete auf die Hecke, wo der Junge versucht hatte hindurchzugelangen, »hierher. Ich würde es in eine Serviette einwickeln. Aber jetzt muß ich gehen.« Sie hielt inne und schaute von einem zum anderen. »Auf Wiedersehen.«

Keines von ihnen sagte etwas. Sie wandte sich ab und kroch durch die Lücke, ging den Abhang hinauf und an der anderen Seite herunter, am Bach und den Abwässern vorbei, und betrat das Haus auf dem gleichen Wege, wie sie es verlassen hatte. Es machte ihr nichts aus, ob jemand sie sah oder nicht. Sie traf niemanden, bis sie die Passagentür öffnete und Watford sah.

Watford stand da und starrte auf die Eichentür am anderen Ende des Raumes. Und jetzt wandte sie sich ihr zu. Sie zuckte zusammen und war so erschreckt wie die Kinder vorher bei ihrem Anblick. Sie ergriff Annabella bei den Schultern, als ob sie sie schütteln wollte, aber statt dessen keuchte sie: »Wo sind Sie gewesen?«

Ihre Mama sagte, man dürfe nie lügen. Wenn man nicht die Wahrheit sagen könne, solle man schweigen. Aber in dieser Situation konnte sie weder die Wahrheit sagen noch schweigen. Diese Situation verlangte nach – wie hieß das Wort? – Diplomatie. »Ich bin auf der Toilette gewesen«, sagte sie, »und dann wollte ich noch ein Buch.« Besser, man gab zwei verschiedene Stellen an. »Es tut mir leid, daß ich Sie beunruhigt habe.«

»Sie sind allein zur Toilette gegangen? Sind Sie sauber?« Watford zog sie halb herum und betrachtete die Rückseite ihres Kleides, als ob sie sich vergewissern wollte.

»Natürlich, Watford«, erwiderte sie leicht entrüstet. Watford lächelte erleichtert und atmete tief ein. »Natürlich, Sie sind ja ein solch braves Mädchen. Aber heh! Ich habe mir Sorgen gemacht. Ich konnte Sie einfach nicht finden. Ich bin ins Schulzimmer gegangen und ins Kinderzimmer, und Sie waren nicht da.«

»Ich – ich bin durch den langen Korridor gegangen. Ich schaue mir gern die Bilder dort an.« Nachdem sie einmal mit dieser Diplomatie angefangen hatte, war es ganz einfach. Man brauchte nur – wie hieß das andere Wort? – Einfallsreichtum. Sie sagte jetzt: »Könnte ich bitte noch ein Baiser haben, Watford? Oder vielleicht zwei?«

»Natürlich, Miß, ja. Natürlich. Ich gehe sie sofort holen. Die Köchin schwebt im siebten Himmel, wenn sie Ihnen schmecken.«

»Teilen Sie bitte der Köchin mit, daß sie mir sehr gut schmecken. Und – und, Watford, wenn – wenn Äpfel oder irgendwelche anderen Früchte übrig sind, möchte ich gern einige; es dauert noch lange bis zum Dinner.«

»Wieso, Miß –« Watford beugte sich nach unten und blickte ihr ins Gesicht. »Ich bringe Ihnen alles, was Sie wollen. Möchten Sie ein Tablett?«

»Oh, ja, Watford. Vielen Dank.«

Wenige Minuten später rief Watford mit erhobenen Händen vor der Köchin aus: »Was habe ich gesagt? Ihr schwacher Appetit kommt nur daher, weil das Kind mit der Bibel und solchen Sachen gefüttert wird; sie ist überhaupt nicht wie ein Kind von sieben Jahren, mehr wie zehn oder zwölf, manchmal wie ein alter Professor. ›Kann ich ein Baiser haben, Watford?‹ sagt sie. ›Zwei‹, sage ich, ›die Köchin wird im siebten Himmel schweben.‹ Glauben Sie mir, wenn ich nur mit ihr allein zu tun habe, ist sie anders. Ich habe es schon immer gesagt.« Sie lehnte sich über den Tisch. »Machen Sie ihr einen Teller mit Kochschinken und Zunge, und ein Stück von diesem Camembert darauf. Verwöhnen wir sie.« Dann sank sie plötzlich erschöpft auf einen Stuhl. »Gott! Ich sage Ihnen, Köchin, ich wäre fast zusammengebrochen. Ich sage Ihnen, ich wäre fast gestorben. Ich dachte, sie sei durch die Tür am anderen Ende gegangen.«

Um ein Uhr führte Watford sie zu einem Spaziergang in den Garten. Die Sonne schien, und der Boden dampfte, und der Geruch aus den Rosengärten war betäubend wie ein schweres Parfüm. Watford machte die Luft für Annabellas Lethargie verantwortlich, denn sie wollte weder Ball noch

Verstecken spielen, sie wollte nur sitzen und reden, und ständig über die seltsamsten Dinge. Über die Leute, die draußen wohnten. Über Mr. Rosiers Dorf. Sie hatte nie Mr. Rosiers Dorf erwähnt, nicht ihres Wissens, aber natürlich konnte es sein, daß sie mit ihrer Mutter darüber redete, nachdem Rosier ein Freund des Herrn war. Und wie sie später Ada Rawlings erzählte, war sie außer Fassung geraten, als das Kind fragte: »Wissen Sie, wie sich Hunger anfühlt, Watford?« Und sie hatte ehrlich erwidert: »Nein, Miß.« Gott sei Dank war sie nie hungrig gewesen. Und das lag zum Teil daran, daß ihre Großtante Mrs. Page seit achtzehn Jahren den Haushalt in der Hall führte. Sie konnte ihre Tante nicht leiden, hatte sie noch nie gemocht, aber sie verdankte ihr diese großartige Stellung und darüber hinaus, daß sie nie gehungert hatte. Sie war in dem Dorf Jarrow geboren und aufgewachsen mit seinen wechselnden Geschicken, wo die Kokereien und Salinen verschwanden und die Männer neue Berufe erlernen mußten wie den Bau von Eisenschiffen – wer hatte je davon gehört, daß man eiserne Schiffe baute? –, wo die Beschäftigung noch schneller als die Nahrung kam und ging. O ja, sie und ihre Familie verdankten ihrer Tante Eva eine Menge, so daß sie Miß Annabella ehrlich sagen konnte, daß sie nie gehungert hatte. Aber was war das für eine Frage! Und, wie sie Ada gegenüber bemerkte, auch noch an einem solch glühend heißen Tag.

Um drei Uhr brachte Watford, assistiert von Cargill, dem Dritten Diener, ihr Dinner in den Kinderwohnraum und stellte es auf den runden, mit Einlegearbeiten verzierten Mahagonitisch. Sie öffnete die erste Schüssel und lächelte ihre Schutzbefohlene an: »Hier, ein bißchen Seezunge mit Sahne, sehr lecker.«

»Was gibt es noch, Watford?«

»Was noch, Miß? Oh!« Watford schien erfreut über das plötzliche Interesse ihrer jungen Herrin am Essen. »Also, da ich wußte, daß Sie Appetit haben, habe ich Ihnen etwas Kalbsfilet und gedünsteten Schinken und ein wenig kalte Geflügelbrust und drei Gemüsesorten gebracht. Ist das richtig?«

»Sehr gut, vielen Dank, Watford.«

»Und hier zum Nachtisch« – sie zeigte auf eine Schüssel aus Kristall –, »haben Sie einen Eispudding ganz für Sie allein.«

»Danke, Watford, das ist sehr nett von Ihnen.«

»Nichts zu danken, Miß, ich bin froh, daß Sie essen.«

»Watford!«

»Ja, Miß?«

»Ich kann mich selbst versorgen, Sie können gehen und Ihr Dinner essen.«

»Wirklich, Miß? Sie glauben, Sie werden fertig?«

»O ja, ja, ich bin sicher, Watford.«

»Wenn Sie sicher sind, Miß. Sind Sie auch absolut überzeugt?«

»Ja, ich bin absolut überzeugt, Watford. Gehen Sie nur und essen.«

Watford starrte ihrer Schutzbefohlenen von oben in die grünen Augen, die halb beschattet waren von den langen, dunklen Wimpern, und während sie starrte, dachte sie: ›Sie ist ein nettes Mädchen, und sie könnte hübsch werden, aber im Augenblick könnte sie sich auch in die falsche Richtung entwickeln. Und was passiert, wenn die Religion, die man in sie hineinpumpt, nicht verfängt und sie ihm nachschlägt und sich als Teufel entpuppt? Ah, wie immer man es betrachtet, er ist ein Teufel. Die Herrin ist erst wenige Stunden aus dem Haus, und schon bestellt er unten eine reichhaltige Mahlzeit. Sie wußten alle, was eine reichhaltige Mahlzeit bedeutete, genügend für zwei, wenn nicht sogar drei. Aber nein, heute war es bestimmt nur für zwei. Und er hatte sein Badewasser für halb vier bestellt. Sicher, er badete zu jeder Tageszeit, das war an sich nicht überraschend, aber Dinner um fünf war ziemlich riskant, wo die Herrin jederzeit nach sechs zu Hause sein konnte. Auf der anderen Seite kam sie durch die westliche Auffahrt, und die Besucher des Herrn kamen immer durch die östliche Auffahrt, und dann nur den halben Weg; und wenn der Wagen stoppte, mußten sie den Rest des Weges laufen. Er war vorsichtig in seinen Unternehmungen, der Herr, und als Gentleman stellte er seinen

Zwischen durch:

Wie würden wir auf die Frage des Kindes antworten? Sicher – den existenzbedrohenden Hunger kennen wir nicht, doch der kleine Hunger zwischendurch ist eine alltägliche Erfahrung: Konzentrationsschwäche, Unlust und schlechte Laune sind die Folgen.
Grund genug also, etwas dagegen zu tun. Nicht zu vergessen aber ist dabei auch der Genuß – besonders wenn er so problemlos zu erreichen ist, wie mit der...

Zeitvertreib nicht zur Schau. Wenn die Herrin wußte, was vor sich ging, dann mehr aufgrund von Vermutungen als sonst etwas, nahm sie an. Die Ordnung dieses Hauses war überhaupt seltsam, Religion in dem einen Teil und Hurerei im anderen. Aber sie beschwerte sich über beides nicht, o nein. Mit zehn Pfund im Jahr und einer extra Zuwendung für Tee, Zucker und Bier ging es ihr glänzend, und sie würde alles tun, um diesen Zustand zu erhalten.‹

»Stimmt etwas nicht mit meinem Gesicht? Bin ich schmutzig?«

»Nein, nein, Miß; ich habe sie nur angeschaut. Sie werden morgen sieben, Sie werden erwachsen.«

»Ja, Watford, ja, ich werde erwachsen. Vielleicht bekomme ich bald eine Gouvernante.«

»Was!« Es war ein spitzer Ausruf, fast ein Schrei. »Wer hat das gesagt? Wer hat gesagt, daß Sie eine Gouvernante bekommen?«

»Papa sagt, ich sollte eine haben, aber Mama stimmt nicht zu.«

»Oh! Nun denn, hier ist Ihr Dinner, essen Sie alles auf.« Sie drehte sich um und verließ hastig das Zimmer. Eine Gouvernante. Das würde die Situation ändern, und nicht zum Besseren. Aber trotzdem, wenn die Herrin gegen eine Gouvernante war und weiterhin selbst den Unterricht erteilen wollte, bestand die Hoffnung, daß nichts daraus wurde, denn obwohl des Herren Wort Gesetz war in allem, was das Haus betraf, hielt er sich bei der Erziehung seiner Tochter zurück. Und das war komisch, wenn man alle Einzelheiten der ganzen Affäre kannte. Jedoch, sie nahm an, wie sie alle unten annahmen, daß er sein Mäntelchen nach dem Winde hängen mußte, wenn es um Geld ging. Wie Mrs. Harris sagte, müßte man eine Goldmine besitzen und im eigenen Hause Geld prägen, um mit den Ansprüchen des Herrn Schritt zu halten. Manchmal glaubte sie, daß der Butler den Herrn nicht leiden mochte. Möglich war das schon, weil er dem Vater der Herrin jahrelang gedient hatte. Angefangen hatte er in Cargills jetziger Position als Dritter Diener. Aber auch er wußte, wo die Rosinen im Kuchen waren, und er war klug genug, seine Füße an die richtige Stelle zu setzen – einen in jedes Lager.

Nach dem Dinner galt die Regel, daß Annabella eine Weile auf ihrer Couch ruhte, aber heute hatte sie Kapital aus der Situation geschlagen und Watford gefragt, ob sie in die Passage zurückgehen dürfe, um dort weiter in ihren Büchern zu lesen, und Watford hatte gern zugestimmt. Und so kam es, daß sie Faill und Cargill beobachtete, wie sie die großen Kupferkannen mit kochendem Wasser durch die Passage schleppten und sie vor der Eichentür abstellten, wo Constantine sie abholte und in die geheimnisvollen Tiefen dahinter trug.

Nach ihrem sechsten Gang mit den Kannen sagte Faill zu Constantine:

»Wie sieht's aus? Genug?« Der Neger nickte und sagte: »Genug.«

Als die grünlivrierten Männer in ihren Seidenstrümpfen wieder durch die Tür ins House gegangen waren, sah Annabella zu, wie Constantine zwei der noch dastehenden Kannen aufhob, mit seinem Hinterteil die Tür aufstieß, dann zwei Schritte rückwärts ging, mit dem Bein ausholte und mit dem Absatz nach der unteren Türhälfte zielte.

Annabella wartete darauf, daß die Tür sich so glatt schloß wie immer zuvor, aber heute schloß sie sich nicht. Sie sprang von der Fensterbank und rannte durch die Passage. Als sie die Tür erreichte, war diese in einer ganz und gar ungewohnten Position – zu einem Drittel geöffnet. Wagemutig legte sie den Kopf zur Seite und blickte durch die Öffnung, und da erstreckte sich vor ihr eine Märchenhalle voller Zauber. Zahllose Glaslüster hingen von der Decke – nicht nur vier wie in der Halle des House, sondern acht, zwölf, sie konnte sie nicht zählen, und die Wand, die sie zur Rechten sehen konnte, lebte vor Farbe: Große Porträts in Goldrahmen bedeckten die Wände bis ganz oben zur Decke. Der Teppich war leuchtend rot und warm, nicht verblichen wie der in der Passage. In wenigen Sekunden nahm sie das gesamte Bild in sich auf, und gleichzeitig beobachtete sie Constantines Rükken. Als sie ihn in einen Raum von der Mitte der Halle aus verschwinden sah, hörte sie das Lachen ihres Vaters. Es klang leise und tief und glücklich. Er lachte immer so, wenn er glücklich war. Er mußte einen Freund bei sich haben, vielleicht Mr. Rosier. Ihr Papa hatte sie einmal Mr. Rosier vorgestellt. Wenn sie Mr. Rosier heute traf, würde sie ihn fragen, warum die Leute in seinem Dorf hungrig waren. Niemand sollte hungrig sein, und wenn Mr. Rosier die Leute nicht ernähren konnte, würde es ihr Papa tun. Man brauchte sich nur die Vorräte in den Speisekammern und unten in den Kellern anzusehen: ganze Tiere, Schweine, Hunderte von Eiern und Milch zu Dutzenden Litern. Sie meinte, daß nur deshalb, weil ihr Vater nicht Bescheid wußte, dieses Unrecht existierte. Sobald er wußte, daß Menschen hungerten, würde er sie ernähren. Ihr Vater war gütig.

Sie erinnerte sich nicht daran, daß sie über die Schwelle schritt. Sie merkte es erst, als Constantines Schritte, die gedämpft aus der Ferne erklangen, den Instinkt in ihr weckten, sich zu verbergen – und schnell stieß sie die nächste Tür auf und ging hinein. Sie schloß die Tür nicht völlig, sondern hielt sie einen Spalt breit geöffnet, und während sie hindurchspähte, sah sie Constantine, der mit den beiden letzten Kannen durch die Halle schritt. Danach drehte sie sich um und untersuchte das Zimmer. Es war ziemlich enttäuschend, weil sämtliche Möbel mit weißen Bezügen verhüllt waren. Aber auch hier waren die Wände voller Gemälde, und an einer Wand – gegenüber einem großen offenen Kamin – fiel die Sonne voll auf die Bilder, und die Menschen auf ihnen schienen lebendig zu sein. Langsam ging sie auf die Wand zu und schaute nach oben, bis ihr der Unterkiefer in einer absolut undamenhaften Grimasse heruntersank. Sie erblickte lauter Damen und einen Herrn, aber die Damen unterschieden sich von allen, die sie je gesehen hatte, und der Herr war kein richtiger Gentleman, er war ganz haarig und schrecklich, aber sie tanzten und tranken, und sie waren unbekleidet.

Nie zuvor hatte sie außer dem Gesicht, den Händen und Füßen einen anderen Teil des menschlichen Körpers gesehen. Sie hatte nie ihren eigenen Körper gesehen, weil Watford immer, wenn sie ihr das Kleid und die oberen Petticoats ausgezogen hatte, die Leinenkapuze über ihren Kopf stülpte und danach die übrigen Sachen abstreifte. Und am Morgen tat sie dasselbe, bevor sie ihr Nachthemd auszog. Die alte Alice hatte Watford gezeigt, wie man es machen mußte. Sie konnte sich nicht daran erinnern, wann man diese Sitte eingeführt hatte, aber sie erinnerte sich, daß die alte Frau es dem neuen Kindermädchen vorgeführt hatte. Und dann das Baden. Ein Teil ihres Wesens wehrte sich dagegen, was man ihr aufzwang, wenn sie ein Bad nahm, aber sie protestierte nicht dagegen, daß ihre Augen verbunden wurden, bevor man ihr die Schlüpfer und Leinenmieder auszog, denn der Protest, meinte sie, würde eine Art von Sünde bedeuten, Sünde gegen irgend etwas. Sie wußte nicht so recht, wogegen, noch nicht. Dieses Bewußtsein der Sünde lastete schwer auf ihr und erschreckte sie während der Nacht, wenn sie ihre Hände unter ihr Nachthemd schob und den Umrissen ihres Körpers nachspürte und der Stelle, ab der ihre Beine zusammengewachsen waren.

Wie in Trance bewegte sie sich an der Wand entlang, bis ein Bild sie zum Stehen brachte, auf dem ein kleines Mädchen vor einer Couch kniete, während eine neben ihm stehende Frau sich die Ärmel aufrollte. Diese beiden Figuren waren ziemlich im Hintergrund, aber sie fielen ihr sofort auf, weil sie sich selbst als das kleine Mädchen sah und die Figur als Vergeltung für ihre Sünden. Das kleine Mädchen würde gleich geschlagen, vielleicht weil es ebenso wie sie selbst die Dame im Vordergrund des Bildes angeschaut hatte. Die Dame lag auf einer weißen Couch, und zu ihren Füßen war ein kleiner Hund. Diese Dame war auch unbekleidet, aber sie wirkte nicht so, als habe sie Angst vor der Sünde; sie sah glücklich aus. Sie trat näher an das Bild heran und las auf dem Schildchen darunter: »Die Venus von Urbino.« Was war eine Venus? Wahrscheinlich eine Dame, eine Dame ohne Kleider. Und wer war Tizian? Sie ging langsam weiter und blickte auf andere Bilder, und da war der Name wieder, Tizian, und sie begriff, daß er der Mann war, der diese Dame gemalt hatte. Er mußte ein sehr sündiger Mann gewesen sein, wie einige dieser Männer in der Bibel. Sie stand jetzt in der Mitte des Raums und schaute sich um. Er war nicht so groß wie der Salon im House, aber er war irgendwie angenehmer, wärmer, obwohl man überall um den Kamin und die Fenster die rohen Steinwände sehen konnte. Aber warum waren die Möbel verhüllt und die Bilder nicht? Eigentlich fand sie, daß die Bilder verhüllt sein sollten. Es war sehr verwirrend.

Und wieder hörte sie das Lachen ihres Vaters, gedämpft und aus der Ferne, und als sei sie magisch davon angezogen, schritt sie langsam und vorsichtig in den Gang.

Auch hier waren Bilder, aber es waren Bilder von blau- und scharlachgewandeten Leuten, die steif auf Stühlen saßen. Eine Kampfszene zeigte Männer auf Pferden, aber bei näherem Hinsehen stellte sie fest, daß die Reiter nur Damen jagdten; doch diese Damen hatten Kleider an.

Sie hatte die Mitte des Gangs erreicht, als ihr schlagartig einfiel, daß sie eigentlich nicht hier sein sollte. Ihre Mama hatte ihr verboten, durch die Eichentür zu gehen. »Annabella«, hatte sie gesagt, »das darfst du nicht tun. Jetzt hör mir gut zu. Du darfst nicht, nie, in Papas Haus gehen.« Und sie hatte geantwortet: »Ja, Mama«, hatte aber hinzuzufügen gewagt: »Aber wenn Papa mich mitnähme, das wäre doch ganz in Ordnung, Mama, nicht wahr?« Und ihre Mama hatte weggeschaut und gesagt: »Dein Papa wird dich nicht mitnehmen; das Haus ist nur für Erwachsene, für deinen Papa und seine Freunde. Er denkt genauso wie ich; er wünscht nicht, daß du in sein privates Haus gehst. Wie auch immer«, hatte sie geendet, »du kannst deinen Papa so oft hier sehen, wie du willst.«

Aber sie sah ihren Papa nie genug, und irgendeine innere Stimme warnte sie jetzt, daß ihr Papa sie heute nicht sehen wollte, nicht, wenn er mit seinen Freunden zusammen war.

Sie wollte sich gerade umdrehen und zu der Eichentür und wieder in die Sicherheit der Passage zurückeilen, als sie Constantine am anderen Ende des Gangs auftauchen sah. Er trug ein Tablett mit Bestecken, und wenn er seinen Kopf auch nur ein klein wenig zur Seite gewandt hätte, hätte er sie gesehen. Sie wußte nicht, ob er in eine Tür ihm gegenüber gehen oder in ihre Richtung abbiegen würde, aber sie schoß jetzt ängstlich auf eine Tür zu ihrer Linken zu, und angespannt wartend blieb sie einen Augenblick lang im Türrahmen stehen. Unbewußt hatte ihre Hand den Türöffner ergriffen, und jetzt drehte sie ihn. In der nächsten Sekunde war sie drinnen, und wieder verschlug es ihr den Atem.

Sie war in einem Schlafzimmer, einem wunderschönen Schlafzimmer. Es mußte das Schlafzimmer ihres Papas sein. Genau in der Mitte war ein Himmelbett mit blauen Seidenvorhängen drapiert. Auch der Teppich war blau, aber die Möbel waren alle vergoldet mit rosenfarbenen Polstern. Es war wunder-, wunderschön. Ihr Papa hätte bestimmt nichts dagegen, daß sie sein Schlafzimmer betrachtete.

Als sie langsam auf das Bett zuging, bemerkte sie das große weiße Tuch am Fußende und die Badewanne, die darauf stand. Diese war ebenfalls mit einem Tuch bedeckt, durch das langsam der Dampf entwich. Erst jetzt dämmerte ihr, was sie sofort hätte wahrnehmen sollen, daß nämlich alle Vorhänge zugezogen waren und zwei Glaskandelaber den Raum erhellten, die je wenigstens zwanzig Kerzen hatten und auf Tischen zu beiden Seiten am Kopfende des Bettes standen. Ihr Papa mußte also offensichtlich auch sein Bad im Dunkeln nehmen; immerhin nicht in einem solch tiefen Dunkel, wie sie es beim Baden ertragen mußte. Aber vielleicht löschte Constantine die Kerzen, bevor er sich auszog. Ihr Magen fühlte sich plötzlich komisch an. Sie mußte fortlaufen. Wenn ihr Papa sie in seinem Schlafzimmer fand, wo er gerade baden wollte, würde er sehr zornig sein. Als ihres Vaters Stimme, die Worte wurden im Lachen erstickt, aus einer Tür zur Rechten des Bettes an ihr Ohr drang, drehte sie sich so schnell um, daß sie stolperte und um ein Haar in die Badewanne gefallen wäre. Als die Tür sich öffnete, flüchtete sie auf allen vieren wie ein aufgeschreckter Käfer an der Bettkante entlang in den Schutz eines Wandschirms in der Ecke des Raumes. Nachdem sie in Sicherheit war, blieb sie einen Augenblick mit dem Gesicht nach unten liegen, die Hände fest an die Ohren und den Kopf gepreßt.

Nicht das Geräusch von laufenden Füßen, sondern die Erschütterungen, die durch den Boden in ihren Körper drangen, verursachten, daß sie ihre Hände von den Ohren nahm. Langsam hob sie den Kopf und blickte in das Licht, das durch das Gitterwerk des Schirms strömte. So wie sie am Vormittag durch das Fernglas geschaut hatte, so beobachtete sie jetzt durch zwei Löcher in dem Schirm einen höchst ungewöhnlichen Vorgang. Ihr Papa, in ein langes grünes Gewand mit Stehkragen gekleidet, jagte einer Dame durch den Raum nach. Er benutzte immer noch seinen Stock und humpelte, aber zwischendurch rannte er. Sie spielten eine Art Fangen, und jedesmal, wenn ihr Papa die Dame fing, zog er eins ihrer Kleidungsstücke aus und steckte ihr eine Erdbeere in den Mund, bis sie schließlich nur noch ihre Unterwäsche anhatte.

Jetzt stand die Dame mit ihrem Rücken zu dem Schirm, so daß sie den Lichteinfall blockierte. Sie konnte nicht sehen, was jetzt geschah, sie konnte nur hören. Die Dame lachte leise, und ihr Vater redete, aber es waren seltsame Worte, Worte, die sie nie zuvor gehört hatte, und sie konnte sie nicht verstehen. Dann fiel das Licht wieder in ihre Augen, und sie sah wieder die Dame. Sie war genauso wie die auf dem Bild in dem Zimmer am Hallengang, nur daß sie jünger war.

Sie hielt ihre Augen auf die Dame geheftet, sie konnte einfach nicht fortblicken – bis sie sah, wie ihr Vater sein Gewand abwarf und die Dame in die Badewanne hob.

Der Anblick ihres nackten Vaters versetzte ihr einen solchen Schock, daß sie von dem Schirm zurückwich und wieder mit dem Gesicht auf dem Boden lag, eine Hand fest gegen ihren Mund gepreßt, um nicht laut aufzuschreien.

Ihr Papa war böse, er würde in die Hölle kommen. Jeder, der seinen eigenen Körper anschaute, war zur Hölle verdammt. Die alte Alice hatte das immer wieder gesagt. Ihr war schlecht vor Angst – Angst um ihren Vater und Angst vor ihm. Sie schwitzte am ganzen Körper. Sie würde in Ohnmacht sinken, wie ihre Mama. Sie wollte zu ihrer Mama, oh, wie sie zu ihrer Mama wollte. Sie würde sich übergeben, sich erbrechen, obwohl sie nicht viel zu Mittag gegessen hatte, weil sie fast alles in Servietten eingewickelt hatte, um es den Kindern zu bringen. Die Kinder! Sie warteten jetzt bestimmt. Sie würden denken, daß sie ihr Versprechen nicht gehalten hatte. Ihre Mama hatte ihr eingeschärft, niemals etwas zu versprechen, was sie nicht einhalten wollte. Oh! Oh! Sie mußte sich erbrechen.

Als ihr das Essen in den Mund hochstieg, preßte sie die Finger gegen den Mund und stemmte sich mit der anderen Hand hilflos gegen den Schirm. Als er umfiel, sah sie wie durch einen Schleier die verrenkten Gestalten ihres Papas und der Dame auf dem Bett. Die Körper waren ineinander verschlungen, nur ihre Gesichter waren ihr zugewandt. Sie starrten sie an, als sei sie ein Teufel. Sie verlor das Bewußtsein mit einem durchdringenden, spitzen Schrei, der nicht nur durch die Old Hall drang, sondern auch in das House und hastende Gestalten aus jeder Richtung herbeirief.

Sie erwachte halb aus ihrer Ohnmacht durch die Rufe Constantines, klagende, ängstliche Rufe. Sie hob ihre schweren Lider und blickte in das Gesicht über ihr. Es war das Gesicht der Dame, und sie schien zu beten: »O Gottogott! O mein Gott!« Und sie dachte, daß die Dame nicht wirklich böse sein konnte, wenn sie betete. Dann hörte sie wieder Constantines Stimme, sein protestierendes Stöhnen, und sie sah ihren Vater, wie er auf den Neger einschlug, der an der Wand kauerte, und als er zu Boden glitt, nahm ihr Vater einen Gegenstand von der Wand und prügelte ihn damit.

Als sie wieder zu Bewußtsein kam, war sie in ihrem eigenen Bett, und ihr Vater saß an ihrer Seite. Weder sah er böse aus, noch klang seine Stimme hart. Sie versuchte sich daran zu erinnern, was sie erlebt hatte, und konnte sich im Augenblick nur vorstellen, daß sie geträumt hatte, einen dieser Träume, an die man sich nicht mehr erinnern kann, wenn man aufwacht – und ihr Vater bestätigte das sogleich. Er strich ihr das Haar aus der Stirn und blickte ihr direkt in die Augen: »Du hast schlecht geträumt. Du hast zu viel zu Mittag gegessen, und dir ist schlecht geworden. Du hast schlecht geträumt, Annabella.«

»Ja, Papa.« Ihre Stimme war schwach und klang selbst ihr wie aus weiter Ferne.

»Deine Mama wird mir sehr böse sein, wenn sie nach Hause kommt. Sie wird denken, daß sie dich nicht einen Tag allein lassen kann, ohne daß du krank wirst, und sie wird mir die Schuld geben.«

Sie sagte nicht »Ja, Papa« oder »Nein, Papa, das wird sie nicht«, sie lag nur da und schaute ihn an. Er trug immer noch sein grünes Gewand, und sie fragte sich, ob er etwas darunter angezogen hatte. Dann verwies sie sich selbst streng: so durfte sie nicht denken. Wenn sie darüber nachdachte, was sie gesehen hatte, dann war ihr Papa ein schlechter Mensch, und in Wirklichkeit war er nicht schlecht. Sie durchforschte jeden Zug in seinem Gesicht, das blonde Haar, noch so zerzaust, wie es war, als sie ihn auf dem Bett gesehen hatte, die hellen grauen Augen, die lange gerade Nase, die vollen feuchten Lippen, die er mit seiner Zunge benetzte. Ihr Vater war schön. Sie liebte sein Gesicht; er konnte nicht böse sein – und trotzdem war er es. Sie wußte, er war es.

»Du hast schlecht geträumt, nicht wahr, Annabella?« Die grauen Augen starrten in die ihren hinab, und sie blickte eine lange Zeit zurück, bevor sie sagte: »Ja, Papa.«

»Und wir werden Mama nichts davon erzählen?«

Wieder verstrich einige Zeit, bevor sie antwortete: »Nein, Papa.«

»Wir wollen doch deiner Mama unter keinen Umständen Kummer machen, nicht wahr?«

»Nein, Papa.«

»Weißt du, was ich dir zum Geburtstag schenke?«

»Nein, Papa.«

»Ein Pony.«

»Danke, Papa.«

»Bist du nicht begeistert?«

Nein, sie war nicht begeistert, weil sie sich vor Ponys und Pferden fürchtete. Ihre Mama wußte, daß sie sich fürchtete, und hatte gesagt, sie sei zu jung, um ein Tier zu besitzen, aber ihr Papa hatte nur gelacht und gesagt, jedes Kind reite gern. Und jetzt redete ihr Papa über das Pony, nur damit sie vergaß, daß sie eine fremde Dame in seinem Schlafzimmer gesehen hatte. Er sagte, sie hätte alles nur geträumt. Ihr Papa war böse, aber sie wünschte so sehr, daß er es nicht wäre, oh, sie wünschte es mit aller Kraft, weil sie ihn liebte.

Er beugte sich jetzt über sie und küßte sie und sagte leise: »Liebst du mich, Annabella?«

Sie zögerte jetzt nicht mehr: »Ja, Papa.«

Er streichelte sanft ihre Wange, während er fast unhörbar murmelte: »Liebe mich immer. Hör nie auf, mich zu lieben.«

Und indem sie die Erinnerung an die vergangene Stunde verbannte, sagte sie inbrünstig: »Nie, Papa, nie.«

In der nächsten Minute hörte sie auf, ihn zu lieben, weil sie ein scharfes Klatschen und den Aufschrei Watfords vernahm, als er ins Nachbarzimmer ging. Dem folgte ein dumpfer Schlag wie von einer Faust gegen Fleisch. Dann die leise Stimme ihres Vaters, fast ein Flüstern, aber für ihr scharfes Gehör noch wahrnehmbar, die sagte: »Sie hat schlecht geträumt, vergiß es nicht, sie hat schlecht geträumt. Wenn deine Herrin auch nur ein einziges Wort davon erfährt, stehst du draußen vor diesen Toren, und du wirst in den nächsten sechs Grafschaften keine Stellung finden, dafür werde ich sorgen. Verstanden?«

Es dauerte eine Weile, bevor die wimmernde Entgegnung kam, und dann wurde die Tür laut geschlossen.

Als sie aus dem Bett aufstand und ihre Füße auf den Schemel stellte, fühlte sie sich immer noch ein wenig schwindelig und übel, und sie verhielt sich einen Augenblick ganz ruhig, bevor sie auf den Boden hinuntersteigen konnte.

Als sie ins Wohnzimmer trat, sah sie Watford, die am Tisch saß und den Kopf auf ihre Arme gelegt hatte. Ihre Schultern bebten vor unterdrücktem Schluchzen. Sie legte ihr die Hand auf die Schulter, und Watford sprang fast von ihrem Stuhl, und indem sie die über ihr Gesicht strömenden Tränen aufleckte, stammelte sie: »O Miß. O Miß, gehen Sie ins Bett zurück. Sie sollten nicht, Sie sollten nicht.«

»Ist schon gut, Watford. Setzen Sie sich hin, und bitte – bitte, weinen Sie nicht.«

Watford setzte sich nieder, und während sie ihre gerötete Wange mit einer Hand bedeckte, wiegte sie sich zu den Worten: »O Miß, Sie hätten nicht –«, und hörte mitten im Satz auf, den Kopf gesenkt. Aber ihr Kopf schoß sofort hoch, als das Kind vor ihr ernst sagte: »Ich bin eingeschlafen und habe schlecht geträumt, Watford.«

Diese Erklärung bewirkte, daß Watford wieder den Kopf auf ihre Arme legte und noch lauter weinte, und Annabella stand die ganze Zeit neben ihr und tätschelte ihre Schulter. Sie verspürte den Wunsch, ihre Arme um Watford zu legen und sie zu trösten, aber irgendwie glaubte sie, ihre Mama hätte das nicht gebilligt.

Watford richtete sich wieder ruckartig auf, als ihre Schutzbefohlene simpel sagte: »Papa ist ein böser Mann, Watford.«

»O nein, nein, Miß.« Watford ergriff jetzt ihre beiden Hände und schüttelte sie erregt ... »Das dürfen Sie nie, niemals sagen. Oh, nein, nie. Der Herr ist nicht böse, nein, nein, Miß.«

»Aber – aber er hat Sie geschlagen, Watford.«

Watford schüttelte mehrere Male den Kopf, sie konnte im Augenblick nicht sprechen, und dann sprudelte sie heraus: »Er hat mich nicht geschlagen, Miß, nicht der Herr; nein, nein, der Herr ist ein guter Mensch. Vergessen Sie das nie, er ist ein guter Mensch.«

»Aber, Watford –«

»Schauen Sie her, Miß.« Watford stand auf. »Ich werde Ihr Gesicht und Ihre Hände waschen, Sie ein wenig frisch machen. Sie waren erregt, Sie hatten – Sie hatten einen bösen Traum, wie Sie sagten, aber – aber denken Sie daran«, sie beugte sich zu Annabella hinunter, »denken Sie daran, der Herr, Ihr Papa, ist ein guter Mensch. Er ist ein Gentleman, und Gentlemen sind nicht böse, nicht solche Gentlemen wie der Herr. Es spielt keine Rolle, was sie tun, sie sind nicht böse. Denken Sie daran, Miß Annabella, Gentlemen sind nie böse.«

Nachdem Watford ihr Gesicht und ihre Hände gewaschen und Eau de Cologne auf ihre Brauen und Handgelenke getupft, ihr Kleid und ihre Schürze ausgewechselt, ihr Haar gekämmt und saubere Schleifen hineingeflochten hatte, sagte Annabella zu ihr: »Würden Sie mich auf einen Spaziergang ins Erdbeerfeld begleiten, Watford?«

»Wollen Sie Erdbeeren, Miß?« Watford brachte ein Lächeln zustande.

»Nein, Watford; aber – aber ich muß jemanden treffen.«

»Jemanden treffen?«

Während Annabella zu Watford aufschaute, wurde sie sich neuer Gefühle, neuer Gedankengänge bewußt. Obwohl sie erst morgen sieben wurde, war sie in der vergangenen Stunde beträchtlich gewachsen. Sie hatte entdeckt, daß man jemanden in der einen Minute lieben und in der nächsten Minute nicht mehr lieben konnte und dann in der nächsten wieder lieben; man konnte Gefühle hegen, die nichts mit Liebe zu tun hatten, die aber gut und freundlich waren wie die, die sie für Watford empfand. Und doch war da gleichzeitig diese neue Gefühl, dieses Gefühl, das ihr eine Machtposition verlieh. Sie erkannte, ohne es völlig zu verstehen, daß die Geschehnisse der letzten Stunde ihr Macht verliehen hatten, nicht nur über diese Frau und nicht nur über die anderen Dienstboten im Haus, sondern auch über ihren Vater. Sie hatte ein Geheimnis, einen Traum, mit dem sie andere Leute zwingen konnte, nach ihrem Willen zu handeln. Sie sagte jetzt ganz ruhig: »Draußen sind ein paar arme Kinder, sie sind sehr hungrig, sie haben Erdbeeren gegessen, weil sie nichts anderes hatten. Ich habe die Hälfte meines Abendessens aufgehoben, das will ich ihnen bringen.«

»Ar-ar-arme Kinder? Woher kennen Sie a-arme Kinder?«

»Ich habe heute morgen gelogen, Watford. Ich habe Ihnen erzählt, daß ich auf der Toilette und im Schulzimmer war, aber in Wirklichkeit bin ich nach draußen gegangen. Ich habe die Kinder von der Galerie aus gesehen und bin hinausgelaufen, um mit ihnen zu sprechen. Sie hatten Angst und waren sehr hungrig.«

»OH, MEIN GOTT!«

Das waren die gleichen Worte, die die Dame gebraucht hatte, aber Annabella wußte jetzt, daß es kein Gebet gewesen war.

Watford war zwei Schritte vor ihr zurückgewichen und blickte sie ganz seltsam an; dann sagte sie: »Was ist über Sie gekommen, Miß, was ist über Sie gekommen? So sind Sie noch nie gewesen.«

»Gehen sie mit mir hinunter, oder soll ich allein gehen?«

Annabella beobachtete, wie Watford die Finger fest auf ihren Mund legte; dann sagte sie beinahe klagend: »Die sind Dreck, Miß, diese Brut. Die leben unter freiem Himmel im Moor. Ihre Eltern arbeiten nicht, und sie wollen es auch nicht; sie sind aus Rosiers Dorf. Wenn sie täten, was man ihnen sagt, statt zu streiken, hätten sie Wohnung und Essen. Sie sind böse, Miß, sie sind sehr böse.«

»Nehmen Sie mich nach unten, Watford?«

Wieder benutzte Watford den Ausdruck, der kein Gebet war, und dann schluckte sie tief: »Wo haben Sie das Essen hingestellt?«

»In einen der Schränke in der Passage unter dem Buchregal.«

Zehn Minuten später teilte Watford einer sichtlich beunruhigten Haushälterin mit, daß sie Miß Annabella an die frische Luft führen werde, und als ihre Großtante sie nur anstarrte, ohne ein Wort zu sagen, wußte sie, daß sie sich ihre Kommentare für später aufhob, wenn das Kind im Bett und ihr Dienst beendet war. Sie eilte in das Kinderzimmer zurück, wo Annabella auf sie wartete, fertig angezogen für draußen in einem Alpaka-Mantel und cremefarbener Haube und in der Hand einen kleinen Korb, in dem unter einer Serviette das Essen verborgen lag.

Sie schritten schweigend zu dem Feld, und als sie es erreichten, war keines der Kinder zu sehen. Unter den anklagenden Augen Watfords legte Annabella die Serviette unter die Hecke, und Watford sagte, indem sie auf das Versteck blickte: »Das ist furchtbar, schrecklich. Sie wissen nicht, was Sie tun, Miß Annabella, sie zu ermuntern, weil sie böse sind, dieser Haufen, Faulenzer, nichts als Dreck.«

Auf dem Weg zurück ins Haus, während sie Watfords Hand umklammert hielt, sann Annabella über die seltsame Tatsache nach, daß ihr Vater nicht nur eine fremde Dame baden, sondern auch Constantine schlagen durfte, der ihm so treu diente, und Watford, die ihr so treu diente, und daß man ihn trotzdem als einen guten Menschen betrachtete, daß aber die Kinder, die so hungrig waren, daß sie sich Erdbeeren mit den Stengeln in den Mund stopften, und so arm, daß ihre Kleider in Fetzen hingen, als böse galten. Es war alles sehr verwirrend; sie wollte, daß jemand es ihr erklärte. Sie wünschte, oh, wie sie wünschte, daß sie mit ihrer Mama darüber reden konnte.

2

Als Rosina Lagrange das Haus betrat, wußte sie, daß irgend etwas in ihrer Abwesenheit passiert war, obwohl an der Oberfläche alles normal schien. Faill kam der Kutsche in der Einfahrt entgegen, und als die Pferde stillstanden, hatte er bereits die Tür geöffnet und die Stufen heruntergelassen und dann die Hand ausgestreckt, um ihr zu helfen. Sie hatte ihm mit der gewöhnlichen ruhigen Höflichkeit gedankt, die sie Dienstboten gegenüber an den Tag legte.

Im Wintergarten verbeugte sich Harris – seine gedrungene Gestalt war in Schwarz gekleidet, wie es seiner Stellung geziemte – vor ihr und sagte: »Darf ich meiner Hoffnung Ausdruck geben, daß Sie eine angenehme Reise hatten, Madame?«

»Danke, Harris, sehr angenehm«, erwiderte sie; und wandte sich dann einer alten Frau zu, die ein langes Paket in die Veranda schleppte: »Nehmen Sie Miß Piecliff den Karton ab, Harris, aber seien Sie vorsichtig damit, und sehen Sie zu, daß er nach oben ins Kinderzimmer gebracht wird.« Harris nahm daraufhin der alten Gourvernante das lange Paket ab, in welchem – wie er glaubte – eine Puppe war, dann reichte er es, so als ob er sich die Finger verbrannt hätte, an Armorer, den Zweiten Diener weiter, der im Hintergrund gewartet hatte.

Direkt neben der breiten Treppe wartete Mrs. Page. Ihr

graues Wollkleid war makellos und die gefältete Haube saß exakt auf ihren sorgfältig frisierten Haaren. Nur die Hände fingerten nervös an der Uhrkette, und ihr rechtes Augenlid zuckte.

Während langer Jahre des Schweigens, des Hinschauens und Zuhörens hatte Rosina gelernt, solche Dinge zu beobachten.

»Ich hoffe, daß Sie einen schönen Tag verbracht haben, Madam, und daß die Reise nicht zu anstrengend war?«

»Die Reise war angenehmer als sonst, Mrs. Page, vielen Dank. Wie geht es Miß Annabella?«

Mrs. Page schien einen Moment mit der Antwort zu zögern, dann erwiderte sie: »Ja, Madam. Sie nimmt gleich ihr Bad, und wahrscheinlich ist sie schon ungeduldig, weil sie Sie sehen will.«

Rosina nickte ihrer Haushälterin zu, dann stieg sie die Treppe hoch, gefolgt von Alice Amelia Piecliff.

Alice Piecliff wurde in ihrer Gegenwart von den Angestellten immer Miß Piecliff genannt. Da sie nach einer Anstellung als Gouvernante den Posten einer Kammerzofe bei Rosinas Mutter, Mrs. Constance Conway-Redford, angenommen hatte und später beides in einer Person bei Rosina gewesen war, galt sie als Respektsperson in Redford Hall. Sie besaß weit größere Macht als Harris, und was die nächste Person in der Hierarchie betraf, so konnte sie diese ehrfurchtgebietende Dame, nämlich Mrs. Page, mit einem einzigen Blick erledigen.

Alice Piecliff war siebzig Jahre alt. Sie war dünn, und ihr Gesicht hatte keine Falten, nur graue Haut, die sich über vorstehende Knochen spannte. Sie trug einzig und allein schwarze Seide, und wenn sie ausfuhr, setzte sie einen schwarzen mit Perlen verzierten Hut auf, und dazu ein passendes Cape, das ihr bis weit unter die Knie reichte. Sie glaubte fest an Gott, und sie sah ihn jeden Abend auf ihren Knien als eine riesenhafte Erscheinung in weißen, wallenden Gewändern, und immer hielt er seine Hand erhoben als eine Mahnung an sie, sich auf das zukünftige Leben vorzubereiten. Sie hatte zwei Schwächen, für die sie sich oft bei ihrem strengen Gott entschuldigte. Sie erklärte ihm, daß sie in keiner Weise ihre Liebe und Furcht ihm gegenüber beeinflußten. Diese beiden Schwächen hatten denselben Ursprung: Sie betete Mylady an, wie sie Rosinas Mutter nannte; und sie liebte Rosina mit einer Liebe, die sie ihrem eigenen Kind geschenkt hätte, wenn ihr ein solches Wesen nicht versagt gewesen wäre, weil dies mit einem Mann und deshalb mit Sünde verbunden war.

Ihre Beziehung zu Mutter und Tochter, denen sie nacheinander ihr ganzes Arbeitsleben geopfert hatte, war einzigartig, denn sie war die Vertraute von beiden, und vermutlich genoß sie dieses Vertrauen, weil sie beide sozusagen aufgezogen hatte. Im 19. Jahrhundert galten die meisten Dienstboten kaum mehr als Tiere, die bestenfalls eine Autoritätsstellung innerhalb ihrer eigenen Klasse erreichen konnten. Es war ein Zeitalter, in dem es dem Arbeitgeber verdächtig vorkam, wenn einer seiner Männer oder eine seiner Frauen lesen lernen wollte. Von den fünfundvierzig Angestellten in den Gutsgebäuden und auf den Feldern konnte niemand lesen oder schreiben, und niemand zeigte irgendeine Neigung, diesen Zustand zu ändern, weil jeder seinen Platz im Leben kannte und es dabei beließ. Warum sollten sie auch ihre Köpfe bemühen? Es führte zu nichts, allenfalls zu Schwierigkeiten, wie sie sich bei den Streiks in Rosiers Bergwerk und in der Schiffswerft von Jarrow gezeigt hatten.

Alle Angestellten von Redford Hall wußten, daß es ihnen gut ging. Die Redfords hatten seit dreihundert Jahren für ihre Leute gesorgt, und obwohl Edmund Lagrange jetzt der Herr war, gab es immer noch jemanden namens Redford auf dem Besitztum, eine Redford, die zählte, nämlich die Herrin Constance Redford. Aber trotzdem, so sagten manche, würde es kaum einen Unterschied machen, wenn sie einmal nicht mehr da sein sollte, weil Lagrange ein guter Herr war, freigiebig mit seinem Geld – oder ihrem Geld; wem es gehörte spielte keine Rolle. Er gab es aus, und es war immer reichlich für alle vorhanden, und es gab immer Gelegenheiten, sich ein bißchen nebenbei zu verdienen. Leben und leben lassen, nach diesem Motto kam man zurecht, warum sollte man sein Gehirn anstrengen mit Lesen- und Schreibenlernen? Man arbeitete ein wenig, hatte einen vollen Bauch und am Ende des Jahres Silbergeld in der Tasche – so ließ es sich leben, und zwar so lange, wie man sich mit seiner Stellung begnügte und keine hochfliegenden Pläne hatte. Alice Piecliff kannte diese Einstellung des Personals genau, und sie betrachtete es deshalb ebenso wie ihre Herrin als ihr untergeordnet.

Als sie den Ankleideraum betraten, riß sie ihr Cape und ihre Haube ab und warf sie auf einen Stuhl; dann half sie ihrer Herrin aus dem grauseidenen Staubmantel, löste die Nadeln aus dem großen hellblauen Strohhut, der mit einer einzigen Schleife geschmückt war und auf dessen Krempe nur eine einzelne Blume lag. Dann ordnete sie geschickt die Reifen ihres Rockes, so daß sie sich vor dem Toilettentisch niederlassen konnte.

»Irgend etwas ist passiert, Alice.« Rosina schaute in den Spiegel und wartete auf eine Antwort, aber Alice ließ sich wie üblich Zeit. Zunächst nahm sie einen Wattebausch und besprenkelte ihn verschwenderisch mit Eau de Cologne. Dann stellte sie sich hinter ihre Herrin und betupfte erst ihre eine Schläfe und danach die andere, bevor sie sagte: »Ja, sie hatten für solche Dinge schon immer eine Nase, und Sie haben sich bisher noch nie geirrt. Haben Sie es nicht gespürt – die Spannung?«

»Ja, ich habe etwas gespürt. Mistreß Page war verlegen.«

Sie sahen sich im Spiegel an; dann sagte Rosina leise: »Sie sagte, dem Kind fehle nichts. Ich – ich muß sie sehen.«

»Das hat ja Zeit. Ruhen Sie sich erstmal ein wenig aus. Sie läuft ja nicht weg.«

In dem Augenblick, als Alice aufhörte zu sprechen, ertönte von oben der Schrei, so daß sie beide zusammenfuhren und hochblickten. Bevor er zum zweitenmal erscholl, war Rosina an der Tür. Sie rannte zwar nicht den Korridor entlang zur Treppe, weil sie nie rannte, aber sie ging so schnell, daß Alice weit hinter ihr zurückblieb. Bevor sie die Tür zum Kinderzimmer erreichte, hörte sie ihre Tochter so schreien, wie sie seit ihrer frühen Kindheit nie mehr geschrien hatte, da sie in der Zwischenzeit gelernt hatte, ihre Emotionen zu kontrollieren; aber als Rosina jetzt eintrat, sah sie voller Staunen, wie ihre Tochter in Unterwäsche und Mieder dastand und ihre Hand zum Schlag gegen Watford erhoben hielt.

»Annabella!«

»Oh, Mama.« Das Kind wandte sich um und warf sich an den weiten Rock ihrer Mutter. Ihre Arme umfingen sie, sie hob das tränennasse Gesicht, und rief immer wieder: »Oh, Mama! Oh, Mama!«

»Was soll das bedeuten, Watford?«

»Ich – ich weiß nicht, was mit ihr los ist, Madam. Wirklich nicht. Sie will sich einfach nicht die Augenbinde umlegen lassen. Sie hat sich noch nie so aufgeführt.«

»Sie will sich was nicht umlegen lassen?«

»Die Augenbinde, Madam.«

»Die Augenbinde?« Rosinas Hand hörte plötzlich auf, Annabellas dichtes, kastanienbraunes Haar zu streicheln. In ruhigem Ton sagte sie: »Wovon reden Sie? Welche Augenbinde?«

Watford blickte jetzt mit unnatürlich weit geöffnetem Mund von ihrer Herrin zur Kammerzofe ihrer Herrin, und erst als ihre Herrin sagte: »Nun, ich warte«, klappte sie ihren Mund zu und murmelte: »Sie bekommt immer die Binde um, bevor ich ihre letzten Sachen zum Baden ausziehe.«

»Sie bekommt immer die Augenbinde um?« Rosinas Stimme überschlug sich jetzt. »Wollen Sie damit sagen – wer hat die Anordnung gegeben?«

Als Watford wieder Alice anblickte, wandte sich Rosina langsam um und begegnete dem Blick der Frau, die ihr näher stand als ihre Mutter oder sogar ihr Kind; dann drehte sie sich zu dem aufgeregten Kindermädchen um und streckte die Hand aus. »Geben Sie mir das.«

Als Watford ihr die Augenbinde aushändigte, starrte sie darauf, bevor sie hinzufügte: »Tun Sie so etwas nie, niemals wieder – hören Sie?« Dann schob sie das Kind von sich, und indem sie ihren Ärger zu unterdrücken versuchte, sagte sie: »Nimm jetzt dein Bad, mein Liebes – ich komme später zurück, wenn du im Bett bist.« Sie hielt inne, blickte hinunter in das nach oben gewandte Gesicht und fügte zärtlich hinzu: »So, nun wisch die Tränen ab, sei ein braves Mädchen, und wisch sie schön ab.«

Als sie wieder in ihrem Zimmer war, stand sie unbeweglich da und sah die alte Frau an. In ihrer Stimme – die ihre einzige wirkliche Attraktion war – schwangen Ungläubigkeit und Zorn mit: »Wie konnten Sie so etwas tun, Alice?«

Alice starrte in das blasse, lange, unscheinbare Gesicht, dann schritt sie mit vorgeschobenem Kinn zum Fenster, und es zeugte von der außergewöhnlichen Position, die sie innehatte, daß sie sich das leisten konnte, bevor sie antwortete: »Ich habe es getan, um sie reinzuhalten; sie wird die Sünde noch früh genug kennenlernen.«

Rosina war einen Augenblick sprachlos, während sie dem Gedankengang ihrer Hausdame folgte; dann fing sie sich wieder: »Ihren Körper vor ihr zu verbergen wird nur ihre Neugier wecken.«

»Was das Auge nicht sieht, danach begehrt das Herz nicht.«

»Seien Sie nicht töricht, Alice.«

»Wie Sie meinen, Madam, dann bin ich eben töricht.« Wenn Alice das Wort ›Madam‹ privat benutzte, bedeutete das, daß sie beleidigt war.

Nach einem Augenblick setzte sich Rosina schwerfällig auf einen Stuhl, faltete die Hände im Schoß und sah starr geradeaus: »Stellen Sie sich vor, was passiert wäre, wenn ... wenn der Herr das herausgefunden hätte.« Und Alices Antwort darauf lautete: »Manche Leute würden aus dieser Übung Nutzen für ihre Seele ziehen.«

»Oh, Alice«, seufzte Rosina und ließ den Kopf auf ihre Brust sinken. Sofort war Alice an ihrer Seite. Ihre zitternden Hände faßten Rosina an der Schulter, und sie flüsterte: »Es tut mir leid, es tut mir leid. Ich habe Gott gebeten, mir zu zeigen, wie man sie rein erhalten kann, und es kam mir in den Sinn; es kam mir in den Sinn wie eine Antwort.«

In diesem Augenblick bewirkte ein entferntes Lachen, daß sich beide angespannt aufrichteten. Rosina stand auf, ging zum Toilettentisch, ergriff einen Kamm und begann sich zu kämmen, während Alice zu dem riesigen Kleiderschrank ging, der fast eine ganze Wand einnahm, und mit immer noch zitternder Stimme fragte: »Was wollen Sie tragen?« Und als Rosina antwortete: »Das blaue Taftkleid«, klopfte es an der Tür. Fast im selben Moment wurde sie geöffnet, und Edmund Lagrange betrat den Raum.

Er blieb einen Augenblick stehen, blickte auf den Rücken seiner Frau und sagte: »Ich habe die Kutsche nicht gehört, sonst wäre ich unten gewesen.«

Rosina schaute ihren Mann nicht im Spiegel an – sie schaute ihn überhaupt nicht an, sondern drehte den Kopf zur Seite und sagte in seine Richtung:

»Wir sind erst eben angekommen.«

»Wie hast du die Reise überstanden?« Er humpelte auf sie zu, wobei er sich schwer auf seinen Stock, der einen goldenen Knauf hatte, stützte.

»Es war sehr angenehm, besser als sonst.«

»Oh, das freut mich, das freut mich. Wir hatten herrliches Wetter hier.«

»Wie geht es deinem Bein, Edmund?«

»Viel besser, Liebes, so viel besser, daß ich beschlossen habe, heute zum Abendessen herunterzukommen. Ich habe Harris Bescheid sagen lassen. Du kannst bestimmt auch etwas vertragen.«

»Ich bin nicht hungrig – das Mittagessen war sehr gut –, aber ich bin gleich unten.«

Sie blickte jetzt in den Spiegel und begegnete seinen Augen. Es stand eine Frage darin, die sie mit einem leichten Kopfschütteln hätte beantworten können, aber sie wollte nicht, daß er vor Alice explodierte – nicht, daß dies etwas Ungewöhnliches wäre, aber sie zog es vor, die Kämpfe, diese furchtbaren, seelenzerfetzenden Kämpfe nach Möglichkeit privat auszufechten. Trotzdem wußte sie, daß es in diesem Haus kaum einen privaten Bereich gab; hinter jeder Tür stand ein Lauscher, und manchmal stellte sie sich die Küche als eine Art Parlamentsversammlung vor, in der alle Hausangestellten zusammenkamen und ihre Ansichten dazu darlegten, wie man das Unternehmen verwalten sollte und wie nicht, wobei Palmerston würdig von Harris vertreten wurde, denn wie der Premierminister konnte auch ihr Butler die Parteien wechseln, wie es die Umstände gerade erforderten. Solange ihr Vater lebte, hatte Harris seine Prinzipien loyal unterstützt, aber nachdem jetzt ihr Mann bestimmte, unterstützte er anscheinend ebenso loyal dessen Prinzipien, und zwei gegensätzlichere Charaktere konnte man sich kaum vorstellen.

Sie wußte, daß sie etwas von der Charakterstärke ihres Vater und von seinen Prinzipien geerbt hatte, aber wenn sie das hervorzukehren wagte, wurde das Leben zur reinen Hölle. Und doch hätte sie diese Hölle ertragen und sich schließlich aus ihr gelöst, wenn eines nicht gewesen wäre – das Kind. Nichts außer dem Kind band sie an dieses Haus, diesen Mann, diese seelische Folter, und das Kind war Edmunds Waffe, die einzige Waffe, die er gegen sie besaß. Und wenn sie seinen Wünschen nicht stattgab, konnte er die Waffe wie ein Messer an ihrer Kehle benutzen.

»Wie lange wirst du brauchen?« Seine Stimme, weich und tief, hätte bei einem Außenstehenden den Eindruck bewirkt, daß er die Frage stellte, weil ihn nach ihrer Gesellschaft verlangte; und in einer Hinsicht verlangte ihn heute abend nach ihrer Gesellschaft – er brannte auf die Nachricht, die sie mitgebracht hatte, weil soviel davon abhing, ob sie günstig war. Aber als sie antwortete: »Etwa fünfzehn Minuten«, dachte er spöttisch: fünfzehn Minuten! Eine andere Frau an ihrer Stelle hätte gesagt eine Stunde oder mehr, aber seine Rosina verstand sich nicht zu kleiden, sie zog lediglich einen anderen Rock an; sie hatte keine Ahnung davon, wie man seine Augen und Lippen auffrischte, die Haut puderte, die Armhöhlen und Brustwarzen parfümierte. Nein, sie wusch ihr Gesicht mit Seife und Wasser, und statt Ambra benutzte sie eine mit Seide umwickelte Bürste für ihr Haar, was es wie eine glänzende, nasse, teerartige Kappe erscheinen ließ.

Im Spiegel beobachtete Rosina, wie er zur Tür humpelte, und selbst in dieser Phase ihres Lebens und ihres Wissens um ihn konnte sie verstehen, warum die Frauen seinem Zauber erlagen. Trotz aller Exzesse war sein Körper bisher schlank geblieben; an Nacken, Kinn oder Wangen hatte sich noch kein Fett angesetzt. Nur das Weiße seiner Augen hatte sich gelblich gefärbt und ließ Rückschlüsse auf seine Lebensweise zu. Nur wenige Leute wußten, daß er wirklich böse war: ihre Mutter, Alice, ihr Onkel James und Tante Emma. Sie kannten seine Gewohnheiten, aber auch sie nur bis zu einem gewissen Grade. Sie und nur sie allein wußte, daß in Edmund Lagrange eine ganze Reihe von Übeln verkörpert war, einige davon so subtil, daß man sie nicht aussprechen, nicht ins Medium der Sprache übertragen konnte. Wenn man sie mit Worten hätte erklären können, hätte sie sich schon lange Alice anvertraut oder ihrer Mutter. Aber bestimmte Dinge entziehen sich der Sprache. Ihr eigener Verstand, glaubte sie, hatte diese Barriere errichtet, um sie vor dem Wahnsinn zu retten.

»Was werden Sie tun?« Alices Stimme war nur ein Flüstern, während sie das Kleid mit der Krinoline vom Haken nahm, und ebenso leise antwortete Rosina: »Ich weiß nicht. Eines steht fest, er wird mir nicht glauben, daß ich es versucht habe, und das habe ich getan, Alice, denn ich bettele lieber bei meinem Onkel als bei Mutter.«

Alice schloß die letzte Öse an der Taille. Dann glättete sie die Rückseite des bestickten Kragens, ging um ihre Herrin herum und stellte sich vor sie, wobei sie die Spitze des Kragens zurechtrückte: »Irgendwo muß es aufhören; wenn Sie die Fabrik verlieren, wird es das Ende sein.«

Rosina entgegnete nichts, und dachte nur, sie wünschte, es wäre so. Außer einem einzigen Grund wünschte sie, es wäre so.

Auf dem Weg zur Tür sagte sie über ihre Schulter: »Ich sage Annabella gute Nacht, bevor ich nach unten gehe.« Dann wandte sie ihren Kopf und fügte hinzu: »Bleiben Sie nicht auf, Sie müssen müde sein. Essen Sie etwas und gehen Sie zu Bett. Ich werde schon allein fertig. Es – es kann spät werden.«

Alice erwiderte nichts darauf, und beide wußten, daß sie dieser Anordnung nicht folgen würde.

Das Mahl ging dem Ende zu, die Diener zogen sich zurück. Edmund Lagrange hatte trotz seiner Ungeduld die Speisen genossen. Die gefüllte Makrele war köstlich gewesen, und er hätte in keinem Club in der Londoner Mall einen besseren mit Curry zubereiteten Hummer bekommen. Der Lammrücken war ziemlich durchschnittlich, aber die Gänschen hatten das ausgeglichen, und der Stachelbeerpudding zerging, wie man so sagte, auf der Zunge.

Er hatte eine Flasche Wein getrunken und hielt jetzt ein Brandyglas in der Hand, dessen Inhalt er fachmännisch bis zum Rande schwenkte, ohne einen Tropfen zu verschütten. Er blickte auf seine Frau am anderen Ende des Tisches und dachte: Mein Gott, sie wird jeden Tag häßlicher. Selbst das Kerzenlicht, das den meisten Leuten schmeichelt und dessen Wirkung jetzt noch durch die sinkende Dämmerung erhöht wurde, richtete bei ihr nichts aus. Er wandte den Blick ab und erhob sich von seinem Stuhl. Er ging nicht zu ihr, um ihr von ihrem Sitz zu helfen; er wußte, daß sie die ganze Zeit über sitzen bleiben würde, während sie ihm berichtete, ob die Nachricht gut oder schlecht war, und es war charakteristisch für sie, daß ihr Gesicht in keiner Weise verriet, was sie ihm mitzuteilen habe. Ihre Fähigkeit, ihre Gedanken zu verbergen, hatte ihn schon immer gereizt.

»Nun! Wie ist es ausgegangen?«

Sie balancierte das silberne Dessertmesser zwischen Daumen und Zeigefinger, bevor sie erwiderte: »Onkel hat keine Möglichkeit gesehen, mir das Geld zu leihen.« Sie sagte nicht ›uns‹ oder ›dir‹. Sie hörte ihn schlucken, blickte aber nicht auf sein Gesicht und fuhr fort: »Er hat mich daran erinnert, daß wir ihm immer noch zehntausend Pfund schulden.«

»Er kriegt darauf verdammte Zinsen, oder nicht?«

Es fing also wieder an. Sie richtete sich in ihrem Stuhl auf und preßte ihre Schultern fest an die Lehne.

»Hast du ihm gesagt, daß wir die Fabrik verlieren könnten?«

»Ich habe es angedeutet.«

»Nun – und?«

»Er hat mich daran erinnert, daß die fünftausend, die du vor vier Jahren von ihm geborgt hast und dazu die Hypothek auf das Haus nicht die Kerzenfabrik gerettet haben, ebensowenig wie die vorherigen fünftausend der Töpferei oder dem Röhrenunternehmen genutzt haben.«

Er stand wieder am Ende des Tisches, die Hände um die Sitzlehne geklammert, und blitzte sie an: »Die Töpferei war am Ende, das weißt du genau. Was die Röhrenfabrik betrifft, die hat schon seit Jahren Verluste gemacht, lange bevor ich auf der Szene erschien.«

Sie hob die Augen und erwiderte ruhig seinen wütenden Blick. »Das stimmt nicht. Die Röhrenfabrik hat sich immer rentiert. Ihre Gewinne haben zwar nie die der Glaswerke erreicht, aber man konnte sich auf ein festes Einkommen verlassen. Vater –«

»Ich pfeife auf deinen Vater! Hörst du mich? Ich pfeife auf deinen Vater!« Seine Stimme klang tief und gepreßt, und sogar sein Atem schien bei dem Wort ›Vater‹ Haß auszuströmen. »Dein Vater hatte so viel Voraussicht wie ein Schweinearsch, sonst hätte er und nicht Swinburne schon vor Jahren Cookson's übernommen.«

Sie konnte es nicht ertragen. Sie war müde, erschöpft, seelisch und physisch erschöpft. Sie konnte dies heute abend nicht ertragen.

»Als Cookson 1837 mit seiner Tafelglashütte begann, war dein Vater damals klug genug, seinem Beispiel zu folgen? Nein, er war ebenso blind wie die Idioten, die glaubten, daß es nie eine Stahlfabrik geben würde und daß die Palmer Brüder verrückt waren. Dein Vater hat nicht erkannt, oder wollte nicht erkennen, daß Tafelglas das Material der Zukunft war, daß man alles mit Glas machen konnte, ALLES. Türen, Möbel – ja, Möbel. Und warum nicht Fußböden? Alles. Nein, er mußte weiter seine kleinkarierten Schirmchen, Flaschen und Leuchter fabrizieren und sie zu ihren lumpigen Glasgeigen, Windmühlen und Spinnrädern ermutigen, damit sie sie bei ihren Prozessionen vorzeigen konnten, wenn sie sich fein anzogen und mit Schwalbenschwanz und Zylinder ihre Herren nachäfften – bah! Dein Vater!«

In diesem Moment streckte er seinen Arm aus und schnippte mit steifen Fingern gegen einen der acht Arme des

Kandelabers auf dem Tisch. Mit einem Knall wie bei der Entsicherung einer Pistole brach der Arm von dem Halter ab, und als er mit der brennenden Kerze auf den Tisch fiel, klang es wie ein Pistolenschuß.

Sie zwang ihre Hände zur Ruhe, sie zwang ihre Gesichtsmuskeln, nicht zu zucken, aber ihr übriger Körper zitterte.

Was er gesagt hatte, stimmte. Ihr Vater hatte es abgelehnt, mit Cookson's Glashütten zu konkurrieren, und er hatte recht daran getan, denn die Cooksons waren seit dem Ende des siebzehnten Jahrhunderts die Glas-Dynastie, während die Conway-Redford-Werke erst seit fünfzig Jahren in Shields etabliert waren. Nichtsdestoweniger war ihr Vater ein Glaskünstler gewesen, ein Mann, der Glas liebte. Er hatte nicht wie ihr Ehemann nur einmal die Woche, wenn überhaupt, die Fabrik aufgesucht, sondern war mindestens vierzig Wochen im Jahr jeden Tag die sechs Meilen von der Hall nach Shields geritten. Er kannte alle seine Leute beim Namen, und er kümmerte sich um sie, um die Trunkenbolde ebenso wie um die Enthaltsamen.

Er hatte sie zum ersten Male in die Fabrik mitgenommen, als sie sechs Jahre alt war, und sie hatte völlig fasziniert einen Mann beobachtet, der auf einem Holzstuhl saß und durch eine Röhre in eine heiße Flüssigkeit blies, die an ihrem Ende hing, und wenig später hatte sie die Geburt einer schönen roten Flasche erlebt. Ihr Vater gab seinen Leuten immer das beste Material. Sein Sand stammte aus den Sandsteinbrüchen in den Wäldern von Fontainebleau in Frankreich und von der Alum-Bucht auf der Insel Wight; ihm genügte nicht der Sand von Wales, Bedfordshire oder Lancashire. Bei anderen Besuchen hatte sie beobachtet, wie feiner Sand noch weiter gereinigt wurde, in Wasser gewaschen, gebrannt, um Fremdkörper auszumerzen, dann gesiebt wurde, um den Reinheitsgrad noch zu steigern, bis keine Spur von Eisen, Kalk, Tonerde, Kreide oder Magnesium übrigblieb. Als junges Mädchen hatte sie sich danach gesehnt, ein Junge zu sein, damit sie mit den Werkzeugen der Glasfabrik arbeiten konnte. Aberr daß sie selbst kein Glas herstellen konnte, hieß nicht, daß sie nicht lernen konnte, wie man es herstellte, und von ihrem Vater ermuntert vergrub sie sich in Bücher, die die Glasproduktion durch die Jahrhunderte schilderten. Sie las über die Venezianer, die Syrer, die französischen Flüchtlinge, die in diesem Lande Schutz vor der Tyrannei suchten und die vergessene Kunst der Glasherstellung mit sich zurückbrachten. Es erschien ihr jetzt als grausame Ironie, daß sie durch ihre Kenntnisse des Glases Edmund Lagrange kennengelernt hatte.

Ihr Vater hatte immer zwei Monate des Jahres in London verbracht, um ihrer Mutter zu ermöglichen, an der Londoner ›Saison‹ teilzunehmen, und auch, damit sie sich selbst an die große Gesellschaft gewöhnte. Denn obwohl die Conway-Redfords keinen Adelstitel hatten, konnten die Redfords ihren Stammbaum dreihundert Jahre zurückverfolgen, während auf ihrer Mutterseite die Conway-Familie einige Lords und Ladies aufzuweisen hatte.

Auf dem Ball, den ihr Vater zu ihrem achtzehnten Geburtstag in seinem Londoner Haus gab, war er mit einem großen, überwältigend gut aussehenden Mann zu ihr gekommen und hatte ihr Edmund Lagrange vorgestellt, jemand, der sich auch für Glas interessierte.

Edmund Lagrange war der dritte Sohn eines reichen Glasproduzenten in Surrey. Er konnte äußerst gelehrt über Glas reden; sie war von seinem Wissen entzückt, seiner Stimme, seinen Manieren und seinem Gesicht – oh ja, von seinem Gesicht. Daß er ihre Gegenwart brauchte und suchte, erschien ihr wie ein Wunder, das die der Bibel tief in den Schatten stellte. Sie war nicht attraktiv, was sie wußte. Sie wußte auch, daß sie intelligent war und daß Männer Frauen nicht liebten, die ihren Verstand benutzten, aber Edmund Lagrange war anders. Als ihr Vater ihr mitteilte, daß Edmund Lagrange um ihre Hand angehalten hatte, fiel sie in Ohnmacht. Als sie nach ihrer Londoner Saison nach Hause zurückkehrten, war Edmund Lagrange ihnen gefolgt, und von dem Haus eines Freundes aus, das dreißig Meilen entfernt in Cumberland lag, hatte er ihr den Hof gemacht. Er machte ihr sechs Monate den Hof, und dann heirateten sie. Mehrere Mitglieder der Lagrange-Familie waren bei der Hochzeit anwesend, alle anscheinend ausnehmend froh über Edmunds Wahl. Das Wort ›Erleichterung‹ bezeichnete wohl besser die Reaktion der Familie Lagrange, aber sie nannten es ›Freude‹. Sie waren so froh, daß Edmund sich niedergelassen hatte; sie sagten es auf Dutzende verschiedener Arten.

Erst geraume Zeit nach den Flitterwochen erkannte Rosina, warum die Lagrange-Familie so glücklich darüber war, daß Edmund sich verheiratet hatte, denn sie entdeckte durch puren Zufall, daß sein Vater ihn vor zwei Jahren enterbt und öffentlich verkündigt hatte, daß er nicht für die Schulden seines dritten Sohnes aufkomme. Die Desillusion folgte schnell. Sie erfuhr bald, daß sie einen chronischen Spieler geheiratet hatte, einen Lügner, und einen Mann, der mit vierzigtausend Pfund verschuldet war. Aber es dauerte zwei Jahre, bevor sie entdeckte, daß ihr Gemahl sich mit billigen Frauen einließ, daß er häufig ein bestimmtes Bordell in Newcastle besuchte und daß er eine Frau in einer Wohnung in Shields aushielt. Sie stieß durch Zufall darauf. Sie hatte eines Tages ihrem Ehemann mitgeteilt, daß sie gemeinsam mit ihrer Mutter das Cottage besuchen wolle, wie sie das Haus mit zehn Zimmern am Rande des Besitztums nannten, um zu prüfen, wie die Renovierungsarbeiten vorangingen. Sie hatten aber kaum ein Viertel der Entfernung zurückgelegt, als ein Gewitter losbrach und sie nach Hause zurückeilten. Da sie eine Abkürzung genommen hatten, kamen sie an der Südterrasse an und gingen durch die Glastür neben dem Arbeitszimmer ihres Vaters. Ein Donnerschlag mußte ihre Ankunft übertönt haben; sie konnten deshalb auch nicht die Stimmen im Zimmer nebenan hören, bis Rosina, die gerade etwas über das Unwetter sagen wollte, die zornige Stimme ihres Vaters vernahm, der rief: »Du bist ein übler Verschwender!«

Als sie auf die halbgeöffnete Tür zuschreiten wollte, hielt ihre Mutter sie am Arm fest, und sie hörte in erstarrtem Schweigen zu, wie ihr Vater ihren Ehemann bloßstellte.

Monatelang hatte sie versucht, die Verfehlungen ihres Mannes zu vertuschen, zumindest diejenigen, von denen sie wußte. Eines mußte sie auf jeden Fall vor ihnen verheimlichen, daß nämlich ihr privates Vermögen schon so kurze

Zeit nach der Eheschließung kaum noch existierte. Aber sie verzieh ihm trotzdem seine verschwenderische Art; nur dies konnte sie ihm nicht verzeihen. Diese furchtbare Enthüllung bedeutete das Ende ihrer Ehe, und somit für sie zugleich das Ende ihres Lebens.

Von jenem Tag an änderte sich ihre Existenz grundlegend. Ihr Mann erhob keine Einwände dagegen, daß sie in ein anderes Zimmer zog, und als sechs Monate später ihr Vater starb und ihre Mutter ins Cottage übersiedelte, verbarg er kaum seine Freude. Ihr Vater hatte reichliche Vorsorge für ihre Mutter getroffen und Rosina den Rest seines Vermögens hinterlassen, aber mit einer Auflage: Sie konnte weder das Kapital noch die Zinsen anrühren, bevor sie fünfunddreißig Jahre alt wurde. Er hinterließ ihr außerdem die Töpferei, die Kerzen- und Röhrenwerke, aber auch hier machte er eine Auflage: Die über eine bestimmte Summe hinausgehenden Gewinne dieser Fabriken sollten ihrer Mutter gehören. Die Glaswerke hinterließ er ihr ohne Bedingungen, da er wußte, daß ihr gesamter Profit notwendig war, um die Hall mit all ihren Verbindlichkeiten zu unterhalten.

Es hatte damals den Anschein, daß ihr Vater sichergestellt hatte, daß ihr Ehemann eine ganze Reihe von Jahren arbeiten mußte, um sich den Luxus des Spielens und seiner anderen Gewohnheiten leisten zu könne, aber John Conway-Redford hatte das fehlgeleitete Talent, die Gerissenheit und vor allem die angeborene Frauenkenntnis seines Schwiegersohns unterschätzt, die ihm auch Macht über seine Ehefrau verlieh.

Am Ende ihres dritten Ehejahres und ein volles Jahr, nachdem Rosina aus dem gemeinsamen Schlafzimmer ausgezogen war, brachte Edmund Lagrange eines Abends ein vierwöchiges Baby nach Hause.

Vor diesem Ereignis hatte er Rosina zu bewegen versucht, ein Dokument zu unterzeichnen, das zur Bereinigung seiner gegenwärtigen verzweifelten Finanzlage beigetragen hätte. Er brauchte lediglich ihre Unterschrift, um den Verkauf der Töpferei zu bestätigen, aber sie war hartnäckig geblieben. Er hätte sie natürlich zwingen können; ihr gesamter Besitz gehörte legal ihm, aber ein noch stärkerer Druck würde ihre

Mutter erzürnen, und er wünschte sich keine weiteren Auflagen, wenn sie starb – was bald geschehen konnte, falls ihre Kurzatmigkeit ein zuverlässiges Anzeichen war. Aber an diesem betreffenden Abend hatte er, betrunken und in die Enge getrieben wie er war, jegliche Vorsicht in den Wind geschlagen und seiner Frau die tiefste Erniedrigung angetan, die er sich ausdenken konnte – er hatte ihr ein Kind gebracht, von dem er wußte, daß es seines war. Er war mitten in der Nacht in ihr Zimmer gestürmt, hatte sie aus dem Schlaf gerissen und – während er das Bündel fast auf ihr Bett schleuderte – ausgerufen: »Meine Tochter, Annabella Lagrange. Ich werde sie in diesem Haus aufziehen. Was hast du dazu zu sagen?« Er blickte sie herausfordernd an.

Die Kerzenflamme tanzte wild, als er den schweren Halter hin und her schwenkte, und sie wich vor ihm in ihre Kissen zurück, fort von dem zappelnden Ding, das tief ins Federbett gesunken war, und sie rührte sich nicht, bis er grob den Schal von dem Kind zog und es aufs Gesicht drehte, um seine Schreie zu ersticken. Automatisch streckte sie die Hände aus, um es wieder umzudrehen, aber sie hielt mitten in der Bewegung inne und faltete die Hände unter ihrem Kinn, während sie diesen Teufel von Mensch anstarrte. Sie starrte ihn an, ohne daß ihre Augen sich vor seinem betrunkenen, verbissenen Blick senkten, bis das Kind, das nun nicht mehr schrie, wieder ihre Augen auf sich lenkte, und dann drehte sie es auf den Rücken, hob es auf und schüttelte es. Sie hatte noch nie ein Kind in ihren Armen gehalten, aber sie schüttelte es instinktiv, bis es wieder atmete, und als seine kurzen, schluckenden Winsellaute ihren Erfolg anzeigten, erschreckte das Verhalten ihres Ehemannes sie noch mehr, der den Kerzenhalter auf den Nachttisch fallen ließ, sich dann rücklings über das Fußende ihres Bettes warf und wie ein Irrer lachte. Als er aufstand, lachte er immer noch, und unter gurgelndem Keuchen zeigte er mit dem Finger auf sie und rief: »Du hast eine Tochter. Was hältst du davon? Du, eine Jungfrau, hast ein Kind geboren. Du bist doch noch immer Jungfrau, nicht wahr, Rosina? Wenn du zehn Männer in einer Nacht hättest, wärest du immer noch Jungfrau, weil – weißt du was? – weil du keine Frau bist. Dein Vater hat keine Frau gezeugt, er hat eine Glasfigur geblasen. Und jetzt hat das Glas geboren. Du bist eine Mutter, Rosina. DU BIST EINE MA-MA! Und jetzt hast du ganz für dich allein eine kleine Glasjungfrau.«

Er war aus dem Zimmer gewankt und hatte das Kind in ihren Armen gelassen. Sie hörte noch sein Lachen, als er durch die Galerie zur Old Hall ging, die er für sich selbst neu eingerichtet hatte.

Und es war beinahe so, wie er gesagt hatte: Sie hatte ein Kind geboren, denn so sehr sie sich auch bemühte, ging ihr das Kind seit jener Nacht nicht mehr aus dem Sinn. Und sie wehrte sich. Während der nächsten zwei Monate überließ sie es ausschließlich der Obhut von Alice, nur daß sie es manchmal besuchte, wenn sie glaubte, daß niemand sie beobachtete.

Dann teilte er ihr eines Tages mit, daß er das Kind wieder zu seiner Mutter zurücknehme, und ihre Reaktion kam so automatisch wie ihr Herzschlag: »Das kannst du nicht!« sagte sie. »Ich will, daß sie hierbleibt.« Und da sie wußte, daß er alles tun würde, um sie dessen zu berauben, was sie wünschte, hatte sie gebettelt: »Bitte, bitte, laß sie hierbleiben«, und sie erkannte in dem Augenblick, daß dieses Wesen, das er benutzt hatte, um sie zu peinigen und zu demütigen, eine Waffe in seiner Hand werden würde, wie sie selbst seine kalkulierende Gerissenheit nicht hätte ersinnen können.

Im Verlauf der Jahre nutzte er diese Waffe mit immer größerem Erfolg. Wenn sie sich gelegentlich störrisch verhielt, brauchte er nur eine Feder vor sie hinzulegen und nebenbei Annabellas Namen zu erwähnen, und alles ging glatt.

Aber jetzt, nachdem sie sieben Jahre lang mit ihrem Namen unterzeichnet hatte, waren keine Dokumente mehr zur Unterschrift übrig außer denen, die mit den Glaswerken zu tun hatten; und wenn sie diese letzten Papiere unterzeichnete, würde Redford Hall verschwinden.

Er war sich dessen ebenso bewußt wie sie, und von Zeit zu Zeit raffte er sich auf und fuhr eine Woche lang täglich zur Fabrik hinaus und trieb die leitenden Leute mit der Order an, daß sie ihrerseits wieder ihre Untergebenen antreiben sollten.

Wenn man sie sich selbst überließ und den Leuten, denen an ihr lag, hielt die Glasfabrik Jahr für Jahr ihre gleichmäßige Produktion und garantierte ungefähr das gleiche Einkommen, das nach dem Geschmack eines Mannes wie Edmund Lagrange allerdings gerade das Lebensnotwendige brachte; er hätte sich gern wie ein zweiter ›Lambton of Durham‹ in dem Ruf gesonnt, mit siebzigtausend Pfund im Jahr ›mühsam durchzukommen‹. Aber zum gegenwärtigen Zeitpunkt war er praktisch mittellos.

Er trat jetzt an den Tisch, beugte sich zu ihr hinüber und fragte: »Hast du überhaupt eine Vorstellung von den Kosten in diesem Jahr?«

Sie schluckte, bevor sie ruhig erwiderte:

»Da ich die Bücher in diesem Jahr nicht gesehen habe, noch in den vergangenen vier Jahren, kannst du kaum von mir erwarten, daß ich das Ausmaß der Verpflichtungen kenne.«

Er verharrte in seiner vorgebeugten Stellung, starrte sie an und brummte:

»Rechnungen, Buchführung – das ist nichts für Frauen.«

»Dann sind auch die Ausgaben keine Angelegenheit für mich.«

»Wirklich nicht?« Seine Stimme klang trügerisch sanft und wurde dann spöttisch: »In dem Fall werde ich dir einen Gefallen tun, ich erkläre es zu einer Angelegenheit für dich. Warum glaubst du wohl brauche ich achttausend Pfund, und zwar sofort? Einfach weil das die Summe ist, die meine Gläubiger verlangen. Und ich will dir sagen, das wird sie nur vorübergehend beruhigen, nicht auszahlen. Und wenn sie nicht beruhigt werden, ohne Verzögerung, drohen sie mit Haft – machst du es jetzt zu deiner Angelegenheit, meine liebe Rosina?«

Sie hob langsam die Hand an ihren Hals. Sie hatte geglaubt, er wollte einen Teil des Geldes für den Bau einer neuen Fabrik verwenden, wovon er schon seit Jahren geredet hatte. Es sollte eine Glasfabrik werden, die Trümmerglas einschmolz, es wieder aufbereitete und billig verkaufte. Eine Anzahl von Glasfirmen verfuhr nach diesem Rezept, obwohl es gesetzlich verboten war. Es bedeutete ebenfalls ein Vergehen, die Abfälle von Tafelglas zu benutzen, obgleich diese Abfälle wesentlich zur Qualitätsaufbesserung des Flaschenglases beitrugen.

Die Restriktionen, denen die Glasindustrie unterlag, hatten ihren Vater geärgert, besonders weil zu seinen Lebzeiten die Steuerbelastungen so hoch waren, daß ein guter Umsatz die Firma ruinieren konnte. Wenngleich ihr Ehemann von den Steuerlasten befreit war, trieben ihn die Restriktionen beinahe an den Rand des Wahnsinns.

Aber achttausend Pfund! Was war mit dem Firmengewinn geschehen? Sie strich mit der Hand über ihre flache Brust, bis sie auf der Silberschnalle an ihrem Gürtel ruhen blieb, und sie schien sich daran festzuhalten, während sie fragte: »Der Gewinn, was ist damit?«

»Oh, Jesus Christus!« Er schaute zur Decke, sah aber aus den Augenwinkeln, daß sie ihre Augen fest geschlossen hatte, wie um sich gegen seine Blasphemie zu wehren, und er warnte sich selbst davor, allzu hart mit ihr umzuspringen. Trotzdem konnte er kaum der Versuchung widerstehen, sie zu verletzten, sie zu verhöhnen, mochte auch noch so viel auf dem Spiel stehen.

Er nahm ein parfümiertes Taschentuch aus seiner Manschette und trocknete sich damit die Stirn. Dann schritt er zum Kopfende des Tisches zurück, ließ sich wieder auf seinen Stuhl nieder und sagte ganz ruhig: »Die Leute müssen entlohnt werden, und alles ist teurer, Arbeitskraft, Material, alles. Riementang ist in die Höhe gegangen, sogar die Steuer für die Transportboote ist gestiegen. Alles, sage ich dir.«

Seine Stimme verlor sich, und er stützte seinen Ellbogen auf die Tischkante und lehnte sein Kinn in die Handfläche, indem er mit überzeugend vorgetäuschter ruhiger Resignation sagte: »Wenn ich das Geld nicht bis Ende des Monats habe, bin ich am Ende.«

Schweigen senkte sich über den Raum; es schien die Luft zu verdichten. Die Kerzenflamme hörte auf zu flackern; keine Bewegung war wahrzunehmen außer dem Wachs, das vom Docht rollte und gleich in Tränentropfen auf die Silbereinlage der Glasschalen fiel.

Er hatte die Augen tief gesenkt, und er hielt sie nach unten gerichtet, wobei er sich zur Geduld ermahnte und zum Stillhalten, und er schaffte es, bis das Knistern ihres Kleiderstoffes ihm verriet, daß sie aufstand. Daraufhin stand auch er auf, und mit der Höflichkeit eines Ehemannes, der gerade angenehm mit seiner Frau zu Abend gespeist hatte, schritt er ihr zur Tür voran, öffnete sie und trat höflich zur Seite, bis sie hindurchgegangen war. Er folgte ihr nicht, da er wußte, daß sie unverzüglich in ihr Zimmer gehen würde.

Die Tür schloß sich, er kehrte an den Tisch zurück und schenkte sich noch einen großen Brandy ein, den er in zwei Schlucken austrank. Dann lehnte er sich in seinen Stuhl zurück, preßte seine Lippen hart aufeinander und trommelte mit seinen Fingerspitzen dagegen.

Es war so gut wie geschafft, und er hatte nicht einmal mit Annabella zu drohen brauchen. Hätte sie sich hartnäckiger verhalten, wäre er gezwungen gewesen, stärkeren Druck durch das Kind auszuüben, Annabellas Hals vor ihren Augen in eine Schlinge zu legen. Aber für heute hatte er genug von dem Mädchen – auch nur seinen Namen zu erwähnen hatte seine Nerven belastet. Diese Sache am Nachmittag hatte ihn arg mitgenommen. Was würde passieren, wenn sie unabsichtlich vor Rosina andeutete, was sie gesehen hatte? Ohne Zweifel würde Rosina das Haus verlassen, sogar die Scheidung einreichen; und das wollte er nicht, weil seine Frau die Verbindung zu der einzigen ihm noch verbleibenden Quelle bildete, zu ihrer Mutter.

Rosina wußte genau, daß er in seinem Teil des Hauses Spielabende veranstaltete. Falls sie darüber hinaus etwas vermutete, behielt sie das für sich, weil sie keine Beweise hatte. Er war nach seiner Ansicht immer sehr umsichtig gewesen, was diese Seite seines Lebens betraf; er hatte immer sichergestellt, daß sie meilenweit entfernt war, bevor er Damenbesuche empfing. Es kam ihm nie in den Sinn, daß einer seiner Bediensteten ihn verraten könnte. Man schlug nicht die Hand ab, die einen mit Essen und Trinken versorgte – und zwar reichlich. Aber diese zynische Einstellung galt nicht für Alice; denn sie würde mit Wonne seine Kehle durchschneiden und dabei lächeln, wenn man ihr die Gelegenheit dazu gäbe. Ein Glück, daß sie immer nur ihrer Herrin aufwartete.

Er schritt aus dem Speisezimmer durch die Halle in den Salon und machte sich dort an einem kleinen Schreibtisch in der Nähe des Fensters einige Notizen. Er setzte sich und schrieb auf einem Stück Papier: »Fabrik, fünftausend Pfund.« Das nämlich war die Summe, die er dringend brauchte, um die Schulden des Unternehmens zu begleichen – nicht achttausend Pfund. Aber er hatte andere, ebenso dringende Schulden.

Als nächstes schrieb er: »G. B., eintausend Guineen.«

Boston, dieser verdammte Emporkömmling, würde sich fürs erste damit zufrieden geben müssen. Er hatte entweder so viel Glück wie zehn Teufel zusammen, oder er mogelte. Jedoch, warum hätte er eigentlich mogeln sollen, dieser Sohn eines kostümierten Scherenfabrikanten, der sich vom Schleifstein hochgearbeitet hatte und jetzt in einem Landhaus residierte, wo er die vornehme Gesellschaft nachahmte! Der Sohn konnte mit seinem Millionärsschlüssel die Türen jedes exklusiven Klubs öffnen.

Der nächste Posten auf dem Papier lautete: »Leighton, dreihundert Pfund.«

Dieser Posten brachte sein Blut in Wallung, denn er betraf den Kauf eines neuen Jagdpferdes. Leighton, verdammt sollte er sein, wollte das Tier nicht aus dem Stall lassen, bis er das Bargeld in der Hand hatte; und während der vergangenen sechs Monate hatte er sich nach diesem Pferd gesehnt wie nach einer begehrenswerten Frau.

Der nächste Vermerk lautete: »Schneider, einhundert Pfund.« Diese Summe, das wußte er, würde lediglich als Beruhigungsmittel für den Mann wirken, der ihn als Kunden nicht wollte, der es aber nicht wagte, ihn abzuweisen, weil ein einziges Wort von ihm seinen Kundenkreis beträchtlich reduzieren würde.

Die nächste Kritzelei auf der Seite lautete: »Blunt, zweihundert Guineen.« Blunt war der Name seiner Köchin, und ihr Mann war sein Hufschmied, und sein Hufschmied war ein Mann, der mit seinen Fäusten kämpfte. Edmund Lagrange hatte großen Respekt vor James Blunt. Im Laufe der Jahre hatte er ihm einige hübsche Summen eingebracht, und in zwei Wochen sollte er gegen Bull Cragg von Shields antreten. Sie waren einander gleichwertig, und vielleicht würde der Kampf über fünfzig Runden gehen; aber ob fünfzehn oder fünfzig, er wettete auf den Sieg seines Mannes. Er machte sich nur noch eine Notiz auf dem Papier. Langsam schrieb er den Namen ›Jessie‹ und daneben ›einhundert Pfund‹. Dann lächelte er einen Augenblick und legte den Kopf schief, bevor er die Summe auf zweihundert erhöhte. Er war immer großzügig seinen Frauen gegenüber, nicht zuletzt deshalb stritten sie sich um seine Gunst.

Nachdem er den Gesamtbetrag ausgerechnet hatte, verbrannte er das Papier in der Kerzenflamme. Dann sank er in seinen Sessel zurück und nickte sich selbst zu. Genau ein Tausender würde für ihn übrigbleiben; damit mußte er sich im Augenblick behelfen.

Er fühlte sich des Geldes so sicher, als sei es schon in seiner Tasche – das heißt, bis er plötzlich wieder an seine Tochter dachte. Er plante, am nächsten Morgen früh aufzustehen und ihr ihre Geburtstagsgeschenke zu bringen; und er würde ihr ein Pony schenken, ob Rosina es wünschte oder nicht. Es war höchste Zeit, daß sie reiten lernte. Und er mußte darauf achten, daß er sich mehr mit ihr beschäftigte und ihr seine Zuneigung bewies. Er mußte sich irgend etwas einfallen lassen, um das heutige Bild aus ihrer Erinnerung zu löschen.

Während er durch das Fenster in die sinkende Dunkelheit des Gartens starrte, ging ihm mit Erstaunen auf, daß die Ereignisse dieses Nachmittags ihn verstört hatten. Die Vorstellung, daß er die Liebe seiner Tochter verlieren könnte – er ordnete ihre Beziehung nicht unter dem Schlagwort ›Respekt‹ ein –, flößte ihm ein wenig Furcht ein. Und das war für ihn eine seltene Empfindung, denn Furcht hatte er nie gekannt. Er wußte, daß Annabella sehr an Rosina hing, aber ihn verehrte sie, und er fragte sich, wie er reagieren würde, falls ihr Erlebnis an diesem Nachmittag ihre Einstellung ihm gegenüber geändert hatte. Und als die Antwort kam, tat er sie schnell ab. Trotzdem war er bestürzt über die Selbsterkenntnis, daß er allen Menschen einen Tritt versetzte, die ihn nicht mochten oder die ihm nicht mehr nützten. Er beförderte sie aus seinem Leben, und er stellte dabei sicher, daß seine Tritte – ob sie den Großen und Einflußreichen oder den Kleinen galten – so geartet waren, daß sie endgültigen Schaden anrichteten.

3

Annabella war noch beim Frühstück, als ihre Mama ins Zimmer trat, gefolgt von Alice, der wiederum Cargill mit einer Anzahl Pakete folgte.

»Herzliche Glückwünsche zum Geburtstag, Liebling!«

»Oh, danke, Mama.«

»Einen schönen Geburtstag, Miß Annabella.«

»Danke, Alice.«

Nach den Glückwünschen begann sie die Pakete zu öffnen. Nach kindlicher Manier öffnete sie das größte zuerst und war begeistert über die wunderschön gekleidete Puppe, die Tante Emma und Onkel James ihr geschickt hatten. Sie rief aus: »Oh, sie ist wunderschön, wunderschön, Mama«, obwohl sie wußte, daß sie den kleinen Negerjungen vorzog, dessen Augen zwinkerten, wenn man an einem Faden zog. Ihr Vater war in ihr Zimmer gekommen, als sie noch schlief, und hatte ihr eine Spieluhr gebracht, die ›Ringel, ringel Rose‹ und ›Es geht ein Bi-Ba-Butzemann in unserm Kreis herum‹ spielte, und die Negerpuppe. Daß sie ihren Vater so früh am Morgen sah, hatte ihr die Sprache verschlagen, das heißt, bis er sie zum Lachen brachte, als er ihr ins Ohr flüsterte: »Ich kann nicht bleiben; die Diener werden bald aufstehen, und wenn sie mich um diese Stunde sehen, fallen sie tot um.« Er deutete nach hinten auf die Tür. »Wenn Watford kommt, sinkt sie sofort in Ohnmacht.« Bei der Vorstellung, daß Watford in Ohnmacht sank und alle Diener tot umfielen, weil sie ihren Papa so früh auf gesehen hatten, schlug sie die Hände vor den Mund, um ihr lautes Lachen zu unterdrükken; und als ihr Körper sich vor unterdrückter Heiterkeit schüttelte, sagte ihr Papa etwas sehr Seltsames: »So ist's richtig«, sagte er. »Lache lange und laut über alles, laß dich auf Gott nicht ein; sei lustig.«

Er hatte ihr von der Tür aus zugewinkt, und sie blieb mit gemischten Gefühlen zurück; sie wollte immer noch lachen, fragte sich aber, warum sie sich nicht auf Gott einlassen sollte. Aber das Lachgefühl siegte, und sie spielte glücklich mit ihrer neuen Puppe und der Spieluhr, bis Watford kam, um sie anzuziehen und ihr Frühstück zu bringen.

Jetzt öffnete sie die Geschenke ihrer Mama. Zuerst fand sie ein halbes Dutzend schön bestickter Taschentücher – Rosina war eine Meisterin in dieser Kunst; danach ein Märchenbuch von Hans Christian Andersen. Das dritte Geschenk war ein in rotes Leder gebundenes Tagebuch mit silberner Zierschnalle und Schlüssel.

»Oh, Mama!« Sie küßte Rosina. »Sie sind reizend, wunderschön.« Dann präsentierte Alice ihr Geschenk. Es war eine Bibel. Das seltsame Trotzgefühl, das sie gestern vor dem Baden gehabt hatte, stieg in ihr hoch und ließ sie jetzt denken: Natürlich gibt Alice mir eine Bibel – aber sie fürchtete sich, als sie merkte, daß sie bei diesem Gedanken lachen wollte, wie sie vorher mit Papa gelacht hatte.

Aus dem Hintergrund trat jetzt Watford mit ihrem Geschenk hervor. Es war ein Läppchen zum Federabwischen aus roten Flanell mit feingestickten Säumen, und nicht nur Annabella dankte Watford sehr freundlich, auch Rosina dankte ihr. Es sei ein wohlüberlegtes Geschenk, sagte sie, aber heute sollte es nicht benutzt werden, denn es sei ein besonderer Tag und ein Feiertag, und als erstes solle Annabella sie bis zu Großmutters Haus begleiten.

Es ging immer nur bis zu Großmutters Haus. Annabella durfte nie hinein; sobald sie in die Nähe des Hauses gelangt waren, gab Mama Watford ein Zeichen, und dann verbrachten sie die Zeit mit Spielen, bis Mama zurückkehrte. Ihre Mama sagte, Großmama sei eine alte Dame und fühle sich nicht sehr wohl; und doch ging sie zweimal die Woche zur Kirche – so hatte sie Watford sagen hören –, aber am Sonntag, wenn der ganze Haushalt dort versammelt war, erschien sie nicht.

Sie hatte ihre Großmama nur zweimal im Leben gesehen. Sie war eine große Dame, in dunkle Gewänder gekleidet und mit einem weißen Gesicht. Annabella hatte für sich selbst die Antwort gefunden, daß Kinder vielleicht ihre Großeltern nicht sehen durften, bis sie ein bestimmtes Alter erreicht hatten, vielleicht zehn Jahre.

Um elf Uhr war sie angezogen und fertig für ihren Ausflug durch den Park. Es war ein schöner, warmer Tag, und sie trug einen cremefarbenen Mantel über ihrem einfachen blauen Seidenkleid und auf dem Kopf einen Strohhut mit breiter Krempe, damit ihr die Sonne nicht ins Gesicht schien.

Als sie auf dem Sessel mit dem Brokatbezug im Salon saß, wobei ihre Zehen gerade den Boden berührten und ihre Hände übereinandergefaltet in ihrem Schoß lagen, und darauf wartete, daß ihre Mama aus dem Büro kam, in dem sie mit dem Personal zu sprechen pflegte, fielen ihr wieder das Erdbeerfeld und die armen Kinder ein. Es wäre vielleicht schön, wenn ihre Mama in Großmamas Haus ging, daß sie selbst nachschaute, ob die Kinder da waren, und ihnen ein paar Pennies schenkte, damit sie sich von der Köchin etwas zu essen holen konnten. Sie erwog, zu Watford zu gehen, die in der Halle wartete, und sie zu befragen, aber dann erinnerte sie sich daran, daß Watford gesagt hatte, die Kinder seien schlecht; deshalb beschloß sie, auf ihre Mama zu warten und sie um ein paar Pennies zu bitten.

Genau das tat sie, und diese Handlung setzte die Geschehnisse in Gang, die ihr Leben formen sollten.

»Da bist du ja, mein Liebes. Es hat lange gedauert, nicht wahr?«

»Nein, Mama. Es kam mir gar nicht lange vor, weil ich nachgedacht habe.«

»Oh! Und worüber hast du nachgedacht?« Rosina streifte einen weißen Seidenhandschuh über ihre lange Hand.

»Über arme Kinder, Mama.«

»Arme Kinder?« Rosina beugte fragend den Kopf vor.

»Ja, die armen Kinder, die unsere Erdbeeren essen, weil sie hungrig sind. Mama, kann ich ein paar Pennies haben?«

Rosina, die gerade den Handschuhknopf schließen wollte, hielt inne und fragte: »Wofür willst du Pennies? Willst du etwas Bestimmtes kaufen?«

»Nein, Mama, sie sind für die armen Kinder; wenn sie nämlich Pennies hätten, könnten sie zur Köchin gehen und von ihr etwas zu essen bekommen.«

»Zur Köchin gehen und ...« Rosinas Stimme erstarb, und langsam setzte sie sich auf die Kante der Couch mit den dünnen Beinen und blickte Annabella an: »Erzähl mir von diesen armen Kindern, mein Liebes, und von der Köchin.«

Jetzt wurde die Situation schwierig. Es bedeutete, daß sie Watford erwähnen mußte, und sie wollte nicht, daß Mama böse mit Watford war – deshalb begann sie: »Ich war sehr ungezogen gestern, Mama. Ich war in der Passage und ich habe einige Kinder im Erdbeerfeld gesehen, und ich bin nach draußen gelaufen, weil ich gern mit ihnen spielen wollte, aber sie hatten Angst und waren sehr hungrig, und ich habe ihnen gesagt, sie sollten zur Köchin gehen, und sie würde ihnen etwas zu essen geben, und sie sagten, das könnten sie nicht tun, weil sie keine Pennies hätten, die Köchin gibt nur denen zu essen, die Pennies hätten, und deshalb habe ich gedacht, es wäre schön, wenn ich ihnen an meinem Geburtstag ein paar Pennies schenkte ...«

Jetzt erstarb ihre Stimme; ihre Mutter war zornig. Sie streckte ihre Hand aus und berührte vorsichtig Rosinas Knie: »Es tut mir sehr leid, Mama; ich werde nie wieder ohne Watford fortgehen.«

Rosina ergriff sanft die kleine Hand und tätschelte sie: »Es ist nicht schlimm, mein Liebes. Mach dir keine Sorgen, du wirst ein paar Pennies für die Kinder bekommen, aber warte erst noch ein wenig. Ich bin gleich wieder zurück.«

Das war es also, das war gestern geschehen. Das Kind

mußte eine Zeitlang fortgewesen sein – wahrscheinlich hatten alle nach ihr gesucht. Aber der Handel mit dem Essen. Wie abscheulich! Wie absolut abscheulich!

»Bringen Sie Mrs. Page zu mir.« Sie wandte sich Harris zu, der an der Tür stand, bereit, sie zu öffnen.

Sie hatte sich gerade am Schreibtisch in ihrem Büro hingesetzt, als Mrs. Page auf der Türschwelle erschien. »Kommen Sie herein, und schließen Sie die Tür, Mrs. Page.«

»Ist – ist etwas nicht in Ordnung, Madame?«

»In sehr schlimmer Unordnung, möchte ich sagen, Mrs. Page. Wissen Sie davon« –, sie unterbrach sich und blickte die Haushälterin fest an, bevor sie fortfuhr –, »und ich will eine ehrliche Antwort, Mrs. Page. Wissen Sie davon, daß die Köchin Essen, unser Essen, an arme Leute verkauft?«

Um ehrlich darauf zu antworten, hätte Mrs. Page sagen müssen: »Ja, Madame. Ich weiß, daß sie sich ein bißchen nebenbei verdient, aber das tut jeder in diesem Haus, von Harries angefangen. Das wissen Sie doch bestimmt selbst. Das gehört zu einem Betrieb wie diesem; ohne Nebeneinkünfte hätten Sie Schwierigkeiten mit dem Personal.« Statt dessen aber sagte sie stotternd: »Es-Essen verkaufen? Die Köchin, Madame? Meines Wissens niemals. Nein, Madame.«

»Dann kann ich nur sagen, Mrs. Page, daß Sie Ihre Pflichten vernachlässigt haben, zu denen es gehört, darüber informiert zu sein, was die weiblichen Angestellten tun. Die Köchin, muß ich Ihnen mitteilen, verkauft pfennigweise Essen an die hungernden Unglücklichen, die von Zeit zu Zeit gezwungen sind, im offenen Moor zu leben.

»Oh, Madame!« Mrs. Page, deren Gesicht jetzt steif und grau war, murmelte: »Ich kann es nicht glauben. Irgend jemand hat gelogen, ich bin ganz sicher.«

»Meine Tochter lügt nicht, Mrs. Page.«

»Miß Annabella?«

»Ja, Miß Annabella, die man gestern ohne Aufsicht gelassen hat und die ein paar hungernde Kinder im Erdbeerfeld gefunden hat. Deshalb werden Sie mir glauben müssen, daß die Information aus einer zuverlässigen Quelle stammt. Holen Sie die Frau hierher.«

»D-die Köchin, Madame?«

»Ja, die Köchin, Mrs. Page. Nein – noch besser, rufen Sie Harries, und Sie, Mrs. Page, gehen nicht weiter als bis zur Tür.«

Als Harris auf der Schwelle erschien, sagte Rosina: »Holen Sie mir bitte die Köchin, Harris.«

Harries wiederholte beinahe, was Mrs. Page gesagt hatte: »Was! Die Köchin, Madame?« Aber er hielt sich zurück. Nichtsdestoweniger blickte er indigniert drein; mit einem solchen Botendienst hätte man Reeves, Faill oder Cargill beauftragen sollen. Trotzdem beeilte er sich, und wenige Minuten später stand die Köchin, offensichtlich verwirrt, vor ihrer Herrin.

»Sie verkaufen Essen an die Leute vom Moor, Köchin?«

Die Köchin war sprachlos. Wie begegnete man einem solchen Angriff? Was hatte Mrs. Page gesagt? Sie öffnete ihren breiten, schlaffen Mund, schloß ihn, öffnete ihn dann wieder und brachte mit Mühe hervor: »Hin und wieder, Madame.«

»Was verkaufen Sie?«

»Nur die Abfälle, die sonst im Schweinetrog landen, Madame.«

»Und für die Abfälle, die sonst im Schweinetrog landen, nehmen Sie diesen wohnungslosen Menschen jedesmal einen Penny ab?«

»Ja nun, Madame, wenn man ihnen nichts abnimmt – dann kämen sie in Scharen an.«

»In der Tat! Und jetzt, Köchin, gehen Sie in ihr Zimmer, packen Ihre Sachen und verlassen noch vor Mittag mein Haus. Mrs. Page wird Ihnen geben, was Ihnen zusteht.«

»Aber – aber, Madame.« Es war die Haushälterin, die zu sprechen wagte. »Was – was ist mit dem Dinner? Wer – ich meine, ohne eine Warnung?«

»Sie haben ein Küchenmädchen und eine Küchenhilfe, nicht wahr, Mrs. Page? Und sie sind meines Wissens beide seit einigen Jahren in der Küche. Wenn sie in dieser Zeit nichts von der Köchin gelernt haben, sollte man auch sie entlassen. Riley ist doch das Küchenmädchen, oder? Sagen Sie Riley also, daß sie das Dinner kochen muß. Das wäre alles.«

Wie betäubt zogen sich die zwei Frauen zurück; die Köchin vergaß sich so sehr, daß sie vor Mrs. Page hinausging. Und was noch schlimmer war: Keine von beiden hatte geknickst.

Rosina folgte ihnen unmittelbar und sagte zu Watford: »Bringen Sie Miß Annabella.« Sie ging mit dem ihr üblichen langsamen Schritt zur Tür und durch den Wintergarten zur Vordertreppe, wo sie wartete, bis Watford mit Annabella an ihrer Hand eintraf.

Rosina nahm jetzt Annabella bei der Hand, und gemeinsam schritten sie über die Auffahrt mit den Kieselsteinen und durch die Pagode. Watford, die in einem Abstand von dreißig Schritt hinter ihnen herging, fragte sich beunruhigt, was der Grund des Streites war, und sie war alarmiert bei dem Gedanken, daß sie in irgendeiner Weise damit zu tun hatte. Den praktischen Beweis dafür erhielt sie, als die Herrin an der üblichen Stelle stehenblieb, sie herbeiwinkte, finster anschaute und sagte: »Ich habe Miß Annabella ein Sechs-Pence-Stück gegeben. Die soll sie den Kindern geben, die sie gestern getroffen hat.« Eine lange Pause entstand, während der Watfords Augenlider nach unten flatterten und ihre Kehle austrocknete. Dann fuhr ihre Herrin fort: »Passen Sie auf, daß sie die Kinder nicht berührt – sie könnten verlaust sein; sie soll das Geld auf den Boden legen. Und richten Sie ihnen eine Botschaft von mir aus. Sagen Sie ihnen, daß sie an Dienstagen und Samstagen zum westlichen Pförtnerhaus kommen können, wo sie Essen erhalten werden, ohne dafür bezahlen zu müssen. Verstehen Sie das, Watford?«

»Ja, Madame.«

Wieder entstand eine Pause, und Watford wartete mit niedergeschlagenen Augen auf ein Zeichen, daß sie entlassen war. Aber Rosina sagte: »Wissen Sie, wie viele Familien im Moor wohnen, Watford?«

»Ungefähr ein Dutzend, glaube ich, Madame.«

Ein Dutzend, und das bedeutete wahrscheinlich Dutzende von Kindern. Sie hätte ohne weiteres Anordnung geben können, sämtliche Kinder zu füttern, solange ihre Eltern arbeitslos waren, aber das würde bewirken, daß Mr. Rosier herbeigeritten kam und sie aller Voraussicht nach beschuldigte, sie verlängere einen seiner zahlreichen Streiks, da nur der Hunger die Männer wieder in die Bergwerke trieb. Sie verabscheute die Rosiers, wie auch ihr Vater sie verabscheut hatte; sie waren Zechenbesitzer, hatten aber keine Klasse. Sie entschied sich für einen Kompromiß. »Sagen Sie den Kindern, daß genug Essen vorhanden sein wird für sechs von ihnen ... Und, Watford –«

»Ja, Madame.« Die Augenlider flatterten nach oben.

»Ich möchte Sie in meinem Büro sprechen, wenn ich zurückkomme.«

Als Rosina fast zwei Stunden später nach Hause zurückkehrte, fühlte sie sich so ausgelaugt, als ob sie nicht nur seelisch, sondern auch physisch mit ihrer Mutter gekämpft hätte, und sehnte sich nach einem Moment der Ruhe. Er wurde ihr jedoch nicht gegönnt, denn Lagrange, den Constantine von ihrer Rückkunft informiert hatte, suchte sie sofort auf, und obwohl ihre Nachricht bedeutete, daß ihm das Geld sicher war, machten ihn die Bedingungen wild. Ihre Mutter, sagte Rosina, habe sich bereit erklärt, die notwendigen achttausend vorzuschießen, aber nicht als Darlehen, sondern in der Form von Anteilen.

Die Glaswerke der Conway-Redfords waren ein Familienunternehmen. John Redford war immer dagegen gewesen, Quantität statt Qualität zu liefern, und er hatte – wie sein Vater und Großvater vor ihm – nach der Maxime gelebt, daß man das Produkt persönlich überwachen mußte, wenn man die Qualität erhalten wollte. Deshalb war Redfords Fabrik klein geblieben im Vergleich zu Firmen wie Cookson, aber sie war auch exklusiv und überlegen geblieben, sowohl was ihre Produkte wie ihr Management betraf.

Die Anteile der Firma waren gegenwärtig so zwischen Constance Redford, ihrem Bruder James und Rosina aufgeteilt, daß Rosina über sechzig Prozent verfügte. Das neue Arrangement würde jetzt Constance Redford die Kontrollmehrheit geben. Lagrange fand die Vorstellung monströs, und er sprach es auch aus, während Rosina kerzengerade dasaß und schwieg, bis er geendet hatte; schließlich unterbrach sie die geladene Stille: »Nur unter diesen Bedingungen bekommst du das Geld; darüber hinaus hat Mama nachdrücklich betont, daß sie mir danach nichts mehr leihen wird.«

Er verfluchte ihre Mutter, und zwar laut, dann forderte er: »Wie bald kann ich es haben?«

»Ich werde veranlassen, daß Pollit morgen mit den notwendigen Papieren kommt. In einer Woche, würde ich sagen.«

Er verließ sie. Sie hatte nicht einen Augenblick lang Dank erwartet – warum fühlte sie sich trotzdem so zerstört? Ihr war nach Weinen zumute. Sie war achtundzwanzig Jahre alt, und das Leben war für sie eine einzige Last. Ihr einziger Trost war das Kind. In letzter Zeit spürte sie immer häufiger, daß Gott einen besonderen Grund hatte, ihr diese Leiden zu schicken, und eines Tages würde sie ihn erfahren.

Sie war tief in ihren Gedanken versunken, als die Tür aufsprang und ihr Ehemann zu ihrem Erschrecken wieder den Raum betrat.

»Was höre ich da? Du hast die Köchin entlassen?«

Sie zögerte einen Augenblick und erwiderte dann: »Ja, ich habe die Köchin entlassen.«

»Warum zum Teufel?« Er starrte sie mit wutverzerrtem Gesicht an. Sie stand langsam auf, trat vor ihn und hob das Kinn: »Da du weißt, daß sie entlassen worden ist, wirst du wahrscheinlich auch wissen, warum sie entlassen wurde.«

»Weil sie ein paar lumpige Schweineabfälle an das Gesochs verkauft hat! Deswegen hast du die Frau entlassen?«

»Das Gesochs, wie du sie nennst, waren die Arbeiter deines Freundes Rosiers, die Ausgewiesenen, und meine Köchin hat ihnen mein Essen verkauft. Wenn sie einen Penny hatten, kriegten sie etwas zu essen, wenn nicht, mußten sie hungern. Und wo bekommen Männer, die streiken, Pennies her?«

»Was Rosier tut, geht dich verdammt nichts an.«

»Würdest du bitte deine Zunge zügeln, wenn du mit mir redest, Edmund?«

»Zügeln, verflucht!« Er trat ganz dicht auf sie zu; dann

streckte er das Kinn vor und sagte anklagend: »Weißt du, was du getan hast? Du hast mich zweitausend Pfund gekostet. Blunt ist kein Leibeigener, er kann sich frei bewegen, und er wird jetzt gehen, nachdem seine Frau entlassen ist, und wahrscheinlich zu Boston oder Rosier. Er ist der beste Kämpfer in der Grafschaft, und du hast ihn mir jetzt wegen ein paar verdammter Abfälle vertrieben. Selbst wenn er bleiben und kämpfen sollte, wird er nicht mehr ganz bei der Sache sein; er wird sich rächen, indem er sich kaufen läßt, wie ich Blunt kenne.«

Sie blickte ihn fest an, bevor sie mit zitternder Stimme sagte: »Du mußt eine beträchtliche Summe auf ihn gesetzt haben, wenn du zweitausend Pfund Gewinn erwartest, und dabei erzählst du mir, es sei überhaupt kein Geld mehr auf der Bank.«

»Ich habe vor mehr als einem Jahr auf ihn gewettet, langfristiges Risiko.« Er log so perfekt, daß er sich sogar selbst glaubte. »Und bis heute morgen war das Geld so gut wie in meiner Hand. Schau her.« Seine Stimme klang plötzlich leise, beinahe schmeichlerisch sanft: »Stelle sie wieder ein. Verwarne sie – ich will es für dich tun –, aber nimm sie zurück.«

»Nein, Edmund; das kommt nicht in Frage.«

Er starrte sie sekundenlang an, wobei sich seine grauen Augen verengten. Erst heute morgen hatte sie ihn vor dem sicheren Bankrott gerettet und ihm geholfen, sein Gesicht vor seinen Spielkumpanen zu wahren, aber trotzdem brachte er es jetzt fertig, ihr in einem langsamen, weichen Ton, der seine Worte nur noch schrecklicher machte, zu sagen: »Ich habe erwogen, die kontinentalen Firmen in Deutschland, Frankreich und Belgien zu besuchen; vielleicht lerne ich da das eine oder andere, und vielleicht finde ich neue Märkte in Spanien oder Portugal. Sie wollen dort gute Qualität, und wir können sie bieten. Ich bin schon jahrelang nicht mehr in Italien gewesen; die Venezianer haben mich schon immer gereizt, und Annabella würde es in Venedig gut gefallen. Ich glaube, mit sieben ist sie alt genug zum Reisen und um etwas von der Welt zu sehen. Was meinst du?«

Sein Ton erweckte den Anschein, als diskutierten sie

freundschaftlich die Erziehung des Kindes. Er beobachtete, wie das Blut aus ihrem Gesicht wich, er beobachtete, wie ihre Hände zitterten, er beobachtete, wie das Kleid über ihrer flachen Brust sich plötzlich hob. »Ich werde zum Abendessen da sein«, fügte er hinzu, »dann reden wir weiter darüber.« Damit verbeugte er sich leicht vor ihr, wandte sich um und ging aus dem Zimmer.

Die einzige Befugnis, die ihr noch geblieben war, bestand in der Verwaltung des Hauses, und jetzt drohte sie auch das zu verlieren. Diese Frau mußte wieder eingestellt werden. In Zukunft würde sie in den Augen des Personals nur noch eine Strohpuppe sein, eine leere Strohpuppe. Woher nahm man die Kraft, um solche Demütigungen zu ertragen? Nur von Gott. Sie verriegelte ihre Zimmertür, kniete neben dem Bett nieder und vergrub ihren Kopf tief in die Decken.

Aber die Ereignisse dieses Tages waren noch nicht ganz vorüber. Es geschah, daß Annabella Alice nach der Bedeutung eines bestimmtes Wortes fragte.

Für Annabella war der Tag nicht so glücklich verlaufen, wie sie erwartet hatte. Ihre Mutter war lange Zeit im Hause von Großmama geblieben, und Watford hatte sich auf ihrem Weg zum Erdbeerfeld sehr seltsam benommen. Einmal war sie stehengeblieben, hatte ihre Hand, die sie fest umklammert hielt, heftig geschüttelt, hatte auf sie niedergeblickt und gesagt: »Du bist ein kleiner ...« Dann hatte sie aufgehört.

Sie hatten die Kinder im Erdbeerfeld gefunden. Sie suchten die Früchte zwischen den Blättern. Als sie näher kam, standen sie eng und ganz still beisammen. Sie wäre noch weitergegangen und hätte die Sechs-Pence-Stücke vor ihren Füßen fallen lassen, aber Watford hielt sie zurück. Sie riß ihr die Geldstücke aus der Hand und warf sie den Kindern zu, die darüber so erschreckt waren, daß sie sich nicht einmal darum rauften. Dann richtete Watford ihnen schroff die Botschaft ihrer Madame aus, und die ganze Zeit starrten sie sie mit offenem Mund an.

Es war sehr enttäuschend, dachte Annabella. Alles wäre ganz anders gelaufen, wenn sie allein gewesen wäre, und sie hätte ihnen viel lieber die Sechs-Pence-Stücke selbst in die

Hand gedrückt. Aber, wie ihre Mama sagte, es waren sehr schmutzige Kinder, und sie rochen abstoßend – trotzdem hätte sie gern mit ihnen gesprochen.

Nachdem die Botschaft ausgerichtet war, hatte Watford sie fortgezogen und es abgelehnt, mit ihr zu spielen. Sie war ärgerlich über Watford, aber gleichzeitig hatte sie Mitleid mit ihr, weil Mama mit ihr in ihrem Büro sprechen würde, und das bedeutete, daß Mama böse mit ihr war.

Dann das Benehmen der anderen Angestellten. Mrs. Page hatte weggeschaut, als sie sie kommen sah, und Pierce, das Mädchen, das Fanny genannt wurde und das ein rotes, fröhliches Gesicht hatte und immer ›Hallo, Miß‹ sagte, wenn sie ihr allein begegnete – auch sie war an ihr vorbeigegangen und hatte sie nur von der Seite angeblickt. Und Watfords Freundin Rawlings hatte sie so hart angestarrt, als ob sie sie nicht leiden könnte. Sie verstand das alles nicht. Dann war Rawlings ins Kinderzimmer gekommen, und wie gewöhnlich hatten sie und Watford sich unterhalten, und wie gewöhnlich hatte sie zugehört. Sie fand nichts dabei, daß sie zuhörte, aus dem einfachen Grunde, weil sie nie weitererzählte, was sie sagten. Sie sprachen oft über Faill und Cargill, und sie sprachen über die Köchin und Mrs. Page. Wen sie über Faill und Cargill sprachen, lachten sie, aber wenn sie über die Köchin und Mrs. Page sprachen, lachten sie nicht. Aber heute abend sprachen sie über sie, und Watford sagte immer wieder das Wort, das sie am Morgen ausgelassen hatte. Sie sagte ständig: »Dieser kleine Bastard.« Was war ein Bas-stard?« Sie fragte Alice: »Was ist ein ›Bas-stard‹, Alice?«

Alice war es nicht vergönnt, wie eine Dame der Gesellschaft einfach in Ohnmacht zu fallen, was sie am liebsten getan hätte. Ihre Reaktion ging nur so weit, daß sie sich die Ohren zuhielt und mit weitaufgerissenen Augen zum Himmel blickte. Sie flatterte am ganzen Körper und stieß entsetzt hervor: »Kind! Kind! Was sagst du da?«

»Ich habe nur gefragt, was ein –« Annabella erschrak ein wenig über die Wirkung ihrer Frage auf die alte Alice, und als Alice die Arme in die Luft warf und ausrief: »Ich weiß, ich weiß, was du fragst, aber wo hast du dieses Wort gehört? Sag es mir, wo hast du es gehört?«, blieb sie stumm.

Sie dachte an Watford. Watford war unzufrieden mit ihr; deshalb durfte sie ihr keine weiteren Schwierigkeiten bereiten, oder es würde morgen wieder wie heute sein, wo Watford nicht richtig mit ihr spielen wollte und die Dienstboten ihr nicht zulächelten – deshalb antwortete sie: »Ich weiß nicht, Alice. Irgend jemand hat es gesagt. Sie haben gesagt, ich bin ein kleiner ... was ich eben gesagt habe.«

»Wenn sie das gesagt haben, Kind, mußt du auch wissen, wer es war. War es Watford?«

»Nein, nein, Alice; es war nicht Watford. Es war nicht Watford, ganz ehrlich nicht.« Sie merkte, daß sie zu heftig protestierte, deshalb hielt sie inne und starrte in das runzelige Gesicht vor ihr.

»Schau her, Kind, erzähl es mir sofort. Wer hat das zu dir gesagt?«

»Sie haben es nicht zu mir gesagt, Alice, ich habe es nur gehört.«

»Wirst du es mir erzählen?«

»Nein, Alice.«

»Nun gut.«

Alice verließ fluchtartig den Raum, betrat ebenso hastig das Zimmer ihrer Herrin und blieb dann bei dem unerwarteten Anblick ihres Herrn wie angewurzelt stehen. Wenn er an zwei Abenden hintereinander ihre Herrin aufsuchte, bedeutete das Unheil. Sie wollte sich gerade wieder zurückziehen, als Rosina sagte: »Was gibt es, Alice?«

»Nichts, Madame, nur, wenn Sie eine Minute Zeit haben, würden Sie bitte nach oben ins Kinderzimmer hinaufkommen?«

Rosina, die an den letzten Abend und die Augenbinde dachte, erhob sich und fragte besorgt: »Stimmt etwas nicht?«

»Doch, schon, Madame.« Vor dem Herrn redete sie ihre Herrin immer mit dem Titel an.

»Was ist es denn?«

Alice wurde nervös. »Nur etwas, das Sie meines Erachtens wissen sollten, Madame, aber es hat Zeit.«

»Ist sie irgendwie krank?« Jetzt trat ER auf sie zu. Für sie blieb Edmund Lagrange immer ER, denn ER war ein Eindringling in diesem Hause, ein Fremder, ein böser Fremder.

Sie sagte: »Nein, Herr, sie ist nicht krank.«

»Was fehlt ihr dann, Frau, daß Sie meinen, die Herrin solle sofort zu ihr gehen?«

Sie erwiderte furchtlos seinen Blick. Sie fürchtete sich nicht vor Teufeln, weil sie Gott auf ihrer Seite hatte und dieser Mann aus mehreren Teufeln zusammengesetzt war. Sie würde ihm erzählen, was passiert war, und mit Wonne. Sie sah ihm geradewegs in die Augen: »Sie hat mich nach der Bedeutung von ›Bastard‹ gefragt. Jemand hat das Wort ihr gegenüber benutzt.«

Sie beobachtete, wie sich seine Brauen zu einer steilen Falte über der Nase zusammenzogen; sie beobachtete, wie seine Wangen sich blähten und fast seine Augen verdeckten; sie sah, wie er vor Zorn ganz rot wurde; er fegte sie beiseite und stürzte aus dem Zimmer.

»Oh, Alice!« Rosina stürzte ebenfalls an ihr vorbei, hielt jedoch plötzlich inne und schaute sie an: »Wer? Haben Sie eine Ahnung?«

»Nein, nicht die geringste. Sie sagt, Watford war es nicht.«

Als sie das Kinderzimmer erreichten, sahen sie Edmund Lagrange in einer höchst ungewöhnlichen Position. Er hockte auf seinen Fersen. Die feingestreifte Hose spannte sich um seine Hüften, während er sein Gewicht auf den Zehen balancierte, die Hand seiner Tochter festhielt, ihr in das verängstigte Gesicht blickte und zum wiederholten Male verlangte: »Sag es mir sofort, Annabella. Wer hat dich so genannt?«

»Ich – ich weiß es nicht, Papa.« Annabellas ängstlicher Blick huschte jetzt an ihrem Vater vorbei zu Watford hin, die mit dem Rücken und den Händen fest an den Rahmen der Zwischentür gepreßt dastand, und die Reaktionen seiner Tochter und des Kindermädchens zusammen verrieten ihm genug. Mit einer sprunghaften Bewegung war er auf den Füßen und stand drohend vor dem erschreckten Mädchen. »Du!« Sein Speichel sprühte vor ihr Gesicht. »Du hast meine Tochter einen Bastard genannt?« Das zuckende Gesicht und der zitternde Körper waren Antwort genug. Er hatte mit dem Arm und der geballten Faust ausgeholt, als Rosinas Schrei »Edmund! Nein!« den Schlag zwar verhinderte, aber er stieß sie dennoch zur Seite, so daß sie hinfiel.

Rosina schaute das am Boden kauernde Mädchen an und sprach zum zweiten Male an diesem Tage die selben Worte: »Gehen Sie in Ihr Zimmer und packen Sie Ihre Sachen. Mrs. Page wird Ihnen geben, was Ihnen noch zusteht.«

Watford gehorchte. Mit zitternden Knien ging sie in ihre Kammer und dann in das Zimmer der Haushälterin; inzwischen hatte sie so viel von ihrer Zivilcourage wiedergewonnen, daß sie ihrer Tante sagte, sie könne ihre Vorwürfe für sich behalten; sie hätte gesagt, was sie gesagt hätte, und es stimme auch, und sie sei froh, daß sie gehe.

Dann regte sich in ihr die Aggressivität ihrer Klasse, die durchbricht, wenn man sie reizt, und sie machte eine dramatische Abschiedsgeste. Sie verließ das Haus nicht von der Küche aus, sondern ging in die Halle, um Harris mitzuteilen, was sie von ihm hielt, und um ihn nebenbei zu zwingen, die Tür für sie zu öffnen – dieses eine Mal.

Sie hatte nicht damit gerechnet, daß der Herr und die Herrin in diesem Moment die Treppe herunterkamen, aber sie schritt unbeirrt auf die Tür zu und rief mit lauter Stimme Harris zu, so als sei er am anderen Ende des Raumes: »Es stimmt doch, oder nicht? Sie ist nur ein kleiner Bastard!« Dann ging sie mit ihrem schwarzen Strohhut und dem verschossenen roten Mantel, unter dem Arm das Bündel mit ihren Habseligkeiten, in den strömenden Regen hinaus, um die fünf Meilen nach Jarrow zu laufen. Sie sollte diesen Fußmarsch nie vergessen, und das, was ihr währenddessen begegnete, behielt sie lange Jahre für sich bis zu der denkwürdigen Nacht, als sie plötzlich ein Zimmer mit ihrer ehemaligen Schutzbefohlenen teilte und ihr die Einzelheiten ins Gesicht spie.

Das Ergebnis von Watfords Entlassung war, daß Rosina eine Gouvernante engagierte. Das ging nicht zuletzt auf die Andeutung ihres Mannes zurück, daß sie selbst das Kind nur unzureichend unterrichte.

Miß Christina Howard war eine junge Frau Anfang Zwanzig. Sie war hochintelligent, und wenn sie hundert Jahre später zur Welt gekommen wäre, hätte sie ohne Zweifel eine Anstellung im diplomatischen Dienst gefunden. Sie brauchte nicht lange, um zu erkennen, daß die Tochter nach dem Willen ihrer Herrin Wissen und gute Manieren erwerben sollte, vor allem aber wünschte sie, daß Annabella sich für hohe Ideale begeisterte, während ihr Herr wollte, daß seine Tochter amüsant und fröhlich war und einige Fremdsprachen beherrschte, und seltsamerweise, daß sie etwas über die Glasproduktion erlernte. Das lag vielleicht daran, daß seine Ehefrau sich darin auskannte.

Sie selbst verstand nichts von der Glasindustrie, aber in der Passage war ein Regal mit mehr als fünfzig Büchern über das Gewerbe, das das Vermögen dieser Familie begründet hatte; sie verfügte also über alle notwendigen Informationen, um ihre Schülerin in der theoretischen Seite des Geschäfts zu unterrichten. Und so kam es, daß Annabella, als sie an ihrem zehnten Geburtstag zum ersten Male die Glasfabrik besuchte, alles, was sie sah, erkannte, benennen und sogar erklären konnte.

An demselben Tag geschah es auch, daß ihr Cousin Stephen sie zum ersten Male küßte, und sie wußte, daß sie ihn liebte. Und ebenfalls an diesem Tag traf sie den Spanier, den man Manuel Mendoza nannte.

BUCH ZWEI

Manuel Mendoza

1

Es herrschte große Erregung in der Auffahrt, zumindest glaubte Annabella, daß alle aufgeregt waren, weil sie selber es war. Sie war aus mehreren Gründen glücklich. Erstens, weil sie zehn Jahre alt war; und zweitens, weil ihr Vater glücklich war, und zwar seit Tagen. Vielleicht lag das daran, daß Mr. Boston sie besucht hatte. Mr. Boston war ein ziemlich junger Mann, aber er war ein Freund ihres Vaters. Außerdem hatte ihre Mama sie mehrere Male geküßt und sie eng umschlungen, als sie ihr zum Geburtstag gratulierte. Aber vor allem ja, vor allem freute sie sich darüber, daß ihr Cousin Stephen eine ganze Woche lang da sein würde. Ihr Papa hatte sogar erlaubt, daß Stephen dablieb; sonst hatte er immer nur einen kurzen Besuch ihres Cousins zugelassen.

Daß Papa Stephen nicht leiden mochte, gehörte zu den Dingen, die sie nicht verstand und die sie beunruhigten. Manchmal fragte sie sich, ob es deshalb war, weil ihre Mama Stephen mochte. Dann war da noch etwas, das sie seit kurzem beunruhigte: die Meinungsverschiedenheiten, die ihre Eltern ständig hatten. Aber heute waren alle glücklich, weil sie die Glaswerke besuchten. So lange schon wollte sie nun die Glaswerke besuchen, und ihr Papa hatte versprochen, sie an ihrem zehnten Geburtstag hinzufahren, wobei er ihr und Miß Howard lachend mitteilte, daß sie die Führung übernehmen und der Gruppe sämtliche Geheimnisse der Glasherstellung erklären müsse.

Annabella saß im offenen Landauer zwischen ihrer Mutter und ihrem Cousin, einem blonden Jungen von sechzehn Jahren. Gegenüber saß George Boston, ein dicklicher, junger Mann von bereits dreiundzwanzig Jahren mit einer gesunden Gesichtsfarbe. Als Edmund Lagrange in den Wagen stieg, schloß Harris die Tür, dann gab er dem Kutscher ein Zeichen, und sie fuhren los.

Annabella war so aufgeregt, daß sie beinahe vergaß, Miß

Howard zuzuwinken, die an einem der oberen Fenster stand. Sie wünschte, Miß Howard hätte mitkommen können, denn sie hatte Miß Howard sehr gern, aber ihre Mama war dagegen gewesen.

Rosina blickte in das glühende Gesicht ihrer Tochter, und das Herz zog sich ihr zusammen wie jedesmal, wenn sie daran dachte, wie schnell die Jahre vorbeiflogen; jeder Geburtstag von Annabella war ein Schritt näher zur Trennung, denn mit sechzehn Jahren konnte sie heiraten, oder spätestens mit siebzehn. Was würde dann aus ihr selbst? Es gab einen Hoffnungsschimmer in der schnell herannahenden leeren Zukunft; sie wußte, daß Stephen seine kleine Cousine sehr gern mochte, und Annabella fühlte sich auf kindliche Weise stark von ihm angezogen; wenn dieses Gefühl mit den Jahren reifte, würde sie ihre Tochter nicht verlieren, denn Stephen nahm Rücksicht auf sie selbst, und für einen Jungen seines Alters war er ungewöhnlich verständnisvoll.

Auch Stephen schaute seine Cousine an. Sie sah sehr hübsch aus heute, dachte er, und viel älter als zehn, mindestens wie zwölf, aber das lag wohl daran, daß sie groß war für ihr Alter. Er freute sich, daß man ihn für eine Woche eingeladen hatte, aber er durfte es nicht mit seinem Onkel Edmund verderben. Er blickte seinen Onkel über den kurzen Zwischenraum hinweg an. Er sah nicht wie ein schlechter Mensch aus, dachte er; aber wie erkannte man einen schlechten Menschen? An seinem Aussehen? Er hielt seinen Onkel für sehr gutaussehend, und er hatte sehr einnehmende Umgangsformen. Einmal hatte er das seiner Großtante Emma gegenüber geäußert, und ihre Antwort lautete, daß es noch nie einen gutaussehenden Mann gegeben habe, der nicht vom Teufel besessen war. Das war schade, meinte er, weil er hoffte, daß er selbst zu einer stattlichen Person heranwachsen würde. Er würde vielleicht nie so groß werden wie sein Onkel oder so schlank, aber er hoffte, daß er ebenso attraktiv würde.

Auch Edmund Lagrange dachte über seine Tochter nach. Sie war heute zehn Jahre alt. Waren zehn Jahre vergangen seit der Nacht, als er sie aus der Crane Street gebracht hatte?

Sie verriet Anzeichen wahrer Schönheit. Hatte man je solch tiefgrüne Augen gesehen? Nicht dunkles Grün, auch kein bläuliches Grün, sondern ein sommerliches, sonnengesprenkeltes Grün, warm und klar; und zu ihrem Aussehen kam ihr frischer, lieblicher Charme. Es war seltsam, dachte er an diesem Punkt, daß sie in keiner Weise ihrer Mutter ähnelte. Ihre Mutter. Er lachte lautlos in sich hinein. Was würde sie denken, wenn sie zum ersten Male ihre Tochter sah? Es freute ihn über die Maßen, daß das Wetter schön war und sie die offene Kutsche benutzen konnten; sonst hätte sie in der Nähe der Glaswerke lauern und sie beim Aussteigen beobachten müssen, und dabei hätte sie nur einen kurzen Blick auf das Kind erhascht, während sie heute die ganze Straße hinunter und noch weiter nebenherlaufen und sich sattsehen konnte.

Er fragte sich, was Boston zu der Situation sagen würde, wenn er all ihre Umstände erführe. Wahrscheinlich würde er seine verdammten plebejischen Augenbrauen hochziehen. Es war komisch: Je tiefer die Gosse, aus der sie stammten, desto höher wollten sie fliegen und desto kleinlicher waren sie in Dingen der Moral. Er wollte zum Beispiel nicht offen die Crane Street aufsuchen, was wahrscheinlich auch ganz gut so war. Als er ihn endlich davon überzeugt hatte, daß es am besten war, sich eine Geliebte in einer kleinen Wohnung zu halten, hatte er ein Haus am Rande von Newcastle gewählt. Seine Prinzipien legten seinen Gelüsten straffe Zügel an.

Edmund Lagrange wäre einigermaßen erstaunt gewesen, hätte er in diesem Augenblick die Gedanken seines Freundes lesen können, denn sein Freund dachte fast in den gleichen Bahnen wie er selbst; George Boston, der sich an Vorfälle des vergangenen Abends erinnerte, dachte bei sich: Er hat den Geschmack eines Schweinehirten; und er fragte sich, wieviel die strengäugige Madame ihm gegenüber von dem Leben ihres Gemahls außerhalb der Hall wußte. Er fragte sich, ob das Vermögen, das sie in vier Jahren bekommen sollte, so riesig war, wie ihr Ehemann behauptete. Er hoffte fest darauf, andernfalls konnte er seinen Darlehen ade sagen. Er hatte auf einen Teil seiner Ansprüche verzichtet als Anerkennung dafür, daß Lagrange ihn unter seine Fittiche genommen und in auserwählte Sportskreise eingeführt hatte, aber jüngsthin glaubte er, daß er sehr viel für verdammt wenig gezahlt hatte. Trotzdem, man konnte Lagrange nicht hintergehen oder fallenlassen. Trotz seines berüchtigten Namens hatte er immer noch Zugang zu einer Reihe guter Häuser – vielleicht nicht in der Klasse der Percys oder Redheads –, aber zu Familien, die zählten und in denen er selbst eine Frau zu finden hoffte.

Sein Vater hatte gesagt: »Halt dich fern von hier, wo die Frauen nicht nur Kies, sondern auch noch feine Töne wollen. Geh nach Cumberland oder Durham; laß dich da nieder und schlage zwei Fliegen mit einer Klappe: Such dir 'ne Frau, sie braucht nicht viel an den Füßen zu haben, aber dafür ein bißchen Klasse; und schau dich gleichzeitig um nach kleinen Firmen, die in Geldschwierigkeiten sind. Kauf so viele auf, wie du kannst; mach George Boston und Sohn, Hersteller von Nadeln, Scheren und Messern, nicht zu vergessen Stecknadeln, zu einer Firma, mit der man rechnen muß.«

Sein Vater hatte Lagrange einmal getroffen und ihn als einen gebildeten Mann mit Klasse eingeschätzt. Er hätte ihn angespuckt, wenn er gewußt hätte, wie er wirklich war.

Klasse! Er schnaubte innerlich, und das Schnauben galt der ganzen Familie, den weißhäutigen Jungen mit eingeschlossen. Der Junge schaute ihn an, als wollte er ihn abschätzen. Er sagte zu ihm in einem Ton, den er für überlegen hielt: »Und zu welcher Schule gehst du?«

»Eton, Sir.«

»Eton!« Er streckte sein Kinn vor und sah ihn spöttisch an: »Und was hast du vor, wenn du Eton verläßt?«

»Ich hoffe, daß ich nach Oxford gehen kann, Sir.«

Jetzt wiederholte er das Wort »Oxford!«, wobei er sein Kinn wieder vorstreckte. »Und danach was? Premierminister?« Er lachte jovial, aber der Junge antwortete kühl mit unbewegtem Gesicht: »Das strebe ich nicht an, Sir, ich will nur Rechtsanwalt werden.« Er spürte das Verlangen, dieser

Rotznase eins hinter die Ohren zu versetzen. Eton, Oxford, und dann Rechtsanwalt.

»Haben Sie eine Glasfabrik, Sir?«

»Was?« Annabella hatte die Frage gestellt, und er war einen Augenblick lang verwirrt, und bevor er antwortete, nutzte Edmund Lagrange die Pause, um laut aufzulachen: »Nein, mein Liebes; er hat keine Glasfabrik, aber er hat alle anderen Fabrikarten. Nenne, welche du willst, George Boston hat sie.«

Die beiden Männer lächelten sich an.

Die Kutsche bog von der Auffahrt auf eine Straße voller Furchen. Das Holpern störte Rosina, aber Annabella begeisterte es. Sie schaute erst zur einen Seite und dann zur anderen, und überall dehnte sich das Land in offenen Hügelwellen, durchsetzt mit großen purpurnen, braunen und grünen Streifen. Dann kam plötzlich ein Häuflein notdürftiger Unterstände in ihr Blickfeld, errichtet aus Möbelstücken, wie es schien, und dazwischen war eine Anzahl von Kindern verstreut, die beim Herannahen der Kutsche zur Straße liefen.

»Oh! Mama, schau! Die armen Kinder.«

»Setz dich hin, Liebes«, sagte Rosina ruhig.

Annabella setzte sich hin, aber sie konnte trotzdem die Kinder sehen, die an der hohen Böschung entlangliefen und mit dem Wagen Schritt hielten. Sie waren alle barfuß, und wie die drei Kinder in ihrer fernen Erinnerung waren sie schmutzig und mager, und keines von ihnen lachte.

Edmund Lagrange rief jetzt seinem Kutscher zu: »Etwas schneller hier!« Dann sagte er in unterdrücktem Ton zu Boston: »Rosiers Gesochs; wieder ein Streik. Die Polizei mußte sie aus den Häusern vertreiben; er hat das Dorf mit Iren gefüllt. Eines Tages wird es ernste Schwierigkeiten geben, denken Sie an meine Worte. Er kann die Leute nicht behandeln, hat es nie gekonnt, genau so wenig wie sein Vater.« Er redete wie jemand, der mit Leuten umgehen konnte.

Zwei Meilen weiter kamen sie durch Rosiers Dorf. Der Staub wirbelte von den Hufen der Pferde hoch und hüllte die Frauen ein, die an den Türen der aneinandergereihten Hütten standen.

Auch Kinder waren draußen, sie standen an der Straßenseite, und einige von ihnen winkten und riefen, und Annabella wollte zurückwinken, aber sie wußte, sie durfte es nicht.

Nach weiteren zwei Meilen erreichten sie Jarrow, und Annabella rutschte wieder unruhig auf ihrem Sitz hin und her.

In den vergangenen zehn Jahren war Jarrow von einem Zechendorf und einer kleinen Gemeinde von Bootherstellern zu einer lebhaften, übervölkerten Stadt angewachsen. Zwei von drei Bewohnern sprachen mit irischem Akzent; Streit und Trinken gehörten zur Tagesordnung, und der Grund für den Wohlstand, der den Arbeitern das häufige Trinken ermöglichte, war die Geburt von Palmers Schiffswerft.

1850 hatte es etwa zweihundertfünfzig bis dreihundert Häuser in Jarrow gegeben; jetzt, im Jahre 1859, waren es dreitausend, und die Bauarbeiter arbeiteten wie verrückt, und eine Reihe gesichtsloser Ziegelsteinhäuser nach der anderen wurde in den grünen Feldern errichtet.

Der Weg der Kutsche sollte auch durch Palmers Schiffswerft führen; deshalb bogen sie in die Ellison Street ein, die nach einem Mann benannt war, der eine Menge Land in der Gegend besaß. Und der flotte Trab der Pferde ließ die Frauen von den öffentlichen Wasserpumpen an den Ecken und Kunden aus den Geschäften herbeiströmen; sogar die Biertrinker in den Kneipen drehten ihre Köpfe um, sie drängten sich an den Fenstern und fragten: »Ist es Palmer?«, und sie hörten die Antwort: »Nein. Verfluchter Landadel; verfluchte Blutsauger.«

Als sie das Tor der Stahlwerke erreichten, befahl Edmund Lagrange dem Kutscher, anzuhalten. Er stellte sich neben die Wagentür und zeigte ihnen die großen rauchenden Schornsteine, die Schiffe im Fluß, die sich an die Kaimauern schmiegten, die ragende Eisenmasse der Brücken und Kräne und – ausgerechnet – ein großes schwarzes Schiff, das den Fluß hinunterfuhr, wobei Rauch aus einem Schornstein in seiner Mitte quoll, so als ob das ganze Gebilde in Flammen stünde.

Die ganze Szenerie überwältigte Annabella, aber nicht auf

angenehme Weise. In den zehn Jahren ihres Lebens hatte sie nur einen Ort außerhalb des Familienbesitzes besucht, und das war Durham, und Durham war anders als dieses Jarrow, denn es besaß eine wundervolle Kathedrale auf einem Felsen hoch über dem Fluß, und sie war sehr imposant, und alles wirkte sauber, außer einigen Männern, die immer mit Kohlenstaub bedeckt waren und die, wie sie hörte, Bergarbeiter waren. Aber dieses Jarrow, das war eine andere Welt: die großen Schiffe, der Lärm, die Männer, die wie Ameisen umherhuschten, und die Mengen in den Straßen, die alle die gleichen dunklen, eintönigen Kleider trugen. Sie hatte etwas Fürchterliches vor einer der Kneipen bemerkt: Sie hatte wirklich eine Frau gesehen, die in der Gosse lag. Der Anblick hatte ihr einen Augenblick die Sprache verschlagen, und als sie gerade eine Bemerkung darüber machen wollte, hatte ihre Mama das Wort an Mr. Boston gerichtet, also konnte sie natürlich nicht unterbrechen.

Als Lagrange wieder in die Kutsche stieg, beugte er sich zu ihr und sagte: »Möchtest du sehen, wie sie in den großen Öfen Stahl machen?« Und als sie antwortete: »Ich weiß nicht, Papa; es ist alles so groß, und ich hab' ein bißchen Angst«, warf er den Kopf zurück und lachte. Dann schaute er Rosina an und fragte sie höflich: »Soll ich mit Palmer einen Besuch arrangieren? Möchtest du das?«

»Ja, danke; das wäre sehr interessant.«

Ihre Antwort und die Art, wie sie erfolgt war, machten George Boston nachdenklich: Sie redet mit ihm, als sei er lediglich ein Bekannter. Sie haßt ihn. Jawohl! Ich glaube, sie haßt ihn. Aber sie liebt dieses Mädchen. Daß eine Frau wie sie, dünn wie eine Bohnenstange, etwas so Hübsches hervorbringen konnte. Er starrte das Mädchen an. Sie war hübsch, außergewöhnlich hübsch; in ein paar Jahren, wenn sie sich gerundet hatte, würde sie eine vortreffliche Erscheinung abgeben.

Die Kutsche hatte gewendet, und die Pferde galoppierten wieder die Ellison Street hinunter, während die Kinder jetzt zu beiden Seiten nebenherliefen und in einer fremd klingenden Sprache riefen.

»Schmeiß 'n halbn Penny raus!«

Als kein Geld kam, nahmen die Worte – obwohl immer noch unverständlich – einen höhnischen, verletzenden Ton an.

»Komm schonn, fette Schleimkählts!«

»All verkleit wie Fennichpuppen.«

»Sitzn da wie doowe Strohmännekes.«

Als Armorers Peitsche in Aktion trat, wichen die Kinder zurück, außer einem, das zu ihm hochschrie: »Komm här, du Fettarsch, Lakai. Komm vonda runter un ich hau dir ein in die Weichen. Komm här, du Stinker.« Der Junge klammerte sich jetzt an die Tür der Kutsche und schrie ihnen ins Gesicht: »Ihr stinkt alle, mir wird ganz schlächt, wenn ich euch seh!«

Die ganze Zeit über hatte Edmund Lagrange sich mit George Boston unterhalten, als sei nichts geschehen, und Rosina saß mit steifem Rückrat da, ihre Augen unverwandt auf den Kutscher gerichtet. Nur Annabella und Stephen starrten die Kinder an, Stephen mit einem belustigten Lächeln auf den Lippen und Annabella mit ernstem Gesicht und voller Unruhe, besonders wenn Armorer seine Peitsche schwang.

Der Wagen durchquerte nun eine weite Ebene, wo ausgebeutete Salinen die Ufer des Don-Flusses säumten; er fuhr an der Kirche vorbei, wo der heilige Beda gepredigt und gelehrt hatte; er überquerte den Fluß auf einer Steinbrücke, dann ging es an den Jarrow Slacks vorbei und die lange Landstraße hinunter, mit Gehöften und Feldern auf der einen Seite und dem Tyne-Fluß auf der anderen, und danach ins Tyne-Dock, wo am dritten März desselben Jahres die neuen Dockanlagen eröffnet worden waren.

Edmund Lagrange deutete verächtlich auf die riesigen Tore, als sie vorüberfuhren, und bemerkte zu George Boston: »Ein klassischer Fall von vergeudetem Aufwand. Eine neue Dockanlage, wo der Fluß so verschlammt ist, daß man bei Ebbe zu Fuß nach North Shields hindurchgehen kann! Es ist lächerlich, finden Sie nicht? Dann beschweren sie sich darüber, daß der ganze Schiffsverkehr Newcastle anläuft. Zehn Jahre haben sie für dieses Dock gebraucht; man hätte annehmen sollen, daß die 54er Sache sie abgeschreckt hat, aber nein, jemand hatte eine Idee, und sie mußte durchgeführt werden.«

Rosina beobachtete ihren Ehemann, während er redete. Wer ihn nicht kannte, hätte geglaubt, daß ihm die Stadt und ihre Geschichte am Herzen lagen. Mit seinem Hinweis auf 54, worüber Mr. Boston wahrscheinlich nichts wußte, meinte er jenen furchtbaren Tag, an dem dreiundsechzig Schiffe, die im Fluß Schutz suchten, untergingen und viele Männer ums Leben kamen – und das vor den Augen der Menschen, die am Ufer standen. Aber Edmund kümmerte es in Wirklichkeit nicht, ob die Stadt versank oder schwamm; er redete, um Mr. Boston zu beeindrucken, und es konnte nur einen Grund geben, warum er diesen jungen Mann beeindrucken wollte, denn Mr. Boston war ein gewöhnlicher Mensch und ungelenk in Sprache und Auftreten. Sie fragte sich, wie hoch ihr Ehemann bei diesem jungen Mann verschuldet war, und welche Aussichten Mr. Boston auf Rückzahlung hatte.

Ihre Augen weiteten sich leicht, als ihr Mann den Kutscher jetzt von der Hauptstraße weg nach South Shields dirigierte und ihn anwies, am Fluß entlang und durch eine ziemlich verrufene Gegend zu fahren, die zur Flußschleife und schließlich zum Marktplatz führte. Als er darüber hinaus Armorer befahl, er solle die Pferde im Schritt gehen lassen, wollte sie protestieren, aber sie unterdrückte es noch rechtzeitig. Annabella hatte ihrer Meinung nach genügend Scheußlichkeiten für einen Tag gesehen, was sie jedoch in Jarrow beobachtet hatte, war nichts verglichen mit dem, was ihr bevorstand, wenn sie durch Temple Town führen, wohin Edmund offensichtlich die Kutsche leitete.

Auch Armorer war sichtlich überrascht über die Order seines Herrn, denn er wiederholte: »Durch Temple Town, Sir?«

»Ja, ja; da sehen wir mehr vom Fluß und von den Schiffen.« Er wandte sich Annabella zu. »Du möchtest doch die Schiffe sehen, nicht wahr?«

»Ja, Papa.«

Aber vorläufig sah sie die Schiffe noch nicht. Statt dessen sah sie abgerissen wirkende Menschen, arme Menschen, und zahlreiche Kinder, die meisten barfuß. Die Städte schienen voller armer Kinder, die ganze Welt schien voller barfüßiger Kinder. Natürlich, das Wetter war warm, vielleicht trugen sie deshalb keine Schuhe oder Strümpfe.

Manchmal verlangte es sich selbst danach, ihre Schuhe und Strümpfe auszuziehen und mit nackten Füßen im Gras herumzulaufen – das heißt, wenn es warm war; aber vielleicht hatten diese Kinder auch keine Schuhe und Strümpfe an, wenn es kalt und naß war und schneite. Ohne sich an jemanden bestimmten zu richten, sagte sie: »Sie haben keine Schuhe oder Strümpfe an«, und ihr Papa antwortete: »Sie brauchen keine, mein Liebes; ihre Fußsohlen sind wie Leder.«

»Wirklich!« Sie drehte ihren Kopf und lächelte ihren Vater schwach an. Seine Antwort war sehr beruhigend.

Aber je weiter der Wagen in die Altstadt fuhr, desto stärker fielen ihr die Eintönigkeit, der Schmutz und der Gestank auf. All die Menschen sahen seltsam aus. Vielleicht, so vermutete sie, stammten sie aus fremden Ländern. Dann passierte etwas Furchtbares: Sie sah, wie eine Dame aus dem Fenster eines Obergeschosses einen Nachttopf leerte, und Armorer mußte die Pferde zum Galopp antreiben, um dem Inhalt auszuweichen. Es erstaunte sie, daß die Dame mit dem Schmutz nach ihnen gezielt hatte und daß sie laut lachte.

Als sie nach diesem Zwischenfall ihre Mama anschaute, war deren Gesicht sehr weiß und ihr Mund geschlossen, wie immer, wenn sie zornig war. Ihr Vater fluchte, aber Mr. Boston lachte, und als sie Stephan anblickte, sah sie zu ihrer Überraschung auch ihn lachen.

Sie fuhren jetzt in eine Straße namens Crane Street. Sie lag direkt am Fluß, und Annabella wußte nicht, ob sie auf die Schiffe oder auf das Pflaster schauen sollte, wo eine Dame neben der Kutsche herschritt. Sie war anders als alle anderen Damen, die sie kannte, denn sie trug ziemlich farbenprächtige Kleider. Die Dame schaute sie an, starrte sie an, und ein wenig weiter die Straße hinunter lächelte die Dame sie an, und sie lächelte zurück. Dann wurde ihr Blick von der Dame abgelenkt auf ein hohes Fenster, wo viele andere Damen über die Brüstung hingen und riefen. Ihre Gesichter wirkten glücklich und froh, und sie sah, wie ihr Papa hochblickte und ihnen leicht zulächelte, und Mr. Boston ebenfalls. Sie hatte noch nie eine Dame mit einem solch bunten Gesicht gesehen; ihre Augen waren sehr dunkel und ihre Lippen und ihre Wangen sehr rot.

Rosinas Herz schlug wie wild. Das konnte er nicht tun! Nein! Nein! So gemein konnte er nicht sein. Und doch, dieser schamlose Gang neben der Kutsche mit ihrem bemalten Gesicht unter dem schrecklichen Federhut und ihre bloßen Brüste, die fast aus ihrem Kleid quollen – aber nein! Es war nicht möglich. Doch wenn man die Farbe entfernte, könnte die Ähnlichkeit vorhanden sein. Sie war groß und hatte ein herzförmiges Gesicht, mit gutem Knochenbau. Aber wiederum, nein! Nein! Das würde er ihr nicht antun, bestimmt nicht.

Als ihr flackernder Blick auf das Gesicht ihres Ehemannes fiel, sah sie, daß seine Augen auf der Frau ruhten, und sie wußte, daß er es ihr angetan hatte ... Und diese Huren am Fenster, sie waren nicht zufällig da, sie hatten gewartet. Lieber Gott! Lieber Gott! Warum? Warum? Was hatte sie getan, daß sie solche Erniedrigung ertragen mußte, solche Kränkung?

Mit einem Male ergriff sie Annabellas Hand, zog sie in ihren Schoß und hielt sie eng umklammert. Jetzt schaute die Frau sie an, und ihr Mann schaute sie an, und ihr Blick blitzte von der einen zur anderen, und nur Jahre der Selbstkontrolle bewahrten sie davor, sie laut anzuschreien.

Edmund Lagrange gab jetzt dem Kutscher eine neue scharfe Order, und die Pferde fielen in Trab. Die Frau versuchte noch eine Weile mit ihnen Schritt zu halten, dann blieb sie zurück. Die Kutsche fuhr den Hügel hinunter auf den Marktplatz, über ihn hinweg, die King Street hinab und einen anderen Hügel hoch auf die Glaswerke zu.

Annabella würde nie den ersten Anblick der Glaswerke vergessen und wie sie beinahe vor lauter Enttäuschung etwas gesagt hätte. Sie sah lediglich ein offenes Gelände mit einem langen, niedrigen Gebäude, an dessen Ende sich ein großer kegelförmiger Kamin erhob, und drei ähnliche, kleinere Gebäude. An der einen Seite des Hauptgebäudes war ein großer Haufen Feinkohle. An der anderen Seite war nahe dem letzten Gebäude ein Holzstapel in Form eines Bogens aufgeschichtet.

Hier war kein Leben und keine Aktivität wie in Palmers Schiffswerft und auch kein Maschinenlärm. Im Gegenteil, der Ort schien verlassen bis auf einen Mann, der von einem Stoß in der Nähe des Tores Balken holte und sie an den Holzbogen lehnte.

Sie hatte während der vergangenen zwei Jahre unter Miß Howards Anleitung eine Reihe Bücher über die Herstellung von Glas gelesen, und wenn Miß Howard ihr Fragen stellte, wiederholte sie wie ein Papagei, was sie gelernt hatte. Glas war zusammengesetzt aus Silikat, Soda, Pottasche, Kalk oder Kreide. Es gab verschiedene Glasarten wie Kronenglas, Flaschenglas, Tafelglas, Panzerglas und Bleiglas. Sie wußte auch, daß man Glas blasen oder schleudern konnte. Sie wußte ebenfalls, daß in England hauptsächlich Franzosen in der Glasproduktion beschäftigt wurden und daß es zu großen Schwierigkeiten zwischen ihnen und ihren Arbeitgebern gekommen war, weil sie ihre Berufsgeheimnisse nicht verraten wollten. Auch die Italiener waren hervorragende Glaskünstler, aber sie hüteten ebenfalls ihre Geheimnisse. Sie lernte, daß die Ingredienzien für die Glasherstellung allgemein bekannt waren, aber das Geheimnis lag darin, wie man sie anwendete. Sie hatte eine Unmenge Bücher über ein sehr einfaches Thema gelesen. Schließlich brauchte man nur Sand und einige der anderen Ingredienzien zu nehmen, sie zu mischen und in einen Topf in den Ofen zu schieben, und wenn sie geschmolzen und flüssig waren, verlieh man ihnen eine Form, entweder flach oder rund oder jede Form, die man wünschte. Und wenn man farbiges Glas wollte, brauchte man nur Kupfer für rotes und grünes Glas und Eisen für blaues Glas hinzuzufügen.

Sie hatte sich nach diesem Moment gesehnt, da sie ihrem Papa zeigen konnte, wieviel sie von dem Familienbetrieb verstand, und nun stand sie da und brachte keinen Laut hervor. Sie blickte durch den riesigen Raum auf ein kuppelförmiges Gebilde mit Löchern an der Seite. In einiger Entfernung waren Tröge mit Wasser. Davor standen drei Männer, die in lange Röhren bliesen und große Glasblasen erzeugten. Andere Männer saßen auf stuhlartigen Sitzen und drehten kleine Glasmassen am Ende von Stäben. Es war ungewöhnlich still, abgesehen von einem schwachen Zischen und Schleifen.

Ein Mann löste sich aus einer Gruppe am anderen Ende des Gebäudes und kam schnell auf sie zu. Lagrange sagte ohnehin: »Oh, da sind Sie ja, Bignall. Alles in Ordnung?«

»Ja, Sir.« Der Mann grüßte, indem er mit der Hand an seine Mütze tippte.

»Mr. Atkinson hier?«

»Ja, Sir; er ist im Büro.«

»Richten Sie ihm bitte aus, daß wir eingetroffen sind, ja?«

»Ja, Sir.«

Als der Mann an ihnen vorüberging, blickte er Rosina an und berührte wieder seine Mütze: »Guten Tag, Madame«, und sie antwortete: »Guten Tag, Bignall. Wie geht es Ihnen?«

»Sehr gut, Madame.

»Und Ihrer Frau und der Familie?«

Sie nickte ihm freundlich zu und lächelte ihn an, und er lächelte zurück, bevor er eilig wegging.

Lagrange schaute sie mit hochgezogenen Augenbrauen an: »Ich habe ganz vergessen, daß du Bignall kennst.«

Sie hätte ihm antworten können: »Ich habe Bignall gekannt, bevor ich dich kennenlernte«, aber statt dessen nickte sie nur.

Der Manager kam voller Entschuldigungen herbeigestürzt, und die Führung begann.

Edmund Lagrange kannte sein Geschäft, das Geschäft der Glasproduktion, und wenn er sich ihm voll gewidmet hätte, hätte er es ausweiten und konkurrenzfähig machen können. Zumindest hätten sie mit den Werken, die die Cooksons in der Stadt besaßen, konkurrieren können. Die Cooksons hatten einen sehr guten Namen in der Glasindustrie, sie waren

1730 gegründet worden – fünfzig Jahre, bevor John Conway-Redford sein Unternehmen mit einem kleinen Glashaus angefangen hatte –, und 1833 kontrollierten sie zehn der achtunddreißig Glashäuser in Newcastle. Obwohl es töricht gewesen wäre, mit der Cookson-Dynastie insgesamt zu konkurrieren, hätten die Redford-Glaswerke sich unter sorgfältiger Leitung auf lokaler Ebene durchaus behaupten können.

Die Glasherstellung machte eine strenge Überwachung erforderlich; jedes Haus brauchte einen Manager, der die Bläser, Gießer, Ausheber und Strecker beaufsichtigte, und die Manager mußten ständig auf der Hut sein – und zwar nicht nur, was die Qualität des Sandes anging, sondern auch die Zahlen in den Büchern.

Zum gegenwärtigen Zeitpunkt exportierten Frankreich und Belgien Glas nach Großbritannien, und es hatte eine bessere Farbe als das englische Glas, zudem war es billiger und steuerfrei. Die Ausländer konnten sich das leisten, weil sie ihren Leuten niedrigere Löhne zahlten und weil das Material sie weniger kostete, während die britischen Glashersteller in Frankreich nicht verkaufen durften und in Belgien hohe Zölle auf ihre Waren entrichten mußten. Viele Produzenten hatten in der Vergangenheit betrügerische Methoden angewandt, um die Steuer zu hintergehen. Diejenigen, die an die Regierung abführten, was diese verlangte, gingen oft schnell bankrott. Kurz, die Glasindustrie brauchte fleißige Arbeiter, ständige Aufsicht, ebenso wie branchenerfahrene Verkäufer. Man brauchte Leute mit Erfahrung, wenn man versuchen wollte, den Ausschuß der Produktion in Irland loszuwerden. Vor allem aber, wenn es überleben wollte, brauchte das Gewerbe Männer mit – dem richtigen Gespür.

Von den Dutzenden Jungen, die eine Firma einstellte, konnte man diejenigen an den Fingern einer Hand abzählen, die es zu geschickten Bläsern brachten. Die Unternehmen scheuten nicht davor zurück, Glasbläser mit dem Angebot von Sonderzahlungen und höheren Löhnen von anderen Firmen abzuwerben. Manchen Männern hatte man bis zu drei Pfund die Woche als Bläser und dreißig Schilling die Woche als Ausheber angeboten, während der normale Wochentarif für solche Fachkräfte achtundzwanzig Schillig für Bläser und zwanzig Schilling für Ausheber betrug.

Nicht nur Annabella und Stephen, sondern auch George Boston sah zum erstenmal das Innere einer Glasfabrik. Er nahm begierig alles in sich auf, was Lagrange sagte, aber er konnte kaum seine Ungeduld verbergen, als sein Gastgeber das Wort seiner Tochter gab, damit diese mit ihrem Wissen glänzen konnte. Er hatte keine Lust, mitanzuhören, wie das Kind im Schulzimmer auswendig gelernte Fakten herunterleierte, und als sie vor den Arbeitern ihren Kopf senkte und still blieb, stand ihr das nach seiner Meinung besser an als ihr Geplapper. Ohne es genau zu wissen, ahnte er, daß vieles an dem Produktionsprozeß hier ziemlich altmodisch war. Wie er gehört hatte, benutzte man heute für die meisten Hochöfen Kohle, aber in diesem Haus heizte man immer noch mit Holz.

Lagrange fragte seine Tochter, was der Mann tue, der mit bloßen Füßen in einem mit Blei ausgekleideten Verschlag Tonerde knetete, und wieder ließ sie den Kopf hängen, bis ihre Mutter sie ermahnte: »Annabella«, sagte sie; und endlich antwortete das Kind, immer noch mit gesenktem Kopf: »Er macht Töpfe, Papa.«

»Und was macht er mit den Töpfen, wenn sie fertig sind?« fragte Lagrange. Sie sah halb auf: »Er brennt sie, Papa.«

»Ja, ja.« Er nickte ihr ungeduldig zu. »Und was geschieht dann? Was kommt hinein?«

»Glas, Papa. Ich meine, die Zutaten für Glas. Sie – sie trocknen Sand und geben Blei hinzu, rotes Blei und Salpeter und –«, sie hielt wieder inne, dann schaute sie zu der gewölbten Decke hoch, bevor sie rasch hinzufügte: » – wenn sie Bleiglas machen wollen, geben sie Arsenik hinzu und ...«

»Ja, und noch etwas.« Er nickte ihr aufmunternd zu.

»Borax, Papa.«

»Und noch etwas für Bleiglas.«

»Glas, Bruchglas, Papa.«

Sie holte tief Luft und atmete dann ganz langsam aus, als Lagrange fragte: »Nun, was haltet ihr davon?« Er blickte sich in der Runde um, zu der sich vier Arbeiter und der Mann in dem Knetkasten gesellt hatten, und die Männer lächelten und schüttelten die Köpfe und sagten: »Oh ja, sie ist eine kluge Miß«, und Lagrange lächelte seiner Tochter zu: »In der Tat, in der Tat, sie ist eine kluge Miß.« Dann nahm er sie bei der Hand und führte die Gruppe aus dieser Abteilung in die nächste.

Sie trafen gerade rechtzeitig ein, um zu beobachten, wie eine Anzahl von Töpfen geöffnet wurde. Aus sicherer Entfernung sahen sie zu, wie der Bläser – oder der Fußmacher, wie man ihn nannte – mit einer Glasbläserpfeife Glas aufhob. Der Mann drehte das geschmolzene Glas um das Ende seines Eisenrohrs, so wie eine Hausfrau Sirup um das Löffelende wickelt. Wieder und wieder stieß er das Eisen in den Topf im Hochofen zurück, wobei sich jedesmal mehr geschmolzenes Glas ansammelte. Dann ging er zu seinem Stuhl, setzte sich nieder, legte das Rohr an seinen Mund und begann zu blasen, und die Glasmasse nahm allmählich die längliche Form einer großen Flasche an, deren Entstehung Annabella begeisterte.

Sie wandten jetzt ihre Aufmerksamkeit dem zweiten Mann zu, der sein Material aus einem anderen Topf in demselben Kreis holte. Dieser Mann hob seine Ausbeute an Schmelzglas auf eine polierte Stahlplatte, und als er das Metall daran entlangrollte, schaute Lagrange wieder Annabella an: »Na, meine kleine Expertin, weißt du, wie man diesen Prozeß nennt, eh?«

Ohne zu zögern erwiderte sie: »Märbeln, Papa.«

Stephen beugte sich zu ihr hinunter und neckte sie lachend: »Was für ein kluges Persönchen!«, und als sie zurücklachte und mit der Hand an seinen Ärmel tippte, wandte sich Lagrange beinahe ärgerlich zu dem Jungen um und sagte: »Kannst du auch nur eine Frage über Glas beantworten, junger Mann?«

Leicht erschüttert starrte Stephen seinen Onkel an, dann sagte er offen und – was Lagrange noch mehr ärgerte – furchtlos: »Nicht eine einzige, Sir.«

»Dann solltest du dich auch nicht lustig machen über die, die es können, nicht wahr?«

Daraufhin drehte Rosina sich um und gab Stephen ein Zeichen, sie nach draußen zu begleiten.

Während sie zu der nächsten Abteilung gingen, begegnete ihnen ein junger Mann, der drei lange Holzstangen auf seiner Schulter trug. Er zog Rosinas Blick auf sich, weil er ungewöhnlich groß war, weit über einen Meter achtzig, wohingegen alle anderen Männer in der Fabrik, sowohl Arbeiter wie Angestellte, von kleiner Statur waren, die größten nicht mehr als ein Meter sechzig. Er war offensichtlich ein Ausländer. In der Glasindustrie waren wie in keiner anderen Industrie Leute aus den verschiedensten Nationalitäten beschäftigt.

Bei der dritten Abteilung handelte es sich um eine ganz besondere, wo Tafelglas hergestellt wurde. Sie blieben dort eine ganze Weile, während Mr. Boston viele Fragen stellte. In dem Augenblick, als sie herauskamen, sah Annabella die Katze. Es war eine extrem große, schildpattfarbene Katze, und sie schlich gemächlich über den Hof, und Annabella rief aus: »Oh! Schau mal die Katze, Mama. Ist sie nicht schön?« Sie wollte sich ihr nähern, aber Rosina ergriff ihre Hand und sagte: »Wir gehen jetzt.«

»Kann ich sie nicht streicheln, Mama?«

»Sie – sie könnte dich kratzen.« Sie fügte nicht hinzu, daß sie verseucht sein könnte.

»Es ist ein großes Tier«, bemerkte Stephen mit einem Blick auf die Katze. »Wahrscheinlich ein Rattenfänger. Wir haben eine in der Schule, sie fängt Ratten so groß wie sie selbst.«

Mit einem »Oh, Stephen!« verbat Rosina ihrem Neffen solche Mitteilungen, und er lachte, als er antwortete: »Es stimmt, Tante; sie tut es wirklich.«

Sie schaute ihn liebevoll an und fragte: »Hat dir der Besuch gefallen?«

»Außerordentlich. Ja, außerordentlich.«

Ihre Augen blieben auf seinem offenen, klaren Gesicht ruhen. Er meinte, was er sagte. Trotz Edmunds Verhalten ihm gegenüber war er nicht beleidigt. Er war ein guter Junge, Stephen, ein wirklich guter Junge; sie hoffte aus ganzem

Herzen, daß die Dinge in der Zukunft so verlaufen würden, wie sie es wünschte; die Möglichkeit dazu bestand, denn er mochte Annabella schon jetzt sehr gern, und er war gerade die richtige Anzahl von Jahren älter als sie.

Als sie in die Kutsche stiegen, ging der ausländisch wirkende junge Mann mit einem anderen Holzstoß auf seiner Schulter vorüber. Er wandte sich zu ihnen um und blickte sie an, einen nach dem anderen, dann blickte er wieder weg und setzte seinen Weg fort zu dem Stapel, den er aufbaute.

Gerade als Reeves die Pferde antrieb, kam der Hund durch das offene Tor, sah die Katze und raste auf sie zu. Die Katze, die auf dem Boden saß und sich gerade putzen wollte, ergriff die Flucht und rannte genau vor die Hufe der Pferde. Der Hund folgte ihr unmittelbar auf den Fersen. Sein Schwanz hatte den Huf eines der Pferde gestreift, worauf dieses wieherte und sich aufbäumte, und das zweite Pferd ließ sich anstecken. Reeves schrie jetzt und zog an den Zügeln, aber ohne den geringsten Erfolg, und im nächsten Augenblick gingen die Pferde durch und galoppierten wie wild auf das offene Tor zu.

Die Tiere selbst wären vielleicht unbeschadet durch das Tor gelangt, aber die Kutsche, die von einer Seite zur anderen schwankte, wäre bestimmt gegen das Mauerwerk gekracht, wenn die Pferde nicht wenige Meter vor dem Tor schlitternd und rutschend angehalten hätten.

Durcheinandergeschüttelt und nach Luft schnappend blickten die Insassen der Kutsche auf die Gestalt, die mit gespreizten Armen zwischen den beiden Tieren stand. Die Arme des Mannes waren bis zum Äußersten gestreckt, seine schwarzen, schmutzverkrusteten Hände umklammerten die Zügel. Eine volle Minute starrten sie ihn an, und eine volle Minute hörten sie zu, wie er in einer Sprache redete, die niemand von ihnen verstand, denn seine Laute waren keine wirklichen Worte, sondern eine Mischung aus angenehmem, tiefem Brummen und langgezogenen Musiktönen, die willkürlich aus irgendeiner Tonleiter gewählt schienen. Seine Arme entspannten sich, er legte den schwitzenden Tieren seine Hände auf das Gesicht, und sie wurden ruhig. Als er merkte, daß sie alle ihn anstarrten, trat er beiseite, und der Bann war gebrochen.

Edmund Lagrange stieg hastig aus der Kutsche, gefolgt von George Boston. Lagrange schaute auf die Pferde; sie waren jetzt ruhiger als vor einigen Minuten, als sie ungeduldig mit ihren Hufen den Boden gescharrt hatten. Dann blickte er den jungen Burschen mit seiner olivenfarbenen Haut an und sagte aufrichtig: »Vielen Dank. Das war sehr mutig von ihnen.«

Der junge Mann starrte zurück, ohne ein Wort zu sagen.

»Sie –«, Lagrange blickte wieder auf die Pferde, »Sie verstehen anscheinend etwas von Pferden?«

»Ich habe Pferde gern.«

Lagranges Augen glitten schnell zu dem jungen Mann zurück, aus dem einfachen Grunde, weil er das »Sir« ausgelassen hatte.

»Haben Sie schon früher mit Pferden zu tun gehabt?«

»Fast mein ganzes Leben.«

»Sie stammen nicht aus dieser Gegend – Sie sind Ire, nicht wahr?«

»Ich bin in Irland aufgewachsen, aber ich bin Spanier.« Seine Stimme, die tief und sanft war, klang so, als unterhielte er sich, nicht wie die Stimme eines Arbeiters, der seinem Herrn antwortet.

»Wie heißen Sie?«

»Manuel Mendoza.«

Lagranges Augen verengten sich. »Wie lange sind Sie schon hier?«

»Im Glaswerk?« Er warf den Kopf zurück. »Fünf Wochen. In England drei Monate.«

»Und Sie sind jetzt ansässig, es gefällt Ihnen?«

»Nicht sehr. Ich glaube nicht, daß ich je ein guter Glasbläser werde, dafür tauge ich nicht.«

Lagranges Dankbarkeit wandelte sich schnell in Ärger. Die Art des Burschen gefiel ihm nicht; er setzte ihn seltsamerweise ins Hintertreffen, und das durfte natürlich nicht sein. Er schob die Hände in die Taschen seiner Reithose, zog eine weiche Wildlederbörse hervor, entnahm ihr drei

Goldmünzen und hielt sie dem jungen Mann hin. »Für Ihre Mühe.«

Manuel Mendoza rührte die Hände nicht von seinen Hüften, sondern blickte auf das Geld in der Handfläche vor ihm; dann schaute er den Spender an und sagte: »Vielen Dank, aber nein; ich brauche keine Bezahlung dafür, es war eine Art Übung; ich bin dankbar für die Gelegenheit.« Er drehte sich um und sah die Gesichter in der Kutsche an, und er lächelte ihnen zu, und seine Augen blitzten dunkel, und seine Zähne glänzten weiß und gleichmäßig. Dann nickte er den beiden Männern vor ihm leicht zu, wandte sich ab und schritt in Richtung der Glashaustür davon, wo sich inzwischen die Arbeiter drängten.

Lagrange schaute ihm einen Augenblick nach; dann warf er das Geld in die Börse zurück, blickte George Boston an und sagte leise: »Komischer Typ«, und George Boston erwiderte fast ehrfürchtig: »So etwas habe ich noch nie gesehen; ich meine, wie er sie angehalten hat. Er ist zwar mager, aber er muß Bärenkräfte haben.« Als er sich dann zu der Tür umdrehte, durch die der Ausländer mit seinen Arbeitskameraden verschwunden war, sagte er wie zu sich selbst: »Ob er wohl seine Fäuste benutzen kann?«, worauf Lagrange ein wenig scharf erwiderte: »Er ist zufällig mein Angestellter.«

»Ah, ja. Aber vergessen Sie nicht, er hat gesagt, er sei kein Glasbläser.« Boston lachte seinem wütenden Gastgeber ins Gesicht und stieg in den Wagen.

Ihr Geburtstag war beinahe vorüber. Der Tag war sehr ereignisreich gewesen. Diese wunderbare Fahrt durch Jarrow und Shields, die neben der Kutsche herlaufenden Kinder und diese hübsche Dame, die ihr zugelächelt hatte. Dann der Besuch der Glaswerke. Sie wollte sich selbst nicht eingestehen, daß sie davon enttäuscht war, aber es war dann doch aufregend geworden, als dieser tapfere Mann ihrer aller Leben rettete. Die Kutsche wäre bestimmt an den Tormauern zerschellt, und sie wären alle ernsthaft verletzt worden, das hatte ihre Mama zu Alice gesagt, und sie hatte auch gesagt, daß er ein höchst ungewöhnlicher junger Mann sei, weil er das Geld zurückgewiesen habe, und heutzutage wiesen nur sehr wenige Leute Geld zurück.

Dann folgte das wundervolle Diner, und zum ersten Male saß sie eine ganze Mahlzeit hindurch im Eßzimmer mit ihren Eltern und den Gästen. Später, als die Erwachsenen sich ausruhten, waren sie und Stephen und Miß Howard in den Park gegangen und hatten Verstecken und Ball gespielt. Am späten Nachmittag wurde im Salon Tee serviert, und Harris hatte den allerschönsten Kuchen hereingebracht, auf dem ihr Name und ihr Alter in buntem Zuckerguß geschrieben waren. Ihre Mama sagte, sie müsse persönlich zur Köchin gehen und sich bei ihr bedanken, was sie nach dem Tee tat.

Die Köchin war neu; sie war erst seit wenigen Monaten bei ihnen. Sie war nett und freundlich, nicht wie Blunt, die sie nie anlächelte. All die Dienstboten in der Küche hatten ihr heute zugelächelt und ihr zum Geburtstag gratuliert.

Und jetzt lag sie im Bett und war überhaupt nicht müde. Es war sehr war, aber Miß Howard hatte darauf bestanden, sie zuzudecken. Sie streifte die Bettdecken zurück, bis ihre Füße hervorschauten, dann begann sie mit den Zehen zu wackeln. Nächstes Jahr würde sie elf Jahre alt sein, und danach zwölf; dann dreizehn, vierzehn, fünfzehn, dann – Freude über Freude – sechzehn, und wenn sie dieses fortgeschrittene Alter erreichte, würde sie richtig tanzen und singen und Klavier spielen können wie eine Dame. Was aber noch wichtiger war: sie würde alt genug sein, um in London Bälle zu besuchen und schöne Kleider zu tragen und Quadrille zu tanzen.

Ihr Papa hatte ihr erzählt, daß es in London große Regatten auf der Themse zwischen London Bridge und Hammersmith gab; und Raddampfer, auf denen Blaskapellen spielten, fuhren den Fluß hinauf und hinunter, und die Leute picknickten an den Ufern, und in Putney gab es eine große Kirmes, wo man fette Damen und dressierte Schweine und Riesen und Zwerge sehen konnte, und überall vergnügten sich die Menschen. Manchmal glaubte sie es nicht erwarten zu können, und daß sie vor Ungeduld umkommen würde, bevor die Zeit da war, wo sie nach London gehen und all diese Wunder erleben durfte.

Ihre Mama spielte nie darauf an, daß sie einmal in London wohnen würde, und da eine gewisse Animosität zwischen ihrer Mama und ihrem Papa existierte, war sie klug genug, nie der einen Seite mitzuteilen, was die andere gesagt hatte.

Immer noch voller Energie sprang sie aus dem Bett und lief ans Fenster, in der Hoffnung, einen Wagen eintreffen oder abfahren zu sehen, aber zu ihrer Enttäuschung war nichts in der Einfahrt zu sehen. Dann war sie plötzlich sehr aufgeregt, als sie aus der Pagode neben der Einfahrt Stephen auftauchen sah. Sein Gesicht war ernst, und er wirkte recht einsam.

Ihr Fenster war fest verschlossen, um die Nachtluft zu verbannen, und es war viel zu schwer, als daß sie es hätte öffnen können; deshalb klopfte sie hart mit den Knöcheln dagegen, und als Stephan hochblickte, winkte sie ihm zu, und er winkte zurück. Dann kam er näher und blieb unter dem Fenster stehen, und als sie ihn mit gekrümmtem Finger heraufwinkte, lachte er und nickte; dann verschwand er in den Wintergarten.

Sie eilte zum Kleiderschrank und zog einen Hausmantel über ihr Nachthemd, und als sie kurz darauf Stephens Schritte vernahm, lief sie ihm ins Kinderzimmer entgegen und fragte: »Was hast du im Garten gemacht? Ich meine, warum bist du nicht bei den Herren?«

Lächelnd sagte er: »Onkel und Mr. Boston und die zwei anderen Herren sind drüben in der Hall.« Er deutete mit dem Kopf in die Richtung.

»Oh«, sagte sie verständnisvoll. Dann fügte sie lachend hinzu: »Ich kann nicht schlafen. Komm und setz dich hierher aufs Fensterbrett.« Sie lief in ihr Schlafzimmer zurück, und er folgte ihr in einigem Abstand, wobei er fragte: »Wo ist Miß Howard?«

Sie zeigte auf die Zwischentür, die in Miß Howards Zimmer führte. »Sie wird bald wieder hier sein, sie ist beim Abendessen.

Sie setzten sich auf die niedrige Fensterbank, er mit baumelnden und sie mit gekreuzten Beinen, und sie plapperten über die Ereignisse des Tages, obwohl sie das schon bei verschiedenen Gelegenheiten zuvor getan hatte; und er genoß es, einfach dazusitzen und ihr zuzuhören und sie anzuschauen, denn sie war außerordentlich hübsch. Er traf nur selten mit Mädchen zusammen, zumindest mit hübschen Mädchen. Die Hausmädchen in der Schule waren alles andere als hübsch; die meisten von ihnen waren ziemlich plump gebaut und hatten sehr dicke Fesseln, und wenn er in den Ferien zu Hause war, luden Onkel James und Tante Emma nie junge Leute ein. Deshalb, so vermutete er wenigstens, kam er so gern zu seiner Tante Rosina, weil Annabella schon als kleines Kind sehr amüsant gewesen war. Außerdem hatte er natürlich seine Tante Rosina sehr gern – so sehr, daß er oft wünschte, sie wäre seine Mutter. Selbst jetzt, in seinem Alter, fehlten ihm die Eltern; Onkel und Tanten waren irgendwie anders, sie füllten nicht wirklich die leeren Stellen in seinem Inneren aus. Jedesmal, wenn er seinen Freund Roger Bollard besuchte, wurde der Unterschied ganz deutlich. Man brauchte einfach Eltern zu seinem Glück; und trotzdem, herrschte irgendwelches Glück in diesem Hause zwischen seinem Onkel Edmund und Tante Rosina? Seines Wissens nein; und trotzdem machten sie beide, jeder auf seine Weise, Annabella glücklich.

Während er sie anstarrte, fiel ihm zu seiner Überraschung auf, daß sie weder ihrem Vater noch ihrer Mutter ähnelte, und er verlor sich in Vergleichen ihrer Gesichtszüge mit denen seiner Tante und seines Onkels, so daß er hochfuhr, als sie seine Hand ergriff und sie schüttelte.

»Wo starrst du hin? Du bist meilenweit entfernt. Woran denkst du? An den mutigen Mann? Er war wundervoll, nicht wahr? Oh, es war ein wunderbarer, wunderbarer Tag. Weißt du, Stephen, woran ich gedacht habe, kurz bevor ich dich sah?« Ohne seine Antwort abzuwarten, fuhr sie fort: »Ich habe daran gedacht, wenn ich sechzehn werde, weil ich dann in London bin und ein wunderschönes Kleid trage und zu einem Ball gehe; und ich werde alle Sehenswürdigkeiten besuchen und die Königin. Papa sagt, ich werde der Königin vorgestellt. Stell dir das nur vor, Stephen, der Königin vorgestellt zu werden.« Sie legte den Kopf in den Nacken und schaute zu den großen Messingringen an den Vorhängen hoch, wobei sie ganz ernsthaft sagte: »Ich hoffe, ich werde nicht häßlich, Stephen.«

Sein schallendes Gelächter brachte ihren Kopf wieder nach vorn, und sie schüttelte seine Hand: »Warum lachst du?«

»Du und häßlich, und wie du das gesagt hast. Du weißt genau, daß du nicht häßlich wirst, du bist ganz schön naseweis.« Er hatte sich vorgebeugt, um ihr in die Augen zu blicken. »Jedes Jahr wirst du schöner, und wenn du sechzehn bist und nach London gehst, wirst du so hinreißend sein, daß all die Gentlemen dir entgegenreiten werden, um dich in die Stadt zu begleiten, und die Kapelle wird spielen und die Fahnen werden wehen, und alle werden die Königin vergessen und sagen: ›Wer will diese langweilige Person sehen, wenn die schöne Miß Annabella Lagrange kommt?‹«

Mit zurückgelegtem Kopf und weit offenem Mund lachte sie, hoch und gurgelnd –, überhaupt nicht so, wie ihre Mama sie zu lachen gelehrt hatte. Und Stephen lachte mit ihr, aber als sie plötzlich ihre Arme um seinen Hals warf und ihn auf den Mund küßte, fiel er nach hinten gegen das Fensterkreuz, und um sie beide vor dem Sturz von der Fensterbank zu bewahren, legte er seine Arme um sie. Und so sah sie Edmund Lagrange, als er, von ihrem Gelächter angezogen, durch die offene Tür des Kinderwohnzimmers in das Schlafzimmer trat.

Stephen hatte sich nie von seinem Onkel gefürchtet. Er wußte, daß sein Onkel ihn nicht sehr schätzte, aber das schob er dem Umstand zu, daß er selbst mit der Conway-Redford-Seite der Familie verwandt war. Soweit er sich zurückerinnern konnte, hatte er Gerüchte über die Untaten seines Onkels gehört, und seit mehr als einem Jahr wußte er jetzt, daß sein Onkel nicht nur ein leidenschaftlicher Spieler war, sondern sich auch mit Frauen abgab; jedoch, obwohl er das wußte und obwohl sein Großonkel James ihn häufig genug vor dem Mann gewarnt hatte, empfand er doch eine heimliche Hochachtung für ihn, denn wenn er gut gelaunt war, konnte sein Onkel sehr unterhaltsam sein.

Aber jetzt umklammerten die Hände seines Onkels seinen Hals, so daß er beinahe erstickte, und er trat und schlug nach ihm, bis er unter Annabellas Schreien das Bewußtsein verlor.

Als er wieder zu sich kam, lag er in seinem Zimmer, und seine Tante Rosina betupfte seine Stirn mit einem nassen Tuch. Er versuchte zu sprechen, aber Rosina sagte sanft: »Es ist schon gut, es ist schon gut.« Trotzdem, er mußte sprechen. Sein Verstand war ganz klar, erschreckend klar; er wußte, warum sein Onkel ihn angegriffen hatte. Seine Tante mußte die Wahrheit erfahren. Er stützte sich auf seinen Ellbogen und begann: »Ich – ich habe nichts Unrechtes getan, Tante Rosina. Wir – wir haben nur gelacht, nur gelacht, und ich habe gesagt, sie sei hübsch, und sie –.« Er wandte sich verlegen ab, da es nicht galant gewesen wäre zu sagen, Annabella habe ihn geküßt, aber Rosina half ihm aus. »Es ist schon in Ordnung, Lieber«, sagte sie weich. »Annabella ist impulsiv, bestimmt hat sie dich geküßt. Ich verstehe.«

»Danke, Tante Rosina.« Er legte sich wieder aufs Kissen und atmete tief und zitternd ein. Dann blickte er sie an:

»Annabella ist nur ein Kind, Tante Rosina, sie ist erst zehn. Wie konnte Onkel …?«

»Mach dir keine Gedanken mehr deswegen, Stephen.«

»Muß – muß ich nach Hause zurück?«

Sie senkte die Augen: »Ja, ich fürchte, ja; aber das ist nicht schlimm, du darfst bald wiederkommen.«

Wieder schüttelte er den Kopf. »Es tut mir leid, Tante Rosina. Es war ein so schöner Tag für sie, und ich habe ihn verdorben.«

»Du darfst dir keinerlei Schuld geben, Stephen. Wie du selbst sagst, ist Annabella nur ein Kind, und sie hat wie ein Kind gehandelt. Sie hat dich sehr gern, Stephen.«

»Und ich sie auch, Tante Rosina; ich habe Annabella sehr gern, sehr gern; wie eine Schwester.«

Er schaute zu seiner Tante Rosina hoch, und sie blickte zu ihm hinunter, und jetzt sagte sie etwas sehr Seltsames:

»Aber sie ist nicht deine Schwester, Stephen, und du

brauchst nicht an sie wie an eine Schwester zu denken – verstehst du das?«

Nein, er verstand es nicht, nicht ganz, eigentlich überhaupt nicht. Er war sechzehn, aber ziemlich jung für sein Alter. Wenn jedoch jemand anderes dies gesagt hätte, wäre ihm die besondere Bedeutung aufgegangen, eine Bedeutung, die seine Tante mit Sicherheit nicht beabsichtigte, und deswegen verstand er sie nicht ganz.

Sie blickte ihn an: »Ich sage jetzt Faill Bescheid, daß er kommen soll. Er wird nach dir schauen, und ich sehe dich morgen früh, bevor du abfährst. Ich werde dir einen Brief für Tante Emma mitgeben, um ihr alles zu erklären. Nun mach dir keine Sorgen mehr.« Sie berührte leicht mit ihren Fingern seine Augenbraue, dann ging sie hinaus und den Korridor entlang, und es überraschte sie nicht, als Alice, die in einiger Entfernung von ihrer Schlafzimmertür stand, ihr durch Zeichen zu verstehen gab, daß drinnen ihr Mann auf sie wartete.

Sie blieb einen Augenblick stehen und starrte Alice an. Dann öffnete sie die Tür und ging in das Zimmer, in dessen Mitte er stand. Sein Gesicht war immer noch bleich, und sein Haar war zerzaust. Sie sah sofort, daß sein Zorn noch nicht vorüber war.

»Ha!« Er warf seinen Kopf herum und begann sofort mit einer Tirade: »Der Name Lagrange widert dich an, nicht wahr? Er bedeutet für dich Wollust, Hurerei, Spielen, Schikanen, alles, was verrucht ist, während der Name Redford ein Synonym für das Reine, das Keusche, das Gottgefällige ist, und ein sechzehnjähriger Redford würde nicht im Traum daran denken, sich an einer Zehnjährigen zu vergreifen, oder? Aber er hat es getan – er ist geil nach dem Bett, und sucht sich eine Zehnjährige dafür heraus.«

»Sei ruhig! Sei ruhig, hörst du mich?« Sie zischte ihn an und beugte sich dabei mit dem Oberkörper nach vorne; ihre lange unterdrückte Wut machte sich mühsam Luft. »Was immer geschehen ist, was immer du gesehen hast, es war Annabellas Initiative.«

»Du lügst! Sie ist noch ein Kind, so unschuldig wie an dem

Abend, als ich sie auf dein Bett geschleudert habe.« Er warf seine Arme nach hinten.

»Da befindet du dich im Irrtum, sie kann nicht absolut unschuldig sein, da sie von dir stammt. Aber eines hat sie noch nicht von dir gelernt, nämlich zu lügen und zu betrügen und zu quälen.« Sie hielt inne, der Atem blieb ihr in der Kehle stecken, während sie einander anfunkelten; dann fuhr sie fort: »Sie hat mir ganz offen gestanden, daß sie es war, die ihre Arme um ihn gelegt und ihn geküßt hat. Sie wollte ihm auf diese Weise dafür danken, daß er dazu beigetragen hatte, ihren Geburtstag glücklich zu gestalten. Aber deine voreingenommenen Augen haben nichts als Böses gesehen, weil du von Bösem lebst, du strahlst Böses aus, du hast keinen einzigen anständigen Zug in dir.« Sie schluckte. Ihr Mund fühlte sich trocken an. Dann zwang sie sich dazu, etwas auszusprechen, wogegen sie sich den ganzen Tag gewehrt hatte, was sie eigentlich ignorieren und in die tiefsten Tiefen ihres Unterbewußtseins verbannen wollte, wohin sie alles verdrängt hatte, was sie seiner Meinung nach nicht durchschaute. »Diese Frau, du hast es arrangiert, daß sie da war, als du die Kutsche durch die berüchtigte Straße geleitet hast, diese Kreaturen am Fenster, aber sie, wie sie unverschämt glotzte, glotzte ...«

Als sie nicht mehr mit den Lippen sprechen konnte, sondern nur noch mit den Augen, funkelte er sie an, den Mund fast rechteckig vor Verachtung, und seine Worte durchdrangen sie wie scharfe Geschosse. »Und warum nicht?« fragte er. »Ich halte es nicht für eine Sünde, daß eine Mutter gelegentlich ihre Tochter anschaut. Du blickst auf sie und ihresgleichen mit deiner langen aristokratischen Nase herunter, nicht wahr? Aber sie hat hervorgebracht, was dein unfruchtbarer Bauch nie geschafft hat, sie hat ein Kind auf die Welt gebracht, und das Ironische daran ist, daß dieses Kind dir jetzt dein Leben bedeutet, und –«, er sprach langsam und drohend – »ich habe die Macht, diesen Lebensfaden abzuschneiden, und du tätest gut daran, das nicht zu vergessen, meine liebe, reine Rosina. Und wo wir einmal dabei sind, kann ich dir auch gleich erzählen, was ich schon lange erwäge. Ihre Erziehung wird geändert, sie lernt in Zukunft weniger über Gott und dafür mehr über Mammon. Sie wird auf die Ehe vorbereitet, und ich, meine liebe Rosina, suche den Mann aus.«

Der Haß stieg zwischen ihnen wie ein Nebel auf und verwischte ihren Blick, und als Rosina ihn wieder sehen konnte, stand er neben der Tür und blickte sie an. Als ob er bei seinen letzten Worten ihren eigenen Wunsch erkannt hätte, was die Zukunft ihrer Tochter betraf, endete er: »Und laß mich deinen kostbaren heuchlerischen Neffen nicht wieder in diesem Haus erwischen, denn ich schwöre dir, ich würde ihn mit der Pferdepeitsche verprügeln.«

Er zog die Tür mit einem lauten Knall hinter sich zu, marschierte über den Treppenabsatz, die Haupttreppe hinunter, durch die Halle und den Wintergarten, und da Cargill, der Dritte Diener, nicht schnell genug war, ihm die Türen zu öffnen, riß er sie selbst auf und ließ sie dem Mann ins Gesicht fallen.

Als er die Ställe erreichte, war niemand in der Nähe, aber sein Brüllen ließ den Kutscher und die Stalljungen aus dem Raum über der Remise herbeistürzen.

»Sattelt mir Fairisle.«

»Ja, Sir. Ja, Sir.« Die Stallburschen hasteten in den Stall – sie sahen, in welcher Stimmung ihr Herr war und daß sie besser auf der Hut waren. Aber Armorer, der Kutscher, der das Satteln beaufsichtigte, war ein wenig verärgert. Er hatte einen langen Tag hinter sich. Und dann der Zwischenfall in den Glaswerken; das hatte ihn mehr mitgenommen, als er offen zugeben wollte. Und jetzt, beinahe um neun Uhr, kam der Herr und verlangte, daß sie ein Pferd sattelten. Die Sache hatte nur ein Gutes: Fairisle war nicht müde; sie hatte seit zwei Tagen keinen Auslauf gehabt. Sie war frisch und drängte nach draußen, die Tageszeit spielte keine Rolle für sie.

Als man ihm das Pferd gesattelt und in den Hof brachte, saß Lagrange auf, dann trieb er das Tier fast sofort im Galopp die westliche Auffahrt hinunter, was ungewöhnlich war, und wie Armorer zu Heron sagte, mußte jemand morgen früh wieder den ganzen Weg harken.

Auch der Pförtner war überrascht, als er aufgefordert wurde, die Tore zu öffnen, und als er es wagte, mit dem Vorrecht seiner langen Dienstzeit, die bis zum Großvater der Herrin zurückreichte, als erster zu sprechen und zu sagen: »Ich hoffe, Herr, es ist nichts passiert, kein Unfall im Haus?«, erhielt er statt einer Antwort einen dunklen, wilden Blick, der ihm verriet, daß der einzige Unfall im Haus die Stimmung seines Herrn war.

Abseits der Straße ließ Lagrange dem Pferd auf dem offenen Moorgelände die Zügel, und während es durch heidekrautbewachsene Ebenen, über Hügel und Geröllhänge galoppierte, schwand sein Zorn langsam.

Es wurde immer dunkler draußen, als er durch Rosiers Dorf ritt; die Männer, die vor ihren Häusern im getrockneten Schlamm der Straße auf ihren Fersen hockten, die Frauen, die mit geöffneten Blusen auf den Stufen saßen, um die kühle Luft an ihre schwitzenden Körper zu lassen, die Jungen, die draußen mit Wurfringen spielten – sie alle schauten ihn interessiert an. Er wußte, daß sie ihn Lagrange, den Spieler, nannten, den Mann, der auf alles von einem Frosch bis zu einem Franzosen wettete, und der Titel mißfiel ihm durchaus nicht.

Später kam er an der Zeche vorbei, und als ihm auf einem schmalen Pfad eine Gruppe Bergarbeiter begegnete, die gerade von ihrer Schicht zurückkehrten und die keine Anstalten machten, seinem Pferd auszuweichen, verspürte er den Drang, durch ihre Mitte hindurchzugaloppieren. Aber er war im Augenblick bei Rosier tief in der Kreide sowohl für Kohlelieferungen zur Fabrik wie auch zum Haus, und wenn er einen seiner Arbeiter verletzte – mochten sie auch nicht viel mehr als Tiere sein –, könnte Rosier böse werden. Deshalb wartete er nicht, bis sie das Ende des Pfades erreichten, und ließ sie in dem Glauben, er habe nachgegeben – was sie ja erreichen wollten –, und trieb das Pferd eine steile Böschung hinan und bog in die Richtung zum Haus ab.

Er ritt im Trab durch ein kleines Wäldchen, als er zu seiner Rechten eine Menschenansammlung wahrnahm. Erst als er das Pferd angehalten hatte, erkannte er, daß sie sich prügelten. Das fand er interessant, deshalb lenkte er sein Pferd vorsichtig über den blätterbesäten Boden auf sie zu, und als er näher kam, bemerkte er im sinkenden Zwielicht, daß zwei Männer bereits anscheinend bewußtlos im Gras hingestreckt lagen, daß aber mehrere andere weiterkämpften. Es sah so aus, als ob vier Männer einen einzelnen angriffen.

Er vermutete auf Grund ihrer Kleidung und ihrer kleinen Statur, daß es sich um Bergarbeiter handelte, wahrscheinlich Rosiers Wilde, und er wollte sie schon ihrem Streit überlassen, als ein Fuß hochschoß und einen der Männer in den Magen trat, dann stieß eine Hand aus dem Durcheinander hervor und packte das Haar eines anderen Angreifers. Als der Kopf dieses Mannes nach unten verschwand, sah Lagrange für den Bruchteil einer Sekunde das Gesicht des Überfallenen sich nach oben recken. Es war das Gesicht des Spaniers, eines seiner Männer.

Als er mit erhobener Peitsche auf die Gruppe zuritt, verschwanden sie wie Karnickel im Unterholz; ihre zwei Kumpane und die lange Gestalt des Spaniers ließen sie auf dem Boden zurück.

Bevor Lagrange abgestiegen war, hatte der Spanier sich auf seinen Ellbogen gestützt. Aber er sah arg mitgenommen aus; Blut sickerte aus einem Schnitt an der Schläfe, ein Ärmel seiner Jacke war halb abgerissen, und Blut drang ihm auch durch sein Hemd.

»Können Sie aufstehen?«

»Ja, ja. Mir fehlt nichts.«

Lagrange legte eine Hand unter seine Armhöhle und half ihm auf die Füße. Als er stand, lehnte sich der junge Bursche an einen Baum und schloß für einen Augenblick fest die Augen. Dann schüttelte er einmal kurz seinen Kopf, blickte Lagrange an und sagte: »Danke. Was für ein Glück, daß Sie vorbeikamen.«

»Sie sind weit von Ihrer Arbeitsstelle entfernt, nicht wahr?«

»Jawohl, aber ich bin gern im Freien; ich mache abends oft einen Spaziergang.«

Der Mann war sein Angestellter, aber er verweigerte ihm

den Zusatz ›Sir‹, und die Unterlassung irritierte ihn wieder. Er sagte jetzt knapp: »Wie haben Sie Ärger mit diesem Mob bekommen?«

»Ich habe sie nur nach dem Weg gefragt. Ich habe nichts anderes gesagt als: ›Könnt ihr mir zeigen, wo Mr. George Boston wohnt?‹, und keiner von ihnen hat geantwortet, sie gingen einfach weiter. Als ich dann etwa fünf Minuten später durch den Wald kam, warteten sie hier auf mich. Wenn sie jeweils zu zweit gekommen wären, hätte ich sie geschafft, aber sie kamen alle zusammen.« Er wischte sich mit der Hand das Blut von Mund und Wange.

Lagrange starrte ihn an. Er hatte nach George Boston gesucht. Warum? »Warum haben Sie nach Mr. Boston gesucht?« fragte er.

»Weil er Pferde hat, sie züchtet. Einer der Glasleute hat's mir erzählt. Ich möchte wieder mit Pferden arbeiten, liebend gern.« Er bewegte den Kopf zur Seite, immer noch Lagrange anschauend, und endete in fast entschuldigendem Ton: »Ich bin nicht fürs Glasmachen geschaffen, wie ich Ihnen schon erzählt habe. Der Lohn ist gut, und es ist meine erste Stellung, wo es auch Trinkgeld gibt. Ich trinke gelegentlich gern, aber die anderen sind meistens völlig besoffen. Und dann ihr Verein, man muß ihm beitreten. Ich bin gegen jeden Zwang, zu ähnlich wie die Sklaverei. Nein, Pferde sind mir lieber.«

Lagrange blickte ihn unverwandt an. Boston würde sich diesen Burschen schnappen, nicht nur für seine Pferde, sondern auch wegen seiner Fäuste. Das hatte er gemeint, als er beim Verlassen des Fabrikhofes sagte: »Ob er wohl seine Fäuste benutzen kann?« Gute Boxer waren schwer zu kriegen, ebenso wie Männer, die wirklich mit Pferden umgehen konnten. Er sagte abrupt: »Sie sind meilenweit von Mr. Boston Haus entfernt – er wohnt an der Grafschaftsgrenze. Schauen Sie her, ich glaube, Sie kommen besser mit mir zurück und lassen sich das Auge verbinden.«

»Oh, das ist schon in Ordnung, trotzdem vielen Dank, aber – aber ich mache mich besser auf den Weg zurück zur Stadt, ich kenne mich hier nicht aus, und wer weiß, vielleicht laufe ich einem anderen Haufen in die Arme.«

»Das ist nicht unmöglich.« Lagrange wandte sich zu seinem Pferd um, als ob er aufsitzen wollte, wobei er sagte: »Sie möchten mit Pferden arbeiten?« »Ja, das würde ich gerne.«

»Ich brauche einen Stallknecht, einen, der meiner jungen Tochter das Reiten und die richtige Behandlung eines Pferdes beibringen kann. Sie fürchtet sich vor Pferden.«

»Wirklich? Nun, ich könnte sie lehren. Und vielen Dank für das Angebot. Danke, vielen Dank.« Er wischte sich immer noch mit der Handkante das Blut von der Wange, und eines seiner Augen war geschwollen, aber sein Gesicht wirkte trotzdem hell und lebendig, als er schloß: »Und ich nehme Ihr freundliches Angebot an und komme mit Ihnen.« Er warf einen Blick auf die immer noch am Boden liegenden Gestalten: »Was soll ich mit ihnen tun?«

»Nichts. Sobald wir fort sind, werden ihre Kumpane zurückkehren.« Als Lagrange ihn zögern sah, sagte er schroff: »Vergessen Sie's, sage ich Ihnen, kommen Sie.« Und damit stieg er auf sein Pferd und ritt los.

Manuel Mendoza schritt neben seinem neuen Herrn her, der auch sein alter Herr war, und er lachte leise vor sich hin: »Es ist wie ein Wunder. Ich bin Ihnen sehr dankbar, und ich kann Ihnen versprechen, daß Ihre Tochter ihre Angst vor den Tieren verlieren wird.« Er streckte die Hand aus und berührte sanft das Fell des Pferdes.

Edmund Lagrange war zeit seines Lebens seinem Instinkt gefolgt. Wenn er ihm folgte, machte er Geld; wenn er ihm nur zögernd folgte, verlor er Geld. Er hatte jetzt eine Vorahnung, daß er mit diesem jungen Burschen einen guten Griff getan hatte; aber gleichzeitig irritierte er ihn. Er schaute auf ihn hinunter und fragte: »Haben Sie je geboxt?«

»Geboxt?« Die geschwungenen schwarzen Augenbrauen hoben sich.

»Nein.«

»Aber Sie sind sehr stark, Sie haben ungewöhnlich starke Hände.«

»Jawohl, ja, das stimmt.« Es war keine Arroganz in dem Eingeständnis; es war lediglich eine Feststellung. »Aber ich hebe sie für die Tiere auf. Ich habe kein Verlangen danach, einem Mann das Gesicht einzuschlagen.«

»Nicht? Aber Sie müssen sich selbst schützen; Sie sehen, was heute abend passiert ist.«

»Ich habe mich gar nicht so schlecht gehalten, alles in allem. Ich hatte die beiden ersten innerhalb von Sekunden auf dem Rücken, und wenn sie paarweise gekommen wären, wie gesagt, hätte ich sie geschafft.«

»Wenn Sie Boxen gelernt hätten, wären Sie mit allen fertig geworden, und zwar auf einmal, da bin ich mir sicher.«

»Sehr wahrscheinlich.«

Die Antwort erfolgte im Unterhaltungston und auf eine Art, die Edmund Lagrange im Umgang mit seinen Angestellten nicht gewöhnt war. Der Bursche schien sich der gesellschaftlichen Klassen und ihrer Unterschiede überhaupt nicht bewußt zu sein. Er redete mit ihm wie mit einem Gleichgestellten, wie er selbst einen seiner Bekannten anregen würde, und seine Haltung – seltsam irritierend an einem Untergebenen – zeugte von einem gewissen Hochmut.

Wenn er anders gekleidet gewesen wäre, hätte er als Mann von Stand passieren können, solange er nicht seinen Mund öffnete, denn obwohl er den attraktiven, summenden Akzent der Südiren hatte, der ihn von dem groben, gutturalen Näseln und dem fast unverständlichen Jargon der Tynesider unterschied, redete er wie ein einfacher Mann. Er war ein gemeiner Mann, und wenn er in seinen Diensten stand, mußte ihm das beigebracht werden, und zwar von Anfang an. Er blickte wieder in das blutverschmierte Gesicht, das sich abrupt in seine Richtung wandte, als er sagte: »Meine Diener reden mich gewöhnlich mit ›Sir‹ an.«

Sie betrachteten einander schweigend. Lagranges Körper schwankte mit den Bewegungen des Pferdes. Manuel Mendozas Schultern bewegten sich kaum beim Laufen, denn er kontrollierte seinen Gang unbewußt von den Hüften aus.

Das Pferd war schon acht Schritte gegangen, und der Mann hatte immer noch nicht geantwortet. Lagranges Kiefer verhärteten sich, sein Gesicht wurde finster, als der Bursche antwortete: »Sehr wohl.« Immer noch benutzte er die verlangte Anrede nicht. Einen kurzen Augenblick kam er ihm vor wie ein ungezähmtes Pferd, das zugeritten werden mußte, aber die Augen, die ihn anblickten, gehörten nicht einem Fohlen, sondern eher einem erfahrenen Hengst. Der Bursche verblüffte ihn, er war rätselhaft, doch obwohl er ihn die ganze Zeit irritierte, warnte ihn etwas davor, ihn das merken zu lassen; denn vielleicht hatte er heute abend eine sehr einträgliche Nebenquelle erschlossen, eine für seine überzogenen Finanzen sehr notwendige Nebenquelle.

2

Am folgenden Morgen wurde es gerade hell, als Manuel Mendoza sich in seinem Bett in dem Raum über dem Heuboden aufrichtete und mit seinem Kopf an das Dach stieß. Das veranlaßte ihn nicht etwa, sich mit der Hand an den Kopf zu greifen, sondern an die Seite seiner Wange, die unter dem Verband schmerzhaft pochte. Als er seinen linken Arm bewegte, stellte er fest, daß er nur ein bißchen steif war, woraufhin er tief einatmete. Das Messer hatte nur die Haut gestreift. Aber was machten schon ein paar Kratzer? Er streckte seine Arme aus, ballte die Fäuste, und indem er den Kopf nach hinten auf die Schultern legte, spannte er seine Nackenmuskeln; dann kniete er hin und blickte aus dem Fenster.

Er war in den Himmel gefallen. Es stimmte also, was Margee zu ihm gesagt hatte. Er konnte ihre Stimme hören, so als spräche sie in diesem Moment, wie sie ihm aus der Hand las – ungewöhnlich für sie, da sie ihre Talente nie verschwendete, wenn kein Geld winkte. »Du wirst in einem großen Haus unterkommen, wo überall Diener herumschwirren. Und«, hatte sie gesagt, »es werden dir viele seltsame Dinge widerfahren, einige bitter, andere süß, und einige furchtbar. Aber wo immer du sein wirst, du brauchst niemanden je Herr zu nennen.«

Gut – der Ausdruck seiner tiefen braunen Augen war skeptisch –, er war in einem großen Haus gelandet, das stimmte. Damit hatte sie recht. Aber was sie am stärksten betont hatte, traf nicht zu, weil er jemanden Herr nennen mußte. »Nennen Sie mich ›Sir‹«, hatte er gesagt. Aber wenn schon – er war im Himmel gelandet, und er würde ihn ›Gott‹ nennen, wenn er es verlangte. Er blickte hinunter in den Hof, und der Anblick der Ställe und das Bewußtsein dessen, was ihn darin erwartete, ließen ihn vor Erregung zittern.

Er hatte nackt geschlafen und zog jetzt hastig sein zerrissenes Hemd und die Hosen an und schritt barfuß zu der Falltür, durch die er sich auf den Heuboden hinunterließ. Dann tastete er sich durch die Ballen vor, denn es war dunkel auf dem Boden, und er kannte sich noch nicht aus; als er an die offene Falltür kam, stieg er die kurze Leiter hinunter und trat auf den Hof.

Er wußte schon, daß die Sattelkammer nebenan war, denn da hatten sie ihn gestern abend verarztet und ihm das hervorragende Mahl gebracht. Er ging langsam darauf zu, öffnete erst die obere, dann die untere Hälfte der Tür, trat ein und blieb ehrfürchtig vor den Dingen stehen, die ihm wie Juwelen erschienen. Der holzgetäfelte Raum war mit Nägeln und Haken übersät, an denen Halfter, Trensen, Geschirrteile, Kandaren und Messingstücke hingen. An der gegenüberliegenden Wand war eine Reihe von Sattelstöcken, an denen die Satteltaschen hingen. Der Geruch des Geschirrs war Parfüm für seine Nase, und das Glänzen des Leders wärmte seine Seele.

Langsam schritt er durch den Raum, wobei er einen Gegenstand nach dem anderen berührte, als seien es kostbare Reliquien. Einen Moment lang ließ er seine beiden Hände auf dem warmen Boiler ruhen und schaute ins heruntergebrannte Feuer in dem grobgemauerten Kamin neben sich. Dann ging er hinaus und in die Ställe.

Eine Fuchsstute lag in ihrer Box. Sie drehte den Kopf und blickte ihn an; dann schaukelte sie sich auf die Füße und starrte mit erhobenem Kopf und protestierendem Schnauben den Eindringling an.

Manuel stand völlig still, erzeugte einen Laut in seiner Kehle, dann noch einen, was er mindestens ein halbes dutzendmal wiederholte, bevor er sich langsam vorwärts bewegte. Jetzt berührte er mit der vorgestreckten Hand das lange, seidenweiche Maul, zunächst ohne die Finger zu bewegen, dann begann er langsam den Kopf des Tieres zu streicheln, wobei er wieder die beruhigenden Laute machte.

Er merkte, daß jemand schon seit einiger Zeit in der Tür stand, aber er wandte sich erst um, als die Stimme sagte: »He, Himmel, noch mal! Daß er dich das tun läßt.«

»Morgen.« Manuel drehte sich um und blickte den einfältigen Stalljungen an. Es war der, den man Danny Dinning nannte. Danny erwiderte nicht seinen Morgengruß, sondern sagte nur: »Der ist wild, der da. Mr. Armorer, nur er wird mit ihm fertig. Schlägt aus wie der Teufel manchmal; zerbricht seine Box, alles. Lieber Gott! Sie kennen sich mit Pferden aus, Mister. Hab Ihren Namen vergessen.«

»Manuel. Manuel Mendoza.«

»Was gibt's?«

Jetzt drehten sich beide zur Tür um, und vor ihnen stand Armorer, der von einem zum anderen schaute. Seine Augen blieben auf Manuel ruhen, und er fügte – nicht unfreundlich – hinzu: »Ich hätte Sie warnen sollen, ich kümmere mich um ihn. Am besten, Sie halten sich fern von ihm.«

»Er ist in Ordnung.«

»Was anderes weißt du nicht.« Der Kutscher fuhr Dinning scharf an: »Was lungerst du hier herum! Viertel nach fünf, und noch kein Tier getränkt. Willst du meinen Stiefel in den Arsch, bevor du anfängst?«

Der Junge rannte davon, und Manuel sagte mit einer Stimme, die viel mehr Ehrerbietung enthielt als bei seiner Unterhaltung mit Lagrange: »Würden Sie mir bitte meine Arbeit zuweisen?«

»Der Herr hat nichts davon gesagt, daß Sie sofort anfangen sollen, Sie sind angeschlagen. Wie fühlen Sie sich?«

»Oh, nur steif, das ist alles. Eine Stunde striegeln oder so –«, er deutete mit dem Kopf auf die Pferde – »wird das schon wieder in Ordnung bringen.«

»Sie sind also an Pferde gewöhnt? Nicht nur an irische Esel?«

Manuels Gesicht straffte sich, und sein Blick war fast aggressiv, als er sagte: »Nicht nur irische Esel.«

»Oh, nun –«, Armorer hob ruckartig das Kinn – »die Iren, die hierherkommen, sie reden über Pferde, aber sie verstehen unter Pferden kleine rotznasige Esel. Aber nach gestern –«, er nickte Manuel bedächtig zu – »Sie hätten das Gespann nicht angehalten, wenn Sie nicht genau gewußt hätten, was Sie taten. Gut –«, er drehte sich abrupt um und ging den Stall entlang, wobei er fortfuhr: »Dinning und Heron misten als erstes die Ställe aus, dann bringen sie das Wasser vom Fluß. Wir haben einen Brunnen, aber das Wasser ist zu kalt für sie. Alles wird gewogen – Häcksel, Haferschrot, Gerstenstaub, Salz, alles. Ich zeig's Ihnen später. Fairisle, Beauty und Sandy hier –«, er zeigte nacheinander auf die drei Boxen – »sie werden zwischen sechs und sieben trainiert; wenn sie zurückkommen, werden sie gebürstet und gestriegelt, das heißt, nach dem Waschen, wenn sie schmutzig sind ... Kann hier noch jemanden gebrauchen, sage ich Ihnen; Sie sind nicht zu früh gekommen. Sechs Pferde, zwei Kutschen, wir sind von Montagmorgen bis Sonntagabend zugange. Der Herr, er ist eigen, pingelig kann man sagen, was die Tiere betrifft; wirft dir sogar die Bürste an den Kopf und schmeißt den ganzen Laden durcheinander, wenn nicht richtig angeschirrt ist – ob es Fairisle ist oder die Kutsche. Das ist Fairisle; Sie haben ihn gestern abend gesehen. Der andere da ist Chester; Sie werden ihn nicht wiedererkennen, aber Sie haben ihn und Sandy gestern zum Halten gebracht. Dann der, mit dem Sie sich angefreundet haben, der heilige Schrecken, heißt Dizzy.«

Und so folgte Manuel George Armorer durch sein ganzes Reich, wobei er genau zuhörte und alles in sich aufnahm, was er sah. Nichts entging ihm, was mit den Pferden und ihrer Umwelt zu tun hatte.

Er registrierte ebenfalls alles, als er um neun Uhr zu seiner ersten Mahlzeit in die Küche kam.

Alle Augen richteten sich auf ihn, besonders die der Frauen. Die Köchin saß am Kopfende des Tisches, und zu ihrer Linken saßen die weiblichen Angestellten, sieben insgesamt. Die Küchen- und Abwaschmädchen warteten bei Tisch auf, sie aßen erst, wenn die anderen fertig waren. An der rechten Seite saßen die sieben männlichen Bediensteten, die beiden Stalljungen ganz unten am Tisch, und zwischen ihnen und George Armorer war ein freier Platz. Als Manuel verspätet in die Küche kam, weil er sich unter der Pumpe gewaschen hatte, winkte ihm Armorer auf den leeren Sitz.

Niemand sprach ihn an, aber die Frauen bis hin zu Fanny Pierce, der jüngsten, kicherten und warfen Blicke auf ihn, bis die Köchin ihnen befahl, zu schweigen. Die Männer hingegen redeten untereinander, aber alle am Tisch waren neugierig auf den großen, ausländisch wirkenden jungen Burschen, den der Herr am späten Abend blutend und zusammengeschlagen mitgebracht und von dem er gesagt hatte, er sei der neue Reitknecht.

Als Manuel nach dem Essen sofort aufstand und sich allgemein mit den Worten entschuldigte: »Dann will ich mal wieder«, schauten sie ihm alle überrascht nach; es war üblich, daß man nach der Mahlzeit sitzen blieb, wenn auch nur für fünf Minuten, und die Angelegenheiten des Hauses und alle möglichen interessanten Kleinigkeiten diskutierte, und man fragte die Neuankömmlinge dabei nach ihrer letzten Stellung, den Bedingungen und so weiter.

Reeves, der erste Diener, hatte eine gewisse Stellung in der Küche inne, und er war verärgert; der Bursche benahm sich schon so, als ob er jemand sei, als ob er Autorität hätte. Nun, er selbst mußte ihm zeigen, wo sein Platz in diesem Haushalt war. Energisch schob er sein Kinn vor und blickte den Tisch hinunter zu Armorer: »Sie teilen ihm besser mit, wie die Dinge hier liegen. Wenn nicht, werde ich es tun«, worauf Armorer, der sich in seinem eigenen Bereich als Reeves ebenbürtig, wenn nicht überlegen betrachtete, kühl entgegnete: »Er wird sich schon anpassen, wenn es soweit ist. Und bevor Sie etwas unternehmen, möchte ich Sie daran erinnern, daß der Herr ihn ausgesucht hat, sozusagen privat. Und noch eins, was Sie nicht wissen, er ist einer von seinen Glasarbeitern.« Und langsam die Worte betonend, schloß er: »Und wenn ihm jemand etwas sagt, bin ich es.« Und damit verließ auch er den Tisch. Die Zurückgebliebenen schauten sich an, und die Frauen sagten, fast einstimmig: »Stellt euch das vor!« Auch die Männer redeten miteinander, und sie stimmten alle darin überein, daß der Bursche nicht zu ihnen paßte. Ob der Herr ihn gewählt hatte oder nicht, irgendwie war er hier fehl am Platze.

Es war zehn Uhr dreißig am selben Morgen, als Lagrange Annabella auf den Stallhof brachte. Manuel führte gerade Dizzy fertig gesattelt aus dem Stall, und Lagrange schaute ihn wohlwollend an, bevor er rief: »Kommen Sie her!« Der Ton war gebieterisch, und obwohl Manuel das Pferd stoppte, ließ er es nicht stehen, um dem Ruf zu folgen, sondern sagte: »Ich führe ihn besser zurück –.« Der Bruchteil einer Sekunde verstrich, bevor er hinzufügte: »Sir.«

Als Manuel das Tier umwendete, rief Lagrange nach einem Augenblick des Überlegens im gleichen Ton: »Nein, bringen Sie ihn her.« Es wäre für ihn viel einfacher gewesen, zu dem Pferd und seinem neuen Pfleger zu gehen, aber das war unmöglich, und in dieser Situation war es wichtig, daß der Bursche – metaphorisch gesprochen – mit gebeugtem Kopf in die Knie gezwungen wurde und merkte, daß er keine andere Wahl hatte. Wie das Pferd, das er versorgte, mußte er zugeritten werden, wenn er ihm nützen sollte. Aber er mahnte sich selbst zur Vorsicht – noch bestand kein Vertrag, kein Abhängigkeitsverhältnis zwischen ihnen; das mußte er so schnell wie möglich ändern.

Ein Gefühl der Ungeduld, fast des Ärgers, überkam ihn, während er beobachtete, wie der Bursche das Tier vorwärtslockte, wobei er ihm in irgendeinem Kauderwelsch zuredete. In zwei Meter Entfernung hielt er es an, rieb aber weiter sanft mit den Knöcheln am Hals, während er die Zügel gestrafft hielt.

»Das ist meine Tochter. Ich will, daß sie reitet und daß sie gut reitet.«

Lagrange blickte auf Annabella hinunter, und Annabella sah mit weißem Gesicht und zitternden Lippen den neuen Reitknecht an. Er wirkte sehr dunkel, und er war verletzt, aber aus dem Auge, das nicht geschwollen war, lächelte er sie freundlich an.

»Sie kommt jeden Tag, ob Regen oder Sonne, bis sie reiten kann. Setzen Sie sie zuerst auf den Braunen. Ich – ich würde sie selbst unterrichten, aber ich habe nicht die Zeit.« Er verriet nicht, daß er sie nur zweimal mitgenommen hatte. Das erste Mal war sie ohnmächtig geworden und vom Pferd gefallen, und er hatte Rosina beschuldigt, sie habe ihr diesen vornehmen Trick beigebracht; das zweite Mal hatte sie ganz unverhohlen geweint und sich über die Mähne des Tieres erbrochen. Das hatte ihn angeekelt, und er wollte die Hand erheben und sie aus dem Sattel schleudern. Wenn es nicht Annabella gewesen wäre, hätte er es auch getan, und aus Furcht, daß er sich einmal vergessen könnte, war er nicht mehr mit ihr ausgeritten. Er hatte versucht, Armorer zu bewegen, daß er sie unterrichtete, aber der Mann hatte erklärt, sie könne auf keinem Pferd sitzen, und sogar hinzuzufügen gewagt, er bezweifele, ob sie es je lernen werde.

»Wie lange jeden Tag, Sir?«

»Was? Oh, wie Sie es für notwendig halten. Eine Stunde, zwei, wenn Sie wollen.« Er wollte ihn warnen, daß er mit Ohnmachtsanfällen und Stürzen zu rechnen hatte, aber das sollte er selbst herausfinden.

Manuel blickte wieder das Kind an, und jetzt mit Interesse. Er hatte gehört, sie sei erst zehn. Sie war sehr groß für ihr Alter und seiner Meinung nach viel zu dünn, aber was er jetzt am stärksten spürte, war ihre Furcht. Er konnte sie wirklich riechen, und das Tier roch sie ebenfalls; er merkte es an dem Zittern, das durch seinen Nacken ging.

Lagrange sagte: »Sie kennen sich noch nicht in der Gegend aus. Jemand wird Ihnen die Wiese zeigen, sie ist hinter der Osteinfahrt. Es sind Hürden dort, alles, was man braucht, aber –« er lächelte spöttisch – »sie wird wohl mindestens eine Woche lang keine Hürden brauchen.«

Der Bursche grinste nicht über seinen Scherz, und wieder fühlte er diesen Zorn in sich hochsteigen. Er sagte abrupt: »Was das Boxen betrifft. Am Samstag um sechs Uhr findet ein Kampf statt in Marsden, außerhalb Shields. Sie sollten hingehen und zugucken.«

Manuel blickte seinen neuen Herrn an und konnte gerade

noch die Worte unterdrücken: »Ach, das interessiert mich nicht«, aber er hatte schnell begriffen, daß das Boxen diesem Mann viel bedeutete, und das Geschwätz der Stalljungen hatte es ihm bereits bestätigt. Höchstwahrscheinlich hätte er ihn gestern abend seinem Schicksal überlassen, wenn er nicht an dem Sport interessiert wäre; eines nämlich hatte er gelernt: Dieser Mann und seinesgleichen taten nichts umsonst, sie verfolgen mit jeder ihrer Handlungen ein Ziel. Aber dieser Mann besaß Pferde, und wenn er selbst in der Nähe von Pferden bleiben wollte – und das wollte er bei Gott, denn ohne die Tiere war das Leben sinnlos für ihn –, dann mußte er sich fürs Boxen interessieren. Mehr aber auch nicht. Er ließ sich nicht sein Gesicht plattschlagen, um diesem Kerl oder überhaupt jemandem einen Gefallen zu tun. Aber er würde das seinem Herrn schonend beibringen. Also antwortete er ausweichend: »Wenn ich Urlaub kriegen kann, Sir.«

»Oh, das. Dafür sorge ich.«

»Vielen Dank.«

»Nun denn.« Lagrange blickte zu Annabella hinunter. »Was werde ich nach der ersten Stunde hören?«

Annabella schluckte tapfer, dann murmelte sie: »Ich werde es versuchen, Papa, ehrlich, ich werde es versuchen.«

»So ist's recht, mein Mädchen.« Er rückte mit den Fingerspitzen ihren Hut gerade und schaute auf ihr grünes Ripskostüm, das er im vergangenen Jahr für sie hatte anfertigen lassen. Der Rock war jetzt ein wenig kurz, unschicklich, hatte die alte Kuh Alice gesagt.

Er stand mit seinem Rücken zum Haus, aber er wußte, ohne sich umzudrehen, daß seine Frau an einem der Fenster postiert war. Zudem hatte sie protestiert, daß die Schulstunden des Kindes unterbrochen würden; als sie aber erfuhr, daß er sie mit einem neuen Angestellten hinausschickte, war ihr Protest energisch geworden. Was! Ein Mann, von dem sie nichts wußten, außer daß er ein paar Wochen in der Glasfabrik gearbeitet und gestern die durchgehenden Pferde angehalten hatte? Außerdem sah er wie ein Ausländer aus. Es war absurd. Als er ihr mitteilte, daß er Menschen beurteilen und sich auf sein eigenes Urteil verlassen könne, hatte sie geantwortet, falls die Gesellschaft, die er pflegte, das Resultat seines Urteils sei, dann würde kein anständiger Mensch es als Empfehlung nehmen. Seit kurzem hatte er des öfteren gedacht, daß er bestimmt noch größere Schwierigkeiten mit ihr hätte, wenn er nicht über die Trumpfkarte, nämlich das Kind verfügte.

Zehn Minuten später beobachte Rosina, wie ihre Tochter neben dem dunkelhaarigen Reitknecht herging, der zwei Pferde führte. Irgend etwas war an dem Mann, sagte sie sich, das ihr nicht gefiel. Er kam ihr verdächtig vor. Sicherlich, er hatte sie gestern vor einem schweren Unfall gerettet, aber er hatte auch das Geld zurückgewiesen, was für einen Mann aus seiner Gesellschaftsschicht äußerst ungewöhnlich war. Außerdem, wenn er soviel von Pferden verstand, warum hatte er in einer Glashütte gearbeitet? Sie wußte, daß sie auf dem Weg zur Osteinfahrt und zur Wiese waren. Sie ging hastig in ihr Zimmer und beschloß, einen Spaziergang zu machen.

Manuel sprach das Kind nicht an, bis sie in der Mitte der Einfahrt waren, und erst dann sagte er, wobei er sie nicht anblickte, sondern seine Augen umherschweifen ließ: »Einen wunderschönen Garten haben Sie hier, Miß.«

»Ja, ja, das stimmt.«

»Sie haben so viele schöne Blumen; solche Blumen habe ich in Irland nie gesehen, und ich bin fast durch das ganze Land gereist.«

»Oh.«

»Wissen Sie was?«

»Was? Was haben Sie gesagt? Ich – ich kenne Ihren Namen nicht.«

»Manuel. Und ich habe gesagt, wissen Sie was?, und Sie werden es nicht glauben, aber drüben in Irland kannte ich ein kleines Mädchen, etwa genau so groß wie Sie und Ihnen praktisch aus dem Gesicht geschnitten, und man konnte sie auch auf kein Pferd kriegen, sie war verrückt vor Angst, ebenso wie Sie.«

»Wirklich! Hat – hat sie es nie gelernt?«

»O doch. O ja, sie hat es gelernt, aber es hat einige Zeit gedauert. Nachdem sie einmal wußte, was das Tier dachte, war sie nicht mehr zu halten.«

»Was das Tier dachte?«

»Ja. Sehen Sie, alle Tiere, besonders Pferde, wollen sich mit den Menschen anfreunden, sie sind sehr zärtlich, und wenn Sie sie nicht mögen, dann spüren sie das irgendwie und halten sich auf Distanz. Sie sind fast wie Menschen, Pferde, und Sie wissen ja selbst, wenn Sie jemanden nicht mögen, dann mag er sie auch nicht.«

Sie schaute zu ihm hoch, und er schaute auf sie hinunter. Sie dachte, daß er der seltsamste Angestellte war, den sie je troffen hatte, der seltsamste Mann. Sie hatte noch nie jemanden so reden hören; er nannte sie nicht beim Namen, und er war nicht – nun, er war nicht unterwürfig, aber er war freundlich. Sie spürte seine Freundlichkeit in seiner Geschichte über dieses andere Mädchen. Sie wußte nicht, ob sie ihm glauben sollte oder nicht, aber sie wollte ihm glauben, weil sie so unglücklich war. Sie hatte die Schuld daran, daß Stephen nach Hause geschickt worden war. Sie hatte nichts Böses beabsichtigt, wirklich nicht, aber sie wußte jetzt, daß sie Stephen nicht hätte küssen sollen. Der Zorn ihres Papas hatte sie so erschreckt, daß sie sich im Schlafzimmer erbrochen hatte.

Sie hatten jetzt das Gatter zur Wiese erreicht. Ihre Augen waren weit geöffnet, und ihre Hände zitterten, als er ihr die Zügel der Pferde in die Hand drückte und sagte: »Dies muß das Feld sein. Halten sie das hier nur eine Minute fest, während ich das Gatter öffne.« Und als er das Gatter geöffnet hatte, rief er ihr zu: »Kommen Sie, bringen Sie sie herein.« Einfach so – »Kommen Sie, bringen Sie sie herein!« Kein »Miß«, oder »Miß Annabella.« Und er setzte voraus, daß sie Pferde führen konnte.

Sie blickte die Pferde nicht an, bevor sie vorwärts schritt; sie wußte, wenn sie es tat, würde sie die Zügel fallen lassen; aber sie hielt die Augen auf das Gesicht des seltsamen Mannes gerichtet. Dann war sie durch das Gatter hindurch, und er schloß es und blieb stehen, um sich umzuschauen. Er deutete auf einen breiten umgestürzten Baumstamm und sagte: »Bringen Sie sie hierher; wir setzen uns eine Minute hin.«

Wie betäubt folgte sie ihm, den Arm so weit wie möglich ausgestreckt, und die Pferde folgten ihr gehorsam.

Als sie den Stamm erreicht hatten, nahm er ihr die Zügel aus der Hand und führte die Tiere zu einem anderen Baum, wo er sie locker anband und dann ihre Mäuler tätschelte.

Er wandte sich jetzt von ihnen ab und ihr zu, aber als ob sie ihm etwas gesagt hätten, blickte er wieder zurück; das eine Auge immer noch auf sie gerichtet, legte er sein Ohr ans Maul des ersten Pferdes und danach des anderen, nickte und kam dann auf sie zu und sagte, mit erhobenen schwarzen Augenbrauen: »Wissen Sie, was sie mir erzählen?«

Sie schüttelte den Kopf.

»Sie mögen Sie.«

Sie lachte. Sie öffnete weit ihren Mund, und sie lachte, wie sie gestern abend gelacht hatte, bevor sie Stephen küßte. Heute morgen hatte sie geglaubt, sie würde für den Rest ihres Lebens unglücklich sein, aber jetzt lachte sie schon wieder, und dieser seltsame Reitknecht lachte mit ihr. Er war ein komischer Mann, so amüsant. Nie, niemals hatte sie jemanden wie ihn getroffen, und als er ihr bedeutete, sich auf den Baumstamm zu setzen, und er sich neben sie setzte, empfand sie zwar das Unangemessene der Situation, aber sie konnte nichts daran ändern. Sie wollte nichts daran ändern. Sie sagte zu ihm: »Hatten Sie Pferde in Irland?«

»Pferde? O ja, wir hatten Pferde. Prinzen waren sie, jeder einzelne.«

»Waren Sie Reitknecht dort?«

Er schüttelte den Kopf: »Nein; ich könnte nicht behaupten, daß ich Reitknecht war. Sehen Sie, die Leute, die mich als Kind aufgenommen hatten, haben Pferde trainiert, sie zugeritten, sie zu Rennpferden oder Kutschpferden gemacht oder wozu sie sich gerade eigneten.«

»Sie haben nicht bei Ihren Eltern gewohnt?«

Er hob ruckartig das Kinn und lachte leise:

»Nein, ich habe nicht bei meinen Eltern gewohnt, aber ich bin von einem großartigen Paar aufgezogen worden, John und Margee McLaughlin. Er war der Trainer von Mr. Fielding, und er hat mich alles gelehrt, was ich über Pferde weiß. Und Margee war eine wunderbare Frau, sie hatte das zweite Gesicht. Kennen Sie das? Sie hatte das zweite Gesicht.« Er wandte sich um und nickte ihr zu, und sie fragte ihn beinahe flüsternd: »Was ist das zweite Gesicht?«

»Oh.« Seine schwarzen Augenbrauen hoben sich fast bis zu seinem schwarzen Haarschopf: »Es ist die Fähigkeit, in die Zukunft zu blicken. Es ist die Fähigkeit, einem anderen Menschen zu erzählen, was ihm widerfahren wird. Wissen Sie was?« Er beugte sich näher zu ihr: »Sie hat mir erzählt, daß ich in diesem Haus hier landen werde. Das hat sie getan.«

Obwohl sein Gesicht ernst wirkte, verspürte sie wieder den starken Drang zu lachen. Er war wirklich der lustigste Mensch, den sie je getroffen hatte, selbst im Traum. Sie ließ sich nichts davon anmerken und fragte: »Wo sind sie jetzt?«

»Margee ist tot, und John, na ja, er trampt durch Irland. Ich bin eine Weile mit ihm gezogen, aber das Kesselflickerleben behagte mir nicht.«

»Sie wurden ein Kesselflicker?« Sie wußte, was ein Kesselflicker war, ein Mann, der durch die Städte wanderte und Scheren und ähnliche Sachen auf einem Rad schliff. »Warum sind Sie Kesselflicker geworden und haben die Pferde verlassen?«

»Oh, Mr. Fielding, er hat Pech gehabt. Er besaß Häuser in England und Irland, und das war sehr teuer, deshalb hat er das irische Unternehmen geschlossen, und das war das Ende. Als ich merkte, daß die Landstraße nichts für mich war, bin ich in dieses Land gekommen, um zu sehen, wie es hier ist.«

Sie sagte jetzt höflich: »Viele Iren kommen in dieses Land; Mr. Rosier hat viele Iren in seinem Dorf.«

»Tatsächlich? Aber ich bin kein Ire.«

»Nicht?«

»Nein, nein, ich bin kein Ire, ich bin Spanier. Können Sie das nicht an meinem Namen hören, daß ich Spanier bin, Manuel Mendoza?«

»Oh, es tut mir leid, ich wußte es nicht.« Fast sagte sie »Mr. Mendoza.«

»Schon gut, woher sollten Sie es auch wissen? Wir haben uns eben erst kennengelernt.« Jetzt mußte er sich zurückhalten, um nicht hinzuzufügen: »Aber ich habe den Eindruck, daß wir gute Freunde werden«, denn wer wußte, ob die kleine Miß nicht jedes Wort, das er sagte, ihrer Ma und ihrem Pa hintertrug. Die Menschen waren komisch in diesem Land; die einen waren zu steif, und die anderen nahmen sich Freiheiten heraus. Er schaute sie lächelnd an:

»Übrigens, wissen Sie, was ein Pferd gern hat?«, und als sie den Kopf schüttelte, fuhr er fort:

»Es hat gern, wenn ein Kind, sagen wir von Ihrer Statur, ruhig auf seinem Rücken sitzt, nur sitzt, weder das Kind noch das Pferd bewegen sich, so wie Sie jetzt sitzen, einfach irgendwie bequem sitzen.«

»Wirklich!«

»Ja, kommen Sie. Kommen Sie, ich werd's Ihnen zeigen.«

Sie zögerte einen Augenblick, bevor sie aufstand, dann folgte sie ihm, und als sie zu den Pferden kamen, passierte etwas höchst Überraschendes. Der dunkle lustige Reitknecht schob seine Hände unter ihre Achseln und hob sie mit einem »Hoch geht's!« direkt in den Sattel. Normalerweise verschränkte der Reitknecht die Hände, so daß sie ihren Fuß darauf stellen und auf den Rücken des Tieres klettern konnte – eine Prozedur, die sie ängstigte und verwirrte. Aber jetzt saß sie auf dem Rücken des Pferdes, und es würde sich nicht rühren, weil es an dem Baum angebunden war.

»Ist es bequem?«

»Ja, danke.«

»Rutschen Sie ein wenig weiter nach hinten. So, das ist gut. Jetzt heben Sie ein bißchen das Knie an. Ah, so ist's richtig, und Sie sehen sehr elegant aus, wirklich sehr elegant. Jetzt nehmen Sie die Zügel in die Hand, so, und streicheln Sie mit der anderen Hand seinen Hals. Los, streicheln Sie seinen Hals und reden mit ihm. Sagen Sie ›Hallo Chester‹, denn er heißt Chester. Ja, und der andere ist Sandy. Ich kenne sie selbst noch kaum. Los also, reden Sie mit ihnen.«

Als sie ihren Kopf senkte und ein Geräusch hervorbrachte, das wie ein keineswegs damenhaftes Kichern klang, legte er den Kopf auf die Seite, blickte in ihr Gesicht hoch und sagte: »Seien Sie nicht schüchtern – fragen Sie ihn, was er zum Frühstück hatte. Sagen Sie zu ihm: ›Hast du dir den Bauch gut gefüllt, Chester?‹ – Oh, es tut mir leid, Entschuldigung.« Er schüttelte den Kopf. »So etwas würden Sie nie sagen. Eine Dame würde das nie sagen; sie würde sagen: ›Hattest du eine angenehme Mahlzeit, Chester?‹« Sie lachte wieder mit weit offenem Mund, so daß sie die Hand darüberlegen mußte.

Eine halbe Stunde noch saß sie auf dem Pferd, während der neue seltsame und lustige Reitknecht sich mit ihr unterhielt; dann führte sie wieder die Pferde, aber diesmal aus dem Feld, und wieder schritten sie die Einfahrt entlang, wie sie herausgegangen waren. Aber kurz bevor sie das Haus sehen konnten, blieb Manuel stehen. »Würden Sie mir einen großen Gefallen tun –«, und diesmal fügte er hinzu »Miß?« »Ja, Manuel, wenn Sie mir sagen, worum es geht.«

»Sie wissen, wie Sie eben auf dem Rücken von Chester gesessen haben?« »Ja.«

»Würden Sie das noch einmal tun? Sehen Sie, wenn wir in den Stallhof zurücklaufen, wird Ihr Vater glauben, daß ich mein Geld nicht verdiene, verstehen Sie? Ich werde dafür bezahlt, daß ich Ihnen das Reiten beibringe, und er wird mir mit Sicherheit in den ...«, er ersetzte das Wort »Hintern« durch einen neutralen Ausdruck, » ... treten, wenn er uns nach Hause laufen sieht.«

»Oh, ich verstehe, Manuel. Ja, ja, ich setze mich auf Chester.« Sie benutzte nicht das Wort reiten – denn das hieß für sie durchgerüttelt werden, den Boden aus großer Entfernung zu sehen und zu wissen, daß man hinabstürzte.

Als er sie wieder hochhob, lächelte sie ihn an und sagte weich und mit tiefer Aufrichtigkeit: »Danke, Manuel«, denn sie hatte plötzlich begriffen, daß er sich nicht um ihre Haltung sorgte. Er dachte vielmehr an sie und daran, wie ihr Vater reagieren würde, wenn er feststellte, daß sie überhaupt keine Fortschritte gemacht hatte.

Mehr denn je wollte sie in letzter Zeit ihrem Vater gefallen, wahrscheinlich, weil sie anfing, sich ein wenig vor ihm zu fürchten.

Manuel blickte ihr in die grünen Augen und dachte: Armes kleines Ding, es steckt Freude in ihr, aber man hat sie unterdrückt. Er mußte sehen, was er tun konnte, um ihr hin und wieder freien Lauf zu geben.

Also kehrte Annabella zum ersten Mal auf einem Pferd in den Stallhof zurück, ohne daß ihr übel oder schwindelig war, und nachdem sie Manuel noch einmal gedankt hatte, rannte sie ins Haus, um ihre Mutter zu suchen, und als man ihr sagte, ihre Mama sei spazierengegangen, stürzte sie wieder nach draußen und hörte nicht auf zu laufen, bis sie sie am anderen Ende der Pagode sah.

Rosina sah sofort, daß das Kind glücklich und aufgeregt war, und sie ließ es darauf losplappern über die Behutsamkeit des neuen Reitknechts. Es war ihr nicht unschicklich erschienen, daß sie im Feld zusammen auf dem Baumstamm saßen. Sie hatte sie aus dem Schutz des Waldes beobachtet. Sie hatte auch beobachtet, wie der Mann das Kind auf höchst unorthodoxe Weise aufs Pferd gehoben und dort ungewöhnlich lange hatte sitzen lassen, ohne sie zu unterweisen; doch sie hatte offensichtlich selbst das Pferd in den Stallhof zurückgeritten. Die Art des jungen Mannes war vielleicht von der Furcht bestimmt, die er bei dem Kind sah, aber nach ihrer Meinung verrieten seine Manieren selbst aus der Entfernung einige Vertraulichkeit; deshalb nahm sie jetzt Annabella bei der Hand und sagte ihr, sie sei froh darüber, daß ihr die erste Stunde mit dem neuen Reitknecht gefallen habe, aber sie erinnerte sie sanft daran, daß Dienstboten, so behutsam oder mitfühlend sie sein mochten, trotzdem Dienstboten blieben und in ihren Schranken gehalten werden mußten, und diese Schranken würden ihnen nur klar durch das Benehmen ihrer Vorgesetzten. Verstand Annabella das? Ja, Annabella verstand.

Rosina konnte ihr nicht sagen, sie dürfe in Zukunft nicht mehr mit einem Dienstboten auf einem Baumstamm sitzen, denn damit hätte sie zugegeben, daß sie spioniert hatte, aber sie glaubte, ihr Anliegen ganz deutlich gemacht zu haben, und das traf zu. Trotzdem fühlte Annabella, daß etwas Schönes und Überraschendes in ihr Leben getreten war. Manuel, so spürte sie, war eher wie ein junger Mensch, jemand wie Stephen, sogar jünger, obwohl er älter als zwanzig Jahre sein mußte. Noch niemand hatte sie zum Lachen gebracht wie er, und er war so behutsam, behutsam und sanft.

Und so dachte sie noch zwei Wochen lang, bis sie, als sie mit ihrem Vater den Stallhof betrat, einer höchst überraschenden Szene beiwohnte.

Manuel hatte das Gefühl, er sei nicht erst zwei Wochen oder zwei Monate, sondern schon zwei Jahre in Redford. Er hatte nicht nur eine Arbeit, die er liebte, er wurde außerdem gut verpflegt und war gut untergebracht. Er schlief nicht mehr unter den Dachbalken, er hatte jetzt über dem Eckstall ein Zimmer für sich allein. Es war nur ein kleines Zimmer; manche Leute bezeichneten es vielleicht als kahl, aber er zog es dem Rattenloch in Shields vor, wo sie zu sechst geschlafen hatten und jeder wußte, daß jemand sofort hineinsprang, wenn man aus seinem Bett aufstand. Besser noch, er bekam die erstaunliche Summe von dreißig Pfund im Jahr und die Livree mit allem, was dazugehörte. Die Livree stand ihm. Sie war in einem warmen Braunton, der zu seiner Haut paßte und ihn fast elegant erscheinen ließ.

Da war nur ein Haar in der Suppe, nämlich die ›unwissenden Tölpel da drinnen‹, wie er sie heimlich nannte. Es gefiel ihnen nicht, wie er an seine gute Stellung gekommen war, und sie ließen es ihn ab und zu spüren. Die Frauen waren in Ordnung, aber Frauen waren ihm gegenüber immer freundlich, viel zu freundlich manchmal. Sie waren darauf aus, einen Mann zu angeln, und die meisten waren im Grunde Luder. Er stellte hohe Ansprüche an die Frau, die er einmal heiraten würde; was die anderen betraf, die kamen und gingen wieder, da hatte man kaum eine Wahl. Wenn die Natur aufspielte, mußte man tanzen und als Partner nehmen, wer gerade zur Verfügung stand.

Er merkte schon seit einigen Tagen, daß es allmählich zum Knall kam. Sie stichelten während der Mahlzeiten hinter vorgehaltener Hand gegen ihn, sie erwähnten gewisse Leute, die dem Herrn die Schuhe leckten, noch dazu Ausländer. Der Magen drehte sich ihm bei solchen Verhöhnungen um, denn er leckte niemandes Schuhe, das hatte er nicht nötig; tief innen war er sein eigener Herr und würde es immer sein.

An diesem Morgen kam er spät zum Essen in die Küche. Er hatte viel zu tun gehabt; sie hatten seit fünf Uhr wie die Wilden gearbeitet, weil der Herr um halb zehn in die Fabrik ritt und Fairisle fertig sein mußte. Außerdem fuhr die Herrin ungefähr um die gleiche Zeit mit der Kutsche nach Durham; und dann noch die Stunde für die junge Miß. Er hatte für zwei gearbeitet beim Polieren und Anspannen.

Armorer und Heron nahmen die Kutsche, und da sie sich beide feinmachen mußten, hatte er zu Armorer gesagt: »Überlaßt das nur mir und Danny, geht und eßt und zieht euch um. Die Kutsche wird glänzen wie eine Tiara, keine Angst.« Armorer hatte gelacht, ihm auf die Schulter geklopft und gesagt: »Du bist ein guter Junge, Manuel; gesegnet seien die Burschen, die dich überfallen haben«, und sie hatten beide gelacht. Armorer wußte, daß Manuel ihn respektierte, weil er sich auf Pferde verstand, und das galt auch umgekehrt.

Er betrat jetzt also fast am Ende der Mahlzeit die Küche, und als Dorrie, die Küchenmagd, lächelnd eine große Schüssel Porridge vor ihn hinstellte, lächelte er ihr dankend zu, und sie zog ihre Schultern hoch und kicherte.

Er hatte sein Porridge halb aufgegessen, als er plötzlich den Löffel mitten in der Bewegung anhielt, ehe er ihn zum Mund weiterführte. Faill und Cargill redeten zwar leise, doch konnte er sie deutlich verstehen. Er hörte, wie sie die Gouvernante erwähnten, und dann sagte Faill: »Emporkömmling. Ob er wohl seine Hand auf ihren Hintern legt, um sie hochzuheben?« Das Porridge blieb ihm in der Kehle stecken. Er wußte, daß sie wegen der neuen Anordnung stichelten. Nachdem er das Mädchen einmal allein ausgeführt hatte, wurden sie jetzt stets von der Gouvernante begleitet. Auch sie sollte reiten lernen, aber sie fürchtete sich noch mehr vor den Tieren als das Kind, und deshalb war sie zufrieden damit, auf dem Baumstamm zu sitzen, während er das Pferd mit dem Kind rund um die Wiese leitete. Er hatte nichts gegen die Anwesenheit der Gouvernante; sie war eine hübsche junge Frau, sechs oder noch mehr Jahre älter als er, aber sehr nett, wenn auch ein bißchen steif; wie auch immer, er wollte sein Bestes tun, um sie aufzulockern, denn sie schien ein Teil von Margees Prophezeiung zu sein. Er betrachtete sie als ein Mittel zum Zweck. Außer dem Wunsch, mit Tieren zu arbeiten, hatte er noch einen anderen großen Wunsch in seinem Leben, und zwar Lesen und Schreiben zu lernen, und wer konnte es ihm besser beibringen als eine Gouvernante?

Als Faill und Cargill sich vom Tisch erhoben, lachten sie immer noch, aber sie sprachen nicht, bis sie die Tür erreichten, die in den Hof führte; dann drang Faills Stimme an sein Ohr: »Setz den Teufel aufs Pferd, und er reitet zur Hölle, sagt man, aber setz einen irischen Michel aufs Pferd, und wo reitet er hin? Ich will's dir sagen –.«

Faill konnte den Satz nicht beenden. Er war so erschrocken über den Angriff, daß er sich auch dann nicht zur Wehr gesetzt hätte, wenn er es mit Manuel hätte aufnehmen können. Ein eiserner Griff hielt ihn an der Kehle gepackt und hob ihn in die Luft, während ihn eine andere Hand gegen die Wand drückte, wo er sekundenlang wie eine Stoffpuppe hing, bis Manuel ihn auf den Boden fallen ließ, ihn dabei aber immer noch festhielt, und hervorstieß: »Wie hast du mich genannt? Heraus damit? Wie hast du mich genannt?«

Faill konnte unter dem Druck an seiner Kehle nicht sprechen, und als Cargill ihm zu Hilfe eilte, wurde er von einem seitlichen Tritt, der ihn wie ein Pferdehuf traf, auf den Rükken geworfen.

Manuel ließ jetzt Faills Kehle los und packte ihn an der Schulter: »Wie hast du mich genannt?«

»Ich ... ich ... ich ...«, Faill schluckte und schnappte krampfhaft nach Luft. »Ich habe nur gesagt ...«

»Ja, fahr fort.« Manuel wartete, aber Faill bewegte nur den Kopf von einer Seite zur anderen, während er in die Augen starrte, die wie zwei glühende schwarze Kohlen wirkten.

»Du hast mich einen irischen Michel genannt. Ich will dir mal etwas sagen, ich bin kein irischer Michel. Mein Name ist Manuel Mendoza. Wie ist mein Name?«

Es entstand eine Pause, dann murmelte Faill: »M-Manuel Mendoza.«

Manuel löste langsam seine Hände von den zitternden Schultern, straffte seinen Rücken und blickte sich um. In der Küchentür und am Fenster drängten sich lauter Dienstboten; Cargill raffte sich auf und hielt sich die Hüfte, und vom Hofeingang aus betrachteten der Herr und die junge Herrin die Szene.

»Was soll diese Schlägerei?« Lagrange trat langsam heran. Seine Stimme klang ernst und sein Gesicht war streng, aber er war nicht ärgerlich. Der Bursche hatte Faill wie ein Kind hochgehoben; er besaß erstaunliche Kräfte, und doch hatte er nicht das geringste Interesse an dem Kampf letzte Woche gezeigt. Er hatte sich sogar leicht spöttisch geäußert, als er die beiden besten Kämpfer der Grafschaft beobachtete. Er fand kein Lobeswort dafür, daß sie fünfundvierzig Runden durchgestanden hatten; er hatte sich nur darüber amüsiert, daß sie einander die Gesichter plattschlugen, wie er es formulierte; aber er verstand selbst seine Fäuste zu benutzen, das sah man, und er konnte sich keinen Mann aus der Gegend vorstellen, der ihm fünfundvierzig Runden standgehalten hätte.

Als er den Burschen zur Rede stellte, merkte er, daß er immer noch zornig war, und es fiel ihm auf, wie gut er aussah, besonders wenn sein Gesicht glühte. Er verlangte jetzt: »Was haben Sie eigentlich vor? Wollen Sie jemanden umbringen?«

»Ich bin kein irischer Michel – Sir.« Wieder diese Pause, die Lagrange irritierte. »Und ich lasse mich nicht so nennen. Mein Name ist Manuel Mendoza.

»Das wissen wir, aber der Ausdruck ›irischer Michel‹ wird hier allgemein auf die Iren angewandt.«

»Ich will nicht, daß man ihn auf mich anwendet, und mehr noch, ich werde das sicherstellen.«

Lagrange war sich der neugierigen, starrenden Gesichter rund um ihn bewußt. Sie wunderten sich über die Art und

Weise, wie der Bursche ihm antwortete. Eigentlich müßte er ihn die Peitsche spüren lassen und ihn anschließend fortjagen, aber darauf wartete Boston nur. Er war gestern auf den Hof gekommen und hatte mit dem Burschen geredet. Ganz offen hatte er ihn gefragt, wie es ihm gefalle. Machte ihm sein neuer Job Spaß? Solche Aufmerksamkeit von Seiten der Höhergestellten mußte dazu führen, daß der Mann sich aufblähte. Man sollte ihm ein wenig die Ohren stutzen; aber wenn er es tat, wäre es zehn zu eins das Ende, und was er zu diesem Zeitpunkt dringend brauchte, war ein neues Wettobjekt, ein Wettobjekt, das sich auszahlte.

Er schnellte herum, schwang die Peitsche und schrie: »Macht euch an die Arbeit, alle, und laßt mich so etwas nie wieder sehen oder hören!«

Und wie Ratten in ihre Löscher huschen, zerstreuten sie sich alle, alle außer Manuel. Auch er machte sich an die Arbeit, aber sein Schritt war gemessen und sein Rücken gerade, denn eine Stimme in seinem Inneren rief laut: »Margee und ihre Erzählungen! Mach dich hier aus dem Staub. Tiere hin, Tiere her, du wirst hier nie dein eigener Herr sein. Etwas stimmt an diesem Ort nicht. Geh fort, bevor etwas Schlimmeres passiert.«

3

Miß Howard hatte Zahnschmerzen; Mrs. Page und Alice hatten all die bekannten Heilmittel versucht, aber ohne Erfolg. Alice hatte den kranken Zahn zwischen einem Stück Zink und einem silbernen Penny-Stück gehalten, eine sichere Kur, aber der sterbene Nerv in Miß Howards Zahn wollte sich nicht elektrisieren lassen. Sie hatten es mit einer Myrrhe-Tinktur auf Watte versucht, mit Kreosot auf Watte, aber jetzt saugte die arme junge Frau als letzte Zuflucht Kampfer.

Rosina wußte, daß die Gouvernante in diesem Zustand ihre Schutzbefohlene nicht zur Reitstunde begleiten konnte; sie war dafür, die Stunde ausfallen zu lassen, aber das Kind freute sich darauf und wäre bestimmt tief enttäuscht, wenn man sie ihr nicht gewährte. Außerdem hatte Edmund darauf bestanden, daß sie mit ihren Übungen fortfuhr, bis sie galoppieren konnte; deshalb war ihre Tochter während der vergangenen zwei Monate fünf Vormittage in der Woche, außer wenn das Wetter zu rauh war, mit dem Knecht ausgeritten, aber nach jenem ersten Morgen immer in Begleitung von Howard.

Der Reitknecht hatte augenscheinlich geschafft, was andere vor ihm nicht konnten; er hatte dem Kind die Angst vor Pferden genommen und sie so weit gebracht, daß sie immerhin schon traben konnte. Sie schien großes Vertrauen in den Mann zu haben; sie selbst war sich nicht sicher, ob sie den Mann mochte oder nicht. Natürlich spielte das keine Rolle, solange er seine Pflicht erfüllte, was er offenbar ausnehmend gut tat. Sie hatte einen leichten Unterschied zwischen ihm und den anderen Dienstboten bemerkt. Zunächst hatte sie über diesen Unterschied nachgedacht, bis ihr aufging, daß er weniger unterwürfig war als die anderen, ohne jedoch Rügen herauszufordern; man benahm sich vielleicht ein wenig förmlicher ihm gegenüber, aber man tadelte ihn nicht.

Da Annabella sie erwartungsvoll anblickte, sagte sie: »Dann geh nur.«

»Oh, danke, Mama.« Annabella reckte sich hoch und küßte die blasse Wange, dann drehte sie sich um und wollte losrennen; aber da sie sich rechtzeitig daran erinnerte, daß Damen niemals rennen, zwang sie sich zu einem langsamen Gang, wobei sie ihre Rockschleife über ein Handgelenk legte und in der anderen ihre Reitpeitsche hielt; so schritt sie gemessen aus dem Boudoir ihrer Mama den ganzen Weg zum Stallhof, wo Manuel auf sie wartete.

Manuel bedauerte sehr, daß Miß Howard Zahnschmerzen hatte, und er sagte, das einzige sichere Heilmittel für Zahnschmerzen sei, einen Faden um den Zahn zu wickeln, ans andere Ende ein Bügeleisen zu binden und es jemanden gegen die Wand werfen zu lassen. Sie zog bei diesem Vorschlag die Schultern hoch, aber gleichzeitig wollte sie lachen, weil sie wußte, daß Manuel nur Spaß machte. Er war sehr amüsant, ja das war er! Sie hatte noch nie so jemanden wie ihn getroffen. Aber er war nur dann amüsant, hatte sie festgestellt, wenn sie allein waren, wenn sie durch Felder liefen oder trabten. Er sagte nie etwas Amüsantes vor Miß Howard; er benahm sich sehr korrekt vor Miß Howard, und ihre Gouvernante schien ihn hoch zu schätzen.

Als sie an diesem Morgen das Gatter erreichten, stieg Manuel nicht ab, um es zu öffnen, sondern blieb sitzen und deutete auf das Feld vor ihnen: »Hier ist nicht genug Platz; die Tiere müssen es satt haben. Wie Menschen wollen sie auch Abwechslung. Möchtest du aufs Moor hinaus?«

»Aufs Moor hinaus, Manuel?« Ihre Augen öffneten sich weit vor Erstaunen. Ihre Mama und ihr Papa hatten nie gesagt, daß sie aufs Moor hinausreiten dürfte. Ja, sie verließ niemals die Tore außer in der Kutsche. Aber wenn Manuel meinte, es sei in Ordnung, dann stimmte das wohl.

Manuel selbst wußte, daß es die Herrin auf alle Fälle abgelehnt hätte, wenn er um die Erlaubnis gebeten hätte, sie aufs Moor mitzunehmen; aber niemand hatte ihm gesagt, daß er sie nicht aufs offene Land nehmen dürfe. Er fühlte sich eingeengt, genau wie die Pferde. Er hatte nichts gegen seine Arbeit; sie war in Ordnung, zumindest im Augenblick, aber irgendwie engte sie ihn ein. An manchen Tagen wollte er einfach sein Bündel schnüren und gehen; nur der Gedanke an die Tiere hielt ihn zurück. Im Gegensatz zu den anderen Angestellten nahm er sich nicht seinen halben freien Tag in der Woche. Harris war sprachlos, als er ihn fragte, ob er seinen Urlaub sparen und an einem Stück nehmen könne. Er hatte keinen Grund für seine seltsame Bitte genannt, denn er konnte schlecht sagen, daß er am Ende eines Monats drei volle Tage hätte, um zu trinken und seinen Körper zu entspannen. Was konnte man mit einem halben Tag anfangen, der erst um zwei Uhr nachmittags begann, und mit fünf Meilen Fußweg zur Stadt? Er konnte trinken und es bleiben lassen, aber wenn er trank, tat er es wie alles andere gründlich, und manchmal kam er drei Tage lang nicht zu sich. Harris hatte herumgedruckst, bis Manuel sagte: »Wenn Sie es nicht entscheiden können, frage ich ihn selbst.« Da Harris aber um seine Autorität fürchtete, hatte er ihm den Wunsch gestattet. Auch dieser Umstand trug zu Manuels Fremdartigkeit in den Augen der anderen Angestellten bei.

»Kommen Sie«, sagte er, »wir fressen jetzt was aus.«

Manuel sagte die seltsamsten Sachen.

Sie ritten weiter durch den Wald, dann an dem Feldweg entlang, wo die Männer arbeiteten, die sie alle grüßten. Sie neigte den Kopf und lächelte ihnen zu, dann ging es weiter bis zu der unzementierten Steinmauer, die die Grenze des Besitzes markierte, und an eine Stelle, wo die Mauer zerfiel, und darüber stiegen sie hinweg und hinaus aufs Moor.

Sie saß aufrecht da und schaute sich um, wobei ihr ein höchst ungewöhnlicher Gedanke kam. Die Luft auf dieser Seite der Mauer schien anders, schärfer, und der Wind wehte ihr die Haare hoch und blies ihr fast den Hut fort. Manuel blickte sie an und dachte: »Jetzt oder nie«, und er sagte schnell: »Sehen Sie den Baum dort drüben? Wir machen ein Wettrennen. Vergessen Sie nicht, was ich Ihnen gesagt habe, Sie müssen fest im Sattel sitzen bleiben. Los, Sandy! Los, Chester!«

Sie hatte keine Zeit, nervös zu werden; das Pferd preschte los und sie mit ihm. Blitzartig flackerte Furcht in ihr auf und war gleich wieder verschwunden. Sie erlebte ein großes, ekstatisches Gefühl der Freude, nicht nur weil sie galoppierte, sondern weil sie schneller als Manuel war. Sie schrie und konnte nicht glauben, daß es ihre eigene Stimme war. Damen schrien nicht. Sie erreichte als erste den Baum, und als Manuel neben ihr Chester anhielt, beugte sie sich nach vorn über Sandys Nacken und lachte und lachte. Dann erinnerte sie sich daran, wer sie war und mit wem sie zusammen war, richtete sich auf, blickte Manuel an, der ihr breit zulächelte, und sagte: »Sie – Sie haben mich doch nicht gewinnen lassen, oder, Manuel?«

»Sie gewinnen lassen, Miß? Guter Gott! Ich hatte alle Hände voll zu tun, um nicht abgehängt zu werden. Sie gewinnen lassen? Nie im Leben. Wie hat es Ihnen gefallen?«

»Oh – oh, Manuel, es war wunderbar. Und – und wissen Sie was? Ich habe keine Angst mehr. Ich werde nie mehr Angst vor Pferden haben.«

»Na, den Tag werden wir wohl nicht so schnell vergessen, stimmt's?«

»Sollen wir noch einmal?«

»Nein, noch nicht. Lassen wir sie erst ein bißchen im Schritt gehen. Am besten reiten wir unten am Fluß entlang. Die Pferde haben sicher Durst.«

Sogar der Fluß sah anders aus. Er schoß hier schneller voran als im Park. Er sprang über die Steine und wand und schlängelte sich durch die Wiesen. Nachdem die Pferde getrunken hatten, ritten sie weiter am Ufer entlang. Hinter einem Felsplateau bogen sie in eine grasbewachsene, sumpfige Mulde ab, an deren anderem Ende sich eine Frau über ein paar lange Stengel bückte. Sie hob den Kopf und blickte ihnen entgegen, und als sie bei ihr waren, sagte Manuel: »Hallo«, und sie entgegnete: »Halloo.« Sie blickte von einem zum anderen, dann sagte sie: »Ich wäre vorsichtig an Ihrer Stelle, da drüben ist ein großer Sumpf. Ich würde mich dicht ans Ufer halten.«

»Danke.« Er nickte ihr zu und beugte sich vom Pferd: »Pflücken Sie hier etwa Flachs?«

»Flachs? Scharpie nennen wir es; ich bin auf den Samen aus.«

»Ich dachte, die wächst nur in Irland.«

»Davon weiß ich nichts, aber hier kommt's jedes Jahr neu, niemals mehr, niemals weniger. Ist hier geschützt und feucht. Vielleicht deswegen.«

»Ist doch aber sicher nicht genug, um Leinen daraus zu machen?«

»Nein, das vielleicht nicht«, lachte sie auf. »Aber ich will es auch nicht für Leinen. Ich benutze den Samen für Medizin, für Umschläge. Gibt nichts Besseres für Umschläge.« Sie blickte wieder von ihm auf das junge Mädchen, dann fügte sie hinzu: »Sie sind weit von Ihrem Weg ab.«

»Nicht so weit«, erwiderte er. »Wir sind von der Hall, dort drüben, Redford.«

»Oh, ja. Ja. So, ja.« Ihre Stimme überschlug sich. »Und das hier ist das junge Fräulein?« Sie nickte Annabella zu, verbeugte sich aber nicht.

Annabella erwiderte ihren Blick und lächelte. Sie war eine alte Frau, aber nicht so alt wie Alice. Ihr Gesicht war sehr runzlig, wirkte aber gütig. Als sie jetzt zu ihr sagte: »Es ist ein selten schöner Tag, wir kriegen solche Tage nur im September«, antwortete sie höflich: »Ja, es ist ein schöner Tag.«

Als Manuel fragte: »Wohnen Sie hier in der Nähe?«, hatte Annabella den Eindruck, daß er bleiben und sich mit der Frau unterhalten wollte. Er traf sie offensichtlich zum erstenmal, aber er redete mit ihr wie mit einer alten Bekannten, fast wie mit einer Freundin.

»Gleich dort am Ufer entlang und dann durch den Busch. Es ist warm. Möchten Sie etwas zu trinken? Ich habe Kräuterbier; es ist gerade richtig scharf, steht schon seit vier Tagen oder so.«

»Das ist nett von Ihnen.« Er wandte sich um und zwinkerte Annabella zu: »Sie möchten bestimmt etwas trinken, nicht wahr?«

Sie starrte ihn einen Augenblick an. Ja, sie möchte gern etwas zu trinken, aber ihre Mama wäre alles andere als erfreut, wenn sie wüßte, daß sie von dieser alten Dame ein Getränk angenommen hatte, und schlimmer noch, sie wäre sehr unwillig darüber, daß Manuel es erlaubt hatte. Aber ihre Mama lebte innerhalb der Mauern, während sie außerhalb der Mauern und in einer anderen Welt war. Sie lächelte ihm zu und sagte schnell: »Ja, bitte.« Ohne weitere Umstände ging die alte Frau vor ihnen her am Flußufer entlang, durch ein kleines Gebüsch, dann einen breiten Graspfad hoch in einen Garten, der anscheinend keine Grenzen hatte, und zu einem flachen, grobgepflasterten Grundstück mit einem kleinen Steinhaus in der Mitte.

»Wenn sie absteigen und sich ausruhen wollen, können Sie drüben sitzen.« Die Frau zeigte auf eine Holzbank vor der Steinmauer, und Manuel sagte: »Danke, Mutter.«

Annabella sah ihn erstaunt an, er hatte diese fremde Person Mutter genannt; dann hob Manuel sie aus dem Sattel. Seit sie am ersten Morgen zusammen ausgeritten waren, hatte er sie nicht mehr so hochgehoben.

Als sie auf der Holzbank saßen, blicke er sie an: »Ist das

nicht großartig?«, und sie erwiderte: »Ja, Manuel.« Und irgendwie war es großartig, großartig und aufregend; so etwas hatte sie noch nie erlebt.

Als die alte Frau mit zwei schäumenden Krügen aus dem Cottage trat und ihr einen davon gab, bedankte sie sich, dann nippte sie an dem Bier und konnte nur mit Mühe verhindern, daß sich ihr Gesicht verzog. Es schmeckte scharf und bitter.

»Es ist gut, nicht wahr?« Manuel hatte seinen Krug auf einen Zug halb geleert, und sie schluckte und log lächelnd: »Ja, sehr gut.«

Die Frau schaute Manuel an: »Sie sind nicht aus dieser Gegend?«

»Nein, Mutter. Ich komme aus Irland, von der anderen Seite des Wassers, wissen Sie, aber ich bin von Geburt Spanier.«

»Ja, das habe ich vermutet.«

Manuel war offensichtlich erfreut über die Bemerkung und lächelte die alte Frau an. Sie lächelte zurück.«

»Möchten Sie noch ein wenig mehr?«

»Ja, vielen Dank.« Er reichte ihr den Krug. Die Frau wandte sich jetzt an Annabella: »Und Sie, mein Fräulein?«

»Nein. Nein, danke; ich habe genug. Es ist – es schmeckt sehr gut.«

»Freut mich, daß es Ihnen schmeckt.«

Nachdem Manuel seinen zweiten Krug ausgetrunken hatte, stand er auf: »Ich bin Ihnen sehr zu Dank verpflichtet, Mutter«, und nickte ihr bedächtig zu, und sie entgegnete: »Oh, keine Ursache, Sie sind jederzeit willkommen ... Wie heißen Sie?«

»Manuel – Manuel Mendoza.«

»Hoho! Das klingt spanisch genug. Mein Vater war Seefahrer. Ist jetzt zehn Jahre tot. Er hat mir viel von fernen Ländern erzählt. Ich habe ein Gefühl für Namen.«

»Und wie heißen Sie, Mutter?«

»Amy Stretford.«

Er hörte nicht auf, sie anzuschauen, und sie fuhr fort: »Sie brauchen nicht schüchtern zu sein – wenn sie wieder einmal hier vorbeikommen, schauen Sie einfach herein. Ich kann Ihnen immer mit irgendetwas die Kehle ölen.«

»Ich nehme Sie beim Wort, passen Sie auf.«

Annabella beobachtete die beiden leicht verwirrt. Ihre Unterhaltung war hochinteressant, sie glaubte zwei Charakteren aus einem Buch zuzuhören, die zum Leben erwacht waren. In gewisser Weise war die alte Frau Manuel ähnlich, weil auch sie anders war. Manuel war nicht wie ein Diener im Hause; weder redete noch benahm er sich wie sie, aber natürlich redete und benahm er sich auch nicht wie ein Gentleman, wie ihr Vater oder Onkel James oder Mr. Rosier oder Mr. Boston – oder Stephen. Mehr Männer kannte sie nicht, und da ihre Gedanken Stephan gestreift hatten, dachte sie: Oh, ich wünschte, er wäre hier; es hätte ihm so sehr gefallen. Sie wußte, daß Stephen ungewöhnliche Situationen liebte, weil er ihr immer erzählte, was auf seinen Fahrten zur Schule und zurück passierte.

Sie bemerkte, daß die alte Dame die Einladung nicht auf sie ausdehnte; aber natürlich konnte sie das nicht tun; da sie eine vernünftige alte Dame war, kannte sie ihre Stellung im Leben. Und trotzdem bedauerte sie es, daß sie nicht in die Einladung mit eingeschlossen war. Sie dankte ihr noch einmal für das Getränk; dann half ihr Manuel wieder beim Aufsteigen, und sie ritten den breiten grasbewachsenen Weg zum Flußufer hinunter, und dort drehte Manuel sich um und winkte der alten Frau zu, als ob er wüßte, daß sie oben stand und sie beobachtete. Und sie selbst gab einem Impuls nach, wie ihre Mama gesagt hätte, und winkte ebenfalls nicht nur einmal oder zweimal, sondern dreimal.

»Hat Ihnen das Spaß gemacht?« Manuel sprach über die Schulter, während sie durch das Gebüsch ritten, und sie erwiderte laut: »Oh, ja. Ja, Manuel.« Und dann fügte sie hinzu: »Ich habe Stephen etwas zu erzählen, wenn ich ihn sehe.«

Er hielt an und wartete, bis sie neben ihm war; dann sagte er mit unbewegtem Gesicht: »Es wäre klüger, wenn Sie Mr. Stephen nichts erzählten, wenn Sie niemandem etwas erzählten, weil wir das wegen Miß Howard nicht sehr oft tun können – verstehen Sie?« Ja, sie verstand. Sie verstand, daß dies ein Abenteuer war; von der Minute an, als sie durch das Tor geritten waren, hatte sie gewußt, daß es ein Abenteuer war und daß niemand etwas davon erfahren durfte, nicht einmal Stephen. Aber Stephen trug nie Geschichten weiter; sie sagte es: »Ich könnte es wirklich Stephen erzählen, Manuel, weil wir zusammen Geheimnisse haben.« Sie nickte zweimal mit dem Kopf, um diese Feststellung zu unterstreichen, und er nickte zurück, wobei er sagte: »Na gut, wenn das so ist, dann vielleicht.«

Sie schaute ihn an. Er hatte sehr schwarze Augen, und sein Mund war hübsch, zumindest wenn er lächelte. Sie nahm an, daß er sein sehr gut aussehender Mann war, aber natürlich war er nicht so schön wie Stephen. Er war eben älter. Sie sagte zu ihm: »Ich werde Stephen nichts erzählen, Manuel; ich werde es niemandem erzählen.«

»Das ist gut so.«

Wieder fiel ihr auf, daß er sie fast nie korrekt anredete, wenn sie allein waren. Sie sollte das eigentlich ihrer Mama sagen, aber natürlich würde sie es nicht tun; sie würde nie etwas tun, was Manuel Schwierigkeiten bereiten könnte, weil er so nett war. Kein Dienstbote war zu ihr so nett gewesen wie Manuel. Er könnte richtig ihr Freund sein, ja, er könnte richtig ihr Freund sein. Sie hätte gern zu ihm gesagt: »Du kannst mein Freund sein, Manuel«, aber das durfte sie natürlich nicht tun. Aber sie konnte ihm offen ihre Geheimnisse anvertrauen, so als ob er ihr Freund wäre. Sie sah ihn von der Seite her an: »Finden Sie, daß Stephen hübsch ist, Manuel?«

Sie sah, wie es in seinem Gesicht zuckte. Seine Augen öffneten sich weiter, seine Lippen preßten sich fest aufeinander, aber er lächelte nicht, als er sagte: »O ja, das finde ich; er ist der hübscheste junge Mann, den ich je gesehen habe.« Er hatte den Jungen nur einmal gesehen, damals als sie nach Durham gefahren waren.

»Finden Sie das wirklich, Manuel?«

»Ja, wie ich eben gesagt habe.«

»Ich werde Ihnen ein Geheimnis anvertrauen, Manuel.«

»Bei mir wird es sicher aufgehoben sein.«

»Manuel.« Sie schwieg mehrere Sekunden lang. »Mr. Stephen und ich werden heiraten.«

Er richtete sich gerade im Sattel auf. Seine Augenbrauen zogen sich zusammen, die Lippen öffneten sich und gaben die ebenmäßigen, weißen Zähne frei; dann hatte er sich wieder unter Kontrolle und fragte ruhig: »Weiß – weiß Mr. Stephen davon?«

Sie schüttelte den Kopf. »Noch nicht. Auf jeden Fall reden wir nicht darüber; er weiß es vielleicht innerlich, wissen Sie, was ich meine?«

»Doch, doch – ich verstehe.«

Seine Stimme klang feierlich. »Wann findet das Ereignis statt?« fragte er. »Oh!« Sie wiegte ganz leicht den Kopf und nahm die Zügel fester in die Hände. »Wenn ich sechzehn bin, vielleicht siebzehn. Ja, siebzehn.« Sie nickte jetzt heftig: »Siebzehn spätestens.«

Auch er nickte. »Ich wünsche Ihnen beiden alles Glück und die größte Familie in der Grafschaft, zehn Kinder, keines weniger, denn Kinder sorgen für Glück.«

»Danke, Manuel.«

Sie ritten schweigend Seite an Seite, bis sie unvermittelt ihr Pferd anhielt, ihm ihr Gesicht zuwandte und fest sagte: »Ich wollte es eigentlich nicht sagen, Manuel, aber ich glaube, ich muß. Ich meine, daß Sie mein Freund sind, und ich möchte Ihre Freundin sein.«

In seinen Augen war kein Lachen, keine Belustigung spielte um seine Lippen. Er streckte seine Hand aus, und sie legte ihre nach einem Augenblick hinein, und er sagte galant und absolut aufrichtig: »Ich bin nie von einem König zum Ritter geschlagen worden, aber wozu auch, nachdem mir eine solche Ehre zuteil wird? Ich danke Ihnen, Miß Annabella; ich bin der Ihre auf Lebenszeit.«

Als sie ihn anlächelte, stieg ihr ein höchst undamenhafter Kloß in der Kehle hoch, und die Augen brannten ihr. O nein, o nein, sie durfte nicht weinen.

Er ritt schweigend an ihrer Seite. Noch nie in seinem Leben war er so gerührt gewesen, aber trotzdem waren seine

Gedanken aggressiv. Unter all den Menschen auf diesem verdammten Besitz war niemand, in dessen Gegenwart sie ihren wahren Neigungen nachgehen durfte, niemand, bei dem sie ein Kind sein durfte. Sie war kein Kind; sie hatten ein Kind in ihr erstickt und zwangen ihr die Manieren ihrer eigenen Schicht auf, ihre steifen, schicklichen Manieren. Mit zehn Jahren sollte sie eigentlich rennen, springen, schmutzig werden und mit Kindern ihres eigenen Alters spielen. Und was lag vor ihr? Die Ehe mit dem jungen Gentleman? Wohl kaum, wenn man nach den Gerüchten in der Gesindestube gehen konnte. Er hatte den gesamten Plan von Armorer erfahren. Jedermann auf dem Gut wußte Bescheid außer dem Kind selbst. Ein Kindermädchen war vor nicht langer Zeit fristlos entlassen worden, weil sie ihre junge Herrin etwas Bestimmtes genannt hatte. Wie lange würde es dauern, bevor man die ihr die Wahrheit eröffnete? Und welche Wirkung würde die Wahrheit auf sie haben? Die Liebe dieser steifen, seelenlosen Frau, ihrer vermeintlichen Mama, würde das Stigma nicht kompensieren können, wenn er das richtig sah. Was eine Ehe mit Master Stephen betraf, was würde dieser junge Tropf sagen, wenn er erfuhr, daß seine süße Cousine nichts anderes war als das Nebenprodukt einer Hure aus Shields?

Es war seltsam, daß dieses Kind, das allen Anordnungen seiner Mutter folgte und sein Bestes tat, um ihn in seine Schranken zu verweisen, wie er selbst ein uneheliches Kind war. In diesem Augenblick betete er, daß sie nie davon erfuhr, denn dann würde sie ebenso leiden wie er selbst; und es gab Schmerzen, die sogar für einen Mann unerträglich waren.

BUCH DREI

Das Erbe

1

Man schrieb das Jahr 1866. Seit dem Beginn der vierziger Jahre, als die Eisenbahn eingeführt worden war, genoß der Norden wachsenden Wohlstand; Dörfer wie Jarrow hatten sich durch ihre Stahlwerke zu Städten erweitert. Das wenige Meilen entfernte Middlesborough war 1830 noch ein Dörfchen mit knapp über hundert Einwohnern gewesen, aber im Jahre 1853 war es bereits eine blühende Hafenstadt mit beinahe zwanzigtausend Einwohnern. Personennamen waren zu Synonymen von Orten geworden. Henry Bolckow von Middlesborough, von Geburt eigentlich Deutscher, Stephenson von Newcastle, die Lehmans von Sheffield und nicht zu vergessen John Brown, der vom Lehrling in einer Besteckfirma zum Besitzer einer großen Stahlfabrik aufgestiegen war, Vicars, Armstrong und Ramsden – das waren Namen, die Stahl bedeuteten, Namen, von denen die Existenz Tausender von Menschen abhing; Namen, die auf den Sockel von Statuen und Büsten eingemeißelt waren, Ausdruck der Dankbarkeit von Seiten der blühenden Städte ihren Wohltätern gegenüber, die gigantische städtische Gebäude errichtet oder ein öffentliches Schwimmbad oder vielleicht eine Bibliothek gestiftet hatten.

Der Norden war in dieser Periode ein eigenes Reich, ein Reich aus Kohlezechen, Stahlfabriken und Eisenbahnen, nicht zu vergessen die Glaswerke. Es war eine Zeit, in der einige wenige herausragende Männer aus dem Dreck zu Millionen aufstiegen und danach ihre Familien in palastartige Häuser setzten. Ein Prozentsatz weniger begabter Männer verdiente immer noch eine Menge Geld und auch sie lebten gut. Und dann gab es den Landadel, und der lebte wie eh und je in großem Stil.

Aber an einem Maitag des Jahres 1866 zitterte plötzlich das Reich des Nordens und brach wie bei einem Erdbeben zusammen, und kleine Männer, mittlere Männer und die an der Spitze spürten die Erschütterungen.

In der Londoner City herrschte Panik. Banken zahlten nicht mehr, Eisenbahnen stellten den Betrieb ein, Stahlgesellschaften mußten sich zusammentun, um zu überleben, eifersüchtig gehütete Familienunternehmen gingen entweder bankrott oder fusionierten mit Gesellschaften, die das Glück gehabt hatten, dem Erdbeben zu entrinnen.

Man fand die verschiedensten Gründe für die Katastrophe, aber die Schuld schien bei der Gesellschaft Overand and Gurney zu liegen, die zu der Zeit einen beträchtlichen Teil der nördlichen Industrien finanzierte und Millionen zuviel ausgegeben hatte; und so breitete sich die Flamme der Panik von den Londoner Bankhäusern aus und durchloderte den Norden.

Die Katastrophe lieferte Edmund Lagrange eine willkommene Ausrede. Er konnte nun – was er auch tat – die Wirtschaftsflaute für das Versagen der Glashütten verantwortlich machen, während alle seine Angestellten und die Besitzer sämtlicher anderen Glashütten von Shields bis Birmingham wußten, daß seine Firma am Ende war.

Edmund Lagrange war jetzt siebenundvierzig Jahre alt. Bis vierzig hatte sein Körper mit seinem hektischen Leben Schritt gehalten, aber in den letzten Jahren konnte der Körper sich der Exzesse nicht mehr erwehren, so daß er jetzt übersättigt wirkte und sein wahres Alter verriet. Er hatte einen Bauch, sein Nacken war feist, sein Gesicht aufgedunsen. Viele betrachteten ihn allerdings immer noch als ein Bild von einem Mann, und seine Vitalität hatte anscheinend nicht nachgelassen, denn er ritt so scharf wie eh und je, trank sogar mehr als früher, aß viel zu gut, spielte wahllos und war mehr als unersättlich in seinem hauptsächlichen Amüsement.

Aber diese Arten des Zeitvertreibs waren lediglich zu einem Panzer geworden, hinter dem er sich verbarg, denn er hatte in den vergangenen sieben Jahren viele persönliche Niederlagen erlitten. Eine, die ihn besonders wurmte, hatte vor knapp einem Jahr stattgefunden, und sie betraf die Mutter seiner Tochter.

Welche Fehler Lagrange auch haben mochte, Geiz gehörte

nicht dazu, und wenn er jemanden liebte oder leiden mochte, war er mehr als großzügig. Was machte es schon, daß seine Geschenke mit dem Geld gekauft waren, das er von seiner Frau erpreßte – was bei jedem Versuch schwieriger wurde. Oder was machte es, wenn das Geld geborgt war, denn er arbeitete so hart fürs Borgen wie andere Männer fürs Verdienen. Am tiefsten war er bei seinem Freund Boston verschuldet, und es war eben dieser Freund, der ihn gedemütigt hatte, indem er seine Geliebte genommen hatte.

Jessie Connolly war fünfzehn, als Lagrange sie zum ersten Male nahm, und sie war Jungfrau – was ihm gefiel, weil es ungewöhnlich war, zumindest in dem Viertel, aus dem sie stammte. Er hatte sich in das Mädchen verliebt, weil es nicht nur sehr hübsch, sondern außerdem lebhaft und fröhlich war und ein freundliches Wesen hatte und es darauf anlegte, ihm zu gefallen. Unter der Voraussetzung, daß sie ihm allein gehörte, mietete er ihr also eine Wohnung in der Crane Street, und in dieser Straße kam seine junge Geliebte auf die Idee, sich ein eigenes Etablissement einzurichten. Er hatte sich köstlich über ihre Idee amüsiert, und da er gerade über flüssige Mittel verfügte, kaufte er ihr ein Haus, und sie war im Geschäft.

Er hätte schwören können, daß Jessie ihm während der ganzen Jahre treu blieb, schon aus dem Grunde, bildete er sich ein, daß sie – nachdem sie einmal mit ihm zusammen war – die Art von Kunden nicht mehr ertragen konnte, die sie ihren Mädchen vermittelte.

Das Apartment im obersten Stockwerk des Hauses, das ausschließlich ihm zur Verfügung stand und in das man durch einen Hintereingang gelangte, war ihm im Laufe der Jahre zu einer Art Zuflucht geworden, und obwohl er schon lange keine besondere Zuneigung mehr zu ihr empfand, war sie trotzdem freundlich und aufmerksam und ihm von Zeit zu Zeit zu Gefallen.

An dem Abend, als er Boston in das private Apartment einführte, war er schwer betrunken gewesen. Er hatte es aus Prahlerei getan und am nächsten Tag seinen Impuls bereut, aber es wäre ihm nie in den Sinn gekommen, seiner Geliebten zu mißtrauen, bis er sie eines Abends aus dem Bedürfnis nach Trost in dem Haus aufsuchte. Es war nicht seine gewohnte Besuchszeit; er hatte seine festen Zeiten und war noch am Abend zuvor bei ihr gewesen. Aber bei seiner Ankunft in der Straße entdeckte er zu seiner Überraschung Bostons Wagen und Kutscher direkt hinter einer Abbiegung versteckt. Er ritt an dem Haus vorüber, wartete und sah Boston bald darauf in der Hintertür auftauchen. An diesem Abend raste er vor mörderischem Zorn und Verzweiflung. Boston lachte sich vermutlich ins Fäustchen, aber er war machtlos, er konnte nichts sagen, weil er so tief bei dem Mann verschuldet war. Aber es gab noch einen viel wichtigeren Grund, warum er ihn nicht bloßstellen konnte; und zwar deshalb, weil er auf lange Sicht plante, daß Boston seine Tochter heiratete. Diese Allianz war seine einzige Hoffnung, jemals seine Schulden bei ihm loszuwerden und seine Zukunft zu sichern, denn Boston hatte seine Finger überall in der Grafschaft drin. Das einzige Hindernis für diese Verbindung war Rosina. Boston selbst hatte sich während des vergangenen Jahres Annabella gegenüber sehr aufmerksam verhalten, ihn brauchte man kaum zu drängen. Was Annabella betraf, sie würde ihm gehorchen. Das einzige Hindernis war Rosina; aber was konnte sie letzten Endes schon tun?

Die Auswirkungen der finanziellen Explosion im Norden hatten gewissermaßen auch Rosinas Leben zu einem Höhepunkt gebracht. Die Schließung des Familienunternehmens glich einer Operation, die man jahrelang aufgeschoben hatte. Der letzte Akt war qualvoll, aber wie nach einer Operation brachte er auch Erleichterung.

Ihr ererbtes Geld war schnell aufgebraucht, und die Bettelgänge bei ihrer Mutter hatten wieder begonnen; aber jetzt war auch das vorüber.

Sie konnten sich das Haus mit all seinen Verbindlichkeiten nicht mehr leisten. Das störte sie kaum, denn sie würde im Cottage ihrer Mutter ein neues Heim finden, und der Wechsel würde sie endlich von dem Hohn und der Erniedrigung befreien, von der Maske, die sie vor der Gesellschaft tragen mußte.

Wo ihr Ehemann wohnen würde, interessierte sie nicht; sie sorgte sich nur noch um Annabellas Zukunft. Doch das würde sehr bald geregelt sein. In zwei Tagen kehrte Stephen von London zurück, und dann würde er sich erklären.

Seit Jahren hatte er Annabella schon den Hof gemacht. Er kam nicht mehr zu Besuch in die Hall, wegen Ihres Ehemannes, aber während der vergangenen zwei Jahre war sie häufig in Durham gewesen, wenn er von der Universität nach Hause kam. Als sie im letzten Jahr zwei Monate in London verbracht hatten, war er Annabellas ständiger Begleiter und hatte ihr regelmäßig aufgewartet, wenn ihr Vater nicht anwesend war.

Stephen war zu einem gutaussehenden Mann herangewachsen und hatte viel Erfolg bei den Damen, aber sie wußte, wie sie schon immer gewußt hatte, wem sein Herz gehörte. Sie hatte vor zwei Tagen einen Brief von ihm erhalten, und eine Zeile darin hatte sie getröstet, denn sie lautete: »Ich werde zu Annabellas Geburtstag zu Hause sein. Bitte, bringe sie nach Weirbank, denn ich habe ihr etwas zu erzählen und auch Dir, liebe Tante. Ihr seid mein ganzes Leben lang so gut zu mir gewesen, daß ich mein Glück mit Euch teilen will.«

Nur eine äußerst unangenehme Aufgabe lag jetzt noch vor ihr, das Gespräch mit ihrem Ehemann über die Schließung des Hauses und der Hall; den Dienstboten mußte so bald wie möglich gekündigt werden. Alice würde natürlich mit ihr ins Cottage ziehen und vielleicht Harris, aber das war alles.

Sie erhob sich von ihrem Schreibtisch, und als sie am Fenster vorüberging, sah sie in der Ferne Annabella mit Mr. Boston durch die Pagode schreiten, und sie blieb stehen, um sie zu beobachten. Es bereitete ihr immer Vergnügen – nicht ohne ein Gefühl, das Ihre dazu beigetragen zu haben –, Annabella beim Gehen zuzusehen, denn ihre Haltung war ausgezeichnet und ihre Manieren waren tadellos. Der einzige Fehler in ihrem Auftreten bestand darin, daß sie manchmal ein wenig zu fröhlich war und ihr Lachen zu laut, aber Ehe und Verantwortung würden auf natürliche Weise diesen Überschwang dämpfen.

Mr. Boston war in letzter Zeit oft zu Besuch gekommen. Sie mochte den Mann nicht. Trotz seiner teuren Kleidung und seines prächtigen Wohnsitzes war er irgendwie gewöhnlich. Es wunderte sie manchmal, daß Edmunds Schliff überhaupt nicht auf ihn abgefärbt hatte, denn die beiden waren seit Jahren eng befreundet, aber der Mann kam ihr immer noch so linkisch vor wie vor acht Jahren, als sie ihn kennenlernte.

Annabella teilte die Gefühle ihrer Mama gegenüber Mr. Boston. Auch sie fand ihn linkisch und verglich ihn unablässig mit Stephen. Aber seltsamerweise sah sie ihn häufiger und redete mehr mit ihm als mit irgendeinem anderen Mann aus ihrer Bekanntschaft.

Mr. Boston konnte ein amüsanter Gesellschafter sein und sie manchmal zum Lachen bringen – er hatte einen zynischen Humor –, aber seine ganze Person, sein Gesicht, seine Art und seine Stimme stießen sie ab.

Viermal war sie im letzten Jahr zum Diner in seinem Haus gewesen und einmal zu einem von ihm veranstalteten Ball. Der Ball hatte ihr gefallen, weil sie gern tanzte, aber sie genoß keines der Diners, noch beeindruckte sie sein Haus. Ihm fehlte es an Geschmack, dachte sie. Ihr Papa hatte gesagt, das Haus brauche eine Herrin, denn es waren dort zweimal soviel Dienstboten wie bei ihnen, mindestens zehn Gärtner. Sie fragte sich, warum Mr. Boston nicht geheiratet hatte. Soweit sie wußte, war er dreißig Jahre alt.

Manchmal glaubte sie, daß sich sein Verhalten ihr gegenüber im vergangenen Jahr geändert hatte. Bis zu ihrem sechzehnten Lebensjahr war er, auf seine Art, immer sehr höflich gewesen. Es lag sogar eine gewisse Unterwürfigkeit in seinem Verhalten ihr gegenüber, aber während der letzten Monate neigte er dazu, sie zu necken, wenn sie allein waren, und nach ihrem Geschmack viel zu freizügig mit ihr zu reden. Natürlich, wenn es Stephen gewesen wäre, wäre sie mit Vergnügen darauf eingegangen, sie hätte gelacht und seine Neckereien erwidert, aber Stephen war anders: Stephen war der Mann, den sie heiraten würde.

Ihr Puls beschleunigte sich, und ein sanftes Lächeln überzog ihr Gesicht bei dem Gedanken, daß sie in genau zwei Tagen Stephen sehen würde und daß er an diesem Tag um ihre Hand anhalten würde. Ihre Mama hatte ihr seinen Brief gezeigt. Ihre Mama hatte sich gestern abend lange mit ihr unterhalten. Daß das Haus geschlossen wurde, war ein Schock für sie, denn sie liebte das Haus, jedes einzelne Stück; sie hing sogar an der Hall. Seit zwei Jahren hatte sie Zugang zu der Hall. Ihr Vater hatte eines Tages ganz plötzlich zu ihr gesagt: »Warum siehst du dir nicht meine Bilder an?« Es hatte vorwurfsvoll geklungen, so als ob er ihr die Schuld daran gab, daß sie seinen Teil des Hauses nicht benutzte. Von diesem Tag an stand die Eichentüre offen, außer an den Abenden, wenn er spielte.

Sie wußte, daß ihre Mama darüber erleichtert war, daß sie kein übermäßiges Interesse an der Hall zeigte. Es hatte sie glücklich gemacht, als sie ihr erzählte, daß sie die Bilder im Haus denen in der Hall vorzog, und das war die reine Wahrheit: sie zog die Bilder im Haus vor, weil sie Menschen darstellten, die sie kannte, Bilder von Großmama und Großpapa zu verschiedenen Zeiten ihres Lebens und von ihrer Urgroßmama und ihrem Urgroßpapa und deren Mama und Papa.

Ihr übermäßiges Interesse an ihren Großeltern rührte ihrer Meinung nach daher, daß sie nicht ein einziges Mal in all ihren siebzehn Lebensjahren mit ihrer Großmutter gesprochen hatte. Neulich hatte dieser außergewöhnliche Zustand sie betrübt, und sie wollte eine Erklärung, aber irgendein Gefühl der Rücksichtnahme hinderte sie daran, ihre Mutter direkt zu fragen, warum sie nie zu ihrer Großmama mitgenommen wurde. Aber sie hatte die Sache ganz offen mit Stephen diskutiert, und Stephens Meinung hatte sie sehr getröstet. Er sagte, Grandma Conway-Redford sei schon immer eine sehr strenge, ausweichende Person gewesen; er selbst habe sie seit dem Tode seines Vaters nur zweimal gesehen. Er hatte den Eindruck, daß sie Kinder nicht leiden konnte …

George Boston sagte: »Ich erweitere die Ställe. Sie müssen kommen und sich das ansehen.«

»Schaffen Sie mehr Pferde an?«

»Ja, noch ein halbes Dutzend.«

Er redete davon, Pferde im halben Dutzend zu kaufen, während die meisten Leute in ihrer und der angrenzenden Grafschaft ihre Kutschen und Pferde verkauften. Plante er, den Stall ihres Papas zu kaufen? Wenn er auch ein Freund war, so wäre das doch entsetzlich.

In dieser Situation galt ihre Sympathie eher ihrem Vater als ihrer Mutter, obgleich sie wußte – und zwar mittlerweile schon seit Jahren –, daß ihr Vater kein guter Mensch war. Er gewann zuweilen ihre Sympathie mehr als Rosina, weil sie spürte, daß ihre Mutter die stählerne Kraft eines integren Charakters besaß, die sie stütze, während sie erkannte, daß Lagrange von seinem Charme und Geist lebte und von einer Facette seines Charakters, die sie nur widerstrebend als Einschüchterung bezeichnete. Sie wurde sich im Laufe der Jahre immer bewußter, daß er ihr eine andere Seite seines Wesens offenbarte als ihrer Mutter. Das war ihr besonders deutlich geworden seit ihrem fünfzehnten Lebensjahr, als sie von der Kinderetage in ein Zimmer gegenüber dem Boudoir ihrer Mutter ziehen durfte. Manchmal, wenn ihr Vater ihre Mutter besuchte, hörte sie nur leises Murmeln; bei anderen Gelegenheiten war seine Stimme zornerfüllt und seine Ausdrucksweise so erschreckend, daß sie die Hände an die Ohren legte, um nicht zuhören zu müssen. Unmittelbar danach jedoch hob er oft ihr Kinn hoch und rief mit samtener Stimme: »Wie geht's meinem Liebling?« oder: »Was hältst du von einem Ritt übers Moor?«

In letzter Zeit forderte er sie immer häufiger auf, mit ihm auszureiten. Wenn er den Reitstall verkaufen mußte, würde er bestimmt wahnsinnig; Pferde bedeuteten sein Leben.

»Es ist sehr schade, daß die Fabrik schließt.«

»So was kommt vor.« Sie richtete ihre Aufmerksamkeit wieder auf Boston; irgendwie glaubte sie, daß ihm der Untergang der Fabrik keineswegs leid tat, sondern daß er sich daran weidete.

»Was werden Sie anfangen?«

»Oh –«, sie wandte leicht den Kopf und lächelte ihm zu: »Ich werde genügend Beschäftigung finden.« Sie dachte an die Reise nach Durham an ihrem Geburtstag. Sie endete:

»Wir werden nicht aufs Moor ausgesetzt, Mr. Boston; wir haben nämlich Pläne.«

Er lachte herzlich darüber, wobei er den Mund so weit öffnete, daß sie den weißen Belag auf seiner Zunge sehen konnte, und sie krauste ihre Nase vor Widerwillen.

Sein Lachen hörte plötzlich auf, aber auf seinem Gesicht lag noch immer ein amüsiertes Lächeln, als er wiederholte: »Sie haben Pläne?«

Sie wandte ihm ihren Kopf zu, und sie kokettierte ein wenig, als sie aus dem Bewußtsein des Geheimnisses, das sie mit ihrer Mama teilte, betont erwiderte: »Ja, ich habe Pläne, Mr. Boston.«

»Haha, ich rieche ein Geheimnis. Hat es einen Zweck, zu fragen, welche Pläne Sie haben? Ich versichere Ihnen, ich würde die Antwort tief in meinem Herzen begraben. Kommen Sie, was haben Sie für geheime Pläne?«

Seine laute Jovialität bewies ihr, daß sie zu offenherzig ihm gegenüber war. Ihre Mama warnte sie ständig vor ihrer lockeren Umgangsart, die nicht zu verwechseln sei mit gesellschaftlicher Gewandtheit; sie laufe Gefahr, sagte ihre Mama, in eine Freizügigkeit abzurutschen, die bei dem Beobachter einen falschen Eindruck erwecke. Sie sagte jetzt mit einstudierter Förmlichkeit: »Meine Geheimnisse, Mr. Boston, falls ich welche hätte, wären für Sie kaum von Interesse, da Sie sie mit Sicherheit als kindisch und unreif betrachten würden.«

»Nicht im geringsten, nicht im geringsten. Siebzehn am einundzwanzigsten – da kann man Sie kaum kindisch und unreif nennen. Oh, oh! Ich kenne Sie seit vielen Jahren, Annabella, und ich habe Sie sogar als Kind nie für unreif gehalten; Sie haben mich sogar mit Ihrer Klugheit und Ihrem Wissen erschreckt. Ich werde nie den Tag vergessen, als wir zum erstenmal die Glasfabrik besucht haben. Sie haben mich einfach verblüfft.«

»Sie lachen mich aus, Mr. Boston.«

Er hatte keine Zeit mehr zum Antworten, da Faill auftauchte und Annabella anredete. »Die Herrin möchte mit Ihnen sprechen, Miß Annabella.«

»Danke, Faill. Würden Sie mich entschuldigen, Mr. Boston?«

»Natürlich.« Er lachte ihr immer noch zu. »Aber ich gehe mit Ihnen zum Haus zurück; ich möchte mit Manuel sprechen. Ein feiner Bursche, besonders mit Pferden, nicht wahr?«

»Ja, er versteht sich auf Pferde.«

»Ihr Vater hat kaum einen Tierarzt gebraucht, seit er hier ist. Solche Angestellte muß man haben, sie sparen einem Geld.«

Er lächelte beim Reden, und seine letzte Bemerkung gab ihr zu denken: Er genoß die ganze Situation. Er würde Manuel mitnehmen – er wollte ihn schon immer haben. Bei diesem Gedanken entstand in ihr ein Gefühl der Leere. Es hatte noch nie einen Diener wie Manuel gegeben. Ihn würde sie als einzigen von allen Hausangestellten vermissen. Warum konnte ihre Mama nicht Manuel statt Harris behalten? Sie würde es ihr vorschlagen. Aber vielleicht würde ihr Papa beschließen, Manuel mitzunehmen. Aber wohin würde er ihn nehmen? Wo würde ihr Papa wohnen, wenn nicht in der Hall? Und wie konnte er leben ohne die Glasfabrik und ihre Mama? Diese Frage hatte sie sich mehr als einmal seit gestern abend gestellt.

In der Auffahrt trennte sie sich von Boston und ging ins Haus, wo Harris auf sie wartete, um ihr mitzuteilen, daß Madame im kleinen Salon sei.

Der kleine Salon war am Ende einer langen Passage an der Ostseite des Hauses. Darin stand das Klavier, auf dem Annabella zu üben pflegte. Verglichen mit den anderen Zimmern war es klein und weniger förmlich und wegen seiner Lage privater als die Haupträume, und aus diesem Grunde hatte es Rosina für das Gespräch mit ihrem Ehemann gewählt.

Sie wußte, daß er mit Mr. Boston in die Stadt fahren wollte, und wenn er in die Stadt fuhr, kam er manchmal erst nach zwei oder drei Tagen zurück. Sie hatte gehört, daß er in seinem Klub übernachtete; wo er blieb, interessierte sie jetzt überhaupt nicht mehr, aber unter den gegenwärtigen Umständen mußte sie mit ihm ihre Lage besprechen – die Umstände waren nämlich so, daß kein Geld von außen zu erwarten war und sie selbst vollständig von der Großmut ihrer Mutter abhing.

Als die Fabrik geschlossen wurde, hätte er eigentlich zu ihr kommen und die Situation mit ihr diskutieren müssen, aber wie immer wollte er den Tatsachen nicht ins Auge sehen. Er hoffte immer einen leichtgläubigen Menschen zu finden, der ihm Geld lieh, oder etwas zu gewinnen, aber jetzt mußte er eine ganze Menge gewinnen – fast eine kleine Goldmine –, um seinen Lebensstil zu bewahren. Nein, dies war das Ende einer langen, unverantwortlichen Reise für ihn, und er war auf dem Weg über so viele Menschen hinweggeritten, daß sie zweifelte, ob er noch einen Freund hatte, der ihm helfen würde; mit Ausnahme von Mr. Boston natürlich. Die Beziehung der beiden war für ihre Begriffe höchst seltsam, denn er benahm sich, als ob Mr. Boston ihm Geld schuldete, und nicht umgekehrt.

Jetzt würde ihr letztes Gespräch, ihr letzter Streit um Geld in wenigen Minuten vorüber sein. Sie hatte ihn gebeten, hier auf sie zu warten. Sie hatte auch Annabella zu dem Treffen bestellt, weil es sie – wie sie sich selbst sagte – in gleichem Maße anging. In Wirklichkeit jedoch wollte sie Annabella bei dieser Unterhaltung dabeihaben, und sie verhehlte sich kaum den Grund, weil sie hoffte, ihre Gegenwart würde den Zorn ihres Ehemannes dämpfen; denn sie war müde, müde und ausgelaugt.

Annabella und Lagrange begegneten einander fast genau vor der Tür des kleinen Salons; sie kam aus dem Haus, und er kam aus der Hall.

»Hallo«, sagt er. »Was bedeutet das?«

»Mama möchte mich sprechen.«

Er schnitt eine Fratze und sagte spöttisch: »Und Mama möchte mich auch sprechen; laß uns also keine Zeit verschwenden.«

Er nahm sie bei der Hand und führte sie in den Raum wie auf eine Tanzfläche. Beim Anblick seiner Frau, die am Fenster saß, rief er aus: »Hier sind wir, Madame. Hier sind wir.« Obwohl die Worte lustig klangen, war keine Spur von Heiterkeit in seinem Gesicht, im Gegenteil. Sein Gesichtsausdruck war angespannt, seine Haut fleckig, und das Glitzern seiner Augen verriet Rosina, daß seine Stimmung nicht die allerbeste war.

Sie sagte sanft: »Kommt und setzt euch.«

Annabella gehorchte, aber Lagrange stand nur da und blickte sie an. Die Aufforderung war, um es gelinde auszudrücken, überraschend. Er starrte sie an und wartete darauf, daß sie begann, und als sie es tat, merkte er, daß ihre Stimme leicht zitterte und daß sie außerdem seinen Namen zum Auftakt benutzte, was ihn noch mehr überraschte. »Edmund«, sagte sie, »ich möchte gern die Angelegenheit mit dem Haus und dem Personal regeln.«

Er zuckte unmerklich zusammen, straffte sich aber gleich wieder und wiederholte: »Haus und Personal? Was ist damit?«

»Ihre Auflösung, zumindest das Personal. Der Grundbesitz kann noch eine Weile warten, aber du kannst dir sicher denken, daß wir uns jetzt so viele Angestellte nicht mehr leisten können, nachdem das Einkommen aus der Fabrik aufgehört hat.«

Er trat einen Schritt vor, setzte sich auf die Kante eines Stuhls, beugte sich langsam zu ihr hinüber und betrachtete sie eine Zeitlang mit aufgestützten Ellenbogen, bevor er sagte: »Du sitzt da und erzählst mir in aller Ruhe, daß wir die Angestellten entlassen. Nicht, daß wir ihre Zahl beschränken, wie ich es von dir erwartet hatte, sondern sie entlassen, alle miteinander?«

»Ja, Edmund, das habe ich gesagt. Es sei denn, du hast eine Quelle, aus der du sie ernähren, kleiden und bezahlen kannst.«

Er machte eine langsame Handbewegung in ihre Richtung: »Dazu kommen wir gleich.« Auch seine Stimme war langsam, als er fortfuhr: »Sag mir, Rosina. Wenn das Personal fort ist und das Haus leersteht, wo, schlägst du vor, sollen wir wohnen?«

Rosina schlug einen Moment lang die Augen nieder und biß sich unmerklich auf die Unterlippe, bevor sie die Antwort hervorbrachte: »Ich ziehe zu Mutter ins Cottage und nehme Harris mit mir.«

»Allmächtiger Gott!« Er sprang auf die Füße; sein Stuhl rutschte über den glatten Boden, wobei er ein Tierfell mit sich riß. »Wie kannst du dasitzen und mir so kühl mitteilen, daß du das Haus zertrümmerst und bei deiner Mutter wohnen wirst – die du nebenbei bemerkt nie hättest verlassen sollen –, und wo bleibe ich bei all deinen Planungen? Soll ich draußen im Moor wohnen?«

Er gebrauchte den gleichen Ausdruck wie Annabella zuvor.

»Ich habe mir vorgestellt, daß du in deinem Klub wohnst; du – du verbringst einen Großteil deiner Zeit dort; es dürfte keinen allzu großen Unterschied machen.«

Bei seiner nächsten Reaktion schrie Annabella vor Angst auf, denn er beugte sich fast bis zum Boden, ergriff seine Haare mit den Fäusten und zog mit allen Kräften daran, wobei sein Gesicht sich so verzerrte, daß es kaum noch zu erkennen war.

Rosina saß kerzengerade da, ihr Gesicht war totenblaß, und Annabella hielt sich an ihrem Stuhl fest, wobei sie wie erstarrt den Auftritt ihres Vaters verfolgte und plötzlich begriff, welche Wutanfälle ihre Mutter seit Jahren erdulden mußte.

Lagrange schaute Annabella an. »Und wo wirst du untergebracht? Nicht im Cottage, das steht fest, denn die teure Großmama konnte deinen Anblick nie ertragen.«

»Edmund!« Rosinas Stimme klang scharf. Er drehte sich zu ihr um und sagte höhnisch: »Ja, liebe Rosina, habe ich etwas gesagt, was ich nicht hätte sagen sollen? Aber erzähl mir, da du ja alles geplant hast, wo sie hingeht. Oh« – er breitete die Arme aus, als wolle er sie umarmen –, »du willst sie doch nicht etwa mir anvertrauen? Hast du das vor? Und ohne Kampf? Komm, komm. Das muß ich erst einmal hören.«

Rosinas Gesicht zuckte. »Für Annabellas Zukunft ist – ist gesorgt, oder jedenfalls demnächst.«

»Nein! Für Ihre Zukunft gesorgt? Das ist ja hochinteressant.« Seine Stimme war tief und kehlig geworden und seine Augen weiteten sich in echtem Erstaunen. »Fahr nur fort, erzähl mir mehr.«

»Mehr kann ich dir vor Freitag nicht erzählen.«

»Freitag? Warum Freitag? Oh ja, es ist ihr Geburtstag.« Er wirbelte herum zu Annabella, beugte sich über sie und blickte ihr ins Gesicht. »Wie wird am Freitag für deine Zukunft gesorgt werden? Komm schon, mein Liebes, mir kannst du's erzählen.«

Annabella legte ihre Hand an den Hals. Mühsam löste sie sich von dem durchdringenden Blick ihres Vaters und schaute ihre Mutter an, aber sie erhielt kein Signal von ihr – weder ein zustimmendes Kopfnicken als Zeichen, das sie es ihrem Vater erzählen konnte, noch ein leichtes Schütteln, was bedeutet hätte, daß sie schweigen sollte. Deshalb zwang sie sich, Lagrange wieder anzublicken, und entgegnete: »Ich hoffe Stephen zu heiraten, Papa.«

Ein langes, bedrückendes Schweigen folgte diesem Bekenntnis, währenddessen sich kein einziger Muskel in Lagranges Gesicht bewegte. In derselben Haltung, halb vornübergebeugt, blieb er mehrere Sekunden lang stehen, die Annabella wie eine Ewigkeit vorkamen. Doch plötzlich schreckte er sie auf, und er kam ihr vor wie ein Wahnsinniger, denn er begann zu lachen. Es war ein hohes, heiseres, schrilles Lachen, ein furchterregendes Geräusch, und die ganze Zeit über hob er seine Arme in die Luft und ließ sie klatschend heruntersausen, als ob er sich vom Boden erheben und fliegen wollte. Schließlich warf er sich über den Tisch, während sein Körper vor Gelächter zuckte.

Rosina war aufgestanden und starrte ihn bleich und zitternd an. Sein Benehmen und der Ton seines Lachens erinnerten sie an den Abend, als er in ihr Zimmer gekommen war und Annabella auf ihr Bett geschleudert hatte.

Er hörte allmählich auf zu lachen, richtete sich auf und zeigte wieder auf Rosina: »Du Närrin! Du blinde dumme Närrin! Du hast das seit Jahren geplant, nicht wahr? Und jetzt glaubst du, die Zeit ist reif, he, du glaubst, die Zeit ist reif, daß sie sich paaren? Wie schön für dich, Rosina. Du redest dir ein, daß du wenigstens etwas aus dem Chaos deines Lebens gerettet hast, nicht wahr? Sag mir, nur interessehalber, warum glaubst du, er wird am Freitag die Frage stellen? Erzähl's mir, ich höre zu.«

Rosina schluckte. »Er hat es mir geschrieben.«

»WAS! Frau, du bist verrückt, du bist total wahnsinnig. Diesem jungen Tropf ist eine Menge zuzutrauen, aber er würde dir niemals schreiben und um Hand und Herz meiner lieben Annabella anhalten. Du machst dir etwas vor, nicht wahr? Wunschdenken?«

»Es ist kein Wunschdenken. Ich habe seinen Brief, und er hat uns für Freitag eingeladen.«

Sie beobachtete, wie er das Kinn auf seine Brust senkte, sich dann mit der Handfläche an die Stirn schlug, zur Tür schoß und brüllte: »Reeves! Faill!« Als Faill den Korridor heruntergelaufen kam, schrie er ihm entgegen: »Gehen Sie nach oben in die Hall. In meinem Büro liegen Zeitungen auf dem Schreibtisch. Bringen Sie sie her, und schnell. Schnell, hören Sie?«

Als er sich umwandte, stand Annabella dicht neben Rosina. Lagrange ging langsam in die Mitte des Zimmers und schaute sie an. Er heftete jetzt seine Augen auf Rosina: »Weißt du, was du verdient hast, Frau? Die Peitsche hast du verdient. All die Jahre hindurch hast du ihr vorgespiegelt, daß er Absichten habe und daß diese Absichten zur Heirat führen.«

»Papa!« Annabellas Stimme zitterte. »Stephen liebt mich, und ich liebe ihn.«

Er trat jetzt ganz nah an sie heran und stellte ihr eine Frage. »Hat er das je gesagt? Hat er es je in Worten gefaßt?«

Ihre Augen wichen ihm aus und verloren sich im Raum. Nein, Stephen hatte nie gesagt: »Ich liebe dich«, aber jede seiner Handlungen hatte ihr seine Gefühle verraten, und sie wußte, daß er sich schon früher erklärt hätte, wenn er nicht seine ganze Aufmerksamkeit auf die Prüfungen in Oxford und London hätte richten müssen. Aber er hatte diese Worte in dem Brief an ihre Mutter geschrieben. Waren sie nicht deutlich genug?

Sie richtete den Blick wieder auf ihren Vater, der seinen Kopf in den Nacken warf und laut ausrief: »Oh! Gott!« In diesem Augenblick klopfte es an der Tür, und Faill trat mit drei Zeitungen ein. Lagrange riß sie ihm aus der Hand, zog eine hervor und schlug die Doppelseite um: »Das ist die *London News* von Montag. Ich habe sie gestern erhalten. Ich wollte euch die kleine Anzeige schon heute morgen zur Kenntnis bringen, aber unter dem Druck anderer Geschäfte ist es mir entfallen. Aber wartet, wartet.« Sein Finger glitt die Seite hinunter, und dann rief er aus: »Ah! Hier ist es.« Er faltete die Zeitung zusammen und hielt sie in einiger Entfernung vor sich. Dann blickte er erst Rosina, danach Annabella und dann wieder Rosina an, bevor er laut las: »Mr. Stephen Conway-Redford und Miß Kathleen Wainheart. Die Verlobung wird bekanntgegeben zwischen Stephen Conway-Redford, wohnhaft in Lincolns Inn und Weirbank House, Durham, einziger Sohn von Stephen Michael Conway-Redford, verschieden, und Kate Mary Conway-Redford, ebenfalls verschieden, und Kathleen Wainheart, älteste Tochter von Oberst James Wainheart und Lady Amelia Wainheart, wohnhaft in The Dolphins, Ascot, Berkshire.«

Er schaute sie an. Sie standen Schulter an Schulter, wie verängstigte Rehe, und er sagte: »Es kann kein Zweifel bestehen, nicht wahr? Stephen Conway-Redford, wohnhaft in Lincolns Inn und Weirbank House, und ihr werdet euch beide von eurem Aufenthalt in London an Miß Kathleen Wainheart erinnern. Wenn ich mich recht erinnere, war sie auf allen Bällen, die ihr auch besucht habt. Sie hatte blonde Haare, blaue Augen und einen Teint wie eine Porzellanpuppe. Vielleicht habt ihr sie vergessen?« Er blickte jetzt direkt Annabella an.

Ein großes schweres Steingewicht legte sich auf ihre Brust. Ein großes schweres Steingewicht lastete auf ihrer Seele. Es schien sie hindern zu wollen an dem lauten Aufschrei: »Oh, Stephen! Stephen! Nein, nein, Stephen!« Stephen liebte sie. Er küßte und neckte sie, sie hatten Spaß zusammen. Er hatte sie in Weirbank durch den Garten gejagt und den Arm um ihre Taille gelegt, nachdem er sie gefangen hatte. Wenn das nicht Liebe war, was dann? Welche Annäherungsversuche mußte ein Mann machen, bevor man annehmen konnte, daß er einen liebte, daß er immer an einen dachte? Ihr Vater sprach wieder, mit gleichmäßiger und kalter Stimme: »Selbst wenn er sich nicht diesem Mädchen zugewandt und selbst wenn er dich hätte heiraten wollen, hätte ich in tausend Jahren nicht meine Zustimmung gegeben. Hörst du mich? Nicht in tausend Jahren.« Jetzt rief er in Rosinas Richtung: »Dein Plan ist fehlgeschlagen, nicht wahr? Aber mein Plan nicht. Ich habe dir vor Jahren gesagt, daß ich ihren Ehemann aussuche, und du hättest damals wissen sollen, daß ich immer meine, was ich sage.« Er redete jetzt, als ob Annabella nicht anwesend wäre. »Sie wird Boston heiraten und für ihr Leben versorgt sein.«

»WAS!« Sie sprachen das Wort gemeinsam aus, während sie vor ihm zurückwichen; aber dann löste sich Annabella von Rosina und rief: »Mr. Boston heiraten! Diesen Mann! Niemals! Ich werde niemals Mr. Boston heiraten, Papa! Wie – wie kannst du so grausam sein?«

»Rede keinen Unsinn, Mädchen. Boston ist ein reicher Mann. Er ist weder zu alt noch zu jung für dich, er ist gerade richtig; und noch wichtiger – deine Zukunft wird gesichert sein.«

»Und deine.« Die Worte zischten als bittere Anklage durch Rosinas Lippen. »Deshalb willst du die Angestellten nicht entlassen. Du hast sie diesem Boston zu einem Preis verkauft, und dieser Preis garantiert nicht nur ihre Zukunft, sondern auch deine eigene. Besser, sie wäre tot. Hörst du?« Jetzt beugte sie sich zu ihm vor. »Wenn sie diesen Mann heiratet, wird sie ein ähnliches Leben haben wie ich mit dir. Ihr seid beide gleich.«

»Sei still, Rosina!«

»Ich werde nicht still sein. Diesmal bekommst du deinen Willen nicht.«

»Treibe mich nicht zu weit. Denke daran, treibe mich nicht zu weit.«

Als Rosina sich wie im Fieber zu schütteln begann, trat Annabella an ihre Seite, legte den Arm um ihre Schulter und sagte mit gebrochener Stimme: »Hab keine Angst, Mama, hab keine Angst; nichts auf dieser Welt wird mich bewegen, diesen Mann zu heiraten, nichts.« Und während sie mit schmerzerfüllten Augen ihren Vater anblickte, fügte sie hinzu: »Hörst du, Papa? Nichts, was du tust, wird mich dazu bringen, Mr. Boston zu heiraten.«

Auch Lagrange bebte, aber vor unterdrücktem Zorn, weil er erkannte, daß dieses Wesen, daß er seit seiner vierten Lebenswoche als ein Unterpfand benutzt hatte, nicht mehr seiner Kontrolle unterlag; er sah auch ganz klar, daß er selbst sie nicht zwingen konnte, Boston zu heiraten. Aber Rosina konnte es, o ja, Rosina konnte es.

Er richtete den wütenden Blick auf seine Frau und sagte langsam: »Wie steht es, Rosina? Du kannst unsere liebe Tochter zur Vernunft bringen, nicht wahr? Du kannst ihr erzählen, daß letzten Endes dieser Schritt der einzig vernünftige ist, wenn sie weiterhin in dem Stil leben will, in dem du sie erzogen hast.«

Annabella spürte, wie Rosinas Körper zitterte, und die offensichtliche Not ihrer Mutter ließ sie ihre eigene Seelenpein für einen Augenblick vergessen; sie stellte sich wieder ihrem Vater und sagte: »Es hat keinen Zweck, sie einzuschüchtern; was immer sie sagen mag, es wird mich nicht dazu bewegen, Mr. Boston auch nur eine Minute in Betracht zu ziehen. Ich würde eher betteln gehen als ihn heiraten.« Sie hatte keine Ahnung, was dieses Klischee bedeutete, aber in diesem Augenblick meinte sie es.

»Oh!« Er lachte gehässig auf. »Du wirst es nie nötig haben, zu betteln, mein Liebes. Man kann sich sein Brot verdienen, besonders wenn man so aussieht wie du. Was sagst du, Rosina?«

Rosina wandte langsam den Kopf und blickte in das Gesicht des einzigen Menschen auf dieser Erde, den sie liebte. Wenn sie sie dazu überredete, Mr. Boston zu heiraten – und sie bezweifelte, daß sie es konnte –, war sie verloren, und es würde sie, wie sie selbst gesagt hatte, ein Leben der Erniedrigung erwarten. Wenn sie es ablehnte, zum letzten Male mit ihrem Mann zu kooperieren, würde er ihrem Kind klarmachen – sie betrachtete Annabella in jedem Sinn des Wortes als ihr eigenes Kind –, er würde ihr klarmachen, woher sie stammte.

Annabella erwiderte zärtlich ihren Blick, und mit erstickter Stimme sagte sie: »Mach dir keine Sorgen, Mama, du könntest mich nie dazu überreden, Mr. Boston zu heiraten. Wenn – wenn ich nicht mit dir bei Großmama wohnen kann, dann – dann werde ich schon eine andere Unterkunft finden.«

Als Lagrange sah, wie seine Pläne vor seinen Augen dahinschmolzen, wie sich eine drohende Zukunft außerhalb des Hauses bar jeglichen Komforts vor ihm abzeichnete, keine Hall für ihn allein, keine Dienstboten, kein Reitstall, KEIN REITSTALL, da explodierte etwas in ihm, das sich in einem ungeheuerlichen Schrei Bahn brach. Und jetzt brüllte er Annabella an: »Du undankbarer Bastard! Verschwinde mir aus den Augen, geh zurück, wo du hergekommen bist! Hörst du? Geh zurück, wo du hergekommen bist, Crane Street. Erinnerst du dich – erinnerst du dich an die nette Dame, die neben der Kutsche herlief und dich anschauen wollte, erinnerst du dich? Sie ist eine Hure, und sie hat ein Bordell, und sie – sie, meine liebe Annabella, ist DEINE MUTTER! Hörst du mich?« Seine Stimme steigerte sich zu einem schrillen Kreischen. »Jessie Connoly ist ihr Name, und sie ist deine Mutter!« Er öffnete jetzt weit die Arme in Richtung Rosina. »Das ist nur eine Frau, eine unfruchtbare Frau. Ich habe dich zu ihr gebracht, als du vier Wochen als warst, und ich habe dich ihr hingeworfen, und ihr hungriger, kalter Körper hat die Klauen nach dir ausgestreckt und Wärme aus dir gesogen. Aber sie ist nicht deine – liebe Mama; sie ist nicht mehr für dich als ein Kindermädchen. Das war sie – dein Kindermädchen.«

Speichel rann über seine Unterlippe auf sein Kinn und weiter auf den Wollstoff seiner Jacke. Annabella beobachtete die Tropfen. Aus einer großen Entfernung beobachtete sie, wie die Tropfen fielen. Es war, als sei sie aus sich selbst herausgesprungen und schaute das Mädchen an, das seinen Papa anschaute. Das Mädchen wirkte wie betäubt und eingefallen, gebeugt, gebrochen wie ein Halm nach einem Sommerhagel.

Diese Frau, die sie mit dem gequälten Ausdruck auf ihrem Gesicht anblickte, war nicht ihre Mama, dieses geliebte Wesen war nicht ihre Mama, diese Frau, die sie alles gelehrt hatte, was sie wußte, die ihren Unterricht geleitet hatte, die sie in schöne Gewänder gekleidet, die selbst ihr Haar gekämmt und es zu einer Krone auf ihrem Kopf getürmt hatte, die sie geküßt und in ihren Armen gehalten und sie so häufig beruhigt und ihr gut zugesprochen hatte, sie war nicht ihre Mama. Er hatte gesagt, ihre Mama sei die Frau, die neben der Kutsche hergelaufen war, die es oft getan hatte bis vor etwa einem Jahr – die Frau, die längst nicht mehr die nette Dame ihrer kindlichen Fantasie war, sondern eine Kreatur mit einem ordinären Gesicht.

NEIN! Nein, es konnte nicht wahr sein. Irgend etwas stimmte nicht; sie hatte einen bösen Traum, einen Alptraum. Als Kind hatte sie häufig Alpträume gehabt, besonders wenn sie Papas Schreie hörte. Dies war auch ein Alptraum, sie träumte, daß Stephen sie nicht liebte und daß er Miß Wainheart heiraten wollte. Sie war Miß Wainheart begegnet. Sie war ein sehr sympathisches Mädchen, hübsch und lebhaft. Sie und Stephen und sie selbst hatten viel miteinander gelacht. Sie hatten gemeinsam den Tower of London und die Kunstgalerien besucht; Kathleen Wainheart hatte ihr gefallen; aber Stephen konnte Kathleen nicht heiraten, weil Stephen sie liebte. Er mußte sie lieben, er mußte, er mußte, besonders jetzt. Er mußte!

Sie beobachtete wieder sich selbst aus der Ferne. Sie sah, wie sie selbst in einem großen Sessel kauerte und wie ihre Mama auf ihren Papa zuschritt. Sie sah, wie sie die Tischkante umklammerte, bis die Knöchel ihrer Hand weiß wie Skelettknochen hervortraten. Sie beobachtete, wie sie sich über den Tisch beugte und furchtbare Dinge aussprach. Sie rief Gott an, Rache an ihrem Papa zu üben; sie hoffte, sie sagte, daß er unter Foltern und ohne einen Freund in seiner Nähe sterben würde. Sie sagte Dinge, die überhaupt nicht zu ihrer Mama paßten – aber schließlich war sie ja nicht ihre Mutter. Sie wünschte, oh, wie sehr wünschte sie aus diesem Alptraum aufzuwachen; aber sie konnte es nicht. Sie erhob sich aus dem Sessel und schritt durch den Raum, während ihr Papa und ihre Mama einander weiter über den Tisch hinweg anstarrten und wie Menschen in einem Traum keine Notiz von ihr nahmen, als sie an ihnen vorüberging. Sie trat auf den Korridor hinaus, ging die Haupttreppe empor in ihr Zimmer und verriegelte die Tür. Dann setzte sie sich ans Fenster, legte den Kopf in die Hände und versuchte sich wachzurütteln, aber der Alptraum dauerte an. Zwischendurch glaubte sie, sie habe überhaupt keinen Alptraum, und dies sei Wirklichkeit, aber dann betastete sie ihr Gesicht, und da sie nicht weinte, konnte es nicht die Wirklichkeit sein, denn sonst läge sie doch bestimmt in Weinkrämpfen. Deswegen ermahnte sie sich, ruhig dazusitzen, sie würde aufwachen, und alles würde vorüber sein.

Als Lagrange zehn Minuten später durch den Wintergarten die Treppe hinunterging, taumelte er leicht, aber nicht von dem großen Glas Kognak, das er heruntergeschüttet hatte, sondern von den leidenschaftlichen Gefühlen, die ihn immer noch zerrissen. Verdammt sollte sie sein! Zur Hölle mit ihr. Wenn sie nur wie sonst reagiert hätte; sie hätte Annabella überreden können ... Annabella. Er blieb in der Auffahrt stehen. Er hatte Annabella verloren; ja, er hatte Annabella verloren. Ein Teil seines Zorns verrauchte in einem Anfall von Reue. Er liebte das Mädchen, auf seine eigene Art liebte er es, aber jetzt hatte es ihn als den Teufel selbst erlebt. Wenn nur dieser kaltblütige Stein von Frau zum letzten Male ihren Einfluß genutzt hätte.

Als er wütend nach einem Stein trat, sah er Boston mit seinem Pferd am Zügel aus dem Stallhof kommen. Er sah, wie er anhielt, ihn anblickte und sich dann wieder abwandte. Als er ihn errreichte, zog Boston den Sattelgurt des Tieres an; mit gesenktem Kopf sagte er: »Nebenbei, würden Sie Annabella eine Nachricht von mir übermitteln?«

Er schien sich voll auf den Sattelgurt zu konzentrieren, und Lagrange, der stumpf auf seinen gebeugten Kopf schaute, erwiderte:

»Eine Nachricht? Ja; was ist es?«

»Teilen Sie ihr nur mit, daß ich nie die geringste Absicht

hatte, sie um ihre Hand zu bitten.« Er wandte jetzt den Kopf um, und Lagrange, dessen Gesicht purpurrot angelaufen war, stotterte: »Schau her, George. Komm, George; sie redet wie ein junges Mädchen, sie stellen sich immer so an …«

»Halten Sie den Mund!«

»Was hast du gesagt?«

»Sie haben gehört, was ich gesagt habe.«

»Reden Sie nicht in dem Ton mit mir, ich warne Sie.«

»Ich spreche mit Ihnen, wie es mir gefällt.«

Lagrange mißachtete die Beleidigung; er schluckte tief: »Ich hoffe, das Spionieren hat Ihnen Spaß gemacht.«

»Ich habe nicht spioniert, ich war auf dem Weg zu Ihrem Arbeitszimmer, um Sie zu suchen. Der gesamte Haushalt könnte Wort für Wort wiederholen, was in diesem Raum gesagt worden ist. Sie haben gequietscht wie ein angestochenes Schwein, und Ihre Weiber standen Ihnen kaum nach. Wenn ihr alle zugange seid, braucht man nicht zu spionieren. Sehr unterhaltsame Vorstellung.

»Verschwinden Sie!«

»Ich gehe, aber nur für den Augenblick. Ich werde zurückkommen und mir die Pferde holen.«

»Sie werden was!«

»Muß ich alles wiederholen? Sie haben gehört, was ich gesagt habe. Sie schulden mir mehr als zwanzigtausend Pfund; Ihre Pferde verringern die Summe zwar nicht besonders, aber ich nehme sie trotzdem, und Manuel – ich habe Ihnen gesagt, daß ich ihn eines Tages kriegen werde. Übrigens würde ich an Ihrer Stelle nicht versuchen, das Mädchen bei einer anständigen Familie hier in der Gegend unterzubringen, weil jedermann weiß, daß sie von Jessie stammt. Sie werden es schwer haben, ihr Tisch und Bett in einem respektablen Haushalt zu –.«

Ehe er den Satz beenden konnte, hatte Lagrange ihn angesprungen, so daß sie beide gegen die Flanke des Pferdes fielen und das Tier im Galopp die Einfahrt hinuntersprengte. Fest ineinander gekrallt verloren sie das Gleichgewicht, wälzten sich auf dem Boden und kämpften wie die Männer, auf die sie sonst wetteten, nur verbissener.

Manuel, Armorer und Heron brauchten ihre vereinten Kräfte, um sie zu trennen, und Manuel mußte Lagrange gegen die Balustrade am Fuß der Treppe pressen, während Armorer Boston abstaubte und ihm dann auf sein Pferd half, das Heron gerade wieder zurückbrachte.

Erst als Boston außer Sichtweite war, ließ Manuel Lagranges zappelnden Körper los, aber sobald er es getan hatte, mußte er schnell wieder seine Hände ausstrecken, um ihn zu stützen, denn er fiel beinahe um – als ob er betrunken war.

Lagrange richtete sich mühsam auf und schritt die Treppe hoch ins Haus, wo er Harris' Versuch ihm zu helfen abwehrte. Langsam stieg er die Treppe empor, ging durch die lange Galerie und betrat die Hall; dann rief er Constantine und bestellte ein Bad, wonach er sich vor den Stehspiegel setzte und sein Spiegelbild anstarrte.

2

Annabella kam um vier Uhr am Eingang von Temple Town an. Sie hatte die fünf Meilen vom Haus in etwa eineinhalb Stunden zurückgelegt. Die ganze erste Meile war sie gerannt – jetzt durfte sie rennen, weil sie keine Dame mehr war. Ihr neues, fremdes Ich befahl ihr, ihre Röcke zu heben und zu rennen, wie sie es bei Rowlands und Pierce gesehen hatte.

Als sie Primrose erreicht hatte, war sie einen Augenblick am Bach niedergekniet und hatte Wasser über ihr heißes Gesicht gespritzt. Es fing an zu regnen, kein sanfter Sommerregen, sondern stechende und zischende Tropfen, die weh taten. Über ihrem feinen grauen Baumwollkleid, das Rosina eigenhändig am Kragen, an der Taille und den Manschetten mit Rosenknospen aus Seide bestickt hatte, trug sie ihren Gartenmantel, ein langes dunkelblaues Cape mit einer Kapuze, die sie aufzusetzen pflegte, wenn sie bei unfreundlichem Wetter im Garten spazierenging. An den Füßen hatte sie weiche schwarze Lederschuhe mit silbernen Schnallen.

Eine Viertelstunde, nachdem sie den Bach bei Simonside

verlassen hatte, waren die Schnallen mit nassen Schlamm bedeckt. Der schmale Weg vor ihr war eine einzige Folge von trügerischen Lachen, mehr oder weniger tief, in die sie von Zeit zu Zeit einsank.

Sie fand erst Schutz unter den neuen Brückenbögen, die die Straße neben der Tyne-Dockmauer überspannten und über die Wagen mit Eisenerz von den am Pier liegenden Schiffen holperten. Die anderen Schutzsuchenden unter den Bögen machten keinerlei Bemerkungen über sie, denn auch sie waren schmutzbespritzt. Ihre Kapuze war völlig durchweicht und verdeckte die obere Hälfte ihrer Gesichtszüge, so daß niemand den Ausdruck in den Augen des Mädchens sah, der vielleicht ihre Besorgnis erregt hätte.

Der Regen ließ nach, und sie ging von den Brückenbögen an den Docktoren vorbei nach Temple Town. Sie kannte die Straße, sie kannte das Haus. Bis vor einem Jahr war die Kutsche immer durch diese Straße gefahren, wenn sie den Glaswerken einen Besuch abstattete. Ihr Papa war sehr stolz auf ihre Kenntnis der Glasindustrie, und von Zeit zu Zeit hatte er sie und Miß Howard zu der Fabrik mitgenommen. Stolz auf ihre Kenntnisse! Daß man sie all diese Jahre so getäuscht hatte, schien unmöglich. Aber ihr Papa war ein schlauer Mann, ein böser, schlauer Mann, und wie hatte sie sich täuschen lassen! Hatte sie nicht mehr als einmal gedacht, daß irgendeine Beziehung bestehen mußte zwischen ihm und der Frau, die immer in dieser Straße zu warten schien?

Als sie in die Straße einbog, blieb sie stehen. Auf der einen Seite war der Fluß, und ein großes Segelschiff näherte sich mit schlaffen Segeln dem Pier; ein anderes schien gerade von dort zu kommen. Sie schaute den Schiffen nach, bis sie in der Mitte der Straße angelangt war, dann wandte sie sich urplötzlich um, so als hätte eine Hand sie grob herumgerissen, und da war auch das Haus. Es war frisch angestrichen, in braungelber Farbe, und es hatte einen Messingklopfer an der Tür und eine Klingel.

Sie konnte es nicht über sich bringen, die Klingel zu berühren, deshalb lehnte sie sich an die Mauer, wobei sie sich mit beiden Händen an den Kragen ihres durchweichten Mantels klammerte. In diesem Augenblick hielt ein Mann im Vorübergehen an und lächelte ihr zu. Er trug eine Mütze, sein Gesicht war naß vom Regen, und seine Zähne waren nur noch schwarze Stummel. Sie drückte sich eng an die Mauer und zog sich an ihr entlang in den Schutz der Tür. Als ihre Hand die Klingel berührte, ging der Mann weiter. Immer noch lächelnd, nickte er ihr mit dem Kopf zu, als wollte er *au revoir* sagen.

Als die Tür sich öffnete, stand sie direkt daneben, immer noch mit dem Rücken zur Wand. Sie blickte auf und nahm einen Mann wahr, der auf sie hinunterblickte.

Es war ein sehr großer Mann, ein riesiger Mann. Sein Gesicht war ziemlich flach, und irgend etwas stimmte nicht mit seiner Nase – sie war schief. Als sie vor Angst ihren Kopf in den Nacken legte, rutschte die Kaputze von ihrem Haar, und sie beobachtete, wie sich Mund und Augen des Mannes weit öffneten. Dann winkte er hinter dem Rücken mit seiner Hand. Das tat er mehrere Male, bevor er sprach. Seine Stimme erschien im Vergleich zu seiner Größe sehr weich: »Mary Ann. Mary Ann.«

Plötzlich stand eine junge Frau an seiner Seite und schaute sie an. Sie trug eine Art loses Überkleid, sehr tief ausgeschnitten, und sie sagte nach einem Augenblick: »Allmächtiger Gott!«

Sie streckte ihre Hand aus, ergriff behutsam Annabellas Arm, als ob sie Angst hätte, daß sie sich auflöste oder verschwand, und zog sie in die Eingangshalle. Jetzt blickte sie den Mann an und sagte: »Ich sage ihr besser Bescheid«, und er antwortete: »Jawohl, jawohl«, aber er ließ keinen Augenblick seine Augen von Annabellas Gesicht.

»Warte, führ sie hier herein.« Die junge Frau zog sie durch die kleine Halle, dann ließ sie ihre Hand los, und er öffnete eine Tür und wartete darauf, daß Annabella in das Zimmer trat, aber sie rührte sich nicht. Wieder nahm die junge Frau sie beim Arm, führte sie an dem Mann vorbei und setzte sie auf einen roten Plüschsessel.

Steif aufgerichtet starrte Annabella den Mann an, während

er sie seinerseits unverwandt anstarrte. Es war ein Geruch in dem Raum, der sie stark an das Billardzimmer in der Hall erinnerte; eine Mischung aus Zigarrenrauch, Wein und Bier. Kein unangenehmer Geruch.

Sie wandte den Kopf, als die Tür aufflog – und da stand die Frau, mit der anderen Frau dahinter. Und im nächsten Augenblick stand sie schwer atmend vor ihr.

»Um Gottes willen, was tust du hier?«

Die Frau hatte heute keine Schminke aufgelegt, und sie sah sehr gewöhnlich aus, ein wenig wie Cogg, das Hausmädchen, nur daß Cogg eine schicke Uniform trug und diese Frau, wie auch die erste, in ein lose fallendes Gewand gekleidet war.

»Antworte mir, was tust du hier? Was ist passiert?«

»Mein Papa schickt mich.«

»Was! Lall!«

Die drei Personen blickten einander an, bevor sie wieder sie anblickten.

»Bist du meine Mutter?«

»OH – O GOTT!«

Sie sah, wie die Frau ihren Kopf mit beiden Händen festhielt, fast genauso wie ihr Papa, obwohl sie gar nicht zornig wirkte.

»Der Bastard!« Die Frau wandte sich schnell von ihr ab, schritt zum Kamin und wieder zurück. Sie faltete ihre Hände, beugte ihren Oberkörper nach vorne und sagte sanft: »Erzähl es uns. Irgendwas ist passiert – erzähl es uns.«

Annabella dachte einen Augenblick nach. Sie mußte sich erst die Worte überlegen, weil ihre Gedanken verwirrt waren – alle ihre Gedanken bis auf die Frage, die sie gestellt hatte. Die war ganz klar; sie stand in großen Buchstaben vor ihren Augen geschrieben, und sie lautete: »Bist du meine Mutter?«

Die Frau straffte ihren Körper und preßte die Lippen fest aufeinander. Wieder sah sie den großen Mann und die andere Frau an und antwortete tonlos:

»Ja, ich bin deine Mutter.«

Die Worte waren gefallen. Es stimmte also, es war nicht

bloß eine Gemeinheit ihres Papas, die ihre Mama verletzen sollte, die nicht ihre Mama war. Es war die Wahrheit; diese Frau war ihre Mutter.

»Mach dir keine Gedanken.« Die Frau beugte sich über sie und tätschelte ihre Hand. »Ich werde dir später alles erklären.«

»Ich – ich kann nicht bleiben, bitte erzähl es mir jetzt.« Die Bitte war höflich und in einer solchen Weise vorgebracht, daß die Frau sich wieder den Kopf hielt. Sie setzte sich in einiger Entfernung auf die äußerste Kante einer Couch und begann: »Ich wollte nur dein Bestes. Er – er hatte keine Kinder, ich meine, sie schenkte ihm keine, deshalb dachte ich, es ist ein Vorteil, und – und ich konnte dich nicht hier behalten. Ich meine, ich wußte, es ging nicht, wenn du älter wurdest. Es ist zu deinem Besten geschehen. Nicht daß es leicht war. Ich kann dir nur sagen, es war nicht leicht, weil ich wußte, daß ich keins mehr bekommen würde, das war für mich so gut wie sicher. Aber erzähl du nun.« Sie fuhr leise fort: »Was hat es ans Tageslicht gebracht? Er kann es nicht aus Gehässigkeit mir gegenüber getan haben, denn dann wäre das schon vor einem Jahr passiert.« Ihr Blick huschte wieder zu den beiden anderen, als ob sie vielleicht irgendeine Erklärung hätten.

»Ich – ich wollte nicht Mr. Boston heiraten.«

»WAS!«

»Ich wollte nicht Mr. Boston heiraten.«

»Deswegen? Er hat es dir nur deswegen erzählt? – Oh!« Die Worte schienen sie von ihrem Sitz zu treiben, und wieder lief sie durch den Raum, wobei sie jetzt tobte und schrie und Ausdrücke gebrauchte, die in Annabellas Ohren brannten. »Der verdammte, schmutzige Kerl! Das gehässige Schwein! Ich versteh' schon. Er glaubte, er hätte sein Schäfchen im trockenen. Er schuldet George einen ganzen Berg, und sie war das Pfand, und er glaubte, es würde sich auszahlen; aber es klappte nicht, deshalb hat der gehässige Schweinehund das getan. Aber bei Gott, diesmal wird er nicht entwischen! Mary Ann!« Mit zusammengebissenen Zähnen stieß sie erregt hervor: »Ich werde es dem Schuft heimzahlen, warte nur.«

»Kann ich verstehen.« Mary Ann nickte ihrer Herrin zu. »Was werden Sie tun?«

»Ich weiß, was ich tun werde. Wenn ich meinen Lall richtig kenne, wird er, wenn seine schlimmste Wut verraucht ist, nach ihr suchen –« sie nickte in Annabellas Richtung –, »weil er sie im Grunde abgöttisch liebt. Er stolzierte immer wie ein Pfau, wenn er von ihr erzählte. O Gott, ich werde ihm das Stolzieren vermiesen, ich werde seinen Galopp stoppen, und wenn es meine letzte Tat in dieser Welt ist. Was meinst du, Jimmy?«

Der große Mann wiegte bedächtig seinen Kopf und erwiderte in einer erstaunlich schwachen Stimme: »Ah, Jessie, besser vorsichtig sein; vielleicht gefällt es ihm nicht.«

»Ihm gefallen? Sie hat sich an die andere gewöhnt, und man hat ihr um die Ohren geschlagen, daß ich ihre Mutter bin, oder? Sie soll nicht nur die halbe Wahrheit erfahren.« Sie wirbelte herum, ergriff die Stuhllehne und beugte sich ganz nahe zu Annabella: »Du hast heute schon 'ne Menge ausgehalten, ein bißchen mehr wird dir nicht schaden. Ich werde dir etwas erzählen, Mädchen. Du wirst dich danach elender oder besser fühlen, ich weiß es nicht, aber ich werde es dir auf alle Fälle erzählen. Nun höre gut zu, was ich dir sage, es ist die Wahrheit. Lagrange, der rachsüchtige Schweinehund, ist genausowenig dein Vater wie der Bürgermeister von Shields. Das dort ist dein Vater – der.« Sie hob eine Hand und deutete mit dem Daumen über ihre Schulter auf den großen Mann. »Und bevor du die Nase rümpfst, er hat nicht immer so ausgesehen; er war hübsch, mein Jimmy, in seiner Jugend. Das Boxen hat ihn so zugerichtet, und er ist ins Boxgeschäft gegangen, nur um Geld für mich zu verdienen. Ich kannte Jimmy schon lange vor Lagrange. Wir waren Nachbarkinder – und, Mädchen, du bist seine Tochter. Ich war aber erst mit ihm zusammen, nachdem ich Lagrange getroffen und er mich versorgt hat. Er war zwei Monate oder noch länger in London – damals waren Jimmy und ich zusammen. Und als ich schwanger wurde, mußte ich sagen, daß es Lagrange war, sonst wäre ich auf die Straße geflogen, und Jimmy hätte in den Ring zurück gemußt, um sich noch schlimmer zerschlagen zu lassen, als er es jetzt ist. Das ist es also; jetzt kennst du sie, die Wahrheit, und mir ist es egal, weil er mir nichts mehr antun kann, ich bin gesichert. Ich wette, er hätte gern mein kleines Bündel Scheine pro Nacht.« Sie beugte sich wieder vor. »Mach dir keine Sorgen. Mädchen, ich werd' mir was einfallen lassen. Du wirst nicht in der Gosse landen, nur um ihm oder anderen Schweinen wie ihm einen Gefallen zu tun ... Guck.« Sie streckte die Hand aus und berührte zum ersten Male das Gesicht ihrer Tochter und schwieg eine Zeitlang; dann sagte sie sanft: »Du, hörst du mir zu?« Dann rief sie über die Schulter: »Bring irgend etwas, eine Tasse Tee mit einem Schuß Hartem, schnell.« Aber noch bevor sie geendet hatte, war Annabella in eine tiefe Ohnmacht gesunken, und während ihr die Sinne schwanden, wußte sie, daß sie lachte; wie eine gewöhnliche Person lachte sie laut.

Um halb neun am selben Abend stand Rosina in demselben Zimmer von der Frau, der Schlampe, der Hure, wie sie sie im Lauf der Jahre Hunderte von Malen genannt hatte. Vor ihrem geistigen Auge sah sie immmer diese Person mit einem Lächeln auf dem geschminkten Gesicht, einem überlegenen allwissenden Lächeln. Aber die Frau, die jetzt vor ihr stand, war so aufgewühlt und außer sich, so daß sie weder Eifersucht noch Verachtung spürte; und auch kein Mitleid. Sie schnatterte: »Mary Ann, eine von meinen – Frauen, sie hat sie nur wenige Minuten allein gelassen. Jimmy, der war hinten auf dem Hof, und ich war oben beim Anziehen, ich wohne ganz oben. Und dann kommt Mary Ann hochgerannt und sagt, sie kann sie nicht finden. Sie hat sich in Luft aufgelöst. Die Haustür ist schwer, aber niemand hat das Öffnen oder Schließen gehört, und Katie und Lena waren beschäftigt, sie –«, an dieser Stelle schüttelte sie hilflos den Kopf und fügte hinzu: »Was soll's? Was kann man tun? Sie ist fort, und weiß Gott, wo sie hingelaufen ist, und es wird dunkel. Und in diesem Viertel!« Sie starrte jetzt die stolze, unattraktive Frau vor ihr an und fügte bedeutsam hinzu: »Sie könnte untergehen. Verstehen Sie? Sie könnte untergehen.« Bei dem letzten Wort schnellte ihr Kopf nach vorn, und Rosina, die kaum ein Wort hervorbringen konnte, murmelte: »Haben – haben Sie jemanden geschickt, um nach ihr zu suchen?«

»Jawohl, ja, natürlich. Jimmy ist wie ein Verrückter den ganzen Kai entlang bis zur Gut-Straße und zum Markt gelaufen, die Mädchen waren unterwegs und alles. Ich sage ihnen, das war verdammt schmutzig von ihm, und darüber darf ich fluchen, und wenn meine Worte ihr Ohr beleidigen, ist es mir total wurscht, Madame.« Sie sprach den Titel keineswegs respektvoll aus, und sie fuhr fort: »Sie kennen ihn, er ist ein verdammt gehässiger Schweinehund. Aber Ihnen sage ich ja nichts Neues, weil er Sie durch die Mühle gedreht hat, so was habe ich noch nie erlebt. Es war nicht meine Idee, daß die Kutsche all die Jahre durch diese Straße fuhr; sie wurde gut erzogen, und das genügte mir, aber er ließ nicht ab, daß ich sie sehen sollte. Nicht, daß ich sie nicht sehen wollte, ich wäre fast vor Sehnsucht gestorben, aber ich hatte Angst, daß ich sie dann zurückhaben wollte. Und als sie mir zum erstenmal unter die Augen kam, wollte ich sie zurückhaben. Aber ich wußte, daß es keinen Zweck hatte, nicht für sie. Sie hatte zehn Jahre bei Ihnen hinter sich, sie war Ihr Kind, sie ist es immer noch. Wenn sie wieder zu sich kommt, wird sie's merken. Ich, ich bin nur etwas, das sie beinahe um den Verstand gebracht hat, dessen man sich schämt – oh, jawohl, ich weiß es –, und ich habe es diesem großkotzigen Schweinehund zu verdanken. Aber ich habe es ihm heimgezahlt. O ja, ich habe es ihm heimgezahlt. Wie ich ihr gesagt habe, wird er nach ihr zurückgekrochen kommen, wenn sein Wahnsinnsanfall vorüber ist, aber ich habe mich an ihm gerächt, was sie betrifft. Und« – sie bedachte einen Augenblick Rosinas Situation – »es wird Ihnen neu sein und alles, aber Sie können es genausogut jetzt erfahren. Ich habe ihr erzählt, daß er nicht ihr Vater ist, niemals war. Ich habe ihn angeführt, weil es mir in den Kram paßte. Ihr Vater ist Jimmy, der Ihnen die Tür geöffnet hat. Er arbeitet als mein Hausmeister und Rausschmeißer, wenn die Lage brenzlig wird, und –.« Sie hielt inne, als Rosina mit unterdrückter Stimme ausrief: »Was haben Sie gesagt?« »Ich habe gesagt, Ihr Mann ist nicht der Vater meines Mädchens. Er hat mich versorgt,

Lagrange meine ich, und dann hat er sich in London amüsiert, und als er wiederkam, war ich schwanger, und ich habe ihm gesagt, es sei seines, weil ich Sicherheit wollte. Ich hatte Geschmack gekriegt an einem Leben ohne Flöhe, und ich wollte, daß es so blieb.«

»Sie sagen, daß mein Mann nicht Annabellas Vater ist?«

»Jawohl, das sage ich. Hier, wollen Sie sich hinsetzen?« Sie schob ihr einen Stuhl hin, aber Rosina verneinte, und in dem Augenblick öffnete sich die Tür, und der große Mann trat ein. Die Frau wandte sich schnell zu ihm um und sagte: »Na?«, und er schüttelte den Kopf und antwortete: »Keine Spur von ihr, niemand scheint sie gesichtet zu haben.«

Der Mann starrte Rosina an und sie ihn, und die Frau sagte: »Das ist Jimmy. Das ist ihr Vati – Vater.«

Rosina blickte den enormen Mann an, sein breites, verbeultes Gesicht. Dieser Mann Annabellas Vater? In ihrem Inneren stieg ein höchst seltsames Gefühl auf; ein triumphierendes Gefühl, ein Gefühl der Erhebung, ein Gefühl, das sie zum Lachen reizte, was in diesem Augenblick und unter den Umständen höchst unangebracht wäre. Ihre Tochter – und Annabella würde immer ihre Tochter bleiben – war verschwunden. Der Schock hatte ihren Verstand verwirrt, und sie war allein in diesem verrufenen Viertel der Stadt, kurz vor Anbruch der Nacht. Jetzt war nicht die Zeit zum Lachen, jetzt war nicht die Zeit für Triumphe – das würde später kommen. Ah ja, sie würde die Zügel schießen lassen; diese Empfindung würde sie nicht vergraben; diese Empfindung würde sie bis zum letzten auskosten.

Wieder sah sie die Frau an und sagte:

»Wenn Sie sie finden, schicken Sie bitte Nachricht zur Hall, und ich werde sofort kommen.«

»Jawohl, werde ich tun.«

»Würden Sie bitte darauf achten, daß ich die Nachricht bekomme und niemand anders? Sie – Sie verstehen?«

»Ich verstehe genau.« Rosina nickte, die andere verbeugte sich leicht; und sie starrten einander an, weder Feinde noch Freunde, sondern zwei Frauen, die mit dem gleichen Mann zu tun hatten. Die eine war von ihm benutzt worden, und die andere hatte ihn benutzt; in diesem Augenblick haßten sie ihn beide gleich.

Rosina wandte sich wieder von der Frau ab und ging an dem Mann, der sie mit offenem Mund anstarrte, vorbei aus dem Zimmer. An der Haustür stand eine andere Frau, und sie hielt die ganze Zeit über ihre Augen auf die Besucherin geheftet, während sie ihr die Tür öffnete.

Als Rosina in die Kutsche stieg, die ihr von Manuel geöffnet wurde, flüsterte sie: »Sie ist nicht da. Fahren Sie bitte durch die Stadt, und schnell, bevor die Dunkelheit einsetzt.«

Im Verlauf der letzten sieben Jahre hatte Manuel Shields während seines monatlichen Urlaubs recht gut kennengelernt, besonders dieses Viertel der Stadt. Er lenkte die Kutsche wie wild durch eine schmale Gasse nach der anderen, kehrte aber immer zum Ufer zurück. Er band sogar die Pferde an Pfählen fest und tauchte in dunkle Alleen, wo er Betrunkene und Huren bei ihrem Geschäft aufscheuchte. Er rannte in alle Richtungen und befragte Leute, aber jedesmal, wenn er zur Kutsche zurückkam, schüttelte er den Kopf.

Es war beinahe dunkel, als er auf den Marktplatz fuhr. Er zügelte die Pferde, zündete die Lampe an, ging zum Kutschenfenster und sagte: »Wir können heute abend hier nichts mehr ausrichten, Madame, und ich habe mir gedacht, sie ist vielleicht auf dem Weg nach Hause.«

»Meinen Sie?« Rosina blickte dem Reitknecht ins Gesicht. Gleich nach ihr und Howard hatte dieser Mann mehr als jeder andere mit Annabella zu tun. Vor Jahren war sie so töricht gewesen, eifersüchtig auf ihn zu sein. Vergebens redete sie sich ein, es sei unter ihrer Würde, auf einen Dienstboten eifersüchtig zu sein, denn Annabella zeigte offen ihre Freude, wenn sie wußte, daß sie mit Manuel ausritt, oder wenn er auf dem Kutschbock saß.

Sie glaubte anfangs, daß etwas Seltsames an diesem jungen Mann war, irgendeine nicht ganz normale Kraft. Sie hatte das Thema Howard gegenüber angeschnitten, diplomatisch natürlich, und Howard hatte zunächst gesagt, daß er bezaubernd irische Geschichten erzählen könne und daß er ein höchst ungewöhnlicher Mann sei, den normalen Dienstboten weit überlegen. Dann passierte etwas, das Howards Meinung über den Reitknecht änderte; statt wie bisher Annabella mit Vergnügen bei ihren Reitstunden zu begleiten, suchte sie im Gegenteil nach Entschuldigungen – ihr Fußspann schmerzte sie, oder sie habe ihr Handgelenk verstaucht, immer irgend etwas, das sie am Reiten hinderte. Alice erzählte Rosina den wahren Grund für den Sinneswandel der Gouvernante. Anscheinend war sie für die Aufmerksamkeiten des Reitknechts nicht unempfänglich gewesen, obwohl sie sie in ihrer Position als unter ihrer Würde hätte erachten müssen – bis sie herausfand, daß er ihr seine Aufmerksamkeit nicht etwa deswegen schenkte, weil er sie so anziehend fand, sondern nur, damit sie ihn lesen und schreiben lehrte.

Ihr selbst war der Mann danach noch verdächtiger vorgekommen. Ein Reitknecht, der lesen und schreiben wollte, der sich von den übrigen Angestellten fernhielt mit Ausnahme von Armorer und den Stalljungen, und ein Reitknecht, der während seines Urlaubs spurlos verschwand! Denn Alice hatte gesagt, Mrs. Page habe gesagt, daß Harris ihr erzählt habe, niemand – nicht einmal Armorer – wisse, wo er seine Zeit verbringe. Nur eines stehe mit Sicherheit fest – es sei nicht in einem Kloster.

Und doch suchte er jetzt nach ihrer Tochter, und er war außer ihr der einzige, davon war sie überzeugt, der sich wirklich Sorgen machte. Howard hatte sie bereits verlassen, und ihre eigene Mutter würde ohne zu zögern sagen: Gott sei Dank, daß sie weg ist. Und die Leute von Weirside? Würden sie sich Gedanken um Annabella machen? Wohl kaum!

Sie war vor mehreren Stunden von einem entsetzlichen, furchtbaren, peinlichen Besuch aus Durham zurückgekehrt, währenddessen ihr Onkel James ihr mitgeteilt hatte, er habe Stephen schon vor vielen Jahren über die Umstände von Annabellas Geburt informiert, und Stephens Aufmerksamkeit ihr gegenüber sei stets von Mitleid diktiert gewesen. Er hatte ihr klarzumachen versucht, daß sie für ihn wie eine Schwester war. Eine Schwester!

Als sie dann nach Hause kam, warteten alle auf sie mit der

Nachricht, daß Annabella verschwunden sei. Sie hätten das ganze Haus durchsucht und das Gelände und keine Spur von ihr gefunden, und ihr Aufenthaltsort blieb ihnen rätselhaft, bis ein Fuhrmann vorsprach und angab, er glaube Miß Annabella auf der Straße nach Shields gesehen zu haben. Aber er müsse sich bestimmt irren, sagte er.

Sie hatte einen Augenblick reglos gestanden und von Harris zu der Gruppe von Dienstboten oben auf der Treppe geblickt, und dann hatte sie sich umgedreht und Manuel angesehen, und er war, ohne einen Befehl abzuwarten, wieder auf den Kutschbock geklettert, und sie war eingestiegen, und er war mit den beiden müden Pferden ohne anzuhalten in die Stadt gefahren.

Sie sah ihn jetzt hilflos an: »Aber wenn sie nicht nach Hause gekommen ist, Manuel, was sollen wir dann tun?«, und er antwortete prompt: »Zuerst bringe ich Sie zurück, Madame, und dann reite ich wieder hierher. Allein kann ich mich leichter bewegen, verstehen Sie?«

Sie nickte zögernd und lehnte sich in die Kutsche zurück, und er stieg auf den Bock und lenkte die Pferde nach Hause.

Das Haus war hell erleuchtet, als er vor der Tür anhielt. Harris und Reeves eilten sofort herbei, und sie beantworteten Rosinas Frage mit: »Nein, Madame, Miß Annabella ist nicht zurückgekehrt.« Sie wandte sich an Reeves:

»Ist der Herr zu Hause?«

»Nein, Madame; er ist auch nicht zurückgekehrt.«

Sie blickte Manuel wortlos an, worauf dieser sofort sagte:

»Ich ziehe mich um und reite gleich zurück, Madame.«

»Danke.«

Während sie die Treppe hoch ins Haus ging, übergab Manuel die Pferde an Armorer und sagte hastig: »Sattele Dizzy, ja? Und besorg mir was zum Essen, irgendwas. Ich muß das hier ausziehen –«, er klopfte auf sein nasses Cape. »Ich bin bis auf die Haut durchweicht, aber ich brauche nicht mehr als fünf Minuten. Kümmerst du dich darum?«

»Mach ich. Keine Spur von ihr?«

»Nein.«

»Wohin ist die Herrin gefahren?«

Manuel sah sich vorsichtig um, bevor er leise erwiderte: »Crane Street.«

»Großer Gott!«

»Ja, ja, großer Gott! Ich hab schon vom Untergang von manchem großen Haus gehört, aber weiß Gott, das hier nimmt einen mit.«

Als Armorer die Kutschpferde auf den Stallhof führte, sagte er niedergeschlagen: »Ich höre, wir werden alle gefeuert, alle außer Harris«, und Manuel rief zurück: »Die Welt ist weit.« Dann lief er über den Heuboden zu seinem Zimmer hoch, zog sich trockene Sachen an, und eine Viertelstunde später galoppierte er die Einfahrt hinunter in Richtung Shields.

3

Um neun Uhr am nächsten Morgen sah Rosina, wie der Reitknecht die Einfahrt entlang ritt. Als er wenige Minuten später vor ihr stand, blickte sie ihn fragend an, und er schüttelte nur den Kopf. Nach einer Weile sagte sie: »Ruhen Sie sich erst einmal aus, ich werde Armorer zur Polizei schicken.«

Er sagte: »Ich habe mit einem oder zwei gesprochen, sie wußten auch nichts.«

Da sie darauf nicht reagierte, wandte er sich mit gesenktem Kopf ab, und erst als er an der Tür war, fragte sie: »Glauben Sie, sie würde in den Fluß springen, Manuel?«

Er wandte ihr immer noch den Rücken zu und hielt den Kopf immer noch gesenkt. Sie hatte ausgesprochen, was ihn die ganze Nacht beschäftigt hatte, während er am Ufer hin und her ritt, vom Tyne-Dock bis zu den Piers. Die Frage traf ihn jetzt wie ein Schlag in den Magen; er spürte physischen Schmerz, und seine Muskeln zogen sich zusammen. Aber er mußte ihr antworten, und da er ihr nicht erzählen konnte, was er dachte, stellte er ihr selbst eine Frage: »Hat sie irgend jemanden, an den sie sich wenden könnte, Madame?«

Rosina brauchte nicht nachzudenken, bevor sie langsam den Kopf schüttelte, denn an wen hatte sie sich wenden können?

Wen kannte sie jenseits dieser Tore außer der Familie in Durham, und an die würde sie sich zuallerletzt wenden. Sie war fast ihr ganzes Leben lang so isoliert, als lebte sie in einem Kloster, und Rosina wußte, daß sie allein die Schuld daran trug. Sie hatte das Mädchen eingezäunt mit Anstandsformen; sie hatte sie daran gehindert, sich mit anderen Familien in der Grafschaft anzufreunden, die sie mit Freuden aufgenommen hätten; zudem gab es in den meisten Familien genug junge Männer; sie aber wollte Annabella für Stephen bewahren – und für sich selbst. Nein. Nein, es gab keine Menschenseele außerhalb dieser Tore, der sie sich anvertrauen konnte – außer der einen Person, die sie geboren hatte.

Wenn sie selbst nur gestern nicht nach Durham gestürzt wäre. Aber sogar, als sie die Ankündigung schwarz auf weiß gesehen hatte, glaubte sie immer noch, es handele sich um ein großes Mißverständnis. Sie hätte geschworen, daß Stephen den Inbegriff der Ehre verkörperte und daß er nicht mit Annabellas Gefühlen spielen würde; und sie stellte fest, daß er es nicht getan hatte.

Während des ganzen Rückwegs hatte sie sich eingeredet, daß sie nicht von dieser Welt war, nicht der Gegenwart angehörte; sie mußte in einem vergangenen Zeitalter von Rittern mit ehrenhaften Absichten leben. Wie konnte man an den zärtlichen Handlungen eines Mannes erkennen, ob sie nur brüderlich gemeint waren oder nicht?

Sie war schon mehrere Minuten allein, bevor sie merkte, daß Manuel gegangen war. Alice kam zu ihr und sagte: »Sie müssen etwas essen; Sie haben seit gestern keinen einzigen Bissen zu sich genommen. Ich bin gerade von der anderen Seite des Parks gekommen, und die Herrin möchte Sie so bald wie möglich sprechen.«

Rosina antwortete zunächst nicht, sondern ging zum Fenster und setzte sich dort hin; sie blickte wieder auf die Einfahrt hinaus und sagte: »Ich ziehe erst aus dem Haus, Alice, wenn ich Nachricht von ihr habe. Überbringen Sie diese Botschaft meiner Mutter.«

Alice starrte ihre Herrin sprachlos an. Zum erstenmal widersetzte sich diese Tochter einer Bitte ihrer Mutter, einer Bitte, die immer einen Befehl bedeutete.

Fast den ganzen Tag saß Rosina am Fenster; sie verließ es nur, als sie die Polizisten die Einfahrt hinaufreiten sah. Sie brachten ihr keine Nachricht, sondern wollten nur einige Einzelheiten wissen, und der Untersuchungsbeamte konnte die blasse Frau nur bewundern, die ihn kühl fragte, ob sich ihre Tochter seiner Meinung nach ertränkt hätte. Er war einen Augenblick sprachlos, bevor er entgegnete: »Wenn das der Fall sein sollte, Madame, ist sie wahrscheinlich mit der Nachtflut weggeschwemmt, mit der um vier Uhr.«

Achtundvierzig Stunden später kehrte Lagrange nach Hause zurück. Alice weckte Rosina aus ihrem Schlummer, um sie davon zu informieren. Rosina richtete sich in dem Sessel auf, in dem sie die vergangenen zwei Nächte geschlafen hatte, und sagte gepreßt: »Ein nasses Tuch, Alice.«

Alice brachte ihr eine Schüssel mit kaltem Wasser und wrang ein Tuch aus; dann träufelte sie etwas Eau de Cologne darauf und hielt es an das Gesicht ihrer Herrin. Ihre Stimme zitterte, als sie sagte: »Seien Sie um Himmels willen vorsichtig. Sie sind nicht stark genug, um ihm entgegenzutreten. Sie haben seit Tagen nichts gegessen. Lassen Sie mich Ihnen erst etwas bringen.«

»Dafür wird später genügend Zeit sein, Alice:«

»Lassen Sie mich dann wenigstens Ihr Kleid wechseln:«

»Nein, Alice. Erst wenn dies vorbei ist, werde ich mich hinlegen und ruhen.« Sie seufzte bei dem letzten Wort und trocknete mit einem Handtuch ihr Gesicht, während Alice ihr das glatte Haar kämmte und hier und dort eine Strähne ordnete.

Rosina erhob sich schwerfällig. »Er müßte inzwischen meine Botschaft erhalten haben. Er kann jeden Moment hier sein. Sie gehen besser.«

Widerwillig verließ Alice das Zimmer. Mehr als je wollte sie jetzt bei ihrer Herrin bleiben, denn falls irgend etwas diesen Teufel vernichten konnte, dann das, was sie ihm in den nächsten paar Minuten sagen würde.

Aber es dauerte eine volle halbe Stunde, bis Lagrange das Zimmer seiner Frau betrat. Als er ihre Silhouette im Licht des Fensters sah, merkte er sofort, daß sie verändert war. Ihr Gesicht war immer noch weiß und reizlos, aber ihre Augen schienen zu brennen, und ihre ganze Haltung war anders. Sie strahlte nicht mehr diese kontrollierte Ruhe aus, die ihn immer so rasend machte. Er konnte ihre Haltung oder ihren Ausdruck nicht genau bezeichnen; er wußte nur, daß er sie noch nie so gesehen hatte.

Er selbst fühlte sich schrecklich. Er hatte zwei Tage und zwei Nächte schwer getrunken und seinen Rausch nur zum Teil ausgeschlafen, aber er war nüchtern genug, um sich selbst dafür zu hassen, daß er Annabellas Identität enthüllt hatte. Es war ihm egal, welchen Effekt es auf seine Frau gehabt hatte, aber er hatte Angst vor der Kluft, die sich zwischen ihm und seiner Tochter auftun mußte.

Er horchte auf, als Rosina mit krächzender Stimme sagte:

»Hast du die Zeitung gesehen? Sie müßte heute ankommen. Sie sagen, ihre Leiche könnte mit der Flut fortgeschwemmt worden sein.«

»Wovon redest du, Frau? Wessen Leiche?« Noch während er die letzten beiden Worte aussprach, erfaßte ihn eine derartige Furcht, daß es ihm beinahe die Kehle zuschnürte.

»Wessen Leiche? Von welcher anderen Leiche würde ich wohl reden als Annabellas natürlich?«

Er spürte das Blut aus seinem Gesicht weichen; dann verlangte er mit messerscharfer Stimme: »Was ist passiert?«

»Du weißt es nicht? Natürlich nicht. Du warst ja beschäftigt, in deinem Amüsierbetrieb.« Sie streckte ihre Unterarme vor, mit den Handflächen nach oben. »Du erinnerst dich vielleicht daran, daß du Annabella geraten hast, zu ihrer Mutter zu gehen, nicht wahr? Und genau das hat sie getan. Sie ist zu ihrer Mutter gegangen, in das Haus in der Crane Street. Das sollte dich eigentlich nicht überraschen, aber es sollte dich überraschen, daß ich auch zu ihrer Mutter in dieses Haus in der Crane Street gegangen bin.«

Sie hielt inne, um zu beobachten, wie das Blut wieder in sein Gesicht strömte und es sich dunkelrot färbte. Dann fuhr sie fort: »Aber ich kam zu spät für Annabella. Sie hatte ihre Mutter getroffen, und sie hatte noch jemand anders getroffen.«

Sie ging vom Fenster fort und schritt direkt auf ihn zu, bis sie ihn hätte berühren können, und blickte ihm ins Gesicht: »Wen, glaubst du wohl, hat sie dort außer ihrer Mutter getroffen? Aber warum frage ich dich? Du würdest es nie erraten, Edmund. Du, der maskuline, kinderzeugende Vater, würdest es als letzter erraten, deshalb erzähl ich's dir, soll ich? Sie hat ihren Vater getroffen.«

Das Wort klang leise, gepreßt und heiser. Lagranges Augen verengten sich zu schmalen Schlitzen. Er betrachtete prüfend seine Frau. Sie war verrückt geworden, sie hatte den Verstand verloren. Aber sie sprach wieder, und jetzt öffneten sich ruckartig seine Augen, denn sie las seine Gedanken: »Nein, Edmund. Ich bin nicht verrückt geworden, ich bin absolut normal. Hör zu. Ich sage es noch einmal. Annabella hat IHREN VATER in diesem Haus getroffen. Er ist das große, hirnlose Wesen. Aber deine Geliebte schätzt ihn. Sie hat mir eine ganze Menge erzählt, weil sie sich anscheinend darüber ärgerte, daß du deiner Tochter in dieser Phase ihres Lebens ihre Herkunft enthüllt hast.«

Er starrte sie immer noch fasziniert und sprachlos an, und nach einer Weile fuhr sie fort: »Ich erinnere mich, es war zu Beginn unserer Ehe, daß du geschäftlich für ungefähr zehn Wochen nach London mußtest. Ich erinnere mich auch, daß ich unter deiner Abwesenheit litt und mich ziemlich einsam fühlte, und deiner Geliebten ging es anscheinend genauso, denn sie nahm einen gewissen Jimmy mit sich ins Bett. Soviel ich weiß, sind sie gemeinsam aufgewachsen, und – wie ich schon sagte – sie mögen sich. Aber sie war ehrgeizig, und sie betrachtete dich als eine Möglichkeit, ihren Ehrgeiz zu erfüllen. Sie ernannte dich zum Vater ihres Kindes, und damit gewann sie Macht über dich –.«

»Halt den Mund!« Er ragte über ihr, die Zähne aufeinandergepreßt und jeden Muskel in seinem Körper verkrampft. »Sie lügt! Die Hündin lügt.«

Sein Verhalten ängstigte sie jetzt nicht im geringsten, und sie schleuderte ihm entgegen: »Nein, sie hat nicht gelogen! Und wenn ich ihre Worte bezweifelt hätte, wäre mir der Mann Beweis genug gewesen, denn seltsamerweise ähnelt Annabella ihm. Deine Geliebte sagte, der Mann habe in seiner Jugend gut ausgesehen, bevor sein Gesicht verunstaltet wurde, aber er hat immer noch grüne Augen, wie Annabella; und auch sein Mund ist wie Annabellas. Es ist ein Wunder, daß du die Ähnlichkeit nie bemerkt hast. Hätte ich nur Gelegenheit gehabt, deine Geliebte und den Mann vor Jahren kennenzulernen, wäre ich mit Sicherheit daraufgekommen, und –«, der höhnende Ton schwand jetzt aus ihrer Stimme, und Bitterkeit klang aus jedem Wort, als sie schrie:

»Ich hätte mir Jahre der Hölle erspart, Jahre der Erniedrigung. Du, du hast es gewagt, mich zu beschuldigen, weil ich keine Kinder bekam. Wenn ich einen anderen Mann geheiratet hätte, wäre ich heute wahrscheinlich die Mutter einer großen Familie; aber nein, ich bin wegen meiner Unfruchtbarkeit gequält worden, du hast mich mit dem eingebildeten Beweis deiner Männlichkeit erpreßt, während du die ganze Zeit von einer Dirne, einer Hure hintergangen wurdest –.«

Seine Faust schoß vor und traf sie voll auf den Mund, so daß sie rückwärts gegen den Schreibtisch taumelte, der ihren Fall auffing. Sie funkelte ihn an. Ihr Mund blutete, aber sie merkte es nicht; sie nahm nur das Gesicht vor sich wahr, das Gesicht des Teufels. Und als ihre Finger über das polierte Leder des Schreibtisches glitten und das schwere gläserne Tintenfaß berührten, überlegte sie nicht, sondern warf es impulsiv nach ihm. Sie reagierte so schnell und unerwartet, daß er nicht ausweichen konnte; das Tintenfaß traf ihn am Hals, und die Tinte spritzte über sein Gesicht und seine ganze Kleidung.

Jetzt mußte er sich mit erhobenem Arm vor dem schweren silbernen Papierbeschwerer schützen; dann hob sie eine Vase von der Fensterbank, und als die ihn verfehlte und an der Wand in tausend Stücke brach, stürzte Alice ins Zimmer. Sie hielt eine Sekunde inne, dann flog sie auf ihre Herrin zu, schloß sie fest in ihre Arme und rief: »Ruhig, ruhig! Keine

Aufregung mehr! Ruhig, ruhig!« Sie wandte den Kopf zu ihrem Herrn um und wagte es endlich, ihn anzuschreien: »Verschwinden Sie! Verschwinden Sie!« Einen Augenblick lang sah er sie beide an, als wenn er sie töten wollte, bevor er sich umdrehte und aus dem Zimmer stolperte.

Eine halbe Stunde später ging Rosina, gestützt von Alice an der einen und von Reeves an der anderen Seite, langsam durch den Park zum Haus ihrer Mutter, wo sie gleich nach ihrem Eintreffen zusammenbrach. Zum ersten Mal seit Jahren rannte Reeves; er kehrte in die Stallungen zurück und befahl Manuel, so schnell wie möglich in die Stadt zu reiten und den Arzt zu holen.

Ihrer lebenslangen Gewohnheit folgend, sorgten Reeves und Mrs. Page für das Funktionieren des Haushaltes, als ob es immer noch einen Herrn und eine Herrin gäbe; immerhin, Alice, die auf ihre Weise mehr Respekt einflößte als die Herrin oder sogar der Herr, besuchte sie jeden Tag. Wenn sie sich nach dem Befinden der Herrin erkundigten, erhielten sie Tag für Tag dieselbe Antwort: es ging ihr immer noch schlecht. Alice erzählte ihnen nicht, daß die Herrin den Lebenswillen verloren hatte, daß sie dalag, fast ohne zu sprechen, und daß sie mit Sicherheit sterben würde, wenn sie nicht aß, und zwar bald.

Zynisch registrierte Alice das veränderte Verhalten der Angestellten. Die Herrin wurde erst richtig respektiert, als sie mit Gegenständen zu werfen begann. Ihre Selbstkontrolle über all die Jahre hin hatte keine Bewunderung hervorgerufen, aber sie fragte sich selbst bitter: Was verstanden sie schon von Selbstkontrolle – wobei sie die Augen vor der Tatsache verschloß, daß sie und die anderen sich von dem Augenblick an, da sie ihren Dienst begannen, in dieser Charaktereigenschaft hatten üben müssen und daß sie in der Rache ihrer Herrin eine Erlösung aus ihrer eigenen Unterwürfigkeit sahen. Sie selbst hatte die flüchtige Schadenfreude vergessen, die sie empfunden hatte, als sie ihren Herrn mit Tinte bespritzt und die Überreste der Ming-Vase und andere Sachen in dem Raum verstreut erblickte.

Die Dienstboten insgesamt arbeiteten wenig. Wozu auch?

fragten sie. Alle Möbel wurden überzogen, und ihre Kündigungsfrist betrug drei Wochen, während deren sie sich eine andere Stellung suchen konnten. Aber das war der Haken; wie sollten sie eine andere Stellung finden, wenn die meisten Haushalte im Norden sich einschränkten? Deshalb sagten sie praktisch einstimmig zur Köchin: Essen wir, solange der Vorrat reicht. Der Keller und die Speisekammer waren noch voll, und überhaupt, was sollte aus dem ganzen Essen werden, wenn das Haus leer stand? Die im Cottage würden das Zeug nie bewältigen. Die Hälfte davon würden verderben. Keiner der Angestellten konnte aus Alice herausbringen, ob der Besitz vollständig verkauft werden sollte oder nur ein Teil einschließlich des Hauses und ob die alte Herrin das Cottage behalten würde, denn Alice wußte es selbst nicht.

Nur einer von ihnen hatte außer Harris die Gewißheit, einen neuen Job zu bekommen. Das war Manuel. Sie alle wußten, daß Mr. Boston schon seit Jahren ein Auge auf ihn geworfen hatte, und jetzt brauchte er nur seine Siebensachen zu packen und quer durch die Grafschaft in einen Stall zu wandern, der dem Vernehmen nach zehnmal besser als der hiesige war, mit fünfzehn bis zwanzig Pferden darin – die Depression hatte Mr. Boston nicht getroffen.

Der ganze Haushalt wunderte sich deshalb über die Nachricht, daß Manuel nicht zu Boston ging. Die Überraschung war in gewisser Weise genauso groß wie die bei dem unerwarteten Krawall vor wenigen Tagen. Aber, sagten sie, das bewies ja nur, daß sie schon immer recht hatten: Er war komisch. Jetzt war es völlig klar, der Bursche war verrückt. Während andere verzweifelt um jede Art von Beschäftigung kämpften, lehnte er eine solche vom Himmel geschickte Stellung ab. Er war absolut wahnsinnig, sagten alle Männer – außer Armorer.

Auch Manuel hielt sich für leicht übergeschnappt, daß er den Posten nicht annahm, den Boston ihm anbot, den Posten des Stallaufsehers. Er wußte, daß er hundert Jahre alt werden konnte, ohne daß eine solche Chance wiederkehrte, aber so war es nun einmal – er mochte den Mann nicht, und er wußte, es würde nicht gutgehen. Nicht daß er seinen jetzigen Herrn über alles verehrt hätte. Verschiedene Male in den vergangenen Jahren hätte er beinahe sein Bündel geschnürt und wäre gegangen. Trotzdem, irgendwie spürte er, daß er etwas an Lagrange verstehen konnte. Vielleicht war es seine Tierliebe. Aber abgesehen von allem Verständnis würde er dieses Haus so schnell wie möglich verlassen. Sein Instinkt riet ihm, sich aus dem Staub zu machen.

Es war am Morgen des fünften Tages seit Annabellas Verschwinden. Er hatte den Gedanken an sie nicht eine einzige Minute verbannen können, ja sie beherrschte sogar seinen unruhigen Schlaf. Er betete ernsthaft zu Gott, daß sie nicht in den Fluß gegangen war; andernfalls wagte er nicht daran zu denken, wo sie vielleicht war und was ihr in diesem Augenblick passierte, denn er wußte nur zu gut, daß kein Mädchen sich nachts in diesem Viertel von Shields draußen aufhalten konnte, ohne daß ein Mann Hand an sie legte.

Seit vier Uhr morgens war er durch den Park gestapft, aber jetzt dämmerte es, und es wurde Zeit für ihn, zurückzugehen. Er blieb einen Augenblick stehen, als er an der Lücke in der Steinmauer vorbeikam, und er erinnerte sich an den Tag, als er sie zum erstenmal dort hindurchgeführt hatte. Er lehnte sich jetzt auf das zerbröckelte Mauerwerk und blickte in Richtung des Flusses, der vom frühen Bodennebel verhüllt war.

Während er in den Nebel starrte, sah er den körperlosen Kopf über dem Nebelrand auf und ab tanzen. Der Anblick erschreckte ihn so, daß er sich verkrampfte und sich die Haare in seinem Nacken sträubten, bis sich ein Rumpf an den Kopf fügte – er atmete tief auf vor Erleichterung, als er Amy Stretford erkannte. Mit einem Flankensprung setzte er über die Mauer und ging auf sie zu, wobei er schon aus der Ferne rief: »Hallo, Amy!« Und sie blieb einen Augenblick stehen, bevor sie auf ihn zueilte: »Oh, Manuel. Manuel.«

Als sie sich trafen, ergriff sie mit ihren eiskalten Händen die seinen und sagte : »Ich muß Sie aus dem Bett gewünscht haben. Ich wollte Sie gerade suchen.«

»Was ist los? Sind Sie in Schwierigkeiten?«

»Das kommt darauf an, wie man es betrachtet, mein Junge. Kommen Sie mit mir.«

»Aber Amy, es ist fast fünf Uhr, und ich muß mich um die Tiere kümmern.«

»Die können warten. Alles kann warten. Kommen Sie mit mir zurück.« Sie nahm ihn beim Arm, und sie waren schon mehrere Schritte gelaufen, als er wieder fragte: »Aber was ist los? Was ist geschehen?«

Sie blinzelte ihn im aufsteigenden Sonnenlicht an und erwiderte leise: »Es ist Ihre Miß, sie ist in meinem Haus.«

»Miß Annabella?« Er drückte ihre Arme, bis sie zusammenzuckte, und entschuldigte sich schnell: »Oh, Verzeihung, Verzeihung, Amy, aber seit wann?«

Er ging jetzt so schnell, daß er sie fast mitzuziehen schien, und sie stieß zwischen den Atemzügen hervor: »Ich habe sie jetzt zwei Tage bei mir, aber ich hatte Angst, sie allein zu lassen; sie hätte sich was antun können, so hat sie getobt. Ich hatte Angst wegen des Flusses, aber bis hierher bin ich schon ein halb dutzendmal gekommen in der Hoffnung, Sie zu sehen, aber immer vergebens. Vor einer halben Stunde ist sie wie tot eingeschlafen, deshalb glaubte ich es wagen zu können. Aber Manuel, ich warne Sie gleich, wenn sie zu sich kommt, sagen Sie nichts davon, daß Sie sie zum Haus zurücknehmen wollen, sonst fängt sie wieder an zu schreien. Mir ist es zweimal passiert, als ich sagte, ich würde gehen und jemanden holen. Beim erstenmal hat sie gezappelt und gekämpft, um herauszukommen, als sei sie hinter Gefängnisgittern, und beim zweitenmal ist sie herausgekommen und direkt zum Fluß gelaufen. Sie hat durchgedreht.«

Als sie den Pfad hochgingen, fragte er: »Wie haben Sie sie gefunden?«

»Ich nicht, sie hat mich gefunden. Gerade als ich ins Bett wollte, klopfte es an die Tür, und da lag diese zusammengekauerte Gestalt auf der Treppe. Oh, sie war in einem Zustand, so etwas haben Sie noch nie gesehen. Sie war von Kopf bis Fuß mit Schlamm bedeckt, und sie war bis auf die Haut durchnäßt, und ihr Körper brannte vor Fieber.«

Sie waren jetzt in ihrer Küche, und sie sagte leise: »Kommen Sie hier herein«, wobei sie auf eine Tür in der Ecke zuging. »Ich habe sie nicht die Treppe hochgeschafft, deshalb habe ich ihr ein Strohlager im Wohnzimmer gerichtet. Ich habe das Feuer Tag und Nacht am Brennen gehalten. Es ist zum Braten heiß, aber es wird ihr helfen, das Fieber auszuschwitzen.«

Manuel trat in das kleine Wohnzimmer und blieb auf der Schwelle stehen, als er die Figur erblickte, die wenige Zentimer über dem Boden auf dem Stroh lag. Das Gesicht war schneeweiß und starr wie eine Maske. Das braune Haar war zu beiden Seiten ihres Kopfes über das Kissen gebreitet, als treibe sie im Wasser.

Er sank auf die Knie und nahm zärtlich ihre zerbrechlich wirkende Hand von der Decke und hielt sie einen Augenblick lang fest, während sich ihm die Kehle zuschnürte und er mühsam schluckte.

Amy flüsterte an seiner Seite: »Warum, glauben Sie, ist sie hierher gekommen? In den letzten sechs Jahren ist sie kaum sechsmal hier gewesen.«

Er wandte seine Augen nicht von Annabella, als er erwiderte: »Jedesmal, wenn wir allein ausgeritten sind, hat sie vorgeschlagen, bei Ihnen vorbeizuschauen. Wenn er oder die anderen dabei waren, konnte sie es nicht. Sie ist gern hierher gekommen, Amy. Sie hat hohes Fieber.« Amy nickte: »Es müßte heute Abend sinken.«

»Meinen Sie, sie braucht einen Arzt?« Er blickte zu ihr hoch. Sie schüttelte den Kopf. »Er könnte nicht mehr für sie tun als ich. Ich habe ihr eine starke Medizin gegeben, ein selbstgemachtes Gebräu gegen Fieber aus Pottasche und Salpeter und ein paar Kräutern und solchen Sachen. Das Fieber hält schon seit drei Tagen an und hat seinen Höhepunkt erreicht, heute abend müßte es fallen; wenn nicht, können wir wieder vom Arzt reden. Jetzt lassen wir sie besser allein.«

Langsam stand er auf und folgte ihr in die Küche. »Ich sollte zurückgehen und es ihnen erzählen.«

Amy schüttelte langsam den Kopf. »Wenn Sie meine Meinung hören wollen, ich würde es nicht tun. Jedesmal, wenn ich gesagt habe, daß ich Hilfe holen würde – was bedeutete, nach drüben ins Haus zu gehen –, führte sie sich auf wie eine Wahnsinnige, ich hab's Ihnen erzählt. Ein- oder zweimal wurde sie klar im Kopf, und sie sagte zu mir, richtig rührend: ›Lassen Sie mich hierbleiben, Amy, lassen Sie mich hier eine kleine Weile ruhen; ich werde gehen, sobald ich mich erholt habe‹, und ich sagte zu ihr: ›Wo wollen Sie hingehen, Kind?‹, und sie antwortete: ›Ich habe Pläne.‹ Und ich sagte zu ihr: ›Und was ist mit ihrer Mutter? Wird sie sich nicht sorgen?‹, und darauf antwortete sie, ganz vernünftig: ›Sie ist nicht meine Mutter, Amy.‹ Nun ich wußte das natürlich; jedermann wußte es in der ganzen Gegend. Aber etwas anderes wußte ich nicht, und falls es stimmt, dann helfe ihr Gott, denn ich habe sie gefragt: ›Soll ich es Ihrem Vater erzählen?‹, und sie lachte darauf, ein unheimliches, seltsames, schmerzhaftes Lachen, und ich dachte, sie verliert wieder ihren Verstand, aber sie sagte: ›Er ist auch nicht mein Vater, Amy. Hätten Sie das geglaubt? Sie ist nicht meine Mutter, und er ist nicht mein Vater. Meine Eltern wohnen beide in der Crane Street.‹ Dann fragte sie mich, ob ich die Crane Street kenne und dieses Haus in der Crane Street ...«

Manuel verzog das Gesicht. »Er ist nicht ihr Vater?«

»Das hat sie gesagt, er sei auch nicht ihr Vater.«

»Um Gottes willen, es wird immer schlimmer.« Er rieb sich das Kinn. Dann schritt er zur Tür und blickte nach draußen. Es war ein wunderschöner Morgen, das Licht hatte den Nebel vertrieben. Ein Morgen wie dieser brachte der gequälten Seele Frieden. Ein solcher Morgen erinnerte ihn aber auch stets schmerzlich daran, daß er nicht schreiben konnte, denn sonst würde er ihn zu Papier bringen. Ein Morgen wie dieser stimmte ihn immer froh, daß er lebte, auch wenn er wußte, daß der Tag vor ihm beschwerlich würde.

Aber an diesem Morgen erfüllte ihn eine Trauer, wie er sie nie gefühlt hatte. Ein Mädchen, das man zur Lady erzogen hatte. Siebzehn Jahre lang hatte sie nichts anderes gelernt, als eine Lady zu sein. Und jetzt beherrschte sie all die Umgangsformen einer Lady; sie dachte wie eine Lady, und da sie eine Lady war, betrachtete sie die Annehmlichkeiten des Lebens als selbstverständlich; für sie gab es im Leben nur Gleichgestellte und Untergebene. Man hatte sie in dem Glauben erzogen, daß sie einen Gleichgestellten heiraten würde – einen Gleichgestellten, Mr. Stephen. Wie stand es mit Mr. Stephen? Er drehte sich schnell zu Amy um und sagte leise: »Ich weiß, wo sie hingehen könnte, nach Durham, zu Mr. Stephen. Zwischen den beiden ist etwas. Sie hat sich schon immer Hoffnungen in dieser Richtung gemacht. Ich werde –.«

»Sparen Sie sich Ihre Worte, Manuel; diese Straße ist versperrt, soweit ich weiß. In ihren Anfällen hat sie dauernd davon gefaselt, daß er eine Kathleen heiratet. Ihr Vater hatte es in der Zeitung gelesen.«

Er starrte sie eine Weile an, dann senkte er den Kopf und wandte sich zur Tür: »Ich komme zurück, sobald ich kann.«

Sie rief ihm leise nach: »Ich würde nichts sagen, bis Sie wissen, was sie tun will.«

Er drehte sich nicht zu ihr um, sondern nickte nur zustimmend. Dann ging er den Pfad hinunter und am Flußufer entlang, und während er so dahinging, fiel ihm wieder Margee ein. Er hatte seit Jahren nicht mehr an sie gedacht, aber ihre Prophezeiung schien sich zu bewahrheiten, denn Unheil war über dieses Haus gekommen. Jedoch, in gewisser Weise hatte dieses Haus keine Verbindung mit ihm selbst, es war also nicht sein Unheil, außer daß ihm Annabella aus tiefstem Herzen leid tat – *Miß* Annabella, erinnerte er sich scharf. Daß alle anderen sie mißachteten, bedeutet nicht, daß ihr die Anrede nicht mehr gebührte. Er legte keinen großen Wert auf Titel, weiß Gott nicht. Tief in seinem Inneren haßte er es, jemanden ›Sir‹ oder ›Herr‹ nennen zu müssen, aber dies war anders. Diesen Titel würde er immer mit Ehrerbietung aussprechen, Miß Annabella.

Es war spät am Nachmittag, als er wieder über die rissige Mauer sprang. Einen Tag wie heute hatte er während seiner ganzen Zeit in den Ställen nicht erlebt. Der Herr, glaubte er, wurde wahnsinnig, denn er verließ kaum je den Stallhof. Er hatte drei Pferde in der Schmiede beschlagen lassen, obwohl sie es nicht brauchten. Wie eine Hausfrau über ihren Küchentöpfen hatte er sämtliche Zügel, Gurte und Sättel geprüft. Er hatte behauptet, die Kutschen sähen schmutzig aus, und Danny befohlen, eine neue Politur herzustellen. Er hatte dabeigestanden, als er das gelbe Wachs schmolz und die Bleiasche mit dem Wasser mischte, und er hatte ihn angefahren, bevor er dazu gekommen war, das Elfenbeinschwarz hineinzutun, die Kutsche sei deshalb in einem solchen Zustand, weil sie vergessen hätten, Terpentin in die letzte Mixtur zu geben, als ob jemand, wenn er eine Politur herstellt, das Terpentin vergessen würde. Dann hatte er sich Manuel vorgenommen, er gebe den Tieren zu viel Futter und zu wenig Auslauf. An einer Stelle hatte er gebrüllt: »Bei Boston können Sie nicht so selbstherrlich verfahren wie hier«, und nur um ihn zu besänftigen, hatte er erwidert: »Ich habe nicht die Absicht, zu Mr. Boston zu gehen, Sir.« Daraufhin war Lagrange auf ihn zugekommen, hatte ihm auf den Arm geklopft und lächelnd gesagt: »Gut. Gut, Manuel.« Und dann hatte er hinzugefügt: »Er wird nicht ein einziges von ihnen bekommen, solange wir zusammenstehen, he?« Er hatte ihn nicht verstanden, aber er hatte genickt. Dann hatte er beobachtet, wie er herumging und die Schlösser an allen Türen untersuchte, als ob er einen Raubüberfall auf die Ställe erwartete. Und vor knapp fünf Minuten war er in einem wahren Höllentempo auf Dizzy ausgeritten. Er ritt Dizzy nicht oft, denn er konnte sie nicht leiden und sie ihn auch nicht. Es war ihm nie gelungen, sie unterzukriegen; sie bockte und bäumte sich immer noch bei der geringsten Herausforderung, und bei ihrem letzten Ausflug hatte sie ihn abgeworfen.

Als Manuel das Cottage erreichte, beugte Amy sich gerade über das Feuer und rührte irgend etwas in einer Pfanne. Sie wandte den Kopf um und richtete sich auf: »Sie haben lange gebraucht.«

»Ich konnte nicht weg – er wütete wie ein Wilder. Wie geht es ihr?«

»Sie ist wieder sie selbst – im Kopf, meine ich; aber es geht ihr alles andere als gut.«

»Kann ich hinein?«

»Ja, natürlich. Ich habe ihr gesagt, daß Sie hier waren, und es hat sie nicht aufgeregt.«

Die Hitze schlug ihm aus dem Zimmer entgegen, als er die Tür öffnete. Diese Hitze trieb einem das Blut unter die Haut, aber das Gesicht auf dem Kissen wirkte immer noch wie aus Alabaster. Er kauerte sich langsam neben sie hin und blickte in ihre Augen, die schmerzerfüllt waren.

»Manuel.«

Er nickte ihr mehrere Male zu, ehe er sprechen konnte. »Wie fühlen Sie sich?«

»Besser, Manuel. Ich – ich bin bald wieder ganz gesund. Amy ist – sehr gütig.« Sie sprach zögernd, als müßte sie jedes Wort von tief unten hervorziehen und herauszwingen.

»Wir haben uns Sorgen gemacht.«

»Das – das ist sehr freundlich von Ihnen, Manuel.«

»Oh, nicht ich allein.« Er lächelte sie an. »Alle. Die Herrin war –.«

Es war, als breitete sich bei dem Wort ›Herrin‹ ein Schleier über ihre Augen. Sie blickte ihn immer noch an, aber sie schien ihn nicht zu sehen, und sie begann zu husten. Es war ein scharfes, quälendes Husten, und ihr ganzer Körper schüttelte sich darunter, so daß sie anschließend um Luft rang. Halb entschuldigend sagte sie: »Es tut mir leid – ich habe mich ein wenig erkältet. Welcher Tag ist heute, Manuel?«

»Montag, Miß Annabella.«

»Wie lange bin ich schon hier?«

»Ich glaube, Sie sind am Freitagabend gekommen.«

»Freitag?« wiederholte sie, während sie sich an die letzten Tage zu erinnern versuchte.

Vorsichtig fragte er: »Wo sind Sie hingegangen? Ich habe zwei Tage und zwei Nächte das Ufer nach Ihnen abgesucht.«

Sie blickte ihn wieder an. »Das war freundlich von Ihnen, Manuel. Es tut mir leid, daß ich Ihnen so viel Mühe gemacht habe.«

»Ach Unsinn«, erwiderte er, »das war nicht der Rede wert. Nur – ich habe mir Sorgen gemacht.« Diesmal sagte er nicht ›wir‹.

Sie schwieg eine Zeitlang; dann wandte sie ihren Kopf und schaute in Richtung des Fensters. »Erinnern Sie sich an die kleine Höhle, die Sie mir einmal an der Seite des grünen Hügels gezeigt haben? Dort bin ich aufgewacht, als die Sonne auf mich schien. Ich weiß nicht mehr, wann ich die Stadt verlassen habe, aber –«, sie nickte kurz, »– ich wußte, daß ich auf dem Weg hierher war. Es ist seltsam, nicht wahr, daß ich zu Amy gegangen bin?«

Er schüttelte langsam den Kopf und lächelte ihr sanft zu: »Überhaupt nicht seltsam; Amy ist eine großartige Frau, eine gute Frau.«

Sie bewegte wieder den Kopf. »Ja, das stimmt; aber eins beunruhigt mich.«

»Und das wäre?«

»Ich habe kein Geld, um sie zu bezahlen.«

Seine Stimme wurde lauter. »Amy bezahlen? Unsinn, sie will keine Bezahlung.« Über sie gebeugt, sagte er lächelnd: »Sie sind für sie ein Geschenk des Himmels, wissen Sie das? Sie hat seit Jahren auf die Gelegenheit gewartet, um ihre Kräuter auszuprobieren. Das Ingwerbier hat Ihnen nie geschmeckt, nicht wahr?«

Die Frage zauberte nicht einmal die Andeutung eines Lächelns auf ihr Gesicht. Sie erwiderte bloß: »Es tut mir leid. Das Bier ist sehr gut, aber nicht nach meinem Geschmack.«

Auch aus seinem Gesicht wich das Lächeln, und er dachte: immer eine höfliche, damenhafte Antwort. Aber weiß Gott, es wird hart werden für sie. Wenn sie überleben wollte, mußte sie sich mehrere Schutzhäute zulegen. Er erhob sich langsam. »Ruhen Sie sich nur aus, ich schaue später herein. Wenn nicht, komme ich morgen ganz früh.«

»Danke, Manuel.«

Er ging zur Tür, blieb aber stehen, als sie wieder seinen Namen rief: »Manuel!«

»Ja, Miß Annabella?«

»Sie werden es ihnen nicht erzählen.«

»Es wäre am besten, denn auf lange Sicht müssen Sie zurückgehen.«

»Nein! Nein!« Sie hatte sich auf ihren Ellbogen gestützt. »Das brauche ich nicht, nie. Sie – Sie wissen nicht, was passiert ist, Manuel. Ich – ich kann nicht zurück.«

»Ruhig, nur ruhig.« Er ging wieder zu ihr. »Regen Sie sich nicht auf, ruhen Sie jetzt. Machen Sie sich keine Sorgen, ich werde kein Wort sagen, bis Sie wieder auf den Füßen sind, und dann können wir darüber reden.«

»Ich – ich werde meinen Entschluß nicht ändern, wenn es mir besser geht, Manuel. Ich kann nie wieder zurückgehen. Sie verstehen es nicht, Manuel, ich gehöre nicht –.«

»Ruhig, nur ruhig.« Er hob seine Hand und streichelte die Luft über ihrem Kopf, als ob er sie berührte, wobei er weich sagte: »Ich verstehe, ich verstehe genau. Sie verstehen aber nicht, daß Sie im Augenblick in einem sehr schwachen Zustand sind. Ruhen Sie noch ein paar Tage, und dann werden wir sehen, was zu tun ist.«

Sie begann wieder zu husten, und er sagte: »Sehen Sie, was Sie da anrichten. Amy wird mich ausschimpfen, weil ich Sie aufgeregt habe. Ruhen Sie jetzt. Ich werde nichts sagen, bis Sie mir die Erlaubnis geben, was halten Sie davon?«

Sie rang nach Atem. »Danke, Manuel.«

Als er aus dem Zimmer ging, dachte er bei sich: Was soll aus ihr werden, wenn sie nicht zurückgeht? Er äußerte seine Besorgnis Amy gegenüber, die gerade Mehlsuppe in eine Schüssel goß, und ihre Antwort lautete: »Lassen Sie nur, lassen sie nur. Gott hat seine eigene Methode, solche Dinge zu lösen, langsam, aber sicher. Wir nehmen eine Stufe nach der anderen. Aber sie hat Glück, wenn sie mit einem bloßen Husten davonkommt; zwei Nächte durchgeweicht im Moor zu liegen, das bringt ein Pferd um.« Sie fügte hinzu: »Vor ein paar Minuten habe ich ihn selbst die Straße entlanggaloppieren sehen, und ich mußte denken, wie seltsam es ist, daß sie die ganze Gegend nach ihr absuchen, und sie liegt sozusagen einen Schritt von ihrer Hintertür entfernt.«

»Lagrange ist vorbeigekommen – auf der Hauptstraße?«

»Jawohl. Ja, in Richtung zum Jagdhaus.«

»Nun, wo immer er gewesen ist, es war ein kurzer Besuch«, sagte er. »Das heißt, daß ich besser zurückgehe, und zwar bald, sonst ist er wütend genug, mich umzubringen. Ich bin gegen Abend wieder hier, Amy.«

Amy nickte zustimmend. »In Ordnung.«

Er hielt kurz inne, legte eine Hand auf ihre Schulter und fügte hinzu: »Sie sind eine prima Frau, Amy«, worauf sie kichernd erwiderte:

»Ich bin, wie Gott mich geschaffen hat; ich bin gut zu denen, die ich leiden mag, und ich verfluche die anderen – und beides tue ich gründlich.«

Sie lachten beide verständnisvoll. Er beugte sich zu ihr hinunter, küßte sie hastig auf die Wange und ging hinaus, während sie wie ein junges Mädchen errötete.

4

Die meisten Angestellten waren fort. Im Hause waren jetzt nur noch Harris und Mrs. Page und draußen nur Armorer und Manuel. Als einziger vom Hof war noch der Hufschmied da, weil der Viehbestand verkauft worden war. Nur der Stallhof hatte sich nicht verändert. Er beherbergte immer noch sämtliche Pferde, und Lagrange, der von Tag zu Tag seltsamer zu werden schien, spukte überall herum.

Als Armorer darauf hinwies, daß er kaum alle Tiere versorgen könne, wenn Manuel gegangen sei, erhielt er zur Antwort: «Manuel geht nicht, er bleibt. Er bleibt, solange ich es will.»

Als Armorer Manuel davon berichtete, hatte Manuel den älteren Mann angeschaut und ruhig gesagt: »Ich bleibe nicht, George. Ich würde mein Leben für die Tiere hergeben, das weißt du, aber ich habe das Gefühl, daß ich hier fort muß – es ist nur ein Gefühl. Irgendwie glaube ich, er wünscht mir nichts Gutes. Kannst du das verstehen?«

Armorer hatte den Kopf geschüttelt. Er konnte es nicht verstehen, nicht wirklich, denn der Herr hatte dem jungen Burschen gegenüber immer Nachsicht geübt. Selbst nachdem er es abgelehnt hatte, für ihn zu boxen, und es ihm ins Gesicht sagte, hatte er ihn nicht davongejagt, wie er es mit jedem anderen getan hätte. Er knirschte lediglich mit den Zähnen und fuhr jedermann in seiner Umgebung an, seltsamerweise aber nicht den Mann, der seinen Zorn erregt hatte.

Lagrange hatte niemanden seine Pläne mitgeteilt, aber den Übriggebliebenen war klar, daß er in der Hall bleiben wollte, denn er hatte die meisten Angestellten schon zwei Wochen vor dem Ablaufen der Kündigungsfrist fortgeschickt. Er hatte ihnen den vollen Lohn bezahlt, aber sie sollten nicht, wie er zu Reeves sagte, auf ihren Hintern sitzen und die Keller leer essen, und er hatte daraufhin angeordnet, daß der größte Teil der Nahrungsvorräte aus den Kellern des Hauses in die der Hall gebracht wurde.

Aber jetzt war der letzte Tag des Monats, und morgen würden alle fort sein, alle außer Harris und Armorer, denn Armorer hatte gesagt, Bezahlung hin, Bezahlung her, er könne nicht gehen, bis die Pferde untergebracht seien.

Manuel hatte von früh morgens den ganzen heißen Tag hindurch mit bleischwerem Herzen gearbeitet, weil er wußte, daß er jeden Handgriff zum letzten Male tat, und auch die Pferde schienen es zu spüren, denn sie stießen ihn nacheinander mit ihren Köpfen an und wetteiferten um seine Aufmerksamkeit. Sogar Dizzy kuschelte ihr Maul in seine hohle Hand, ohne daß er sie erst beruhigen mußte.

Er wußte, daß er ein sinkendes Schiff verließ und daß er eigentlich bei Armorer bleiben sollte, und sei es nur der Tiere wegen; aber irgendeine stärkere Gewalt überstimmte sein Mitgefühl und befahl ihm, sich davonzumachen.

Wie auch immer, es war nicht allein die Situation in den Ställen, die ihn beschwerte, sondern mehr noch die schreckliche Situation in Amys Haus. Er konnte den Gedanken an Annabella nicht verbannen. Es war schlimmer als vorher, als er sie für tot hielt, weil er da nicht an die Zukunft zu denken brauchte. Zuerst plante sie, und sie hatte mit Amy darüber gesprochen, Gouvernante zu werden, bis sie nach nüchternem Überlegen einsah, daß keine Herrin eine fremde Person ohne Referenzen in ihr Haus laden und ihr ihre Kinder anvertrauen würde.

Er hatte vorgeschlagen, sie solle selbst eine Referenz verfassen, und das hatte sie schockiert, und er dachte, sie würde demnächst noch schlimmer schockiert werden, wenn man sie allein in der Welt ließ.

Er hatte sein Versprechen gehalten und ihre Anwesenheit keiner Menschenseele verraten, aber morgen war er wieder unterwegs, weiß Gott wohin, und er konnte den Gedanken nicht ertragen, daß sie dahintrieb, denn sie hatte sich jetzt ausgerechnet vorgenommen, nach London zu gehen und sich dort um eine Stellung in einem der Modegeschäft zu bewerben, die sie früher als Kundin besucht hatte.

Amy hatte ihm zugeflüstert: »Sie weiß nicht, wovon sie redet; die Angestellten in diesen Geschäften hausen wie Ratten unter den Verkaufsräumen, und sie werden nicht viel besser ernährt. Ich hatte eine Cousine, die als Näherin arbeitete und nach Hause kam, um zu sterben, und die Geschichte, die sie erzählt hat, war unglaublich. Wäre sie nicht ein gottesfürchtiges Mädchen gewesen, hätte ich ihre Geschichte als reine Fantasie abgetan.«

Schließlich veranlaßte ihn Annabellas feste Entschlossenheit, nach London aufzubrechen, trotz seines Versprechens dazu, der Herrin mitzuteilen, wo sie ihre Tochter finden konnte, denn nach seiner Ansicht würde die Frau Annabella immer als ihre Tochter betrachten. Am besten war es, dachte er, sie einander gegenüberzustellen, ganz überraschend, und danach würde man zweifellos zu einer Lösung kommen. Er selbst könnte dann beruhigt davonziehen.

In seinem Zimmer packte er seine armselige Habe zusammen, um am nächsten Morgen fertig zu sein. Er besaß ein zweites Paar Hosen, einen alten Mantel, zwei Hemden, ein Paar Stiefel, etwas Unterkleidung, Strümpfe und zusammengewürfelte Kochgeräte. Er verstaute sie in einer Tasche, die er aus zwei Schafsfellen hergestellt und an den Enden mit Schlaufen versehen hatte, damit er sie leichter über die Schultern hängen konnte, schaute sich noch einmal im Zimmer um, befühlte die Stelle in seiner Taille, wo er in einem Flanellgürtel sein Geld aufbewahrte, und ging die steile Treppe hinunter in den Hof. Er überquerte ihn gerade zum Pagodenpfad hin, als Lagranges Stimme an sein Ohr drang: »Wohin gehen Sie?«

Er drehte sich um und blickte aus der Entfernung in das fleckige Gesicht und die blutunterlaufenen Augen und antwortete ruhig: »Nur auf einen Spaziergang, Sir.«

»Was höre ich da, Sie wollen morgen fort? Sich davonstehlen, wie? Sie werden nicht gehen, hören Sie? Ich breche Ihnen das Genick, wenn Sie ohne meine Erlaubnis durch dieses Tor treten, verstanden?«

Er blieb ruhig. Er wollte sich nicht mit diesem Mann streiten; er wollte ihn nur fernhalten; bis morgen würde es nicht mehr lange dauern. Er war wie die anderen vor einer Woche entlohnt worden. Es bestand nicht die geringste Aussicht, daß Lagrange zahlte, was er ihm darüber hinaus schuldete, aber das spielte keine Rolle; er hatte nur einen Wunsch, nämlich fortzugehen. Es war ungerechtfertigt, wie er sich selbst sagte, aber so empfand er eben.

»Haben Sie mich gehört?«

»Ja, Sir.«

»Dann gehorchen Sie.«

Lagrange wandte sich ab, und Manuel wandte sich ab.

Er legte den Weg durch den Park in gleichmäßigem Schritt zurück, falls Lagrange ihm folgte, und als er an die geborstene Mauer kam, lehnte er sich eine Weile darauf, als ob er den warmen Sommerabend genösse. Er horchte auf ein Zeichen aus dem Unterholz zu seiner Rechten, aber es war nichts zu vernehmen als das Zwitschern der Vögel, und er ging weiter in Richtung zum Cottage.

Als er den breiten, grasbewachsenen Pfad hochschritt, sah er Annabella draußen auf der Holzbank sitzen. Ihr Gesicht hatte seine wächserne Blässe verloren, aber ihre Züge waren noch immer wie versteinert. Sie sah aus, als hätte sie noch nie in ihrem Leben gelacht und wüßte nicht, wie das anzustellen sei. Die Augen lagen noch tief in den Höhlen, und ihre Stimme klang matt.

»Hallo, Manuel.«

»Hallo, Miß Annabella. War der Tag nicht wunderschön?«

»Ja, Manuel.«

Sie vermutete, daß es ein schöner Tag war, aber erst in diesem Augenblick wurde es ihr bewußt, denn den ganzen Tag über hatte sie vor lauter Gedanken nicht sehen können. Morgen würde Manuel fort sein. Sie würde ihn nie wieder sehen. Was sollte sie tun? Sie konnte nicht auf immer bei Amy bleiben, obwohl diese herzensgute Frau gesagt hatte, sie dürfe gern bleiben, solange sie wolle, und heute wünschte sie wirklich, sie brauchte nie fort, denn es war so friedlich, und niemand verlangte irgend etwas von ihr. Sie wußte nicht, was mit ihr geschehen sollte; sie konnte nicht klar denken. Sie konnte die ganze Zeit nur eines denken:

Morgen würde Manuel fort sein.

Aber als sie ihn jetzt anblickte, sagte sie sich, wie es auch Rosina getan hätte, daß sie ihr Schicksal in ihre eigenen Hände nehmen mußte, statt sich auf diesen freundlichen Angestellten zu verlassen. Doch Manuel war kein Angestellter mehr, zumindest nicht für sie. Er redete sie immer noch mit ›Miß Annabella‹ an, ja, er hatte sie in den vergangenen zwei Wochen öfter ›Miß Annabella‹ genannt als vor ihrem ersten Zusammentreffen, von dem Tag vor sieben Jahren an, als er die scheuenden Pferde gebändigt hatte. An diesem selben Tag hatte sie auch zum ersten Mal Stephen geküßt. Ihr Kopf zuckte wie in einem nervösen Zwang. Sie durfte nicht an Stephen denken. Sie durfte sich nicht einmal an seinen Namen erinnern. Wenn sie es tat, wußte sie, daß der Schmerz in ihrem Körper sich in Tränen auflösen würde.

Sie konnte nachts weinen, wenn niemand sie sah, aber ihren Gefühlen vor diesen zwei guten Menschen freien Lauf zu lassen, das wäre undenkbar.

In einem Atemzug ermahnte sie sich, daß sie anders war, daß sie nicht mehr Miß Annabella Lagrange, sondern ein ganz gewöhnliches Mädchen war, das sich jetzt irgendwie seinen Lebensunterhalt verdienen mußte; aber im nächsten Atemzug dachte und handelte sie wieder entsprechend ihrer siebzehnjährigen Erziehung: Sie bewies eine Rücksichtnahme, in die sich Herablassung mischte.

Als sie Manuel anstarrte, erfaßte ein Gefühl der Panik jeden einzelnen Nerv in ihrem Körper, und es wurde ihr in diesem Augenblick bewußt, daß sie ohne ihn verloren war. Sie hatte sonst niemanden, an den sie sich wenden konnte.

Es würde ihr nur noch eines bleiben – zurückzugehen und sich dem Mitleid der Frau auszuliefern, die sie ›Mama‹ nannte, der Frau, die sie in der Stunde ihrer größten Not allein gelassen hatte. Hätte sie an jenem furchtbaren Tag darauf bestanden, sie zu sehen und sie zu trösten, wäre sie wohl kaum in die Crane Street gelaufen.

Doch sie hatte nur an ihre Tür geklopft und gefragt, ob sie mit ihr sprechen könne, und sie dann allein gelassen. Und sie hatte schweigend stundenlang dagesessen, und niemand war in ihre Nähe gekommen, nicht einmal Alice oder die Dienstboten. Bitterkeit hatte sich in ihr Herz geschlichen, als Rosinas Fernbleiben sie zu dem Schluß zwang, daß ihre liebende Mama diese Enthüllungen nicht verkraften konnte. Sie war nur so lange ihr ›liebstes Kind‹, wie das beschämende Geheimnis ihrer Geburt gewahrt blieb. Sie begriff, daß sich ihr Verstand an jenem Tag leicht getrübt hatte, aber auch jetzt, nachdem sie wieder normal war, hatte sie dieses Gefühl der Bitterkeit gegen ihre Mutter.

Sie konnte jetzt einfach die Frage nicht unterdrücken: »Müssen Sie morgen gehen, Manuel?«

Er senkte den Kopf. »Ich fürchte, ja, Miß Annabella. Ich will mich umschauen und für den Winter Unterkunft finden. Danach spiele ich mit der Idee, im Frühling Spanien zu besuchen.« Er hob die Augen zu ihr, und sie blickte in ihre dunkle, warme Tiefe und sagte leise: »Wie schön für sie, Manuel. Wie schön für sie, das Land Ihrer Vorfahren zu sehen.«

Er legte den Kopf in den Nacken und lachte. »Ah, Miß Annabella, das ist eine Geschichte für sich.« Da sie nicht in sein Lachen einstimmte, wandte er sich ab und fragte:

»Ist Amy hier?«

»Sie ist oben auf dem Dachboden, glaube ich.«

Er ging ins Haus, blickte die Leiter hoch durch das Loch in der Decke und fragte: »Sind Sie da oben?« Und als ihr Gesicht über ihm erschien, sagte sie: »Ja, kommen Sie herauf.«

Er konnte nicht aufrecht unter den Sparren stehen, deshalb hockte er sich auf die Fersen, um zu beobachten, wie sie aus einer alten Holztruhe Kleider nahm.

»Hier unten liegt ein Stück Tuch«, sagte sie, »guter Wollstoff, Harry hat es mir von See für ein Kleid mitgebracht, aber es war wirklich zu gut, das Material, deshalb dachte ich, sie könnte sich einen Rock daraus machen, weil ich die Schmutzflecken nicht aus ihren Kleidern kriege, wie ich sie auch wasche ... Sie sind soweit fertig also?« Sie blickte ihn nicht an, und er antwortete:

»Ja, Amy; mein Bündel ist für die Straße gepackt.«

»Was soll ich mit ihr tun?« Sie wandte ihm langsam den Kopf zu, und er blinzelte mit den Augen und schüttelte den Kopf:

»Es gibt nur eines. Wie ich gleich zu Anfang gesagt habe, muß ich ihnen erzählen, wo sie ist. Es ist undenkbar, sie allein zu lassen.«

»Sie will es nicht, sie ist absolut dagegen.«

»Sie weiß nicht, was sie will; sie ist immer noch überspannt, Amy. Sie verhält sich wie ein Soldat nach einer schweren Schlacht. Für sie ist es noch nicht vorüber, es geht noch weiter. Auf dem Rückweg werde ich versuchen, im Haus der alten Dame mit der Herrin zu sprechen und es ihr zu erzählen. Ich gebe Ihnen Bescheid, was passiert. Wenn er immer noch wütet, werde ich vor Dunkelheit nicht hinkommen. Er dreht durch, glaube ich; er hat die Ställe in eine Festung verwandelt, und er hält mich für einen Garnisonsoldaten, aber ich bin es nicht. Wissen Sie was, Amy? Ich werde erst frei atmen, wenn ich morgen auf der Straße meilenweit von hier entfernt bin.«

Amy schloß den Truhendeckel, drückte das blaue Stück Tuch an ihre Brust und blickte ihn an: »Ich werde Sie vermissen, Junge.«

»Und ich Sie, Mutter.«

Als er sie wieder so nannte, senkte sie den Kopf. Tränen rollten über ihre Wangen. Er beugte sich vor, zog sie in seine Arme und streichelte ihr Haar. »Ich komme zurück. Eines Tages komme ich zurück, und das ist ein Versprechen, das ich Ihnen aufs Kruzifix gebe.« Er machte ein Kreuzzeichen auf ihr graues Haar, und nach einer Weile löste sie sich von ihm und sagte immer noch mit gesenktem Kopf:

»Gehen Sie nur, gehen Sie zurück und bringen es hinter sich.«

Er stieg die Leiter hinunter und trat in den Sonnenschein hinaus. Als er vor Annabella stand, sagte er gepreßt: »Ich sehe Sie morgen früh, bevor ich losziehe.« Er beugte sich jetzt leicht über sie und sagte weich: »Sorgen Sie sich nicht. Alles wird sich einrenken, Sie werden sehen«, und sie antwortete teilnahmslos: »Ja, Manuel.«

Zehn Minuten später ging er durch die Lücke auf den Besitz zurück, aber diesmal schlug er nicht den Weg zu den Ställen ein. Statt dessen bog er nach links zum Cottage ab. Es hatte ihn immer belustigt, daß man ein Haus dieser Größe als ›Cottage‹ bezeichnete.

Als er die Haustür erreichte, sah er, daß sie offen stand und daß die vertraute Gestalt Alices durch die Halle schritt. Sobald sie ihn erblickte, drehte sie ihren Kopf um und kam auf ihn zu: »Ja, was ist?«

»Ich – ich möchte gern mit der Herrin sprechen.«

»Das können Sie nicht, sie ist sehr krank. Sie liegt noch zu Bett. Sie empfängt niemanden.«

»Es ist wichtig, Miß Piecliff. Ich muß sie sehen. Es geht um Miß Annabella.«

»Hat – hat man sie gefunden?« Sie näherte ihr spitzes Gesicht noch mehr dem seinen, und er erwiderte: »Nein, man hat sie nicht gefunden, aber ich weiß, wo sie ist.«

»Ach du meine Güte. Ich weiß nicht. Ich weiß nicht.« Sie preßte eine Hand gegen ihr Ohr und wiegte sich. »Ich erzähle es besser der Herrin – ich meine der Herrin Constanze. Warten Sie eine Minute.«

Er wartete fünf Minuten, bis Alice zurückkehrte und leise sagte: »Kommen Sie hier entlang.« Er folgte ihr durch die Halle in einen langen, schmalen Raum, an dessen anderem Ende eine schwarzgekleidete Figur stand.

Er hatte die alte Dame im Lauf der Jahre in Abständen gesehen, manchmal ging sie im Park spazieren, und ein- oder zweimal hatte er gesehen, wie sie die Kapelle aufsuchte, aber sie ging immer vor dem ganzen Haushalt hinein und setzte sich hinter die Trennwand, die sie vor neugierigen Augen abschirmte, und sie verließ die Kapelle nie, bevor sie leer war. Jetzt blickte er ihr zum ersten Male ins Gesicht und war richtig erstaunt, wieviel Schönheit es bewahrt hatte. Sie hatte überhaupt keine Ähnlichkeit mit ihrer Tochter, außer vielleicht der stählernen toten Leere ihres Ausdrucks.

Ein dickes Buch, er nahm an eine Bibel, lag geöffnet auf dem Tisch, und über dem Kamin hing ein großes Kreuz aus Ebenholz.

Sie redete ihn abrupt an: »Ja, was haben Sie zu sagen?«

»Ich möchte mit der Herrin sprechen, Madame.«

»Meine Tochter ist zu krank, um gestört zu werden; Sie können mir Ihre Nachricht mitteilen.«

Er zögerte einen Augenblick, dann sagte er: »Miß Annabella ist in Mrs. Stretfords Cottage –«, er wies mit dem Kopf nach hinten, »– am Flußufer. Sie war krank. Sie ist bis dort hingekommen und dann zusammengebrochen – ungefähr drei Tage, nachdem sie hier fortgegangen ist.«

Die grauen Augen schauten direkt in die seinen, als sie ungerührt bemerkte: »Nun, wo immer das Mädchen ist, es interessiert uns nicht.«

»Aber die Herrin, es wird sie doch interessieren?«

»Nicht mehr. Meine Tochter war sehr krank, der Arzt hat strengstens angeordnet, sie auf keinen Fall zu stören. Meine Tochter ist endlich frei –.« Sie hielt inne. Ihre Gesichtszüge waren verzerrt, die Lippen dünn und gespannt. Manuel sah, wie der ganze Körper der Frau schauderte, bevor sie fortfuhr: »Jahrelang hat meine Tochter wegen dieses Mädchens Qualen erlitten. Jetzt ist es vorbei. Soviel ich weiß, steht dem Mädchen ein Heim offen. Je schneller sie sich daran gewöhnt, desto besser. Das können Sie ihr ausrichten.«

Er starrte sie ungläubig an. »Wissen Sie, welche Art von Heim ihr offensteht, Madame? Es ist ein Bordell.« Seine Stimme war laut, scharf. Alice warf schnell ein: »Manuel! Manuel! Denken Sie daran, mit wem Sie sprechen.«

»Ich weiß, mit wem ich spreche, und ich werde es so schnell nicht vergessen.«

Er wandte sich wieder der alten Dame zu und fuhr mit kaum veränderter Stimme fort: »Sie sagen, sie soll sich daran gewöhnen. Was, glauben Sie, wird einem Mädchen wie ihr widerfahren, die man in dem Glauben aufgezogen hat, daß sie hierher gehört? Sie redet wie eine Dame, sie empfindet wie eine Dame, weil die Herrin es ihr beigebracht hat.«

»Manuel, seien Sie ruhig. Sie vergessen sich«, warf Alice wieder dazwischen.

Beinahe hätte er geantwortet: »Zum Teufel vergesse ich mich!«, aber die alte Dame kam ihm zuvor: »Dann sollte sie dankbar sein für die Vorteile, die sie in den letzten siebzehn Jahren genossen hat. Nicht jede Person ihrer Herkunft hat solches Glück.«

Er konnte kaum seinen Ohren trauen. Dann fragte er sie fast brüsk: »Haben Sie sich überlegt, daß sie einander begegnen könnten? Was ist, wenn Annabella hier in der Gegend bleibt? Sie könnten sich leicht über den Weg laufen.«

Die alte Dame schwieg eine Weile und entgegnete dann: »Das würde nichts ändern. Meine Tochter würde sie nicht erkennen. Sie hat den Verstand verloren.«

Alice wandte plötzlich den Kopf und schaute ihre Herrin an, als diese endete: »Das können Sie dem Mädchen auch ausrichten. Sie können gehen.«

Er verließ sie nicht unmittelbar, sondern starrte sie weiter an. Die Kälte dieser Frau, ihre Unmenschlichkeit! Da zog er die Frauen in der Crane Street jederzeit vor.

Er drehte sich um, stampfte aus dem Hause und machte sich auf den Rückweg zu den Ställen, wo ihm Lagrange entgegentrat, der vor Wut schäumte, weil niemand ihm sein Pferd abnahm. Er stand jetzt mit gespreizten Beinen in der Stalltür und zog seine Reitpeitsche erst durch die eine geballte Faust, dann durch die andere, wobei er sagte: »Sie suchen Streit, Manuel, nicht wahr?«

»Ich suche keinen Streit, Sir.« Obwohl ihn allmählich die ganze Sippe ärgerte, versuchte er ruhig zu bleiben.

»Wo sind Sie gewesen?«

»Ich war spazieren, Sir.«

»Sie werden nicht fürs Spazieren bezahlt.«

»Meine Dienstzeit ist heute abend zu Ende, Sir.«

»Ihre verdammte Zeit ist zu Ende, wenn ich es Ihnen sage,

Mann, und nicht vorher. Verstanden? Versuchen Sie nur, aus dem Tor zu gehen, und ich komme Ihnen nach und häute Sie bei lebendigem Leibe.«

Manuels Antwort bestand darin, daß er vortrat, das Pferd nahm und es in den Stall führte.

Einen Augenblick später brüllte Lagrange Armorer an, der im Haus eine selbstzubereitete Mahlzeit gegessen hatte.

Als der Kutscher in den Stall kam, war sein Gesicht grau, und indem er vorgab, den Huf des Pferdes zu untersuchen, brummte er: »Er ist außer sich. So schlimm habe ich ihn noch nie erlebt. Weißt du, was Harris mir eben erzählt hat? Er sagt, Constantine habe ihm erzählt, daß der Herr in den Nächten, als er ausgeritten ist und wir glaubten, er sei an den Spieltischen von Newcastle, ganz Shields durchkämmt hat. Er glaubt immer noch, daß sie irgendwo dort ist. Irgendwie tut er mir leid; er wird noch wahnsinnig.«

»Armorer.«

»Ja, Manuel?«

Manuel ging schnell zur Stalltür und schaute auf den Hof hinaus; im Zurückkommen sagte er hastig: »Ich gehe heute abend. Meine Zeit ist um, deshalb gehe ich.«

Armorer sah ihn besorgt an: »Aber in der Dunkelheit? Wo willst du in der Dunkelheit hin?«

»Oh, es ist nicht das erstemal, daß ich im Dunkeln die Straßen entlangziehe. Mir passiert schon nichts, keine Angst. Aber ich muß weg, solange die Luft noch rein ist. Er ist nicht mehr zurechnungsfähig, und ich kann für nichts garantieren, wenn er die Hand gegen mich erheben sollte. Du weißt, wie es ist.«

»Ja, Manuel, jawohl, ich verstehe. Aber das sage ich dir.« Er streckte die Hand aus. »Ich bedauere, daß du gehst. Ich habe nie mit jemandem zusammengearbeitet, der sich so auf die Tiere versteht wie du; ich bedauere es sehr, daß du gehst, Junge.«

Manuel ergriff die ausgestreckte Hand und erwiderte fest:

»Und ich auch. Aber ich werde dich nicht aus den Augen verlieren, George. Du bleibst hier, und eines Tages werd' ich wieder hier vorbeikommen; das habe ich mir selbst versprochen.«

Armorer wandte sich schnell ab: »Ich werde versuchen, dir etwas aus der Küche für deinen Rucksack zu besorgen. Um welche Zeit ziehst du los?«

»Im späten Dämmerlicht, würde ich sagen; wenn er mir nämlich tatsächlich folgen will, wird er es schwer haben, mich in der Dunkelheit auszumachen.«

Und die Dämmerung war dunkel, als Manuel noch einmal Armorer die Hand schüttelte und mit der Felltasche auf den Schultern ins Freie trat. Er ging an dem Misthaufen vorüber und gelangte durch den Obstgarten und das Erdbeerfeld an die geborstene Mauer. Als er am Flußufer entlangschritt, spähte er durch das weite offene Gelände in Richtung der Hauptstraße, wo er die Hufe eines galoppierenden Pferdes zu hören meinte. Die Straße lag tiefer als das Moor, und er konnte niemanden sehen, aber er blieb stehen und lauschte. Er hörte keine Pferdehufe, nur das Bellen eines Fuchshundes.

Als er den Pfad heraufkam, saß Amy an der Tür und schaute einigermaßen überrascht hoch: »Sie gehen also jetzt?«

»Ja, es ist besser so. Wo ist sie?«

Als Antwort wies Amy mit dem Kopf nach hinten zum Wohnzimmer. »Haben Sie es ihnen erzählt?«

»Jawohl, Amy, ich habe es ihnen erzählt, zumindest derjenigen, die ich gesehen habe, der Alten.«

»Und was ist geschehen?«

»Nichts.« Er ließ seinen Rucksack zu Boden fallen. »Es gibt böse, hartherzige Schweine in dieser Welt. Man erfährt jeden Tag mehr über sie.« Er zog sie jetzt von der Tür fort auf die Steinplatten, die eine Art Terrasse bildeten, und fügte hinzu: »Sie wollen nichts von ihr wissen. ›Soll sie doch in die Crane Street zurückgehen‹, hat sie gesagt.«

»Das kann nicht sein!«

»Ich sage es Ihnen, Amy, das hat sie zu mir gesagt. ›Sie hat ja ein Heim‹, hat sie gesagt. ›Soll sie doch in die Crane Street zurückgehen.‹«

»Das kann ich nicht glauben.«

»Oh, Sie können es glauben. Wissen Sie was? Ich wollte sie

niederschlagen. Diesen Drang habe ich bei einer Frau noch nie gespürt ... Es ist eine seltsame Sippe dort drüben, Amy. Sie sind herzlos, alle zusammen. Ich bin froh, daß ich gehe. Es tut mir nur leid, daß ich nicht weiß, was aus ihr wird. Was kann sie um Himmels willen tun?«

»Manuel.«

»Ja, Amy?«

»Nehmen Sie sie mit.«

Ihr Vorschlag bewirkte, daß sein Körper sich zu einem Sprung anspannte. Er trat einen Schritt zurück, wobei sein Oberkörper und sein Kopf ihr auswichen und seine Augen sich verengten, als ob sie in dem schwachen Licht nicht richtig sähen. »Sind Sie wahnsinnig, Amy?« stotterte er.

»Nein, Manuel, ich bin nicht wahnsinnig, und ich denke nicht erst seit heute oder gestern darüber nach. Ich sage es noch einmal, nehmen Sie sie mit; die anderen wollen sie nicht, anscheinend will sie niemand. Verglichen mit Ihnen bin ich eine Fremde für sie. Sie kennen sie seit ihrer Kindheit. Nehmen Sie sie mit.«

Sein Mund stand offen, und er schüttelte wie wild seinen Kopf. Am liebsten hätte er ausgerufen: »Hergott im Himmel! Was soll ich auf der Straße mit ihr anfangen?«, als sich beide bei einer Bewegung im Schatten des Eingangs plötzlich umdrehten – und da stand sie, das Gesicht geisterhaft blaß, die Augen tief in die Höhlen gesunken. Sie schritt über die Schwelle auf die Terrasse, bis sie vor Manuel stand. Sie blickte in sein Gesicht hoch und flüsterte: »Bitte, Manuel, tun Sie bitte, was Amy sagt, und nehmen Sie mich mit.«

Er konnte nicht sprechen. Seine Kehle war trocken, und sein Kopf drehte sich. Ein Teil von ihm wollte lachen. Er stand im Begriff, sich auf die Straße zu begeben. Er würde schlafen, wo sich Schutz bot, in einer Scheune, einem Heuschober, unter einer Brücke in der Stadt. Er hatte das alles durchgemacht, und sogar er selbst freute sich nicht gerade darauf – nach Jahren mit einem Dach über dem Kopf und einem guten Bett. Und da bat ihn die Tochter des Hauses, mitkommen zu dürfen. Es war der helle Wahnsinn, und er sagte es.

»Nein, Miß Annabella.« Er unterstrich seine Worte mit einem langsamen Kopfschütteln. »Diese Bitte kann ich Ihnen nicht erfüllen. Sie wissen nicht, was Sie verlangen. Sie bleiben hier bei Amy, und irgendwas wird sich schon ergeben. Schreiben Sie an einen Ihrer Freunde. Die Welt ist voller Menschen wie die drüben.«

»Manuel.« Sie ergriff jetzt seine Hände. »Sie wissen, daß ich keine Freunde habe, die mich aufnehmen würden. Zurückgehen kann ich nicht, das haben Sie selbst gesagt. Ich habe gehört, was Sie gesagt haben, jedes Wort, sie wollen mich nicht, und – und ich will sie auch nicht mehr. Es gibt außerdem Gründe, warum ich nicht nach –« ihr Kinn sank nach unten, bevor sie hinzufügte – »Durham kann. Ich habe niemanden.«

Er hielt jetzt ihre Hände an seine Brust gepreßt, aber es war ihm kaum bewußt, was er tat, denn in seinem Kopf drehte sich alles, seine Augen waren geschlossen, und er hatte schon den Mund geöffnet, um entschieden zu sagen: »Es ist unmöglich, unmöglich«, als ein plötzliches Geräusch ihn die Augen öffnen und seinen Kopf zum anderen Ende der Terrasse hin herumschnellen ließ.

Sie blickten alle dorthin, halb in der Erwartung, daß ein Tier dort auftauchen würde, denn das tiefe Grollen klang wie das eines Tieres, aber statt dessen trat Lagrange aus dem Dunkel. Sein Körper war gekrümmt, der linke Arm abgewinkelt, als wolle er so das Gleichgewicht wahren, während seine rechte Faust, die die Reitpeitsche hielt, langsam an seinem Oberschenkel auf und ab glitt. Seine Lippen waren geöffnet, die Augen weit und starr, und sein ganzes Gesicht wirkte wie blutüberströmt in dem Abendlicht, so rot war es.

»Du! Du kleiner Bastard.« Sein wahnsinniger Blick war auf Annabella geheftet. Er trat zwei Schritte vorwärts, dann blieb er wieder stehen und schleuderte ihr unflätige Lästerungen entgegen, jeweils akzentuiert mit »Du! Du! Du!« Dann schlug er sich mit der linken Hand an die Brust und rief laut: »Die Docks habe ich abgesucht, die Bordelle, Nacht für Nacht, und die ganze Zeit hast du dich keinen Steinwurf entfernt hier gewärmt. Du, du verdammte kleine –.«

»Seien Sie ruhig!«

Manuel hielt immmer noch Annabellas Hand, und jetzt stellte er sich schützend vor sie und unterbrach ihn: »Ich kann es erklären.«

Lagrange starrte Manuel keuchend an, sein Mund und seine Augen hatten sich noch weiter geöffnet, als ob in der Luft zwischen ihnen eine andere Erklärung läge. Seine Stimme steigerte sich zu einem lauten Schrei, und er brüllte: »Du dreckiger Hurenkerl du! Du hast dir ins Fäustchen gelacht, wie? Die ganzen Wochen hast du den Bescheidenen gespielt, du verfluchter ausländischer Zuhälter! Dafür mach ich dich fertig. Ich wollte dich schon immer fertig machen, hörst du?« Bei den letzten Worten schien er sich vom Boden zu erheben, und im nächsten Augenblick schlug er mit der Reitpeitsche auf Manuel ein.

Manuel hob den Arm, um seinen Kopf und sein Gesicht zu schützen, und versuchte mit der anderen Hand die Schulter des rasenden Mannes zu fassen, aber Lagrange war besessen, und er zog die Peitsche über Manuels Kopf, bis dieser – vom Zorn des Angreifers angesteckt – seine Faust vorschnellte und Lagrange am Kinn traf; sein eigener Körper erbebte unter dem Schlag. Keuchend sah er Lagrange mehrere Schritte zurücktaumeln und ihn einen kurzen Augenblick absolut still stehen, bevor er schwer zu Boden fiel.

Amy, die Annabella festgehalten hatte, ließ sie jetzt los und stellte sich an Manuels Seite. Heiser flüsterte sie: »Sind Sie verletzt, Junge?«

Ja, er war verletzt. Niemand konnte solche Schläge einstecken, ohne verletzt zu werden. Sein Kopf klopfte, als hätte ein Hammer ihn getroffen. Sein Hals brannte, wo die Peitsche ihn mehr als einmal getroffen hatte. Annabella löste sich von der Wand und glitt an der Bank vorüber, bis sie wieder dicht neben Manuel stand. Alle drei blickten auf die Gestalt hinunter, die gekrümmt auf den Steinen lag. Er rührte sich nicht, und Amy flüsterte: »Er ist bewußtlos. Sie gehen besser, bevor er wieder zu sich kommt.«

Langsam trat Manuel vor und blieb an Lagranges Kopf stehen. Dann hockte er sich hin und starrte in das leblose Gesicht, und plötzlich überkam ihn ein Gefühl, als ob der Tod selbst ihn berührt hätte, und irgend etwas in ihm schrie verzweifelt: »Nein, nein! Gott, nein!« Langsam schob er seine Hand unter die Weste des Mannes. Das Seidenhemd blieb an seinen rauhen Fingern hängen, als er sie auf Lagranges Herz preßte. Dann legte er mit einer schnellen Bewegung den Kopf auf seine Brust und die Ohren an seine Rippen, und aus dieser Stellung schaute er zu Annabella hoch; danach stand er langsam auf.

Annabella blickte auf das stille Gesicht des Mannes hinunter, den sie immer ›Papa‹ genannt hatte, den sie lange Jahre geliebt hatte; sogar, als sie wußte, daß er schlecht war, hatte sie ihn immer noch geliebt, weil auch er sie liebte. Bis zu dem Morgen, als er sie so mißhandelte, wie er seine Frau jahrelang mißhandelt hatte, liebte er sie; danach aber nicht mehr, weil sie es gewagt hatte, ihm Widerstand zu leisten; und jetzt war er – oh, nein! Nein! Wenn er es nämlich war, wenn er tot war, bedeutete das, daß Manuel – sie blickte Manuel an. Selbst in diesem schwachen Licht wirkte seine dunkle Haut blaß. Sie schaute von ihm zu Amy. Amy kniete neben der Gestalt und hob ihre Augenlider. Als sie sich erhob, blieb sie mit gesenktem Kopf stehen, und ihr Körper zitterte sichtlich.

Annabella fühlte sich einer Ohnmacht nahe, aber sie schloß die Augen und wehrte sich dagegen. Das Vorrecht von Damen stand ihr nicht mehr zu; ihr Papa – sie würde ihn immer als ihren Papa in Erinnerung behalten – war tot. Manuel hatte ihn getötet; mit einem einzigen Schlag hatte Manuel ihn getötet. Was würden sie mit ihm tun?

Manuel dachte genau das gleiche. Was würden sie mit ihm tun? Er wußte, was sie mit ihm tun würden; er kannte die Strafe, die drohte, wenn man einen Menschen umbrachte, und wenn man ein Dienstbote war, stand das Urteil von vornherein fest. Man redete in dieser Gegend immer noch von William Joblins Tod am Galgen, einem Bergarbeiter, der gemeinsam mit einem Freund dasselbe getan hatte wie er, nämlich einen Mann geschlagen, und der Mann war umgefallen und gestorben. Sie hatten ihn an einem Augusttag gehenkt, und das Seil war abgerutscht, und er hatte einen langen qualvollen Tod erlitten. Dann hatten sie seinen Körper mit Pech beschmiert und an einem Mast in Jarrow aufgehängt, und eine starke Polizeiabordnung mußte ihn auf dem Weg dorthin schützen. Manchmal hatten sie an dem langen Tisch in der Küche darüber gesprochen, denn mehrere von ihnen, Frauen wie Männer, waren bei der Hinrichtung dabei gewesen. Das Furchtbare daran war, sagten sie, daß der Mann unschuldig war; sein Begleiter hatte zugeschlagen.

In seinem Fall war er allein für die Folgen seiner Tat verantwortlich. Der Magen drehte sich ihm um. Er kniff die Lippen zusammen, um sich nicht erbrechen zu müssen; dann trat er zurück, lehnte sich an die Wand, und Margees Stimme klang aus der Vergangenheit an sein Ohr: »Gutes wird dir begegnen und Furchtbares.« Sie hatte recht gehabt, die ganze Zeit hatte sie recht. Er hätte dem Instinkt folgen sollen, der ihm vor Monaten geraten hatte, fortzugehen, denn damals war sein Gefühl sehr stark gewesen. Jetzt war es zu spät.

»Manuel! Manuel!« Amy schüttelte seinen Arm. »Hören Sie mir zu.«

Er blickte auf sie hinunter, reagierte aber nicht, als sie sagte: »Sein Pferd muß irgendwo in der Nähe sein. Hören Sie, was ich sage? Kommen Sie zu sich, Mann, und gehorchen Sie mir, sonst kann es Ihnen böse ergehen.«

»Ich habe ihn getötet, Amy.«

»Entweder er oder Sie. Er wollte Sie umbringen; man konnte es an seinen Augen sehen.«

»Aber warum? Warum?« Seine Stimme war langsam und bohrend.

»Sie wissen, ich habe ihn nicht verabscheut; er hatte etwas an sich –.«

»Seien Sie ruhig, und hören Sie auf zu quasseln. Ich will mir nicht zwei Verrückte aufhalsen. Sie steht schon da wie betäubt, deshalb reißen Sie sich zusammen, und hören Sie zu. Suchen Sie nach seinem Pferd – jetzt, sofort.« Sie stieß ihn über die Steine. Dann kam sie zu Annabella zurück, ergriff sie beim Arm und zog sie ins Haus mit den Worten:

»Ziehen Sie Ihren Mantel an und packen Sie den Rock zusammen, an dem Sie genäht haben. Sie können ihn unterwegs beenden. Und hier. Nehmen Sie diese Stiefel.« Sie huschte in eine Ecke des Zimmers und holte ein paar grobe Stiefel hervor. »Sie sind vielleicht ein wenig zu groß, aber Sie werden sie brauchen, denn die leichten Dinger, die Sie an den Füßen haben, sind nach einer oder zwei Meilen spätestens durch. Machen Sie sich aus diesem Stück Sackleinen eine Tragetasche.«

»Aber er wird nicht –.«

»Ja, er wird. Seien Sie fertig, wenn das hier vorbei ist, und er wird schon, er muß.«

»Amy.«

»Ja, was ist?«

»Ich – ich fühle mich nicht wohl. Ich fürchte, mir wird schlecht.«

»Kein Wunder. Halten Sie Ihren Kopf über die Schüssel da.« Sie zeigte auf die Küchenwand. »Ich bin in einer Minute zurück.«

Sie lief aus der Tür und über die Terrasse, gerade als Manuel das Pferd herbeiführte. »Wo war es?«

»Gleich neben der Straße angebunden.« Er sprach wie im Traum. »Jetzt aufgepaßt –«, sie wedelte mit dem Zeigefinger vor seinem Gesicht, »– der Boden ist hart wie Feuerstein hier, das Tier wird keine Spuren hinterlassen – aber unten in dem Marschboden, wo der Flachs wächst, sind die Hufabdrücke zu sehen. Jetzt hören Sie zu.« Sie zeigte mit dem Arm rückwärts auf die Figur am Boden. »Heben Sie sie auf und legen Sie die Leiche über den Sattel.«

»Amy ...«

»Nichts da Amy, tun Sie, was ich Ihnen sage. Geben Sie mir das Pferd, und holen Sie ihn.«

Manuel beugte sich über die Gestalt des Mannes, den er seines Lebens beraubt hatte, und auch ihn würgte es verzweifelt in der Kehle. Er schob seine Hände unter die Achseln, Lagranges Kopf fiel nach hinten, und Manuels Magen bäumte sich wild auf.

Als er das Pferd erreichte und die Leiche über den Sattel

legte, scheute das Tier, und er mußte es schnell beim Kopf fassen und beruhigen. Die Kreatur spürte, daß etwas Totes auf ihr lag; das hatten Tiere an sich, sie rochen den Tod.

Amy sagte: »Führen Sie es den Pfad hinunter zum Fluß, hierher.« Er gehorchte, indem er seine Augen nach vorn gerichtet hielt, nicht nur um die Dunkelheit zu durchdringen, sondern auch um sich nicht umzudrehen und die baumelnden Beine des Reiters zu sehen.

Als sie das Sumpfstück erreicht hatten, befahl Amy ihm, anzuhalten. Während sie sich geschickt an einigen flachen Steinen entlang vorwärtstastete, wisperte sie Manuel zu: »Bringen Sie ihn her.«

Als Manuel Lagrange neben ihr niederlegte, drehte sie das Gesicht des toten Mannes auf die Seite und betrachtete sein Kinn:»Kaum eine Beule zu sehen. Helfen Sie mir ihn umdrehen und sein Gesicht auf diesen Stein schieben.«

Als sie es geschafft hatten, fragte sie leise: »Was wird das Pferd tun, wenn wir es freilassen?«

»Das weiß man bei ihm nie; es könnte direkt zum Stall zurücklaufen oder anfangen zu weiden oder herumzuwandern – oh, beim lebendigen Christus!«

»Nichts beim lebendigen Christus. Sie müssen am Leben bleiben; binden Sie es erst einmal dort drüben fest. Ich lasse es später frei, wenn ich es umhergeführt habe, um unsere Fußspuren zu verwischen. Kommen Sie schon und stehen nicht herum. Ich sage Ihnen, das nützt nichts, und behalten Sie das in Ihrem Kopf – es war entweder er oder Sie, und um ihn ist es nach allem nicht schade, und niemand wird ihn vermissen.«

Er schwieg, bis sie fast wieder den Graspfad erreicht hatten, und dann sagte er weich, wie zu sich selbst: »Er wollte immer, daß ich meine Fäuste einsetze. Manchmal war er so gereizt, daß er mich beinahe schlug, weil ich meine Fäuste nicht nutzte. Er wollte Wetten auf mich abschließen, aber ich ließ mich nicht darauf ein. Ich hatte immer Angst davor, meine Fäuste zu gebrauchen, und weiß Gott, ich hatte allen Grund dazu.«

»Vergessen Sie es, vergessen Sie es. Denken Sie nur daran,

daß Sie seit einer Stunde nicht mehr in seinem Dienst stehen und ihn nicht mehr getroffen haben. Übrigens, Sie haben ihnen doch gesagt, daß Sie gehen, oder? Ich meine denen, die noch dort sind?«

»Ja, ich habe mich von Harris und Mrs. Page verabschiedet.«

»Dann ist ja alles bestens. Jetzt sieht es so aus: Wenn das Pferd direkt zurückläuft und sie fangen zu suchen an, dann sind sie nur zu zweit, wie Sie sagen, und sie werden in der Dunkelheit nicht weit kommen. Und wenn sie ihn bis zum Morgen nicht gefunden haben, mache ich einen kleinen Spaziergang und finde die Leiche.«

Als sie die Terrasse erreichten, tauchte eine dunkle Figur aus dem Eingang auf, und Manuel begriff nicht sofort, daß Annabella für die Straße angezogen war. Er begriff es nicht, bis Amy sagte: »Fort mit euch jetzt, und Gott beschleunige eure Schritte.«

Zum erstenmal, seit sie vor kurzer Zeit über den gleichen Punkt gestritten hatten, klang seine Stimme wieder normal: »Amy, nein! Ich sage nein. Um Himmelswillen, nein!«

»Sie muß gehen!« Amys Stimme war beharrlich. »Sie muß fort, entweder mit Ihnen oder allein, weil, wenn sie hier herumsuchen, jemand sie entdecken wird. Und wissen Sie was? Ich gerate dadurch in Schwierigkeiten. Haben Sie daran gedacht? Ich gerate in Schwierigkeiten, weil ich sie beherbergt habe, obwohl ich wußte, daß die ganze Grafschaft nach ihr suchte. Sie werden wissen wollen warum, und es wird wenig nützen, wenn ich behaupte, daß sie mir verboten hat, es zu erzählen, wo ich zwei Beine und eine gesunde Stimme habe.«

Annabella trat jetzt nah an ihn heran und sagte wie ein Kind: »Ich werde Ihnen nicht zur Last fallen, Manuel, ich verspreche es. Ich – ich werde alles tun, was Sie sagen, und ich werde lernen, für mich selbst zu sorgen.«

»Ach, du heiliger Bimbam!« Er drehte sich zur Wand um, lehnte sich dagegen und ließ seinen Kopf sinken, aber Amy rüttelte ihn energisch an der Schulter: »Dafür ist jetzt keine Zeit; je größer die Entfernung ist, die Sie heute abend zwischen sich und diesen Ort legen, desto besser für Sie. Hier, lassen Sie mich Ihnen helfen.« Als sie sich bückte, um den schweren Rucksack aufzuheben, löste er sich von der Wand und wuchtete die Felltasche langsam auf seine Schulter; dann blickten er und Amy einander an, und ihre Arme streckten sich gleichzeitig aus, und sie hielten sich einen kurzen Augenblick eng umschlungen. Dann schob sie ihn mit der einen und Annabella mit der anderen Hand fort, und sie ließ sie nicht los, bis sie das Ende des Graspfades erreichten, und hier nahm sie Annabellas Gesicht in ihre Hände und küßte sie auf die Wange mit den Worten: »Gott beschleunige eure Schritte, Mädchen, und sorgen Sie sich nicht. Alles wird sich zum Guten wenden, Sie werden sehen.«

»Danke – danke Ihnen, Amy. Oh, ich danke Ihnen. Eines Tages kann ich vielleicht –.«

»Schon gut. Geht jetzt, geht.« Und mit einem letzten Schubs schickte sie beide in die Nacht und in ein anderes Leben hinaus.

BUCH VIER

Der Arbeitsmarkt

1

Es war achtundvierzig Stunden später, aber Annabella kamen sie wie achtundvierzig Jahre vor. Sie wähnte sich wieder in einem Alptraum, ähnlich dem, der sie nach Shields geführt hatte, nur bereitete ihr dieser physische Schmerzen. Alle Glieder taten ihr weh, und zum erstenmal in ihrem Leben hatte sie Blasen an den Füßen.

Da sie fest entschlossen war, Manuel nicht zur Last zu fallen, hatte sie mit ihm die sechs Meilen nach Newcastle Schritt gehalten, ohne zu klagen. Sie waren am Stadtrand entlanggewandert und morgens um zwei Uhr in Denton Burn eingetroffen; der Mond stand hoch, und die Nacht war noch warm, viel zu warm, denn sie schwitzte sehr stark.

Am Bachufer hatte Manuel angehalten, sich niedergekniet, vom Wasser getrunken, sein Gesicht und seinen Nacken bespritzt und sich dann umgedreht und sie zum erstenmal angeredet, seit sie Amy verlassen hatten: »Sie sollten sich auch abkühlen.« Und sie kniete nieder und schöpfte ungeschickt Wasser mit ihren hohlen Händen und trank es; dann kühlte sie ebenfalls ihr Gesicht, indem sie es mit ihrem nassen Taschentuch betupfte, während es sie gleichzeitig danach verlangte, ihre brennenden Füße ins Wasser zu stecken.

Nach einer Weile entfernte er sich, und sie erhob sich hastig, um ihm zu folgen, aber er blieb mit dem Rücken zu ihr stehen und sagte mit abgewandtem Kopf: »Warten Sie einen Moment.«

Als er wenige Meter weiter in den Büschen verschwand, drehte sie sich schnell um und blickte in den Fluß hinunter. Sie senkte den Kopf vor Verlegenheit, aber gleichzeitig sagte sie sich, daß sie auch einen Ausflug in die Büsche nötig hatte. Jedoch, sie brachte es nicht fertig. Wie konnte sie es hier im Freien, selbst wenn es Nacht war? Da rief eine Stimme, in die sich die Stimmen der Frau aus der Crane Street, von Amy und von all den Dienstboten, die sie je gekannt hatte, zu mischen schienen: »Sei nicht töricht; du hast dich entschieden, jetzt mußt du auch die Konsequenzen tragen.«

Als sie wenige Minuten später aus dem Gebüsch zurückkam, hob Manuel gerade den Rucksack auf seine Schultern. Sie schauten sich nicht an. Schweigend setzten sie ihre Wanderung fort.

Es wurde schon langsam hell, als sie einen Ort namens Walbottle erreichten. Hier gingen sie um ein großes Haus und gelangten auf Farmland. In einiger Entfernung von dem Haus stand in einem Feld ein verfallener Heuschober, und Manuel sagte, nachdem er über die niedrige Steinmauer geklettert war: »Setzen Sie sich drauf und schwingen Sie Ihre Beine herüber.« Dies war erst das zweite Mal, daß er das Wort an sie richtete.

Ihre Beine herüberschwingen, wo sie kaum in der Lage war, einen Fuß vor den anderen zu setzen!

Sie rollte mehr oder minder seitwärts über die Mauer; dann humpelte sie ins Heu, ließ sich darauf fallen und blieb auf dem Rücken liegen. Sie starrte in die Luft und hoffte, sie würde sterben, denn wenn ihr weiteres Leben so aussehen sollte, dann konnte sie es nicht ertragen. Sie hatte einen Fehler gemacht. Manuel hatte recht, sie hätte nie mitkommen sollen. Leidenschaftlicher, als sie je etwas in ihrem Leben gewollte hatte, wünschte sie sich in das Haus zurück, unter allen Bedingungen. Ihre Seele, glaubte sie, würde jede Erniedrigung aushalten, solange ihr Körper es ein wenig bequem hatte. Ihre beiden Fersen schmerzten so schauderhaft, daß sie sich aufs Gesicht drehen und weinen wollte, aber das hätte eine Anstrengung bedeutet. Nur ein Gutes hatten die Qualen, die sie erduldete: Sie verdrängten das Gesicht des toten Lagrange aus ihrem Bewußtsein.

»Hier, trinken Sie das.« Manuel hielt einen kleinen Krug in der Hand und beugte sich über sie.

Sie hob langsam die Augenlider, stützte sich auf den Ellenbogen und schluckte gierig Amys Ingwerbier, das ihr wie Wein schmeckte.

Er reichte ihr eine dicke Scheibe Brot und ein Stück Käse, doch sie schüttelte den Kopf: »Danke, ich bin nicht hungrig.«

»Sie sollten was essen, Sie werden es brauchen.« Seine Stimme klang immer noch hart, und sein Gesicht war verschlossen. Er hatte keinerlei Ähnlichkeit mit dem Manuel, den sie kannte.

Nur einen Meter von ihr entfernt saß er da und kaute langsam vor sich hin. »Wir müssen unsere Beziehung regeln«, sagte er, »das sollten wir festlegen.«

Ihre müden Augen weiteten sich leicht, und sie starrte ihn an. Er erwiderte ihren Blick und fügte hinzu: »Wenn wir zusammen reisen, wird man wissen wollen, wer wir sind.«

Sie atmete tief ein: »Ja. Oh ja.« Und mit einer Würde, die für sie natürlich war und die trotz der Umstände und ihrer furchtbaren Müdigkeit andeutete, daß ihm eine Ehre widerfuhr, fügte sie hinzu: »Sie können sagen, daß ich Ihre Schwester bin.«

»Hoh!« Er bog den Kopf zurück, aber er lachte nicht. »Sie mit Ihrem feinen Benehmen und Sprechen und ich, wie ich bin, da weiß doch jeder Dummkopf, daß wir nicht aus derselben Familie stammen.«

»Oh, Manuel.« Sie senkte den Kopf. »Es tut mir leid. Ich – ich werde versuchen, anders zu sein. Ich muß.«

»Wir können unsere Natur nicht ändern. Aber, warten Sie mal, sie könnten das Kind von meiner toten Schwester sein, das in einem Kloster oder so einer Anstalt erzogen worden ist.« Sie schüttelte den Kopf und erwiderte leise: »Das wäre noch schlimmer; ich könnte sie nie ›Onkel‹ nennen.«

»Warum nicht?« Seine Stimme klang jetzt aggressiv, und sie fügte schnell beruhigend hinzu: »Weil – weil Sie nicht alt genug aussehen.«

Er stand abrupt auf und blickte ins Feld hinaus: »Die ganze Idee ist Wahnsinn, Miß Annabella, und Sie wissen es. Es muß in der Nähe ein Haus geben, wo man Sie aufnehmen wird.«

Vor Minuten noch wollte sie unbedingt zurückgehen, sie wollte Komfort um jeden Preis, aber jetzt sagte sie ausdruckslos: »Ich – ich will nicht aufgenommen werden, Manuel, und wenn ich ein Haus in diesem Distrikt betrete, dann nur durch den Dienstboteneingang. Meine Herkunft ist jetzt bestimmt von einem Ende der Grafschaft bis zum anderen und darüber hinaus bekannt. Ich würde die Leute in Verlegenheit bringen, mit denen ich früher verkehrt habe. Eines habe ich in den vergangenen Wochen gelernt, nämlich daß niemand Schande ertragen kann. Ich weiß es aus eigener Erfahrung, denn ich brachte es nicht fertig, jemandem gegenüberzutreten, der mich vorher gekannt hatte.« Sie hielt inne. »Außer Ihnen. Es ist seltsam, aber es macht mir nichts aus, daß Sie alles über mich wissen, Manuel.«

Sie hatte beabsichtigt, daß ihre Worte ihn besänftigten, ihn wieder in den Manuel verwandelten, an den sie gewöhnt war, aber statt dessen bewirkten ihre Worte nur, daß er irgend etwas vor sich hin murmelte, bevor er sich abwandte und auf die Steinmauer zuschritt. Und als er aus ihrem Blickfeld verschwunden war, ließ sie den Kopf tief auf ihre Brust sinken. Sie preßte ihre Finger an die Augen, um die Tränen zurückzuhalten, die sie in sich aufsteigen spürte. Sie durfte nicht weinen, sie mußte nachdenken und planen. Sie würde irgendeine Arbeit finden, und sei es körperliche Arbeit, um das Fahrgeld nach London zu verdienen. Wenn sie einmal dort war, würde sie schon Arbeit finden. Dessen war sie sich sicher. Inzwischen mußte sie versuchen, Manuel nicht aufzuregen. Wenn sie nur nicht so müde wäre, wenn nur ihre Fersen nicht so weh täten. Sie streifte jetzt beide Schuhe ab, und nachdem sie sich vergewissert hatte, daß Manuel nicht in Sichtweite war, hob sie schnell ihren Rock und löste die Strumpfbänder. Als sie die Strümpfe herunterzog, stellte sie fest, daß sie an den Absätzen, wo die Blasen geplatzt waren, am rohen Fleisch festklebten. Sie versuchte vorsichtig, sie freizubekommen, aber der Schmerz war so schlimm, daß sie sich krümmte und auf die Seite drehte; und so lag sie mehrere Minuten, bevor sie sich wieder aufrichtete und sah, daß Manuel ihre Füße betrachtete.

»Ich – ich habe Blasen an den Fersen.«

Er kniete sich ins Heu, ergriff einen Fuß am Knöchel, drehte ihn um und sagte: »Halten Sie sich fest!« Im selben Moment riß er den Strumpf vom Fleisch.

»Oohh!« Einen Augenblick glaubte sie in Ohnmacht zu sinken.

»Haben Sie einen Unterrock an?«

»Einen – einen Unterrock? Ja, Manuel.«

»Dann müssen Sie einen Streifen abreißen, um sie zu verbinden.« Er deutete auf ihre Füße, und sie nickte: »Oh. Oh, ja.«

Er drehte ihr den Rücken zu, während sie den Spitzensaum ihres oberen Petticoats und einen breiten Streifen feinen Batist abriß, und als sie sagte: »Ich bin fertig«, kam er zurück, schnitt den Streifen in der Mitte entzwei, beschmierte ihn auf der einen Seite mit Amys Salbe und wickelte ihn dann um ihren Fuß, so wie er die Fessel eines Pferdes verbunden hätte.

Als er den zweiten Fuß versorgt hatte, sagte er: »Ziehen Sie die Stiefel an. Ihre Schuhe kriegen Sie niemals darüber.«

Kurz darauf stand sie auf und betrachtete ihre Füße, die in Amys Stiefel steckten. Sie wirkten klobig und unförmig, und als sie zu laufen versuchte, war ihr, als hätte sie eiserne Gewichte an ihren Füßen.

»Sie werden sich daran gewöhnen.«

Obwohl sie es bezweifelte, entgegnete sie: »Ja, ja, Manuel; und vielen Dank, es ist viel besser so.«

Als sie wieder im Heu saßen, sah er sie an: »Wir müssen uns ausruhen, danach machen wir uns auf den Weg nach Corbridge und dann nach Hexham. Dort sind Obstgärten in der Gegend – es müßte Arbeit geben.« Und damit legte er sich hin und drehte sich auf die Seite.

Nach einiger Zeit legte auch sie sich hin. Sie fühlte sich außerordentlich verlegen, zu verlegen, um einzuschlafen. Sie konnte nicht neben Manuel schlafen.

Die Sonne, die ihr direkt ins Gesicht schien, weckte sie auf, und als sie sich bewegen wollte und es nicht schaffte, dachte sie, sie sei irgendwie am Boden festgewachsen. Sie sah sich um, bis sie Manuel erblickte. Er hockte auf der Erde und schnitt seine Fingernägel mit einem Taschenmesser. Er schien geduldig auf sie zu warten. Aber er sah nicht wie der Manuel aus, den sie kannte; er war um Jahre gealtert, und sein Gesicht hatte seine strahlende Bräune verloren und wirkte jetzt fleckig – außer den brennend roten Striemen um Kinn und Hals.

Es kostete sie einige Anstrengung, sich aufzustützen und zu sagen: »Sie hätten mich wecken sollen; ich habe lange geschlafen.« »Es ist noch früh am Tag.« Er blickte sie an: »Geht's besser?«

»Ich – ich bin ganz steif.«

»Das wird sich geben.« Er stand auf. »Wir machen uns besser auf die Suche nach einem Dorf, wo wir etwas zum Essen kaufen und unsere Vorräte auffüllen können. Aber das wird schwer sein, heute am Sonntag.« Er hob den Rucksack auf die Schultern, fragte: »Fertig?«, und schritt los.

Sie war nicht fertig; sie schlief immer noch halb, und ihr war, als hätte ihr Körper auf einer Folterbank gelegen. Wieder sehnte sie sich verzweifelt nach dem Komfort von Redford Hall. Es war zwölf Uhr mittags; um diese Zeit pflegten sie im Sommer kalte Getränke und im Winter heiße Schokolade zu sich zu nehmen. Sie zwang sich auf die Füße, nahm ihr Bündel und taumelte hinter ihm her.

Auch Manuel wünschte sich, sie wäre wieder im Hause. Was sollte er um Himmels willen mit ihr anfangen, fragte er sich. Was? Sie würde niemals diese Art Leben ertragen können, und im Augenblick hatte er auch ohne die Verantwortung für sie genügend eigene Sorgen. Die ganze Nacht war er neben einem Toten einhergeschritten. Wohin er auch schaute, das Mondlicht zeigte ihm immer Lagranges Gesicht, rot und plötzlich weiß, reglos oder rasend vor Zorn; und er hatte ihn getötet. Er hatte sich immer schon vor der Kraft seiner Hände gefürchtet. Margee hatte gesagt: »Du wirst einmal ein Zureiter, denn du hast Handgelenke wie aus Stahl.« Und manchmal hatte sie seine Hände gehalten und in ihre Flächen geschaut und gesagt: »Es sind großartige Hände. Mit diesen Händen können Sie alles erreichen, Manuel, alles. Sie sind nicht für Arbeit geschaffen, Manuel, nicht für gewöhnliche Arbeit.« Oh, Margee. Margee und ihr unsinniges Gerede. Und doch hatte sie ihm die Ereignisse vorausgesagt, und sie hatte ihn davor gewarnt, je seine Hand gegen einen Menschen zu erheben. Das war, nachdem er Peter verdroschen hatte, weil er sie angerempelt hatte. Peter war dreimal älter als er und doppelt so groß, aber er hatte ihn bewußtlos geschlagen, obwohl er damals erst fünfzehn war. Und kurz vor ihrem Tode hatte sie zu ihm gesagt: »Du wirst es zu Reichtum bringen, Junge. Du wirst es zu Reichtum bringen.« Reichtum? Huh! Er wollte keinen Reichtum, er wollte nur Arbeit und ein Dach für den Winter. Und dann würde er die Sonne suchen in jenem fernen Land, das ihn schon immer gelockt hatte. Aber von jetzt an würde er immer daran denken – wohin er auch ging und wie lange er auch lebte –, daß er einen Menschen getötet hatte.

Sie hatten fast eine Meile zurückgelegt, als er plötzlich abrupt sagte: »Solange Sie nicht sprechen, werden Sie nicht besonders auffallen. Vielleicht versuchen Sie mal, ein bißchen so zu sprechen wie ich, und Ihr Tonfall, der ist auch nicht gut … je mehr Sie ihre Art zu sprechen vergessen, desto besser …«

»Oh ja, ich verstehe, Manuel, ich werd's versuchen.«

Eine weitere Meile; und noch eine, und noch eine, und immer schweigend. Die Landschaft, durch die sie wanderten, war wunderschön. Sie kamen durch Flecken mit kleinen Häusern vorüber, die in der Sonne glänzten. Sie gingen an mittelgroßen Häusern vorüber, die in schnurgerade angelegten Gärten standen. Überall sahen die Leute sie schweigend an. Männer saßen vor ihren Haustüren, einige in ihren grauen Sonntagsanzügen, andere noch in Arbeitskleidung, und sie grüßten, denn für sie waren sie nur ein fahrendes Paar auf der Suche nach Arbeit; und davon gab es in diesen Tagen viele. Noch vor zwei Jahren hätten sie eine Ausnahme gebildet, damals waren nur Kesselflicker, Zigeuner oder hin und wieder ein Bettler unterwegs; aber jetzt, seit die großen Häuser ihre Angestellten entließen, war der Anblick von wandernden Paaren nicht Ungewöhnliches mehr.

Um vier Uhr nachmittags waren sie erst in Ovingham, weil Annabella inzwischen nur noch humpelte. Manuel hatte das Ufer des Tyne-Flusses im Auge behalten, und als er sah, daß sie nicht mehr weiterkonnte, erkundete er das Gelände, bis er eine Stelle fand, von der aus sie im Sitzen ihre Füße im Wasser baumeln lassen konnte. Die Stelle war von einem überhängenden Felsen geschützt, und dort würden sie auch ihr Nachtlager aufschlagen, selbst wenn es regnete, sie mußten bleiben, wo sie waren.

Nachdem er seinen Mantel und sein Halstuch ausgezogen hatte, legte er sich auf den Bauch und tauchte so den Kopf zwei- oder dreimal ins Wasser, denn die Striemen in seinem Nacken schienen jetzt seine Haut zu versengen, so weh taten sie. Nachdem er sein Gesicht und seine Haare mit einem groben Sacktuch abgetrocknet hatte, zog er wieder seine Sachen an. Dann nahm er eine Börse aus seinem Rucksack und schaute sie an: »Ich muß mich nach irgendeinem Geschäft umsehen.«

Sie blickte wie ein verängstigtes Reh zu ihm auf, worauf er ein wenig weicher hinzufügte: »Es wird nicht lange dauern. Hier kann Ihnen nichts passieren. Sie sind weit genug von der Straße entfernt, und falls jemand vorbeikommen sollte, sagen Sie nur, daß ich drüben bin.« Er zeigte mit dem Daumen über seine Schulter ins Gestrüpp.

Sie schwieg, und er wandte sich ab und ging so leichtfüßig und schnell am Ufer entlang, als hätte er eben erst seine Wanderung begonnen.

Er mußte mehr als zwei Meilen laufen, bis er in ein Dorf kam, wo ein Geschäft geöffnet war, und in diesem Geschäft merkte er, wie schnell das Geld schwindet, wenn man Essen kaufen muß. »Wieviel kostete eine Unze Tee?« fragte er die alte Frau hinter der Theke. Sie musterte ihn einen Augenblick prüfend, bevor sie antwortete: »An Sonntagen sieben Pence.« Wahrscheinlich schlug sie ein paar Pfennige auf, aber er hatte keine Lust, zu handeln. »Und ein Pfund Zucker?« fragte er.

»Neun Pence.«

»Geben Sie mir ein halbes.«

»Und was kostet der Käse?« Er deutete auf ein Stück Cheddar, das direkt neben einem Bündel Talgkerzen lag.

»Das kostet zehn Pence pro Pfund.«

»Ich nehme es – und diesen Schinken.« Er zeigte auf ein Endstück gekochten Knochenschinken.

»Oh, der ist vom besten, er kostet zehn Pence.«

»Ein halbes Pfund dann.« Jetzt deutete er auf einen Sack voll Hafermehl neben sich. »Und für zwei Pence davon.«

»Wollen Sie Milch?« Sie blickte auf seinen Krug. »Ich kann ihn für einen Penny füllen.«

»Ist sie frisch?«

»So frisch, wie die Kuh sie um elf Uhr geben konnte.«

Er schaute auf den Rand des Eimers hinunter, an dem das Schöpfmaß hing; beide waren mit Fliegen bedeckt.

Als sie den Krug gefüllt hatte, sagte er: »Ich habe fünfeinhalb Pence für anderthalb Unzen Tabak in der Stadt bezahlt. Was verlangen Sie?«

»Oh«, sie grinste. »Ich bin billiger. Fünf einviertel Pence.«

»Und eine Tonpfeife?«

»Noch einen halben Penny drauf.« Sie rechnete die Sachen zusammen: »Macht drei Shilling und dreieinviertel Pence.«

Beim Verlassen des Geschäfts überlegte er sich, daß er in Zukunft billiger einkaufen mußte, da das Essen sonst ein zu großes Loch in seine Ersparnissen reißen würde. Er hatte sechzehn Sovereigns und fünf halbe Sovereigns in seinem Gürtel. Diesen Betrag hatte er in all den Jahren in der Hall sparen können, trotz der hohen Ausgaben während seiner Urlaubstage.

Selbst wenn er nicht arbeitete, hatte er genug, um sich selbst ein Jahr über Wasser zu halten, aber nicht sie beide und nicht, wenn er für ihre Unterbringung in einem Gasthof bezahlen mußte, denn sie würde seine Art zu übernachten niemals durchstehen, und sie konnte nicht ständig im Freien schlafen ... Aber zum Teufel! Das Problem würde er lösen, wenn er wußte, woran er war. Sie würde schließlich selbst nach sich sehen müssen. Falls Amys Plan fehlschlug, konnte alles passieren. Er mußte Hexham erreichen und sich dort eine Zeitung beschaffen. Sie konnte sie lesen. Er konnte keinen klaren Gedanken fassen, bevor er wußte, woran er war, und vielleicht endete er sogar unter einem Galgen. Lieber Gott! Warum hatte es so kommen müssen? Obwohl er niemandem etwas Böses wünschte, war er hingegangen und hatte einen Menschen getötet und dazu noch einen Gentleman und einen Mann, der – egal wie er auch immer war – ihn zunächst auf bloßes Vertrauen hin eingestellt hatte.

Sie saß im schützenden Schatten des Felsens, als er zurückkam. »Es hat nicht lange gedauert, oder?«

Sie schüttelte den Kopf. Er war Stunden, Tage, Jahre fortgewesen. Es war ihr bewußt geworden, als sie so allein dasaß, daß sie bis zu dem Tag, an dem sie in die Crane Street gegangen war, nicht eine Stunde ihres Lebens ohne Menschen in ihrer Nähe verbracht hatte – im Haus, im Garten, bei Ausfahrten, immer war jemand bei ihr gewesen. Die vergangene Stunde hatte sie dagesessen und über den Fluß geschaut, über die offenen Felder, die sich zu den sonnenbeschienenen Hügeln hochzogen, und die Einsamkeit hatte sie erschreckt. Sie fühlte sich, als sei sie auf einen anderen Planeten geschleudert worden. Irgend etwas in ihr wollte rufen: »Oh, Mama! Oh, Papa!«, doch dann hatte sie sich selbst ermahnt, sie durfte sie nicht mehr so nennen; aber sie konnte sie nicht einfach aus ihren Gedanken verbannen, und sie würde immer über seinen Tod traurig sein. Sie konnte irgendwie nicht ganz glauben, daß er tot war, weil er so schnell gestorben war: Ein Schlag von Manuels Faust, und er atmete nicht mehr. Sie konnte immer noch nicht glauben, daß Manuel ihn getötet hatte. Sie blickte sich nach Manuel um. Er machte gerade ein Feuer. Er sah düster und besorgt aus, und er hatte Grund dazu. Was, wenn sie die Wahrheit entdeckten und ihn verhafteten? Oh, nein! Nein! Das wäre undenkbar.

Sie beobachtete, wie er den Schinken in eine runde schwarze Eisenpfanne legte, und als er zu brutzeln anfing, kitzelte ihr der Geruch in der Nase. Kurz darauf reichte er ihr einen Blechteller mit dem heißen Schinken darauf und dazu eine dicke Scheibe Brot. Sie stellte zu ihrer Überraschung fest, daß sie diese grobe Mahlzeit nicht nur essen konnte, sondern beinahe genoß. Aber der Tee, den er aufbrühte, schmeckte bitter. Trotzdem schaffte sie es, eine Tasse zu trinken.

Nach dem Essen nahm Manuel die Tonpfeife, stopfte sie mit Tabak, zündete sie mit einem Holz aus dem Feuer an, lehnte sich dann mit dem Rücken gegen den Felsen und zog an dem Stiel.

Annabella hatte ihn nie zuvor rauchen sehen, und irgendwie stieß die Tonpfeife sie ab. Die Feldarbeiter und die niederen Dienstboten rauchten sie. Aber sie vergaß ständig, daß auch Manuel einer von ihnen war. Die Tonpfeife machte ihr klar, daß sie ihre Denkgewohnheiten ändern mußte. Nicht nur durfte sie nicht mehr ›Ja‹ und ›Danke sehr‹ sagen, sondern sie mußte sich daran erinnern, daß sie selbst jetzt sozusagen im Souterrain lebte. Bestürzt glaubte sie, daß sie nie so würde empfinden können, denn die Voraussetzungen für einen solchen Wandel würden sie mit Sicherheit in den Wahnsinn treiben. Sie konnte nie ein Dienstmädchen werden, alles in ihr wehrte sich dagegen.

Nach einer Weile stand Manuel auf, nahm das Stück Sackleinwand hoch, das im Gras zum Trocknen gelegen hatte, und ging ohne etwas zu sagen von ihr fort am Flußufer entlang, bis er um die Biegung ihrem Blick entschwand.

Sie blieb sitzen. Die Schatten wurden immer länger. Nach ihrer Schätzung mußte es ungefähr sieben Uhr sein. Manuel war nun schon eine halbe Stunde oder länger fort, und sie wurde wieder unruhig. Vorsichtig zog sie ihre Schuhe an und ging langsam und unter Schmerzen am Fluß entlang. Wenn er hinter der Biegung saß, würde sie ihn nicht stören, aber sie hoffte, daß er nicht dort säße, denn das würde bedeuten, daß er ihre Gegenwart nicht ertragen konnte.

Als sie um die Biegung kam, schien ihr die Sonne voll ins Gesicht. Der Fluß floß hier geradeaus. Nur hin und wieder waren Felsbrocken zu sehen, über die das Wasser schäumte und gurgelte. Sie ließ die Augen über die Felsplatten schweifen, die in etwa fünfzig Meter Entfernung das Wasser teilten, und dort sah sie ihn. Er lag auf dem Rücken wie in einem Bad und ließ das Wasser über sich fließen. Sie legte die Hand auf den Mund, drehte sich fluchtartig um und humpelte, so schnell es ihre schmerzenden Fersen erlaubten, den Weg zurück, den sie gekommen war.

Als sie die Felsen erreichte, setzte sie sich hin. Ihr Rücken war völlig verkrampft und steif wie ein Brett. Sie war so entsetzt, wie Rosina es vermutlich gewesen wäre. Nackend im Fluß zu baden! Er hätte sie warnen sollen. Hatte er sie gesehen? Oh, nein!

Wenn sie nur nach Hause zurückgehen könnte. Wenn sie

nur nicht gehört hätte, wie Manuel wiederholt hatte, was ihre Großmutter – nein, Mrs. Conway-Redford – gesagt hatte. Sie wußte jetzt, sie wäre zurückgekehrt.

Eine weitere halbe Stunde verstrich, bevor Manuel auftauchte. Er wirkte erfrischt, und sein schwarzes Haar lag flach an seinem Kopf an. Er sah sie überrascht an: »Sind Sie nicht am Fluß gewesen?«

»Nein«, erwiderte sie steif.

Er sah sie immer noch an und zuckte leicht die Achseln. »Möchten Sie die restliche Milch? Morgen ist sie sauer.«

»Nein, danke sehr.«

Er starrte sie wieder an. Sie redete genau wie die Herrin, wenn sie Befehle erteilte oder einen Dienstboten entließ. Er zog jetzt seinen Rucksack in den Schutz des Felsens, nahm die Decke heraus und reichte sie ihr: »Ich würde mich zudecken. Es wird wahrscheinlich feucht werden in der Nacht. Und schlafen Sie, soviel Sie können, denn morgen werden wir früh aufbrechen. Ich will morgen bis Hexham kommen.«

Als sie nicht antwortete, betrachtete er sie mit zusammengekniffenen Augen. Er kannte sie gut genug, um zu wissen, daß sie wegen irgend etwas auf dem hohen Roß saß, aber was war es? Nun, wie dem auch sei, wenn sie so reagierte, konnte es Gutes für ihn bedeuten. Vielleicht ging sie zurück und ließ ihn allein seiner Wege ziehen.

Er legte sich hin, obwohl sie sitzen blieb, den Rücken so steif wie ein Ladestock. Was war in sie gefahren? Was hatte sie verärgert? Er hatte nichts getan. Er hatte seinen Mund nur geöffnet, wenn es notwendig war. Etwas war geschehen, seit er in den Fluß gestiegen war – . Seine Lippen formten sich zu einem schweigenden Pfeifen. Ah, das mußte es sein. Sie hatte ihn nackt im Fluß gesehen. Um Gottes willen! Das mußte es sein, ihre Würde war verletzt. Selbst nach allem, was sie durchgemacht hatte, wurden ihre Gefühle noch von seiner Nacktheit verletzt. Dazu konnte er nur eines sagen, wenn sie deswegen ihren Rücken versteifte, würde sie ihn in Zukunft angesichts mancher Dinge doppelt krümmen, wenn sie bei ihm blieb.

Er verschränkte seine Hände hinter seinem Kopf und

blickte in den klaren blauen Himmel, und plötzlich kam ihm ein Gedanke. Gesetzt den Fall, es wäre die umgekehrte Situation gewesen, und er hätte sie nackt baden sehen … dann hätte er mit Sicherheit nicht so reagiert! Er drehte sich jetzt schnell zur Felswand um und sagte sich, daß er so etwas nicht denken durfte. Sie war immer noch Miß Annabella, das wollte er nicht vergessen, und er würde es auch nicht vergessen, solange er solide und nüchtern blieb.

Es war drei Uhr nachmittags, als sie nach Hexham kamen. Manuel war im Laufe der Jahre mehrere Male hier gewesen, und er führte sie direkt auf den Marktplatz und zu einem niedrigen Torbogen unter einem hohen Gebäude, das wie ein Glockenturm aussah, und von dort zeigte er über den Platz: »Das Süßwarengeschäft da drüben verkauft Zeitungen. Würden Sie mir die letzte Ausgabe holen?«

Sie wischte sich mit den Fingerspitzen die Regentropfen aus ihrem Gesicht, nickte und nahm die Sixpence-Münze aus seiner Hand.

Nach wenigen Minuten kam sie mit dem ›Hexham Courant‹ zurück, und erst, als sie ihm das Blatt reichte und er nicht zugriff, erinnerte sie sich daran, daß er weder lesen noch schreiben konnte.

»Würden Sie bitte nachschauen, ob etwas drinsteht?« Seine Stimme klang so rauh, und sie öffnete die Zeitung und überflog die kleingedruckten Schlagzeilen. Ihre Augen glitten die Spalten hinauf und hinunter. Dann drehte sie eine Seite um, und nach einem Augenblick blieb ihr Blick an etwas hängen. Ihre Lippen zitterten leicht, und er wußte, daß sie es gefunden hatte. Er beugte sich nah zu ihr und fragte atemlos: »Was steht da?«

Sie antwortete nicht, sondern las den Bericht zu Ende. Er biß sich auf die Unterlippe, bis sie endlich hochschaute und in steifem, gestelztem Ton sagte: »Das Pferd kam ohne seinen Reiter zu Hause an, und Amy – Mrs. Stretford, eine Kätnerin, fand die Leiche und gab im Haus Bescheid. Der Tod, sagt man, muß sofort eingetreten sein. Mrs. – Mrs. Lagrange ist bettlägerig – die Beerdigung findet am Donnerstag statt.«

Er fühlte sich unsagbar erleichtert. Die Schlinge war von

seinem Hals gefallen, und die Erleichterung war so berauschend, daß er nicht überlegte, welche Wirkung der Bericht auf sie haben würde, sondern fröhlich sagte: »Wir gehen aus zum Essen. In der Fore Street ist eine Schenke, wo es ein gutes Abendessen gibt. Kommen Sie.« Er ging durch den Torbogen, und sie folgte ihm blind, während sie immer an ihren toten Vater und das Haus, in dem er jetzt lag, denken mußte.

Als sie Mrs. Patersons Gasthaus betraten, schaute die Bedienung sie von oben bis unten an und sagte: »Sie können den Sack nicht mit hineinnehmen, lassen Sie ihn da drüben.« Und als er zögerte, sagte sie grob: »Los, den wird schon niemand klauen.«

Das Essen war gut, und für eineinhalb Shilling gab es mehr als genug, aber die ganze Zeit tadelte Annabella sich dafür, daß sie überhaupt aß. Sie verstand nicht, wie sie es konnte. Irgendwie schien es zwar nicht ungehörig zu sein, aber gefühllos. Außerdem, erinnerte sie sich, aß sie auf Manuels Kosten. Trotz all ihrer ehrenwerten Bedenken genoß sie jedoch die Mahlzeit.

Als sie wieder auf die Straße traten, sah Manuel sie an: »Wir müssen eine Unterkunft für die Nacht finden.« Er blieb stehen, um zu überlegen, was für sie in Frage käme. Wenn er nur für sich selbst zu sorgen hätte, wäre er in die Battle-Hill-Gegend gegangen. Er hatte in diesem Viertel schon früher einmal geschlafen, aber es war kein Aufenthaltsort für sie. Er erinnerte sich an einen kleinen Gasthof in einer der Seitenstraßen, die vom Marktplatz abzweigten, und er schlug den Weg dorthin ein. Vor dem Gasthof war ein zur Straße hin offener Hof, und an den Pflöcken waren ein Zweispänner und drei Pferde angebunden.

Bevor sie eintraten, berührte sie seinen Arm, und als er anhielt, sagte sie leise: »Ich – ich bin sehr schmutzig.« Sie blickte auf ihre Schuhe und ihren Kleidersaum herunter und fügte hinzu: »Sie werden vielleicht nicht –.«

Er unterbrach sie lächelnd. »Geld werden sie nicht zurückweisen – trotz Schlamm, Rucksack und Bündeln, Geld werden sie nicht zurückweisen.«

Aber da irrte er sich. Als sie in den Gasthof eintraten, eilte ein Mann in schwarzer Weste durch den Raum, musterte sie mit einem Blick und sagte: »Hintenrum mit euch.«

Manuel blieb unbeweglich stehen. »Wir möchten ein Zimmer für die Nacht.« Er sagte nicht ›zwei Zimmer‹, und der Mann blickte ihn wieder von oben bis unten an: »Tut mir leid, wir haben nichts mehr frei. Wenn Sie etwas trinken wollen, können Sie es in der Schenke um die Ecke bekommen.« Er deutete zur Seite. Dann drehte er sich schnell um, als ein Gast den Raum verließ, verbeugte sich und sagte: »Einen guten Tag, Sir. Guten Tag.«

»Ich habe Geld und möchte ein Zimmer für diese Dame.«

Der Mann starrte Annabella an. Er konnte sich offensichtlich nur schwer eine weniger damenhafte Erscheinung vorstellen, und seine Augen drückten es aus, und sein unverschämter Blick gab Annabella den Mut, zu sprechen. In einer Haltung, als sei sie gerade aus einer Kutsche gestiegen, sagte sie in einem Ton, den Rosina gutgeheißen hätte: »Bemühen Sie sich nicht weiter; wir werden woanders absteigen. Danke sehr.« Sie nickte dem Mann zu, der gleichzeitig Augen und Mund weit aufriß. Dann fügte sie hinzu: »Würden Sie so freundlich sein, die Tür zu öffnen«, und wartete, bis der erstaunte Pförtner ihrem Befehl gefolgt war, und segelte hinaus; Manuel ging hinterdrein, und sie blieben erst am Ende der Straße stehen.

Sein Lachen ließ sie anhalten. Er stand mit dem Rücken gegen eine Hauswand gelehnt und ließ den Kopf hintenüber auf den Rucksack fallen. Alle seine Sorgen schienen während dieses Lachens von ihm abzufallen. Es war wie eine Befreiung. Passanten blieben stehen und starrten in an – offensichtlich ein Ausländer, den irgend etwas amüsierte. Dann gingen sie lächelnd weiter.

Nur Annabella lächelte nicht, denn einen Augenblick lang lebte sie wieder in ihrer eigenen Gesellschaftsschicht und spürte ihre Macht – die Macht des gesprochenen Wortes und die Unterwürfigkeit, die eine vornehme Aussprache bei anderen Leuten bewirkte.

Im Weitergehen sagte er: »Es gibt noch andere Gasthäuser hier, und die sollten lieber auf Ihren Akzent achten, nicht wahr?« Er zwinkerte ihr zu, aber sie blickte starr geradeaus und erwiderte, ohne den Kopf zu wenden: »Wir müssen irgendeine –.« Sie hielt inne. Sie wollte nicht ›gewöhnliche‹ oder ›billige Unterkunft‹ sagen, weil es ihn beleidigen könnte, aber er sprach es für sie aus: »Ich kenne eine Unterkunft. Ich habe selbst dort geschlafen, aber für Sie kommt es nicht in Frage. Die Betten sind sauber, aber das ist auch alles.«

»Mir macht es nichts aus, solange wir nur ein Dach über dem Kopf haben.« Sie schaute ihn jetzt an, und er erwiderte ihren Blick: »Gut, in Ordnung, versuchen wir es.«

Sie mußten zur Seite treten, um einer großen Viehherde Platz zu machen, die die Straße hinunterzog. Bei ihrem Anblick bemerkte er: »Morgen ist Markt, am Dienstag; wir reservieren uns besser sofort ein Bett, sonst kommen wir überhaupt nicht mehr unter.«

Sie gingen durch den Battle-Hill-Distrikt, bis sie in ein Viertel kamen, das wie ein verkleinertes Temple Town wirkte, nur daß es keinen Fluß hatte. Die Häuser waren krumm und schief, die Straßen eng, kaum mehr als Durchgänge; durch eine davon folgte sie Manuel, dann durch die Tür eines hohen, dreistöckigen Gebäudes und in einen dunklen Korridor.

»Warten Sie hier eine Minute.« Mit seiner nach hinten ausgestreckten Hand bedeutete er ihr, stehenzubleiben, bevor er zu einer Tür am Ende des Korridors ging. Er klopfte an und rief: »Ist jemand da?«

Annabella sah einen kleinen Mann mit einer Lederschürze auftauchen. Er musterte Manuel in dem trüben Licht und rief aus: »Ah, du bists. Hallo. Hab' dich lange nicht gesehen.«

»Hallo, Reuben«, sagte Manuel. »Hast du noch zwei freie Betten?«

»Betten? Zwei? Nein, Junge.« Der Mann warf einen Blick den Korridor hinunter auf Annabella, dann fragte er: »Sagtest du zwei?«

»Ja, ich habe zwei gesagt.«

»Tut mir leid, aber diesmal hast du Pech; morgen ist Markttag, weißt du, und die Viehhändler sind hier; ich habe nur noch ein Bett übrig, und das ist im Hauptraum.«

Manuel ließ den Kopf hängen, und der Mann sagte: »Ich würde euch zu Taggart schicken, aber der ist auch voll besetzt. Er hat mir vorhin ein paar von seinen Kunden geschickt, aber das eine Bett ist frei.«

Manuel schaute auf: »Es ist im Hauptraum?«

»Ja, es ist aber anders. Ich habe Trennwände aufgestellt; es ist wie privat. Wird vielleicht ein bißchen laut später, aber an deinem geschützten Platz bemerkst du es gar nicht.«

»Eine Sekunde.« Manuel ging den Korridor hinunter und schaute Annabella lange an, bevor er sagte: »Sie haben es gehört, nicht wahr?«

Sie sah ihn wortlos an.

»Wir schlafen entweder hier oder im Freien.«

Langsam senkte sie ihre Augen, und da sie nicht redete, sagte er gepreßt: »Ich habe Sie genug gewarnt. Ich habe es Ihnen gesagt. Es ist immer noch nicht zu spät, Sie könnten den Zug zurück nehmen.« Er schüttelte heftig den Kopf. »Machen Sie sich keine Sorgen wegen des Geldes, das kann ich regeln; oder die Kutsche, wenn Sie wollen.«

Als sie sich nicht rührte, fügte er grimmig hinzu: »Falls Sie sich sonst noch Sorgen machen, brauchen Sie es nicht. Es wird Ihnen nichts geschehen. Ich bin daran gewöhnt, auf dem Boden zu schlafen.«

Er glaubte, sie murmeln zu hören: »Oh, Manuel«, während ihr der Kopf auf die Brust sank. Dann drehte er sich um und wandte sich an Reuben. »Laß mal sehen, Reuben. Kann ich das hier liegenlassen?« Er zeigte auf den Sack, der an der Korridorwand lehnte. »Wenn ihr bleibt, kannst du ihn bis morgen in meinem Zimmer lassen.«

Annabella folgte ihnen zwei Treppen hinauf, und bei jeder Stufe drang ihr mehr von dem Geruch in die Nase, den sie mittlerweile mit menschlichen Wesen assoziierte.

Im zweiten Stockwerk traten sie in einen Raum, und sie blickte entsetzt auf die vier Matratzen, die fast den ganzen Boden bedeckten und die voneinander durch niedrige hölzerne Stellwände abgetrennt waren, ohne daß an den Seiten Platz zum Durchgehen blieb.

»Hier, siehst du, es ist mehr wie privat. So gut wie ein Einzelzimmer und zum halben Preis. Ein Shilling für das Bett, und die Decken sind sauber. Der Preis ist der gleiche für eins, zwei oder drei. Eine Art Familienzimmer.«

»Ich – ich fürchte, es ist ein wenig zu eng, Reuben.«

»Mag sein!« Reubens Ton verriet absolute Gleichgültigkeit. »Du mußt es wissen. Ich wollte nur helfen; in der nächsten halben Stunde ist es bestimmt weg, und noch zwei Dutzend dazu, wenn ich sie hätte.«

»Trotzdem vielen –«

»Wir nehmen es. Danke sehr.«

Der Mann starrte Annabella sprachlos an. Er schien ebenso überrascht wie der Pförtner des Gasthofs.

Annabella wandte sich ab und ging die Treppe hinunter, die Männer folgten ihr auf dem Fuße. Unten an der Treppe hörte sie den Mann flüstern: »Ist das dein Mädchen? Sie ist irgendwie anders als deine anderen, nicht wahr?« Sie wartete auf Manuels Antwort, während ihre Hand das schmierige Geländer umklammerte. Dann hörte sie Manuel antworten: »Ja, sie ist etwas anders. Je älter ich werde, desto wählerischer bin ich.«

Das Gelächter des Mannes drang an ihr Ohr und sein Flüstern: »Du warst schon immer ein komischer Kauz. Willst du dich vollaufen lassen heute abend?«

Manuels Stimme entgegnete leicht ironisch.

»Nein, ich glaube nicht, Reuben. Ich könnte mir vorstellen, daß es ihr nicht gefällt.«

Wieder das Lachen des Mannes und seine Stimme: »Das ist wenigstens ein Trost, es gibt keinen Krawall.«

Manuel und Alkohol ... Manuel und Frauen ... Manuel und – Krawall. In solchen Kategorien hatte sie nie an ihn gedacht. Manuel war für sie immer ein nüchterner, zuverlässiger, höchst respektabler, sogar überlegener junger Mann gewesen. Und jetzt erfuhr sie, daß dieser primitive Gastwirt über Manuels Frauengeschichten und seine Trinkgewohnheiten bestens informiert war. Ihr wurde übel, sie brauchte frische Luft.

Sie stand draußen vor der Tür, als er zu ihr trat. Er erwähnte mit keinem Wort ihren Entschluß, an diesem Ort zu schlafen, sondern sagte: »Der Regen hat aufgehört; wir könnten einen Spaziergang durch die Stadt machen. Haben Sie Lust dazu?«

Hatte sie Lust, einen Spaziergang zu machen? Sie war tagelang gelaufen, wochenlang, monatelang; ihre Füße waren wie rohes Fleisch. Sie wollte nur flach auf dem Rücken liegen, auf einem weichen Bett in sauberen Laken, kühlen, sauberen Leinenlaken; und natürlich würde sie vorher baden. »Spazieren?« wiederholte sie. »Wohin denn?« Sie hatte alle Sehenswürdigkeiten von Hexham gesehen, die zu sehen sich lohnte. Erst vergangenes Jahr war sie mit Miß Howard und ihrer Mama mit dem Zug hingefahren und hatte die Abtei besichtigt, und Miß Howard hatte – in der Hauptsache, um ihre Dienstherrin durch ihr Wissen zu beeindrucken – ihre Aufmerksamkeit auf die Überreste der sächsischen Kathedrale vor der Westseite des Bauwerks gelenkt. Sie hatte ihnen auch den Grabstein des römischen Standartenträgers gezeigt und die Kirchenstühle aus dem fünfzehnten Jahrhundert. Ihre Mama hatte sich köstlich über Miß Howard amüsiert, denn sie hätte selbst die Gouvernante herumführen können.

Die Kutsche hatte auf dem Marktplatz auf sie gewartet, denn ihre Mama hatte noch ein Ehepaar Ferguson besucht, das hinter Chesters einen Steinwurf von der Hadrianmauer entfernt wohnte. Sie erinnerte sich, daß sie einen langen Nachmittag hindurch dagesessen und zugehört hatte, welche Pläne Mr. Ferguson zum Wohle von Hexham hegte. Er wollte ein neues Rathaus und eine Getreidebörse bauen, die mehr als sechstausenddreihundert Pfund kosteten. Sie erfuhr auch, daß Mr. Ferguson Mitglied des Haydon Bridge Cricket-Clubs und des Jagdvereins von Haydon war; außerdem hatte er Spaß am Gewehrschießen. Mr. Ferguson tat so viele Dinge neben seiner Hauptarbeit als Inhaber einer Bleimine, daß sie meinte, er sei ein wenig wie ihr Papa – er nahm sich Zeit für alles, außer für sein Unternehmen. Mrs. Ferguson schien ebenso viele Nebeninteressen zu haben wie ihr Ehemann, doch waren ihre weniger privater Natur. Sie zeigte großes Interesse an dem Armenhaus und erzählte vergnügt, daß einhundertdreißig Menschen hineinpaßten; sie bemühte sich tatkräftig um eine Suppenküche für die Armen; sie redete pausenlos über die öffentliche Bibliothek, die mehr als dreihundert Bücher beherbergte.

Wer nicht wußte, wieviel Zeit, Arbeit und Geld für diese privaten und öffentlichen Wohltätigkeitsverbände notwendig waren, hätte glauben können, daß Mrs. Ferguson alles ganz allein erledigte.

Sie hatte weder Mr. noch Mrs. Ferguson gemocht, und sie konnte nicht verstehen, was ihre Mama an ihnen fand, aber alles in allem war ihr der Tag in angenehmer Erinnerung geblieben. Würde sie je wieder einen angenehmen Tag erleben?

Die Sonne schien wieder, und das Kopfsteinpflaster schien zu dampfen, und als plötzlich Menschen die Straßen überfluteten, fragte sie sich, ob die Sonne sie angelockt hatte. Plötzlich wurde sie in den Rinnstein gestoßen, und Manuel ergriff ihren Arm und zog sie hinter sich her, während er ihnen einen Weg durch eine Menge lachender, schnatternder Frauen bahnte, bis sie in einem Türeingang Unterschlupf fanden.

»Was ist los?« fragte sie verwirrt.

»Die Fabriken haben Feierabend.«

Ja, natürlich, die Fabriken. Die Handschuhfabriken, die Hutfabriken, die Gerbereien. Hexham hatte alles.

Eine vollbusige junge Frau blieb vor dem Eingang stehen, zog ihre Begleiterin am Ärmel und lachte Manuel an: »Warum versteckst du dich? Hast du Angst, daß du angerempelt wirst?« Dann stieß sie ihrer Begleiterin mit dem Ellbogen in die Rippen und fügte hinzu: »Ist er nicht hübsch?«

Annabella blickte von dem Mädchen auf Manuel. Seine Augen waren hell, und er lächelte verschmitzt, als er sagte: »Mach nur, daß du weiterkommst, sonst versohle ich dir den Hintern.« Sie merkte, daß er diese kurze Begegnung genoß. Sie entdeckte abstoßende und ärgerliche Dinge an Manuel.

»Möchtest du's probieren?«

»Halt den Mund, Em!« Ihre Begleiterin kicherte laut. »Kannst du nicht sehen, er hat sein Mädchen bei sich.«

»Ah, tatsächlich.« Das Mädchen blickte Annabella an, als habe es eben erst ihre Anwesenheit bemerkt; und Annabella starrte zurück, mehr als bereit, sie zurechtzuweisen. Um nicht in die Versuchung zu geraten, senkte sie den Kopf, und Manuel sagte wieder, diesmal mit veränderter Stimme: »Geh weiter, troll dich«, und das Mädchen warf den Kopf zurück und rief: »Huh! Huh! Er hat Angst, daß er eins aufs Dach kriegt.«

Nach wenigen Minuten war es wieder normal in der Straße. Sie gingen durch Priestpopple und sahen sich die Geschäfte an – manche mit antiken Möbeln, Lebensmittelläden mit köstlichen Speisen in den Schaufenstern, Fleischer, Bäkker, Hutmacher, Kurzwaren. An einer Stelle fuhr eine Kutsche neben ihnen durch mehrere Pfützen und bespritzte sie beide. Ein paar Meter weiter hielt sie an. Der Kutscher sprang vom Bock und war einer eleganten Dame beim Aussteigen behilflich. Bei ihren Anblick drehte sich Annabella schnell um und ging von Manuel fort. Erst eben hatte sie an Mrs. Ferguson gedacht, und jetzt wäre sie ihr beinahe begegnet. Nach einer Weile hatte Manuel sie eingeholt und fragte im Weitergehen: »Sie kannten sie?«

»Ja.«

»Ich bezweifle allerdings, daß sie Sie erkannt hätte, selbst wenn sie unter Ihre Kapuze geschaut hätte – Sie sind ganz schmutzig im Gesicht.«

Sie rieb ihre Wange, worauf er sagte:

»Ihre Kleider. Sie sehen nicht anders aus als die Mädchen –«, er deutete mit dem Kopf rückwärts, »– die Fabrikmädchen.«

Ein spitzes ›Danke‹ lag ihr auf der Zunge, aber statt dessen erwiderte sie steif: »Können wir die Stadt verlassen – ich meine nur kurz, vielleicht auf einen Spaziergang in den Vororten?«

»In Ordnung.«

Er wählte einen denkbar ungeeigneten Spazierweg. Von allen Möglichkeiten entschied er sich ausgerechnet für Skinners Burn, und anstelle der Obstgärten und riesigen Stachelbeerfelder, die die Stadt einrahmten, gab es hier nur widerliche riesige Schutthalden an den Flußufern, und der Geruch der Abfälle hing schwer in der warmen Abendluft.

»Kommen Sie.« Er machte kehrt, und sie gingen den gleichen Weg zurück, über einen Steg und einen anderen Fluß, bis sie an ein offenes Feld gelangten, wo er auf einen vom Blitz gefällten Baum zeigte: »Kommen Sie, setzen Sie sich.«

Als sie saßen, schwieg er eine Zeitlang, denn die Lage des Feldes und der gestürzte Baum erinnerten ihn an das Reitfeld beim Haus. Ihm fiel wieder ein, wie er sie am ersten Morgen auf das Feld geführt hatte und wie sie auf einen solchen Baumstamm gesessen und sich unterhalten hatten.

Er beugte sich vor und stützte die Ellbogen auf die Knie: »So gehts nicht weiter; Sie sehen selbst, daß die ganze Idee unmöglich ist.«

Ja, sie wußte es, besser als jeder andere; aber was lag vor ihr? Wenn sie zurückkehrte, dann nicht in die Hall; das einzige Haus, in dem sie einigen Anspruch auf Gastfreundschaft hatte, war das in der Crane Street, und bei dem bloßen Gedanken an das Haus und die Leute darin, ihren Angehörigen, die Leute, die sie gezeugt hatten, lief ein Schauder durch ihren Körper. Sie würde eher in den Fluß springen.

»Wo sollte ich hingehen außer in die Crane Street? Möchten Sie, daß ich dahin zurückkehre?«

Sein Kopf sank noch tiefer auf seine Knie, und da er schwieg, fuhr sie fort: »Ich falle Ihnen zur Last, aber nicht mehr lange. Ich – ich werde irgendeine Arbeit finden. Ich bin gebildet –.«

»Ja, das ist das Problem.« Er fuhr herum und blickte sie an. »Sie sind gebildet, und welche Beschäftigung verschafft Ihnen das außer als Gouvernante, und Sie haben selbst gesagt, das ist ausgeschlossen. Wenn Sie bei mir bleiben, brauchen Sie keine besondere Bildung für die Arbeit, die Ihnen bevorsteht. Dafür brauchen Sie Muskeln, Stehvermögen und Bescheidenheit. Und wie könnten Sie es aushalten, sich unterzuordnen, zu putzen oder anderen Leuten aufzuwarten?«

Seine Worte bewirkten jedoch nicht das steife, feierliche Schweigen, das er erwartet hatte, vielmehr stieg ein Leuchten in ihre Augen, und sie rief beinahe erregt aus: »Sie habens eben gesagt, Manuel. Das kann ich tun, ich kann Leuten aufwarten. Ich – ich weiß genau, wie man einen Tisch deckt und Mahlzeiten serviert. Ja –«, sie nickte, »– das könnte ich tun.«

»Oho!« Der Ausruf klang wie ein Stöhnen, und er fuhr sich durch seinen dunklen Haarschopf. Dann stand er unvermittelt auf: »Gehen wir zurück. Wir legen uns besser hin und schnappen ein paar Stunden Schlaf, bevor die anderen kommen, denn dann könnte es unmöglich werden.« Er ging ein paar Schritte vor, hielt dann plötzlich inne und fragte unverblümt, während sie von dem Stamm aufstand: »Wissen Sie, worauf Sie sich für die Nacht eingelassen haben, Miß Annabella?«

Es lag keine Unterwürfigkeit in der Anrede; sie spürte sogar Sarkasmus. Sie reckte sich auf und blitzte ihn an: »Nein; aber morgen werde ich es wissen, nicht wahr?«

Sie standen einander gegenüber; er schaute in ihr schönes, verschmutztes Gesicht, wobei er sich die ganze Zeit sagte, daß sie kaum mehr als ein Kind sei, und sie blickte in die braunen Augen des Mannes, dem sie einmal ihre kindliche Freundschaft angeboten hatte und vor dem sie sich jetzt allmählich ein wenig fürchtete.

Das Zimmer war schon belegt, als sie es erreichten. Einen der Bewohner konnten sie schon hören, bevor sie die Tür öffneten, und als sie ins Zimmer traten, klang ihnen der Husten hart und rasselnd entgegen. Eine Frau kauerte auf der Matratze links neben der Tür, ein Mann hielt eine Art Lumpen an ihren Mund; er drehte sich um und blickte die Neuankömmlinge an, und sein Gesicht schien um Entschuldigung zu bitten. Da seine Aufmerksamkeit von der Frau abgelenkt wurde, rutschte das Tuch herunter und enthüllte einen großen roten Fleck, den er schnell bedeckte. Dann stand er auf, schaute erst Manuel und danach Annabella an und sagte: »Hallo miteinander.« Manuel antwortete: »Hallo.«

»Es liegt am Regen und der Kälte; das bringt es zum Ausbruch.« Manuel nickte: »Ah ja, ich verstehe.« Man konnte es kaum übersehen. Die Frau hatte die Schwindsucht, und wenn er es richtig beurteilte, hatte die Arme nicht mehr lange zu leben. Er sah Annabella an. Sie stand am unteren Ende der Matratze. Ihre ängstlichen, weit aufgerissenen Augen waren auf die Frau gerichtet.

Er stand jetzt zwischen ihr und der Frau, und mit einem Blick auf ihre Stiefel sagte er: »Die ziehen Sie besser aus.«

Da kein Platz war zwischen den Matratzenenden und den Stellwänden, setzte sie sich einfach auf die Matratze, zog ihre Stiefel aus und legte sie ans Fußende – wo Manuel sie aufhob und ans Kopfende warf, wobei er flüsterte: »Sie wollen doch morgen nicht barfuß laufen, oder?«

Sie hievte sich rückwärts über den stacheligen strohgefüllten Bezug und lehnte sich an die Wand. Ihr Kopf berührte den niedrigen Fenstersims. Manuel saß auch mit dem Rükken zur Wand, nur Zentimeter von ihr entfernt.

»Haben Sie keine Angst«, murmelte er. »Sie werden sich nichts holen. Ich schiebe das Fenster hoch, damit Sie frische Luft bekommen.«

Sie wünschte, sie könnte ihn anfahren und sagen: »Ich habe keine Angst, daß ich mir etwas hole«, aber sie konnte es nicht, denn sie schwebte in Todesängsten. Sie erinnerte sich, daß ihre Mama sie vor der Nähe der Menschen gewarnt hatte, mit denen ›es abwärts ging‹. Vor zwei Jahren hatte eines der Dienstmädchen zu husten begonnen , und man hatte sie innerhalb von Tagen aus dem Haus geschickt. »Wenn du gezwungen bist, in der Nähe einer Person zu bleiben, die hustet, lutsche eine Hustenpastille«, hatte ihre Mama gesagt, »und wahre die größtmögliche Distanz zwischen dir und ihr und rühre sie unter keinen Umständen an oder irgend etwas, das ihr gehört.«

Jetzt kam der Mann und blieb am Fuß des Bettes stehen. Es war ein kleiner, drahtig wirkender Mann. Er fragte Manuel: »Wohin marschierst du?«

»Oh.« Manuel zögerte. »Manchester, die Richtung.«

»Manchester? Hast du da jemanden?«

»Nein.«

»Oje, dann wirds schwer für dich. Sie schmeißen schon die Ratten raus, sagt man, um Platz in den Kellern zu schaffen.

Arbeit jede Menge, wenigstens bis letztes Jahr, aber keine Unterkunft. Wir waren vor zwei Jahren dort, und dann hat sich die Frau das zugezogen.« Er deutete auf seine Brust. »Die Ärzte sagen, ich soll sie aufs Land nehmen, das ist ihre einzige Hoffnung. Hab ich auch getan. Und was für ein Land – Plenmeller Common. Gottverlassene Gegend, ärger gehts nicht. Kennst dus?«

»Nein«, erwiderte Manuel, »so weit bin ich nie gewesen.«

»Es gibt da eine Farm in der Nähe, die von Skillen. Sie kriegen niemanden, der bleibt. Die Sommer sind schon schlimm genug, aber im Winter ist es die reine Hölle, hat man mir wenigstens erzählt. Wir sind nicht lange genug geblieben – er ließ uns nicht. Er kriegte Angst wegen meiner Frau.« Er wies mit dem Kopf rückwärts. »Da ist ein Kind drin. Ich wollte mir Arbeit in der nahen Bleimine suchen, aber Bridget –«, er zeigte wieder mit dem Kopf, »– sie hat es nicht zugelassen. Sie hatte nichts dagegen, daß ich unter Tage fuhr, das habe ich zehn Jahre lang gemacht, bei Kohle kann man ohne Schaden davonkommen. Aber Blei, mein Gott, da heißts jeden Tagen: ›Bringt eure Toten raus!‹ Was tut deine Frau?« Er blickte jetzt Annabella an, und Manuel sagte schnell: »Oh, oh, sie kocht.«

»Oh, tatsächlich?« Er nickte Annabella zu. »Komisch, meine Frau war Köchin und alles, bis sie den Husten kriegte; das war dann das Ende, weil manche Leute darin eigen sind.«

Die Frau hatte einen neuen heftigen Hustenanfall, und der Mann schüttelte den Kopf, als wollte er sagen: »Ach, du meine Güte!« Bevor er sich abwandte, fügte er hinzu: »Sie wird bald ruhig; sie wird euch nicht lange wach halten, und morgen sind wir früh weg. Wir sind auf dem Weg nach Blyth, sie ist dort geboren. Wenn sie die heimische Luft atmet, bekriegt sie sich wieder.«

Annabella drehte sich um, und Manuel und sie sahen sich wortlos an. Dann zog er die Decke unter sich hervor und sagte leise: »Wickeln Sie sich darin ein«, und als sie keine Anstalten machte, wiederholte er leise, aber bestimmt: »Tun Sie, was ich Ihnen sage, wickeln Sie sich darin ein.«

Also wickelte sie sich in die Decke und legte sich hin, und er kniete nieder und öffnete das Fenster und legte sich dann ans Ende der Matratze.

Wie in dem Heuschober verging sie wieder vor Scham und Verwirrung, nur war es noch schlimmer. Sie würde niemals einschlafen.

Aber sie schlief ein. Sie war so erschöpft, daß sie trotz des Hustens der Frau und des Lärms, der von der Straße hereindrang, durchschlief. Sie wachte erst um Mitternacht auf, als die anderen Mitbewohner des Zimmers hereinkamen und sie mit ihrem Singen und Fluchen und Lärmen erschreckten und mit Körpergeräuschen, die sie schockierten und ihr Übelkeit verursachten. Aber auch das hörte nach einiger Zeit auf, und es waren nur noch das periodische Husten der Frau und schwere Schnarchtöne zu vernehmen; und trotzdem schlief sie wieder ein.

Es mußte gegen drei Uhr morgens sein, als sie aufwachte. Die Hälfte der Nische war vom Mondlicht erhellt. Sie fühlte sich geborgen und entspannt, und so blieb sie einige Augenblicke liegen, bis ihr bewußt wurde, wie das gekommen war. Hätte nicht die Ursache ihrer Geborgenheit schlafend und tief atmend dagelegen, wäre sie hochgesprungen.

Sie lag mit ihrem Rücken an Manuel, ihr Körper schmiegte sich an seine Konturen. Er hatte einen Arm um ihre Taille gelegt. Der andere Arm ruhte über seinem Kopf auf dem Strohkissen, und seine eine Hand lag auf ihrem Haar.

Sie war jetzt hellwach und versuchte die Situation, genau wie Rosina es getan hätte, nüchtern zu betrachten. Manuel hatte es nicht mit Absicht getan. Er hatte sich im Schlaf zu ihr umgedreht. Wahrscheinlich nahm er diese Position ein, wenn er mit – sie übersprang den Schluß des Gedankens. Und sie übersprang ebenfalls mehrere Jahre rückwärts in die Vergangenheit, und sie sah wieder ihren Vater, wie er der nackten Frau in seinem Schlafzimmer nachjagte. Sie sah, wie er die Erdbeeren in ihren Mund schob, die Früchte wirkten immer noch weich und üppig. Sie sah, wie er die Frau badete. Dann erschienen ihr schließlich ihre verrenkten Gestalten auf dem Bett. Das war für sie immer das Ende eines Alptraumes, der kein Alptraum war. Aber warum dachte sie jetzt daran, warum?

Manuel regte sich im Schlaf, seine Finger glitten durch ihr Haar, er seufzte tief und lehnte sich enger an sie – und das Leben, wie sie es kannte, setzte für den Augenblick aus. Sie schwamm in einem Meer aus Wohlbehagen, Stille, sogar Freude. Dann, als hätte man plötzlich das Meer abgesaugt, fiel sie auf den Felsen der Crane Street, in das Haus der Crane Street, wo die Frauen lose Gewänder trugen und Mädchen auf den Gängen lachten und wo ihre Mutter, ja, ihre eigene Mutter Geld für ihre Dienste nahm.

Der Grund, warum sie die Nähe von Manuels Körper genoß, war einzig und allein, daß sie die Tochter ihrer Mutter war. Sie wünschte, sie wäre tot. Sie wünschte, sie hätte den Mut, zu sterben. Aber sie wußte, daß sie feige war, sonst hätte sie ihrem Leben ein Ende gesetzt, als sie an jenem Abend aus diesem Haus gekommen und an den Strand gelaufen war.

Sie fragte sich, was passieren würde, wenn er aufwachte und sie beide so liegen sähe. Wenn das geschehen würde, mußte sie sich schlafend stellen. Ja, das mußte sie tun, sie mußte sich schlafend stellen. Aber sie hatte nicht die Absicht, wieder einzuschlafen.

Sie konnte sich nicht daran erinnern, wann sie doch wieder eingeschlafen war, und sie wußte nicht, ob sie träumte, daß sich Manuels Hand von ihrer Taille fortbewegte und auf ihren Leib legte, oder ob es wirklich passierte, aber als sie seine Hand auf ihrer Schulter spürte, schreckte sie im Bett hoch und starrte ihn an, als sei er der Teufel.

»Es ist schon in Ordnung. Nur ruhig.« Er reichte ihr eine Tasse schwarzen Tee. »Trinken Sie das«, ermunterte er sie, »es wird Sie aufwecken. Wir machen uns besser auf den Weg.«

Sie starrte ihn weiter an und nahme die Tasse aus seiner Hand. Er war fertig angezogen und wirkte sauber und frisch. Er räusperte sich: »Draußen im Hof ist eine Pumpe und ein Eimer; da können Sie sich waschen. Und hier auf dem Fenstersims ist eine Bürste, mit der kriegen Sie den

Schmutz von Ihren Sachen ab. Schauen Sie.« Er breitete die Arme aus und zeigte auf seine Jacke und Hose. »Wie neugeboren.«

Er schien verändert heute morgen, glücklich, wie der Manuel von früher. Der Tee war süß und heiß, und er machte sie hellwach, und wenige Minuten später ging sie mit ihren Stiefeln in der Hand auf Zehenspitzen aus dem Zimmer, wobei sie es vermied, die gekrümmten Gestalten auf den Matratzen anzusehen.

Es fiel ihr schwer, sich ohne Seife zu waschen, und das grobe Handtuch tat ihrer Haut weh. Die frühe Morgenluft war kühl, und das Wasser war kalt, aber nachdem sie sich, so gut es ging, gewaschen und ihre Kleider abgebürstet hatte, fühlte sie sich erfrischt. Ihre Fersen taten kaum noch weh, und sie war hungrig, und sie fragte jetzt nicht mehr, wo sie essen würden, sondern wann sie essen würden, und deshalb war sie ein wenig enttäuscht, als Manuel im Korridor zu ihr sagte: »Wir füllen unsere Eßvorräte auf und bereiten uns außerhalb der Stadt eine Mahlzeit.«

Obwohl es eben erst sechs Uhr in der Frühe war, hatten schon mehrere Läden geöffnet, und nachdem sie Brot und Steak und Schweinefett gekauft hatten, wanderten sie aus der Stadt, gingen quer über Feld und an Obstgärten vorbei, bis sie an einen klaren Bach kamen, an dessen Ufer Manuel ein Feuer machte. Er briet das ganze Steakfleisch und den Rest des Schinkens und verpackte die Hälfte davon für später am Tag, dann teilte er die andere Hälfte zwischen ihnen auf. Als sie ihren Teller leergegessen hatte, fragte er sie:

»Möchten Sie noch eine Scheibe Brot haben?«

»Ja, bitte.«

»Sie waren hungrig.«

»Ja, ja. Das stimmt.«

»Das ist ein gutes Zeichen.«

»Ja?« Sie fragte nicht, wofür es ein gutes Zeichen sei, und sie unterstrich mittlerweile auch nicht mehr alles, was sie sagte, mit seinem Namen. Er hatte es registriert und betrachtete sie nachdenklich. Sie war ebenfalls verändert heute morgen. Sie saß nicht auf ihrem hohen Roß und spielte die feine

Dame, sie war irgendwie anders, normaler. Es mußte an der guten Nachtruhe liegen. Er hatte hervorragend geschlafen. Er konnte sich nicht daran erinnern, je besser geschlafen zu haben; er war wie neugeboren, und das würde auch so bleiben, wenn es ihm gelang, Lagrange aus seinem Gedächtnis zu verbannen.

Sie hielten sich am südlichen Tyne-Fluß, bis sie Bellingham erreichten. Manuel erkundigte sich dort nach dem Weg zum Plenmeller Common und Skillens Farm. Man sagte ihm, er solle dem Fluß bis nach Melkridge folgen, dann südlich abbiegen in Richtung auf Whitfield, und nach der Hälfte der Strecke werde er zu der Farm kommen.

Daß er sich erkundigte, war Annabella ein erstes Anzeichen dafür, daß er ein bestimmtes Ziel im Auge hatte, und sie fragte ihn: »Warum gegen wir zu dieser Farm?« Worauf er erwiderte: »Sie haben gehört, was der Bursche gestern abend gesagt hat. Er hat dort gearbeitet und ist gefeuert worden. Es tut mir leid für ihn, aber ich will Arbeit, und es scheint abseits zu liegen, so daß bisher kaum jemand weiß, daß da eine Stellung offen ist.«

Daraufhin hatte sie wieder ängstlich aufgeblickt und gefragt: »Aber – aber wenn Sie Arbeit bekommen, was soll ich tun?« Manuel lächelte ihr beruhigend zu.

»Ich nehme kaum an, daß seine Frau den ganzen Tag herumgesessen hat. Wahrscheinlich gibts auch genügend Arbeit für eine Frau, das heißt, wenn Sie Ihre Meinung nicht geändert haben. Es liegt an Ihnen.«

Sie hatte darauf nichts geantwortet, und sie waren weitergegangen. Er hatte gesagt, der Ort liege abseits, und sie wollte einen Ort, wo sie sich verbergen konnte, einen Ort, wo keine Gefahr bestand, daß sie Leuten wie Mrs. Ferguson begegnete, obwohl sie wie auch Manuel bezweifelte, ob Mrs. Ferguson sie erkannt hätte, und sie dachte mit einiger Bitterkeit, daß Kleider Leute machen – und ganz sicher eine Frau. Wenn man fußmüde und zu Tode erschöpft war, hatte man auch keinen Sinn für die schöne Landschaft.

Sie waren durch wunderbare Gegenden gekommen, sie hatten Hügel erklommen, die hoch wie Berge waren; sie hatten waldbestandene Täler durchquert, sie hatten sich in der Mittagshitze in die Öffnung eines Tunnel gesetzt, der in eine verlassene Erzmine führte und wo sie das Wasser in der Tiefe hinter ihnen tropfen hörten, und Manuel hatte eine Handvoll blauer Kupfersulphat-Kristalle aufgehoben und andere in einem wunderschönen Violett, und sie hatte sie bewundert. Jetzt standen sie auf dem Gipfel einer Geröllhalde, und Manuel deutete auf ein graues, flaches Stück Land in der Ferne: »Das muß der Gemeindeacker sein, aber ich sehe keine Spur von einer Farm.«

Sie ließ sich langsam auf den Schiefer nieder, wobei sie gedehnt sagte: »Hat der Mann nicht gesagt, sie liegt zwischen dem Gemeindeacker und Whitfield? Wahrscheinlich ist sie eher dort drüben, aufs Allen-Tal zu.« Sie hob mühsam den Arm. »Sie kennen diese Gegend?« Er blickte immer noch geradeaus. Sie schüttelte den Kopf. »Nur aus dem Geographieunterricht.«

Seine Brauen zogen sich leicht nach oben. Er blickte auf ihr Haar herunter. Die Kapuze war zurückgerutscht, und ihre kastanienbraune Mähne, die nun nicht mehr gekämmt und adrett gebunden war, glänzte in luxuriöser Unordnung. Er bemerkte ihre Müdigkeit und sagte: »Möchten Sie hierbleiben, während ich mich umschaue?« Daraufhin zwang sie sich auf die Füße und sagte kurz: »Nein.«

Sie rutschten und glitten die Hügelseite ins Tal zurück; sie umrundeten die Hügelflanke und nahmen einen Pfad, den sonst anscheinend nur Tiere benutzten, bis sie plötzlich ans Ende einer grobgepflasterten Straße gelangten. Offensichtlich wurde an der Straße gerade gebaut, und Manuel wandte sich zu ihr und sagte lächelnd: »Ich glaube, wir haben's gefunden.«

Sie folgten der Straße und kamen an einem dichten Gebüsch vorüber; dann gelangten sie überraschend in offenes Weideland, auf dem an der einen Seite zahllose Kühe grasten, während die andere Seite aus kleinen, mit Steinmauern umrandeten Feldern bestand. Auf einigen wuchsen Gemüse und Kartoffeln, aber die meisten waren mit Stachelbeerbüschen bedeckt, die schon abgeerntet waren.

Die Straße bog scharf um eine Baumgruppe, und in einem Feld direkt vor ihnen ging ein Mann hinter einem Pflug her, der von zwei Gäulen gezogen wurde. Er kam gleichzeitig mit ihnen ans Ende des Feldes. Manuel stützte sich auf die niedrige Steinmauer: »Ist der Farmer in der Nähe?« Der Mann kam näher an die Mauer und erwiderte: »Ich bin der Farmer. Was gibt's?«

»Oh, guten Tag.«

Der Mann antwortete nicht, sondern wartete, worauf Manuel fortfuhr: »Ich höre, Sie suchen eine Hilfe.«

»Wer hat Ihnen das erzählt?«

»Das spielt keine Rolle. Stimmt es?«

»Jawohl, ich suche eine Hilfe. Worauf verstehen Sie sich?«

»Auf alles, was mit Tieren zu tun hat.« Allein bei dem Gedanken an Pferde lächelte Manuel.

Der Mann sagte: »Wo kommen Sie her?«

»Aus dem Tyne-Gebiet.«

»Was haben Sie da gemacht?«

»Ich habe sechs Jahre bei einem Mr. Lagrange gearbeitet.«

»Und warum arbeiten Sie jetzt nicht mehr bei ihm?«

»Schlechte Geschäfte haben ihn ruiniert. Er hat Bankrott gemacht – alle Angestellten wurden entlassen.« Einen Augenblick lang sah er das weiße Gesicht Lagranges vor sich, wie er auf den Steinen lag, und als die Reue ihn wieder zu überwältigen drohte, wischte er sie beiseite. Er lebte, er mußte essen und arbeiten. Der Mann betrachtete ihn aufmerksam.

»Ich habe achtzig Kühe.«

»Oh!«

Irgend etwas an diesem Ausruf veranlaßte den Mann zu der Frage: »Sie können doch melken?«

»Um die Wahrheit zu sagen, ich habe noch nie eine Kuh gemolken, aber wenn andre einen Tag brauchen, um was zu lernen, schaffe ich es in einem halben Tag. Ich hatte meist mit Pferden zu tun.« Er schaute sich die Tiere an, sehr ansehnlich waren sie nicht.

Der Mann musterte ihn von oben bis unten: »Ich gebe Ihnen eine Probezeit. Vier Shilling die Woche, Ihr eigenes Cottage, Abendessen und soviel Milch, wie Sie brauchen ... Ihre Frau –«, er deutete mit dem Kopf auf Annabella, ohne sie anzusehen – »wird im Haus arbeiten, einen Shilling pro Woche.« Er wartete.

Sie starrten ihn beide an, und Manuel dachte: Mein Gott, vier Shilling! Die armen Männer in Tolpuddle hatten umsonst gelitten. Was hatte ihre Gewerkschaft für sie erreicht? Mehr als dreißig Jahre waren verstrichen, und immer noch nur vier Shilling die Woche. Annabella dachte, der Mann mache sicher nur Spaß. Die ärmste Kreatur auf ihrem Besitz, die Küchenmagd, hatte zwei Shilling in der Woche bekommen und dazu ihre Kleidung und ihre Zuteilung an Bier oder Tee oder Zucker, und Manuel hatte mindestens zehn Shilling pro Woche erhalten, außerdem hervorragendes Essen und eine schmucke Livree.

»Wir werden's versuchen.«

Der Mann entgegnete darauf: »Ich gebe euch einen Monat zum Eingewöhnen, dann stelle ich euch ein. Geht zum Haus hinunter.« Er zeigte in die Richtung.

Manuel wandte sich ohne ein weiteres Wort ab, und als sie außer Hörweite waren, flüsterte Annabella ihm zu: »Aber Manuel, nur vier Shilling die Woche!« Sie fügte nicht hinzu: »Und nur einen Shilling für mich.« Er sah weiter geradeaus, als er entgegnete: »Es verschafft uns ein Dach über dem Kopf und eine Atempause. Darüber hinaus werden Sie einen Eindruck davon bekommen, was vor Ihnen liegt.«

Er wußte nicht, wie recht er hatte.

Das Farmhaus und die Stallgebäude sahen aus, als ständen sie auf einer Schlamminsel. Der Hof vor den Kuhställen war ein einziger Sumpf, voller Hufabdrücke und knöcheltief, und er zog sich hin bis zur Haustür. Nur der Abtreter in einer Nische der grauen Steinwand deutete darauf hin, daß man den Schlamm nicht mit ins Haus bringen sollte.

Ein Mädchen öffnete die Tür. Sie war ungefähr so alt wie Annabella. Sie hatte ein schmales, blasses Gesicht, einen schmalen Körper, aber volle Brüste. Sie trug eine grobe Schürze über einem blaugemusterten Kleid, dessen Ärmel sie bis über die Ellbogen aufgerollt hatte.

Manuel ergriff das Wort. Vor wenigen Minuten hatte er zu Annabella gesagt: »Überlassen Sie mir das Reden, und denken Sie daran, was ich Ihnen vor einiger Zeit gesagt habe, wegen Ihrer Sprache. Das ›Miß‹ lasse ich jetzt wohl auch besser weg, wenn wir hier als Mann und Frau arbeiten wollen.«

»Gut, Manuel.«

Und jetzt sagte er zu dem Mädchen:

»Dein Herr hat uns geschickt, wir sind angeheuert.«

Das Mädchen starrte sie abwechselnd an. Dann sagte sie zu jemandem nach hinten über ihre Schulter: »Herrin, hier ist ein Paar.«

Die Herrin kam an die Tür. Auch sie war mager, aber sie wirkte knochenhart, und diese Härte spiegelte sich in ihren tiefen Augen, die nicht erkennen ließen, was sie von den neuen Angestellten hielt. Sie sagte ohne Umschweife: »Er hat euch also angeheuert?«

»Ja, Madame.«

»Euer Cottage ist um die Ecke.« Sie deutete in die Richtung. »Ich bin in einer Minute bei euch.«

»Vielen Dank.«

Sie wandten sich ab, gingen um die Ecke und erblickten das Cottage. Es war nicht viel größer als eine Hütte. Die Tür war niedrig, und an beiden Seiten war nur je ein winziges Fenster. Manuel mußte sich beim Eintreten bücken. Dann standen sie in einem zwei mal drei Meter großen Raum, dessen eine Wand ein offener Kamin und ein Backofen einnahmen. An der anderen Seite waren ein Tisch und zwei Stühle. Die Wand vor ihnen war mit Regalen bedeckt, die bunt zusammengewürfeltes Geschirr und Kochgeräte enthielten. Daneben führte eine Tür in das andere Zimmer. Sie blieben beide auf der Schwelle stehen und betrachteten das Bett. Es war lediglich eine Strohmatratze auf einem groben Holzrahmen. Am Fußende des Bettes waren zwei Steppdecken zusammengefaltet. Annabella wandte sich ab. Ihr Kopf war nicht nur gebeugt, sondern nach vorn geschoben, als wollte sie in der nächsten Sekunde losrennen. Manuel betrachtete weiter das Bett, und als er sich umdrehte, sah er, daß sie mit flach aufgestützten Händen über den Tisch gebeugt dastand. Er brummelte vor sich hin: »Ich mache ein Lager aus den Fellen.« Er trat gegen den Sack, den er auf den Boden geworfen hatte, und fügte hinzu: »Wenn ich sie mit Stroh fülle, liege ich bestimmt bequemer.«

Sie wandte ihm ihr Gesicht zu und sagte atemlos: »Aber – aber diese Frau, sie hat hierdrin geschlafen, und – und sie hatte die Schwindsucht.«

Noch bevor sie geendet hatte, errötete er vor Zorn. Seine Augen verengten sich, und er erwiderte barsch: »In Ordnung, du brauchst nicht darauf zu schlafen, du kannst dies benutzen. Dein Problem ist, daß du Angst vor einem Tod hast, den du mit Sicherheit nie sterben wirst. Wenn überhaupt, stirbst du eher an Unterkühlung als an Schwindsucht.«

»Das mag sein, aber ich würde es vorziehen«, erwiderte sie pikiert.

»Oh, mein Gott!« Er wandte sich ab und behielt seine Entgegnung für sich, da die Frau gerade die Außentür öffnete und eintrat. Sie blickte sie beide eindringlich an, bevor sie fragte: »Er hat euch gesagt, daß ihr selbst euer Essen kocht?«

Als Manuel nicht antwortete, nickte Annabella und sagte: »Ja-ha.« Die Frau fixierte sie und fuhr fort: »Es ist ein guter Ofen, im Winter gibt er genug Hitze, und es ist ausreichend Holz zum Hacken vorhanden. Jetzt zu Ihrer Arbeit. Sie fangen um vier Uhr morgens an –.«

»V-vier?«

»Ja, das habe ich gesagt. Sie sind doch nicht schwerhörig, oder?« Sie wartete. »Sie messen die Milch und helfen dabei, die Kannen auf die Straße zur Stadt zu schaffen. Danach putzen Sie die Kühler und Kannen für die nächste Ladung. Frühstück ist um sieben, dafür bekommen Sie eine halbe Stunde; danach helfen Sie im Haus. Es gibt immer genug zu waschen und zu schrubben drinnen. Mittagessen ist um drei. Dann bringen Sie die Kühe von der Weide nach Hause, und um sechs haben Sie Schluß. Die Zeit reicht, sich dann um das hier zu kümmern.« Sie meinte damit das Cottage; und mit einem Blick auf Manuel fügte sie hinzu: »Der Herr wird mit Ihnen reden; Melken und Pflügen, das ist Ihre Aufgabe.« Ihre Augen glitten zu Annabella zurück: »Vergessen Sie nicht, vier Uhr! Faulenzen dulde ich nicht.«

Als die Tür zu war, schaute Annabella Manuel an, und sie flehte ihn genauso an wie früher als Kind: »Oh, Manuel, was soll ich nur tun?«

Er blickte sie nicht an, als er antwortete: »Ich habe es dir gesagt, nicht wahr? Aber trotzdem –«, er hielt einen Augenblick inne, »– es klingt viel, aber es ist alles Übung. Das Schlimmste ist das frühe Aufstehen. Wir haben jedenfalls ein Dach über dem Kopf. Aber jetzt zurück zu dem Bett. Wie hast du dich entschieden?«

Sie sah ihn kurz an: »Ich möchte lieber hierdrin schlafen.« Sie beobachtete, wie er sich auf die Unterlippe biß. Sie fuhr zusammen, als er sie anschrie: »Das wirst du nicht, du wirst das Bett nehmen. Ich bringe die Sachen nach draußen an die Luft und schüttele sie aus. Sei vernünftig. Wenn es dir bestimmt ist, an der Schwindsucht zu sterben, dann stirbst du auch an der Schwindsucht. Wichtiger ist jetzt, daß wir uns ausruhen, und ich wünsche kein Geschrei in der Nacht, falls Schaben, Feldmäuse oder Ratten dich besuchen, deshalb nimm das Bett. Wenn ich jetzt das verdammte Feuer ankriege, können wir vielleicht eine Tasse Tee trinken.

Sie ließ sich schwer auf einen Stuhl sinken. Sie hatte das Gefühl, als sei etwas Ungeheuerliches passiert. Sie hätte niemals geglaubt, daß Manuel so mit ihr sprechen und sich so rücksichtslos benehmen würde, als zählte ihre Furcht vor einer solch schrecklichen Krankheit wie der Schwindsucht überhaupt nicht. Und diese Frau hatte gesagt, sie müsse um vier Uhr morgens aufstehen. Würde sie je all das schaffen, was man von ihr verlangte? Jetzt, wo sie hier war, mußte sie es schaffen, und sei es nur, um Manuel zu beweisen, daß sie es konnte. Sie war schließlich intelligent und gebildet, wie sie ihm schon bedeutet hatte, und diese Eigenschaften sollten auch sie befähigen – so wie er sich selbst gebrüstet hatte –, alles in der Hälfte der normalen Zeit zu erledigen. In der Regel begriffen Dienstboten langsam, weil sie ungebildet waren und einen niedrigen Intelligenzgrad hatten; sie würde ihm zeigen, was sie konnte. Sie mußte das Ganze als ein Experiment betrachten. Ja, das mußte sie tun, das Ganze als ein Experiment betrachten.

2

Das Experiment brachte sie beinahe um. Es zog ihr fast jede Stunde am Tag den Zorn ihrer Herrin zu, und wäre der Farmer nicht so von Manuel und seiner Arbeitsfähigkeit angetan gewesen, hätte sich Annabella schon am ersten Tag samt ihrem Bündel auf der Straße wiedergefunden.

Fünf Wochen lang hatte die Sonne fast die ganze Zeit geschienen und eine Dürre mit sich gebracht, daß der Schlamm im Hof zu harten Kanten trocknete, außer an beiden Seiten des Rinnstein, der vor den Kuhställen um die Ecke des Hauses hinunter in den Fluß verlief und der die einzige Wasserquelle bildete, wenn der Brunnen versiegte, was – wie Mary-Jane Annabella erzählte – ziemlich häufig im Sommer geschah, und nicht nur, wenn das Land ausgetrocknet war.

Mary-Jane war ein freundliches Mädchen, und ohne ihre heimliche Hilfe wäre Annabellas völlige Unkenntnis von Küche und Milchwirtschaft aufgefallen, was nicht nur den Zorn ihrer Herrin, sondern außerdem entsprechende Fragen bewirkt hätte.

Mary-Jane war von Annabella beeindruckt. Die neue Hilfe war anders. Sie konnte es sich selbst nicht richtig erklären; sie wußte nur, daß Annabella anders war als alle Menschen, die sie je in ihrem Leben getroffen hatte.

Auch Annabella hatte noch nie jemanden wie Mary-Jane getroffen. Sie war entsetzt, als das Mädchen ihr erzählte, daß man sie gemeinsam mit dem taubstummen Andy, dem einzigen anderen Knecht auf der Farm, der sich nur durch Grunzen und seine großen, schmerzerfüllten Augen verständigen konnte, vor fünf Jahren aus dem Armenhaus von Hexham geholt hatte, als sie elf und er zwölf war. Sie hatten beide in den ersten zwei Jahren sechs Pence in der Woche verdient, dann hatte Andy einen Shilling gekommen, aber ihr gab man erst einen Shilling, sagte sie, als das Kind geboren wurde.

Das Kind lag in einem Korb in der Ecke des offenen Kamins, und es wurde nur zum Füttern aufgenommen und wenn das Fleisch aufgehängt wurde. Es war viel zu warm angezogen. Sein Gesicht war immer rot vor Hitze, und es schrie nur selten. Es wurde einmal am Tag trockengelegt, und es roch beständig.

Annabella hatte erst geglaubt, das Baby gehöre Mrs. Skillen, aber Mary-Jane informierte sie davon, daß es ihres war und daß ›ER‹ es gezeugt hatte. ER war nicht Andy, wie Annabella zunächst angenommen hatte, sondern Mr. Skillen.

Als sie das erfuhr, wurde ihr übel. Seit sie dieses alptraumhafte Leben lebte, begegnete ihr, so meinte sie, nichts als Verworfenheit. Seltsamerweise rechnete sie Lagranges Eskapaden nie dazu, noch gestand sie sich ein, daß er ihr als erster diese unaussprechliche Sache bewußt gemacht hatte.

Es war zehn vor sechs an diesem betreffenden, glühendheißen Tag, und ihr war schlecht vor Müdigkeit. Um vier Uhr morgens hatte sie sich aus dem Bett gekämpft und zwei Stunden lang Milch aus den kleinen Behältern in die großen Kannen geschöpft, dann hatte sie Andy geholfen, sie in den Hof zu rollen, wo Manuel sie die Rampe hochschob auf den Flachwagen und sie über die unebene Straße an die Stelle fuhr, wo der Frachtkutscher sie abholte und in die Stadt brachte.

Zuerst hatte Annabella sich vor Andy gefürchtet, weil er sie manchmal minutenlang wie in Trance anstarrte, aber allmählich merkte sie, daß er ganz harmlos war. Da er ihr Mitleid erregte, redete sie mit ihm. Sie fühlte sich sicher dabei, denn er konnte keine Bemerkungen über ihre Sprechweise machen. Im Gegensatz zu Mrs. Skillen, die sie einmal überrascht hatte, als sie sich mit Mary-Jane unterhielt, und gefragt hatte: »Wo haben Sie so hoch hinaus reden gelernt?« Und sie hatte schlagfertig erwidert: »Ich bin in einem Kloster erzogen worden.« »Sind Sie katholisch?« hatte Mrs. Skillen mißtrauisch gefragt, und als sie ein glattes ›Nein‹ zur Antwort erhielt, hatte sie kräftig genickt: »Das ist auch besser so, sonst würden Sie nicht mehr lange hierbleiben. Mr. Skillen kann Katholsche nicht ausstehen. Verlogenes, versoffenes Pack!«

Als sie das letzte Spültuch auswrang, sah sie an der Uhr auf dem Kaminsims, daß es erst in sieben Minuten sechs schlagen würde. An einem Abend hatte sie es gewagt, um viertel vor sieben zu gehen, aber sie war kaum ins Cottage eingetreten, als Mrs. Skillen hereinstürmte und schrie: »Zurück nach drüben! Das fängt mir nicht an!«

Beim Umdrehen sah sie, wie Mary-Jane sich bückte und das Kind aus dem Korb hob, sich dann hinsetzte und ihre Brust entblößte. Auch dieser Anblick hatte sie zunächst abgestoßen, aber jetzt konnte sie zuschauen ohne das geringste Gefühl der Verlegenheit. Sie ließ sich schwer auf die Holzbank sinken, die im rechten Winkel zu den schwarzen Öfen am Ende des Raums stand, und langsam rutschte ihr Körper in eine bequeme Ruhestellung. Das dauerte nicht lange, denn sie warf beinahe die Bank um, als die Stimme von der Tür erklang: »So gehts also zu, wie, sobald ich meinen Rükken kehre? Sie haben noch gut fünf Minuten, schmirgeln Sie den Tisch ab.«

Äußerlich blieb Annabella ruhig, aber innerlich kochte sie vor Zorn über dieses schreckliche Weib. Als sie auf den Schrank zuging, wo der Sand aufbewahrt wurde, hielt sie inne, denn Mary-Jane sprach mit Mrs. Skillen in einem Ton, der Autorität verriet: »Sie ist den ganzen Tag auf den Füßen gewesen. Was würde wohl passieren, wenn sie ihrem Mann erzählt, wie Sie auf ihr herumhacken, und wenn er geht? Das würde dem Herrn überhaupt nicht gefallen, nicht wahr, weil er von ihm angetan ist. Wie er sagt, ist er der beste Arbeiter, den er seit Jahren hatte, willig irgendwie. Ich wäre an Ihrer Stelle vorsichtig. Das wäre ich.«

Annabella blickte von dem jungen Mädchen, dessen Baby hungrig an der vollen Brust saugte, auf die hagere, böse Frau, die auf sie hinunterstarrte. Ihr Gesicht war haßverzerrt, und sie wirkte ganz wie ein Raubtier vor dem Sprung, aber sie wußte, daß ihre Ketten sie festhielten. Und jetzt sagte Mary-Jane: »Er hat mir gestern abend erzählt, daß Manuel in weniger als einem Monat diesen Weg zur Hauptstraße fertig hat und daß er ihm dann den Hof pflastert. Er hat im letzten Jahr vier Burschen an dieser Straße beschäftigt, wie Sie wissen, und er hat gesagt, ich hätte mehr geschafft als sie, wenn er mich da hingestellt hätte.«

Annabella merkte, daß Mary-Jane nicht nur über Manuel und die Straße redete, sie teilte Mrs. Skillen gleichzeitig etwas anderes mit.

Mrs. Skillen zog jetzt ihre Schultern hoch, wobei sie zähneknirschend entgegnete: »Du wirst noch eine Überraschung erleben, mein Mädchen. Seine Verliebtheit ist bald vorbei, und dann helfe dir Gott. Wenn ich noch lebe, helfe dir Gott.«

»Das wird er schon. Er hat es immer getan.«

Annabella beobachtete, wie die Frau, die sie ›Herrin‹ nennen mußte, aus dem Zimmer rannte. Sie sah Mary-Jane an. Das Mädchen lächelte zufrieden und nickte ihr zu. »Mach dich davon«, sagte sie, »er wartet bestimmt auf sein Essen.«

»Ja. Vielen Dank, Mary-Jane.« Als hätte sie einen Befehl von einem Vorgesetzten empfangen, drehte Annabella sich um und verließ die Küche. In diesem Augenblick liebte sie Mary-Jane. Sie vermutete, daß sie nach gewissen Maßstäben ein schlechtes Mädchen war, und sie begriff nicht, wie sie diesen widerlichen kleinen Mann ertragen konnte, aber sie wußte, daß sie sie liebte, weil sie es gewagt hatte, dieser Frau die Stirn zu bieten.

Sie betrat das Cottage mit einem Gefühl der Erhebung. Nachdem Mary-Jane sich jetzt als die Favoritin herausgestellt hatte, versprach das Leben ein wenig leichter zu werden. Das erhebende Gefühl verflog jedoch bei dem Anblick, den das Zimmer bot. Der Boden war mit getrocknetem Schlamm bedeckt, das Frühstücksgeschirr stand noch auf dem Tisch, und sie war so müde, todmüde. Wie schon oft in letzter Zeit fürchtete sie wieder, daß ihrem Körper das Gefühl des Ausgeruhtseins auf immer versagt war.

Das Feuer brannte kaum noch, sie mußte es wieder anblasen. Sie mußte das Geschirr abwaschen – das hieß, nachdem sie zum Fluß hinuntergegangen war, um Abwaschwasser zu holen, und sie mußte sich selbst waschen, aber wiederum erst, nachdem sie das Wasser vom Fluß heraufgetragen hatte. Und dabei wollte sie nur eins – nämlich schlafen. Sie setzte sich an den Tisch, schob das Geschirr beiseite, verschränkte ihre Arme und legte den Kopf darauf.

Eine Berührung an der Schulter weckte sie aus einem Traum, in dem sie ihr Frühstück im Bett gegessen hatte. Sie sah in Manuels Gesicht, als ob sie ihn nicht erkannte, und schüttelte den Kopf: »Es tut mir leid«, entschuldigte sie sich ständig.

»Schon gut.« Er zog einen Stuhl heran, setzte sich ihr gegenüber an den Tisch und sagte abrupt: »Glaubst du, daß du es noch zwei Monate aushalten kannst?«

»Zwei Monate!«

»Es ist teuflisch, ich weiß, aber es sieht so aus: Wenn du nur durchhältst – in Hexham findet am elften November der Arbeitsmarkt statt, und wir könnten hingehen und mit der Erfahrung, die wir hier gesammelt haben, eine gute Stellung finden.« Er lächelte trocken und wischte sich mit dem Handrücken den Schweiß von der Stirn ab, bevor er hinzufügte: »Etwas Schlimmeres als dies hier kann uns kaum widerfahren, oder?«

Sie antwortete nicht. Etwas Schlimmeres als dies konnte ihr kaum widerfahren, das stimmte. Aber sie hatte angenommen, daß sie den ganzen Winter über hierbleiben würden und daß sie danach nicht mehr wiederzuerkennen sei, sogar nicht für sich selbst im Spiegel. Ihre Hände waren rot und geschwollen, die Fingernägel abgebrochen, und ihre Gesichtshaut war jetzt fast genau so braun wie seine – sie war nicht an die Sonne gewöhnt und hatte keine Creme oder andere Pflegemittel benutzt seit dem Tag, an dem sie ihr Zuhause verlassen hatte.

»Ich muß dich etwas fragen.«

»Ja?«

Er senkte die Lider vor ihr und schob einen schmutzigen Napf hin und her über den Tisch, bevor er wieder redete. »Es sieht so aus.« Der Napf hörte auf, sich zu bewegen. Ihre Augen trafen sich. »Wenn ich eine bessere Stellung finde, werde ich wahrscheinlich in ein festes Verhältnis übernommen, richtig genommen – ich habe ihm gesagt, daß wir uns hier nicht verdingen, was er auch anstellt. Ich – ich will in der Lage sein, mit meinem Namen zu unterzeichnen. Ich will Schreiben lernen, Lesen und Schreiben.«

Sie erinnerte sich vage daran, daß sie früher schon einmal von seinem Wunsch gehört hatte, Lesen und Schreiben zu lernen, es hatte irgend etwas mit Miß Howard zu tun.

»Würdest du, ich meine, mich lernen?«

Sekunden verstrichen, bevor sie entgegnete: »Ja, Manuel, ich – ich werde dich Lesen und Schreiben lehren.«

Sie hatte eine leichte Betonung auf das Wort ›lehren‹ gelegt, und als er merkte, daß er einen Fehler gemacht hatte, wischte er sich wieder mit dem Handrücken den Schweiß von der Stirn. Er mußte noch mehr lernen als nur Lesen und Schreiben, aber er würde es schaffen, weiß Gott, er würde es schaffen! Vielleicht brachte sie ihm sonst keinen Nutzen, aber diesen würde sie ihm bringen. Er fuhr fort: »An der Hügelseite liegt viel Schiefer. Ich hole morgen ein großes Stück und meißele es zurecht, damit man darauf schreiben kann – wie die Kinder in der Schule es haben.«

Plötzlich wollte sie weinen. Sie wußte nicht warum, sie wußte nur, daß sie weinen wollte – und den Kopf an seine Schulter lehnen.

»Danke.« Seine Stimme klang weich. Er erwiderte lange ihren Blick, stand vom Tisch auf und fügte hinzu: »Räumen wir auf und machen uns etwas zum Essen.«

Später sagte er zu ihr: »Ich habe dir Wasser zum Waschen gebracht, ich gehe jetzt zum Fluß hinunter.« Er hatte sich schon halb umgedreht, als er mit zusammengekniffenen Augen fragte: »Warum kommst du nicht mit und wäscht dich im Fluß?«

»Was? Oh, nein. Nein, vielen Dank.« Es war wieder Miß Annabella, die da redete. Er lächelte sie an und sagte zu ihr wie zu einem Kind.

»Sei vernünftig, niemand wird dich sehen, und bald wird es dunkel sein. Es gibt nur einen Weg hinunter. Außerdem ist der kleine Teich von einem Felsrand geschützt, er liegt abseits vom Hauptfluß, und das Wasser ist nicht so kalt. Es ist wunderbar. Komm.« Er streckte ihr die Hand entgegen, aber sie blieb steif stehen und senkte den Kopf, als er sich zu ihr niederbeugte und fortfuhr: »Ich verspreche dir, daß niemand dich sehen wird außer Gott. Deine Sachen müssen dir ja am Körper kleben.« Er stieß mit dem Finger an ihren Rock, der längst nicht mehr blau, sondern mit grünen und schwarzen Flecken übersät war.

»Ah, nun komm schon.« Er zog sie vorwärts und aus der Tür und sofort ebenso schnell wieder ins Zimmer zurück und sagte lachend: »Du wirst das hier brauchen.« Er holte von dem Eisenhaken über dem Brotofen ein grobes Handtuch, schnappte ein fleckiges Stück blauer Seife aus einer Schüssel auf der Bank, schwang sie herum und wieder nach draußen und lief hinter dem Haus den Feldweg hinunter zum Fluß und am Ufer entlang, bis sie atemlos rief: »Bitte! Oh, bitte, Manuel halte an.«

Als er gehorchte, blieb sie keuchend neben ihm stehen und hielt sich die Seite. »Ich habe Stiche ... Wie weit ist es?«

»Ungefähr noch zehn Minuten.«

Sie blickte zum Himmel hoch. Die Dämmerung schien sich heute abend nur langsam in Dunkelheit zu verwandeln.

Als sie an einer Stelle durch dichtes Gebüsch schritten, ohne den Fluß zu sehen, hielt er an, berührte ihren Arm und deutete auf eine fast unsichtbare Öffnung in der Hecke zu ihrer Linken: »Hierher. Zwäng dich seitlich durch und paß auf, daß sich dein Haar nicht verfängt.«

Abgebrochene Zweige zerrten an ihren Kleidern, aber nur einen Moment lang, dann kamen sie auf eine Lichtung, die von dichtem Gebüsch umgeben war. Sie folgte ihm durch die Öffnung an der Seite, dann auf einen grasigen Abhang, der von einigen Felsbrocken begrenzt war, und darunter strömte der Fluß schnell über versunkene Steine, und einige Meter weiter nach rechts lag – wie er gesagt hatte – abseits von der Hauptströmung ein kleiner Teich. Man konnte nur über die Felsen hingelangen. Er deutete hinunter. »Du wirst unten rechts einen Spalt finden, er ist schön trocken, da kannst du deine Sachen hineinlegen. Bleib, solange du magst. Ich warte hier oben.«

Sie fragte nicht: »Wann willst du baden?« Die Situation war zu peinlich. Jetzt zu sprechen würde sie nur noch verschlimmern. Sie ging los und ließ sich vorsichtig von einem Felsstück zum nächsten hinab, bis sie das Ufer des kleinen Teiches erreichte. Sie fand die Spalte, die wie ein Ankleideraum aus Stein wirkte. Bevor sie hineinging, schaute sie sich um, aber sie konnte ihn nicht entdecken.

Langsam begann sie sich auszuziehen. Als sie an ihr Unterhemd kam, fiel ihr ein, daß sie es nicht ablegen und das Dutzend Schritte zum Wasser gehen konnte.

Die Sekunden dehnten sich zu Minuten, bevor sie aus ihrem Schutz zum Ufer schlich, fest die Seife und das grobe Handtuch umklammernd. Als die den Rand des Teiches erreichte, sah sie sich ängstlich nach den Felsbrocken um. Sie konnte sie kaum ausmachen, so schnell wurde es jetzt dunkel, und nur der Gedanke, daß Manuel sich noch nach ihr waschen wollte, veranlaßte sie dazu, ins Wasser zu gehen.

Als sie ins Wasser glitt, verschlug ihr die Kälte den Atem, und sie klammerte sich am Ufer fest. Es war tiefer, als sie angenommen hatte, und reichte ihr bis hoch über die Taille, aber der Grund war hart und fest. Sie watete vorwärts und blieb dann reglos in der Mitte des Teiches stehen und spähte umher. Es war wunderschön. Der schönste Ort, den sie je in ihrem Leben gesehen hatte. Wenn Manuel sie nur schon früher hergebracht hätte. Wenn sie nur in den heißen Nächten der vergangenen Wochen hierher hätte kommen können. Plötzlich merkte sie, daß sie mit den Händen im Wasser planschte und ihre Schultern und ihr Gesicht bespritzte. Es war wunderbar, wunderbar. Sie watete wieder zum Ufer und seifte sich ein. Sie hatte sich nie in ihrem Leben so sauber gefühlt, nie, nie. Sie war wieder jung, lebendig. Was für ein herrliches Gefühl. Dieses einzigartige Gefühl. Es war wie damals, als sie zum erstenmal ohne die Augenbinde im Bad saß. Sie schreckte vor dem Gedanken zurück.

Während sie sich mit dem groben Handtuch abtrocknete, das heute abend ihre Haut nicht zu kratzen schien, erinnerte sie sich an ihren ersten Tag mit Manuel, als sie ihn im Fluß liegend gesehen hatte, und an ihre Empörung bei dem Anblick. Sie hatte sich seitdem geändert, oh ja, ja, das hatte sie.

Sie zog sich an und kletterte den Abhang hinauf über die Felsbrocken in die Lichtung, aber da war keine Spur von Manuel. Sie rief leise: »Manuel! Manuel!«, und als sie keine Antwort erhielt, wurde sie unruhig, denn es war beinahe dunkel. Sie zwängte sich rasch durch den engen Durchlaß und rief wieder seinen Namen. Lauter diesmal. Wo war er hingegangen? Bald würde es stockfinster sein. »Manuel!«

»Ja. Hier bin ich.« Er trat aus dem Schatten und kam ihr auf dem Pfad entgegen. Sein Haar war naß und sein Hemd bis zur Taille geöffnet. Er war im Wasser gewesen. »Du hast – du hast also auch gebadet?«

»Ja.« Er nickte ihr zu. »Ich wußte, daß es einige Zeit dauern würde, sobald du einmal da unten warst.«

»Es – es tut mir leid.«

»Warum denn?« Er lachte ihr zu. »Hat es dir gefallen?«

»Oh, es war wunderbar, wunderbar.« Sie schloß die Augen. »Ich habe nie etwas in meinem Leben so sehr genossen, wirklich nicht.« Als sie die Augen wieder öffnete, schaute er auf sie herab. Sein Gesichtsausdruck war so weich wie in früheren Jahren. »Du lächelst. Merkst du es, du lächelst!« Es stimmte. Sie spürte, daß sich ihr Gesicht anders anfühlte und nicht nur ihr Gesicht, ihr ganzer Körper. Sie sagte ernst: »Ich hätte nie gedacht, daß ich wieder lächeln würde, Manuel.« Er lachte: »Nie ist eine lange Zeit.«

Sie gingen schweigend und langsam weiter, als ob sie das gemeinsame Schlendern genössen, und es wurde dunkel, noch bevor sie das Feld unterhalb des Cottage erreichten. Annabella unterbrach das Schweigen. »Du mußt ein Bündel Kerzen kaufen, wenn du das nächste Mal in der Stadt bis. Wir brauchen sie für deine Unterrichtsstunden am Abend.«

»Ja, ja, das werde ich tun.«

»Wir haben zwei Kerzen übrig, wir könnten heute abend anfangen.«

Er verlangsamte seinen Schritt und drehte sich halb zu ihr

um. »Aber du mußt früh aufstehen, du brauchst deinen Schlaf.«

»Ich fühle mich gar nicht müde. Ich habe das Gefühl, daß ich nie wieder müde sein werde.«

»Wie lange, glaubst du, wird es dauern, bis ich es gelernt habe, ich meine das Lesen?«

»Oh.« Ihre Stimme klang hell. »Nicht sehr lange. Du hast ja selbst gesagt, daß du für alles nur halb soviel Zeit brauchst wie andere Menschen.«

Sein plötzliches Lachen erschreckte die Spatzen, die auf der Hecke gesessen hatten, so daß sie über das Feld schwärmten. »Das trifft nicht auf alles zu.« Und dabei konnte er nur mit Mühe verhindern, ebenfalls laut zu sagen: »Ich wünschte, es wäre so.« Die Worte an sich hätten ihr wahrscheinlich überhaupt nichts bedeutet. Doch das Bedauern in seiner Stimme hätte eine Kette von Fragen und Antworten ausgelöst, und wenn diese wie bei einer Zündschnur schließlich das Pulverfaß erreicht hätten, wäre ihre Verbindung in Bruchstücke gesprengt worden.

3

Es war halb vier an dem eiskalten Morgen des 11. November 1866, und es war der Tag des Arbeitsmarktes.

Aus den Schaffellen war wieder eine Tasche geworden, die fertig gepackt auf dem Tisch lag. Annabellas Bündel lag daneben. Es war ein wenig größer als bei ihrer letzten Wanderung, denn Mary-Jane hatte ihr gestern abend drei Kerzen und ein Eßpaket geschenkt, das sie aus der Vorratskammer entwendet hatte. Beim Abschied hatte es auf beiden Seiten Tränen gegeben. Mary-Jane hatte die besseren Zukunftsaussichten von den beiden, denn wie sie Annabella erklärt hatte, wollte der Herr einen Sohn, aber sie hielt ihn hin, bis er es schriftlich fixiert hatte, so daß sie und ihre Kinder versorgt sein würden – und zwar nicht im Armenhaus –, falls ihm etwas zustieß. Sie wußte, daß sie ihn herumkriegen würde, weil er so verrückt auf sie war. Und sobald sie gesichert war, wollte sie sich auch um Andy kümmern.

Annabella bewunderte Mary-Jane, weil sie so vernünftig und praktisch war. Aber wenn sie an ihr Verhältnis mit Mr. Skillen dachte, wurde ihr immer noch übel.

Manuel schulterte jetzt seinen Sack, und sie nahm ihr Bündel auf. Sie gingen in den bitterkalten Morgen hinaus, ohne sich nur einmal umzublicken. Skillen hatte ihnen einen Platz auf dem Fuhrwerk verweigert, weil er zu viele Rinder befördern müsse. Er war wütend, daß sie gingen, aber er konnte sie nicht festhalten, da Manuel es abgelehnt hatte, einen Vertrag zu unterzeichnen. Er sagte, entweder würden sie monatlich bezahlt, oder sie gingen.

Um sechs Uhr würde ein Personenfuhrwerk an der Zollstraße vorbeikommen, und wenn sie sich beeilten, konnte sie dort aufsteigen. Sie schwiegen, während sie durch die Dunkelheit stapften, und sparten ihren Atem für die lange Strecke, die vor ihnen lag. Sie brauchten im Augenblick sowieso nicht miteinander zu reden. Sie hatten gestern abend genau geplant, was sie in Hexham tun und was sie ihrem neuen Arbeitgeber erzählen wollten, nicht nur hinsichtlich ihrer Berufserfahrung, sondern auch ihrer Beziehung zueinander.

Es war neun Uhr, als der Wagen sie in Hexham absetzte, und einen Augenblick glaubte Annabella, sie seien in der falschen Stadt. Die friedliche, schläfrige Atmosphäre war wie vom Erdboden verschwunden. Wo man auch hinblickte, waren Menschen, alle fröhlich, lachend, drängelnd – Familien, die offensichtlich die Stadt kannten und sich dort einen schönen Tag machen wollten. Trödler, für die dieser Tag ein Geschenk des Himmels bedeutete, weil sie aufs Geldmachen aus waren, stießen einem fast die Waren ins Gesicht, und Passanten ließen sich selig lächelnd hin und her treiben, während sie zu den vornehmen Fassaden der Gebäude hochschauten.

Manuel zahlte dem Fuhrmann seinen Sixpence Fahrgeld und nickte zustimmend, als der Mann ihm riet: »Passen Sie auf ihre Tasche auf, Junge, und auf Ihre Hose, sonst müssen Sie sich die Nacht in den Büschen verstecken.«

»Keine Angst.« Manuel lächelte, während er unbewußt mit den Hüften den Gürtel hob, der um seine Taille lag. Dann fragte er: »Um wieviel Uhr fangen sie an, ich meine anzuheuern?«, und der Mann antwortete: »Jeden Augenblick. Ich würde hierbleiben, bis Sie unterkommen.«

»Danke. Auf Wiedersehen.« Er nickte dem Fuhrmann zu. Dann ergriff er Annabellas Arm und schob sich selbst sowie seinen Rucksack durch die überfüllte Straße, wobei er sie hinter sich herzog. Als sie an einer Schänke vorbeikamen, drang der Geruch von Bier in seine Nase, und er leckte sich unbewußt die Lippen. Wenn er allein gewesen wäre, hätte er sich hineingedrängt und ein paar Krüge geleert, vielleicht nicht so sehr, um seinen Durst zu stillen, als um seine Freiheit zu feiern. Das Bewußtsein seiner momentanen Unabhängigkeit war vermutlich deshalb so stark, weil er wußte, daß er sich innerhalb der nächsten Stunden wieder verdingen würde. Und wenn Annabella nicht gewesen wäre, hätte er sich wahrscheinlich an überhaupt niemanden gebunden, ohne Rücksicht auf den Winter.

Vor einer anderen Schänke, wo man über die Köpfe der Kunden hinweg die Bierkrüge weiterreichte, zupfte Annabella ihn am Ärmel: »Wenn du ein Bier trinken möchtest, Manuel, ich – ich warte.«

Er blickte auf die Menschen, die sich vor der Schänke drängelten, und erwiderte: »Jetzt haben wir keine Zeit zum Biertrinken. Wir müssen erst eine Unterkunft finden ... Bist du durstig?«

»Ja, schon, nur ein bißchen, aber du hast bestimmt recht, es ist besser, wir – wir sind erst untergebracht.«

Die Geschäfte schienen alle riesige Umsätze zu machen, und in der Ferne hörte man eine Musikkapelle spielen. Manuel fragte sich, wie sie je den Marktplatz erreichen würden, wenn die Menge überall so dicht wie hier war; als sie jedoch schließlich dort ankamen, stellte er fest, daß inmitten des Chaos eine gewisse Ordnung herrschte. Er hielt einen Mann an und fragte: »Können Sie mir sagen, wo die Leute angeheuert werden?« Der Mann nickte und erwiderte: »Dort drüben, an dieser Seite. Sie müssen sich da nur hinstellen, die kommen zu Ihnen.«

Erst als sie sich neben einer Mauer aufgestellt hatten, am Ende einer Reihe von Männern und Frauen, von denen einige allein, andere in Gruppen standen, wurde Annabella übel; übel vor Angst, daß jemand sie erkennen würde, vielleicht ein möglicher Arbeitgeber, aber auch wegen der Erniedrigung, denn ihr kam jetzt die ganze Szene wie ein moderner Sklavenmarkt vor.

Sie sah sich um und entdeckte den gleichen Ausdruck in den Augen aller Wartenden. Sie wirkten nervös, und – was noch schlimmer war – einige waren zutiefst resigniert. Es waren alte, zerfurchte, wettergegerbte, graue Gesichter, über denen die Hoffnung gleich einem dünnen Schleier und die Verzweiflung wie ein schwerer Mantel hing. Die nervösen Paare erkannte man daran, daß sie die Trödler fortschoben und es ablehnten, ihre Kästen voll buntem Flitterkram zu betrachten, daß sie weder über die Spielzeugaffen auf Stöcken noch über den lebendigen Affen lachten, der auf dem Schubkarren des Orgelspielers herumtanzte, um den sich eine Schar von Kindern versammelt hatte.

Eine Stunde später traf der erste Arbeitgeber ein. Die Schlange hatte sich inzwischen verdreifacht, und Annabella und Manuel fanden sich plötzlich zu ihrem großen Erstaunen in der letzten Reihe wieder. In gewisser Weise wurde Annabellas Spannung dadurch verringert. Sie nahm an, daß es ihre Chancen nicht beeinträchtigen würde, denn Manuel war einen Kopf größer als die meisten der anwesenden Männer. Sie wußte nicht, daß seine dunkle, ausländisch wirkende Erscheinung in den Augen der konservativen Farmer gegen ihn sprach.

Eine weitere Stunde war verstrichen, und noch niemand war vor ihnen stehengeblieben, um sie zu befragen, und Manuel sagte mehr zu sich selbst als zu ihr: »Wenn wir nicht eingestellt werden, gehen wir nicht wieder zurück. Es gibt Fabriken in der Stadt; irgendwo finde ich schon eine Stellung … Ach du meine Güte, da kommt er und lacht sich eins.«

Mr. Skillen bahnte sich einen Weg zu ihnen und sah sie abschätzend an: »Noch kein Glück, wie? Werde euch wohl schließlich wieder mit mir zurücknehmen?« Manuel entgegnete steif: »Das werden Sie nicht, wenn ich es verhindern kann.«

»Ah, wir werden sehen, wir werden sehen. Es wird ein harter Winter, und wenn Sie ihn durchstehen wollen, dürfen Sie nicht wählerisch sein.«

Manuel beobachtete, wie er davonschritt, wie er vor einem Paar nach dem anderen stehenblieb, und es bereitete ihm einige Genugtuung, daß sie jedesmal die Köpfe schüttelten und nie nickten.

Ein Mann, der in Reichweite von ihnen stand, drehte sich um und fragte: »Sie haben bei dem alten Skillen gearbeitet?«, und Manuel antwortete kurz: »Eine Zeitlang.«

»Verdammter alter Geizkragen, zahlt nie mehr als sechs Shilling und will dafür Blut sehen.«

Sechs Shilling, dachte Manuel bitter, und ich habe alles für vier getan.

Wieder verging eine Stunde. Annabella lehnte sich schwer an die Mauer. Sie hatte kein Gefühl mehr in den Füßen, und ihre Finger waren wie abgestorben. Fast alle Arbeitssuchenden waren verschwunden. Jedesmal, wenn ein Paar vorüberging, war zu erkennen, ob sie eine Stellung gefunden hatten, denn dann redeten und lachten sie. Einige der Jüngeren rannten sogar in Richtung des Kirmes, um sich noch ein bißchen zu amüsieren, woran sie sich später in den langen, dunklen Arbeitsmonaten, die vor ihnen lagen, erinnern konnten.

Nur noch sechs Paare waren jetzt übrig sowie zwei einzelne Frauen und vier einzelne Männer. Manuel war von einem Bein auf das andere getreten, um sich warm zu halten, aber plötzlich stand er ganz still, die Augen auf den Mann gerichtet, der sich vom gegenüberliegenden Gehsteig näherte. Es war ein großer Mann, stämmig, der Inbegriff eines Farmers. Er trug einen hohen schwarzen Hut auf seinem großen Kopf, und seine Schultern schoben sich nach vorn. Als er näherkam, sah Manuel, daß er gut angezogen war: auf Hochglanz polierte Ledergamaschen bis zum Knie, schöne feste Schuhe, dicke Kordhosen und eine dreiviertellange gerippte Joppe. Obwohl er sich sagte, daß man nie nach dem Aussehen urteilen konnte, war dieser Mann der am wohlhabendsten wirkende Farmer, den er heute morgen gesehen hatte. Er beobachtete, wie die Augen des Mannes über das Häuflein der Arbeitssuchenden schweiften. Er sah ihn auf ein Paar zugehen und mit ihnen reden; das Gespräch endete ohne ein Nikken oder Kopfschütteln. Dann schritt der Mann weiter, wobei er die verbliebenen Leute musterte wie eine Viehherde. Jetzt stand er vor Manuel, und es war Manuel, der als erster sprach. »Guten Tag, Sir.«

Das kühne Gesicht verzog sich zu einem Lächeln, die runden blauen Augen starrten ihn an: »Auch Ihnen einen guten Tag.« Dann fragte er: »Was sind Sie? Ich suche jemanden für die Kühe und als allgemeine Hilfskraft und eine Frau fürs Haus.«

Manuel sah direkt in seine blauen Augen und dachte: Ich kann diesem Mann die Wahrheit erzählen. Und laut: »Sechs Jahre als Reitknecht, vier Monate mit Kühen.«

»Schade, daß es nicht anders herum ist«, entgegnete der Mann. »Wo haben Sie zuletzt gearbeitet?«

»Mr. Skillens Farm.«

»Oh, mein Gott!« Das Lachen des Mannes war tief und dröhnend.

»Eins haben Sie da bestimmt gelernt, nämlich arbeiten. Was hat er Ihnen gezahlt?«

»Vier Shilling die Woche. Ich war unter Druck, sonst hätte ich es nicht angenommen.«

»Das kann ich mir denken. Nun, Ihre Frau hier.« Er richtete den Blick auf Annabella und fügte hinzu: »Zeigen Sie uns Ihr Gesicht, Mädchen.«

Als Annabella ihre Kapuze zurückschob, sagte der Mann: »Ah, Sie sind hübsch. Meine Frau mag was Hübsches um sich, aber nicht nur zur Dekoration. Was können Sie? Kochen?«

»Nein, Sir, aber – aber ich kann putzen, die Hausarbeit tun und in der Meierei helfen.«

»Sie braucht keine Hilfe in der Küche oder Meierei, die hat sie; sie braucht jemanden für die Arbeit im Haus. Meine Tochter heiratet bald – sie hat sich bisher darum gekümmert. Nun gut.« Wieder sah er Manuel an. »Es ist mir recht, wenn Sie auch wollen. Ich stelle Sie für sechs Monate ein. Neun Shilling die Woche zum Anfang. Wenn sie zehn wert sind, bekommen Sie die nach dem ersten Monat, und Ihre Frau zweieinhalb Shilling.«

»Wir – wir nehmen mit Freude an, Sir, aber eins muß ich vorher klarmachen, sie – sie ist nicht meine Frau, sie ist meine Cousine.«

»Oh, Cousine, he? Nun, das ist ein kleines Hindernis.« Er kratzte sich das Kinn. »Ein Cottage gehört zu dem Job, aber als Cousin und Cousine, nun, können Sie schlecht zusammen darin schlafen, nicht wahr?« Er neigte seinen großen Kopf Annabella zu, worauf sie errötete. Stirnrunzelnd überlegte er und fügte hinzu: »Betty ist auf dem Dachboden, aber es ist groß genug für zwei. Ja, ein zweiter Strohsack macht keinen Unterschied. Jawohl, ich glaube, wir können sagen, es geht in Ordnung. Wie heißen Sie?« Er blickte Manuel an.

»Manuel Mendoza, Sir.«

»Klingt ausländisch; aber Sie sind Ausländer, nicht wahr? Was? Italiener?«

»Nein, Sir, zum Teil Spanier.«

»Und zum anderen Teil?«

»Ire.«

»Oh, Ire.« Jetzt lächelten beide wie über einen Scherz.

»Und Ihr Name, Mädchen?«

»Annabella – Connolly.«

»In Ordnung also, Manuel und Annabella, kennt ihr den Phönix-Gasthof?«, und als Manuel das bestätigte, fuhr er fort:

»Seid um genau zwei Uhr dort, wir haben eine lange Fahrt vor uns. Ach, Moment.« Er hob den Kopf und lachte wieder. »Ich habe vergessen, euch zu sagen, wohin wir fahren. Es ist zwischen East Allen Dale und Devils Water Glen, nicht ganz bis Blanchland. Schöne Ecke im Sommer, gibt keine bessere, aber ein Eisgefängnis im Winter. Ich sage es euch lieber gleich.«

»Ich riskiere es, Sir.« Manuel lächelte, und der Mann nickte ihm zu: »Gut. Gut.« Dann schritt er davon.

Manuel lächelte Annabella an: »Das ist ein Mann nach meinem Geschmack.« Und Annabella lächelte zurück: »Er scheint ehrlich und geradeaus. Ich – ich hoffe, seine Frau gefällt mir.«

»So einer hat bestimmt keine schlechte Frau. Komm, wir versuchen etwas zum Essen zu bekommen, obwohl das leichter gesagt als getan ist. Aber wenn wir es rechtzeitig schaffen, können wir noch kurz die Kirmes besuchen.«

»Ich hätte nichts dagegen, mir eine Kirmes anzusehen; ich habe noch nie eine Kirmes gesehen,« stammelte Annabella.

»Nie?«

»Nein.«

»Dann komm.«

Nur der schwere Rucksack hielt ihn davon ab, so schnell zu laufen wie vorhin einige der jungen Leute. Die Uhr schlug halb eins, als sie den Marktplatz verließen, und es dauerte eine halbe Stunde, bis sie eine Gaststätte fanden, wo sie essen konnten, und das nur im Stehen, eingekeilt zwischen einigen Menschen.

Nachdem sie einen Teller mit heißen Pasteten und Erbsen geleert hatten, verließ Manuel sie einen Augenblick mit den Worten:

»Bleib auf dem Rucksack stehen und laß ihn dir nicht wegnehmen, es sei denn, man nimmt auch dich mit.« Er lachte tief und kehlig und hob sie auf den Fellsack. »Setz dich nicht hin, unter keinen Umständen, sonst wirst du zertrampelt.«

Er war noch keine Minute fort, als zwei junge Burschen, die sich umgedreht und sie allein gesehen hatten, sich grinsend einen Weg zu ihr bahnten: »Hallo, Süße«, sagte der eine von ihnen. Als sie nicht antwortete, stieß der andere seinen Freund mit dem Ellbogen an: »Sie ist stumm, ein hübsches Ding wie sie und stumm. Ist das nicht eine Schande? Meinst du, sie ist auch nicht kitzelig, Sam?«

»Versuchs doch mal, Robbie.«

»Soll ich, Sam?«

»Aber klar, Robbie. Probier mal.«

Sie bogen sich beide vor Lachen, und als der größere sich an ihre Seite schob, so daß seine Schultern fast in Höhe ihrer Taille waren, und seinen Arm um sie legen wollte, versetzte sie ihm mit dem Bündel einen kräftigen Schlag auf den Kopf.

Annabella konnte es nicht fassen, daß sie den Mann mit ihrem Bündel geschlagen hatte, aber sie war so verängstigt, daß sie auch ein Messer benutzt hätte, wenn sie eines in der Hand gehabt hätte.

»Eins zu null für sie!« rief der andere junge Bursche, worauf sich ihr alle Gesichter im Raum lachend zuwandten.

Wo war Manuel? Ihr Herz hämmerte in einer Mischung aus Furcht und Empörung.

»Sieh dir mal das Burgfräulein an. Los, Robbie, erstürm die Mauern.« Von mehreren Stimmen angefeuert, nahm der junge Bursche jetzt eine Boxhaltung ein und streckte wieder die Arme nach ihr aus, aber als sie diesmal ihr Bündel hochhob, ergriff der Bursche es in der Luft und warf es seinem Kumpanen zu. Dabei wandte er einen Augenblick das Gesicht von ihr ab. Ihre Hand schoß augenblicklich vor und verpaßte ihm eine so kräftige Ohrfeige, daß er wieder rückwärts taumelte. Aber jetzt lächelte er nicht mehr. Mit vor Wut verzerrtem Gesicht schrie er: »Du willst also Hiebe, he? Hiebe willst du? In Ordnung, die kannst du haben.« Aber bevor er seine Brutalität demonstrieren konnte, fühlte er sich plötzlich hochgerissen, so daß er auf seinen Zehenspitzen balancierte, und ihm gegenüber baumelte sein Freund Sam. Als dann sein Kopf krachend mit dem seines Freundes zusammenstieß, sah er minutenlang nichts anderes als die sprichwörtlichen Sterne.

Inmitten eines tödlichen Schweigens ließ Manuel die beiden Burschen wieder auf ihre Füße sinken. Sogar das Pastetenkauen und Erbsenschlürfen hatten aufgehört, und plötzlich öffnete sich ihnen ein Durchgang zur Tür. Nachdem er Annabellas Bündel zurückgeholt und den Rucksack auf eine Schulter gehievt hatte, schob er Annabella vor sich her auf die Straße hinaus.

Sie waren bereits mehrere Schritte gelaufen, bevor sie stammelte: »Es – es war nicht meine Schuld.«

»Das hat auch niemand behauptet.«

Sie war richtig erleichtert, als er grinsend hinzufügte: »Das war aber ein damenhafter Schlag, den du ihm versetzt hast.« Sie senkte einen Moment lang verwirrt den Kopf, bevor sie ihn wieder ansah und ausrief: »Du hast es gesehen! Du warst da?«

»Nicht die ganze Zeit. Ich kam herein, als du das Bündel schwangst.«

Sie blickte wieder zu Boden. »Es war das erste Mal, daß ich jemanden geschlagen habe. Ich hätte nie geglaubt, daß ich es könnte.«

Er wurde jetzt ernst: »In der Not werden selbst Schwächlinge zu Kriegern.«

Vor dem Phönix war eine Menschenansammlung, fast nur Männer. Sie postierten sich in einiger Entfernung von der Tür und warteten. Auf der einen Seite fand eine hitzige Debatte über den skandalösen irischen Rinderpreis statt, neuneinhalb Pfund pro Kopf. Skandalös, skandalös, sagten die Stimmen. Auf der anderen Seite diskutierte eine Gruppe die Fahrpreise für die Eisenbahn von Hexham nach Blaydon. Die Spanne zwischen der Ersten und der Zweiten Klasse war zu groß: zwei Shilling für die Reise Erster Klasse und nur ein Shilling für die Zweite Klasse. Entweder sollte man die Erste Klasse verbilligen oder die Zweite Klasse heraufsetzen. Und wenn es nach dem Redner ginge, würde er am liebsten solange Krach schlagen, bis der Abstand zwischen den beiden Klassen verringert wurde. Das trug ihm eine Stichelei von einem anderen Mann aus der Gruppe ein, der laut lachend rief: »Sei vorsichtig mit deinen Worten, Cranbrook, und was du da vorschlägst. Du willst, daß die obere Klasse herunterkommt und die Arbeiterklasse aufsteigt und daß sie sich in der Mitte treffen? Mein lieber Mann, du willst wohl eine Revolution anfangen? Paß lieber auf, Bursche, sonst hämmert noch demnächst Hetty Blacks Brut an die Tore von Mrs. Charlotte Bendels ›Akademie für junge Damen‹ und behauptet, sie habe ein Recht auf Einlaß.«

»Spinn doch nicht so herum, Mann. Ich meine das Steigen und Sinken von Preisen, nicht von Menschen.«

Das Gelächter wurde lauter, als die andere Stimme schrie: »Es fängt immer bei den Preisen an. Ändert die Preise, und ihr ändert die Menschen.«

Während Manuel den Gasthof nicht aus den Augen ließ und dabei an den Mann dachte, auf den er wartete, hörte Annabella die Gesprächsfetzen um sie herum. Sie hatte nicht gewußt, daß gewöhnliche Bauern so reden konnten. Aber bisher hatte sie auch nur Mr. Skillen kennengelernt. Ihre Stimmen mochten rauh und ihr Lachen laut sein, aber der Gehalt ihrer Worte deutete darauf hin, daß sie fähig waren, zu denken und zu handeln. Sie hatte die gemeinen Leute nie des Denkens für fähig gehalten. Sie begriff in diesem Augenblick, daß sie Rosina zwar viel zu verdanken hatte, daß sie aber auch an vielem die Schuld trug. Sie hatte sie in dem Glauben aufgezogen, daß es nur zwei Klassen in der Welt gab – die Gebildeten und die Ungebildeten. Die Ungebildeten mußte man freundlich behandeln, aber auf ihren Platz verweisen.

»Da sind sie.«

Er schulterte seinen Fellsack und machte einen Schritt vorwärts. Annabella folgte ihm.

»Ah! Da seid ihr ja.« Mr. Fairbairns Stimme klang voll und jovial. »Frau.« Er wandte sich zu der Frau an seiner Seite, die ihm gerade bis an die Schulter reichte und die in ihrem Reifrock und dem kurzen Cape klein, aber voluminös wirkte.

»Das sind sie. Wie findest du meine Wahl?«

Mrs. Fairbairn musterte erst Manuel. Sie begann bei seinem Kopf. Dann huschten ihr scharfen braunen Augen über seinen Körper und schienen auf seinen Muskeln zu verweilen. Schließlich nickte sie lächelnd. »Er sieht in Ordnung aus.« Danach richtete sie ihr Aufmerksamkeit auf Annabella. »Heben Sie ihre Kapuze hoch, Mädchen.«

Annabella schob die Kapuze zurück, und blitzartig sah sie vor ihrem geistigen Auge wieder den Sklavenmarkt, aber ihre zukünftige Herrin nickte ihr freundlich zu. Es war seltsam, dachte Annabella, daß die kleine Frau so ähnlich wie ihr Mann aussah. Auch ihr Gehabe glich dem ihres Mannes. Kurz angebunden, aber nicht unfreundlich.

»Sie sind ein hübsches Ding, daran ist kein Zweifel. Aber Schönheit bleicht kein Leinen, deshalb kann ich weiter nichts sagen, bis ich Sie arbeiten gesehen habe, nicht wahr, Mädchen?«

»Ja, Madame.«

Die Augenbrauen der kleinen Frau schossen hoch. Offenbar mißfiel ihr der Titel nicht, sie schien sogar ein wenig geschmeichelt, aber trotzdem sagte sie: »›Missus‹ redet man mich an, nicht ›Madame‹; Sie kommen auf eine Farm.«

»Oh, Verzeihung.«

»Das macht nichts. Komm, wir brechen auf, Mr. Fairbairn.« Nachdem sie ihren Mann so angeredet hatte, wandte sie sich ab, und er bedeutete ihnen mit einem Kopfnicken, daß sie folgen sollten.

Ihr Fahrzeug wartete im Stall auf sie. Es war ein umgebauter Zweispänner, der verschiedene Funktionen erfüllte: Über dem Kutschbock war ein hölzerner Regenschutz, und der rückwärtige Teil war mit Segeltuch überspannt, das wie beim Zelt von einem Mast hing, und dieser Teil war bereits mehr als zu Hälfte mit Kisten und in braunes Papier gewikkelten Paketen gefüllt, die zeigten, daß die Missus eine ganze Menge Einkäufe getätigt hatte.

»Herauf mit euch!« sagte Mr. Fairbairn, worauf Manuel Annabella hochhalf unter die Leinwand. Dann schob er seinen Rucksack hinein, zog sich selbst hoch, setzte sich auf das Trittbrett und ließ die Beine herunterbaumeln.

Als der Wagen seinen holprigen Weg über das Kopfsteinpflaster begann, wandte er den Kopf und lächelte Annabella zu, und als sie zögernd zurücklächelte, beugte er sich nach hinten und flüsterte: »Ich glaube, dieses Mal haben wir Glück gehabt.«

Je länger die Fahrt dauerte, desto anstrengender wurde sie, und immer häufiger wurden sie an die eine oder die andere Seite des Wagens gepreßt. Bevor die Dunkelheit hereinbrach, hielt Mr. Fairbairn an, um die Lampen anzuzünden, und rief ihnen dabei zu: »Es dauert nicht mehr lange – eine knappe Stunde.«

Diese Stunde kam Annabella wie eine Ewigkeit vor. Sie fühlte sich völlig zerschlagen, und sie war bis auf die Knochen durchgefroren. Außerdem war sie hungrig – sie konnte sich nicht daran erinnern, jemals so hungrig gewesen zu sein. Als der Wagen schließlich unter dem Kläffen von Hunden und lautem Stimmengewirr anhielt, rief Mr. Fairbairn: »Wir sind da. Steigt ab.« Manuel hob Annabella aus dem Wagen. Sie wäre aufs Gesicht gefallen, wenn er sie nicht gestützt hätte.

»Ich – ich habe einen Krampf.«

»Stampf mit den Füßen auf.«

Er blickte auf die erhellte Haustür, und während sie wie benommen mit den Füßen stampfte, um die Blutzirkulation in ihren Beinen anzuregen, blickte auch sie in den erleuchteten Eingang, aus dem eine Menschenmenge sowie einige bellende Hunde zu dringen schien. Als sie den Wagen erreichten, sprachen sie alle auf einmal.

»Hallo, Ma.«

»Wie ist alles gelaufen, Pa?«

»Oh, du hast sie bekommen.«

»Nun komm schon, laß uns hier nicht herumstehen, sonst erkälten wir uns noch. Halt die Laterne höher.«

»Hier, du, Sep!« Das war Mr. Fairbairns Stimme. »Kümmere dich um die Tiere; sie hatten den ganzen Tag schwer zu ziehen. Aber warte, laß uns erst diese Sachen rausholen. Platz, Duke. Man sollte meinen, wir sind ein Jahr weg gewesen. Und ihr beide –«, er rief jetzt ihnen zu, »– geht hinein, ihr könnt was Warmes vertragen nach dieser Fahrt.«

Es kam Annabella vor, als schritte sie durch ein Meer von Gesichtern, die alle im Schatten lagen. Sie ging auf die steingedeckte Veranda zu und trat in einen Raum. In diesem Augenblick nahm sie nur wahr, daß er extrem groß war, sehr warm, und daß er den wunderbaren Geruch von gebratenem Fleisch enthielt.

Sie stand dicht an der Tür, Manuel mit seiner Kappe in der Hand neben ihr, und an ihnen vorbei drängten sich zwei große junge Männer, Ebenbilder des Farmers, und eine große junge Frau von gleicher Statur und Haarfarbe wie ihre Brüder, ins Haus. Sie umringten die kleine Frau, nahmen ihr das Cape, den Hut, die Handschuhe ab und redeten die ganze Zeit und stellten Fragen.

»Was hast du gekauft, Ma?«

»Hast du meinen Kleiderstoff und das Nähgarn bekommen?«

»Ich hoffe, du hast meinen Tabak nicht vergessen.«

»Du und dein Tabak, Michael.«

»Hast du das Ding bekommen, das ich für Sarah haben wollte, Ma?«

»Nun seid endlich einmal ruhig, alle, ich muß erst mal Luft schöpfen. Ihr rührt nichts an, ihr bekommt nichts, bis ich gegessen habe, bis wir alle gegessen haben. Kommen Sie her, Mädchen.« Sie wandte sich an Annabella und nickte auch Manuel zu: »Sie auch.«

Und als sie in den Schein einer der beiden Lampen vortraten, die auf einem langen Tisch standen, der die Mitte des Raumes einnahm und der für eine Mahlzeit gedeckt war, forderte sie Annabella auf: »Legen Sie jetzt Ihren Mantel ab und lassen sich einmal richtig begucken.«

Annabella löst mit steifen Fingern den Haken an ihrer Kapuze und knöpfte ihren Mantel auf. Als sie ihn auszog, nahm Manuel ihn ihr aus der Hand, legt ihn über seinen Arm und blickte sie mit leicht nervösem Gesichtsausdruck an. Aber er hätte sich nicht zu sorgen brauchen. Was immer sie empfand, sie zeigte es nicht, und er atmete tief ein und schaute auf die beiden strammen jungen Männer, die ebenso wie ihre Mutter Annabella anstarrten. Bis auf die Tochter: die Tochter starrte ihn an. Sie hatte einen offenen Blick wie ihr Vater. Er nahm sich nicht die Freiheit heraus, zurückzustarren, er sah sie lediglich an. Sie war ein hübsches Mädchen. Er wandte seine Aufmerksamkeit wieder der kleinen Frau zu, die sagte: »Sie sind dünn wie eine Bohnenstange. Sie brauchen gutes Essen. Sie können nicht arbeiten, wenn Sie nichts zu essen bekommen. Nun setzt euch beide hin –«, sie deutete auf eine der beiden Bänke, die rechtwinklig zu dem offenen Kamin verliefen, «– und wir essen alle eine Schüssel Suppe, um uns aufzutauen, danach können wir reden. Das ist mein ältester Sohn, Willy«, fuhr sie unverzüglich fort, während sie auf den größeren der beiden Männer zeigte und Willy Annabella zunickte, ohne aber etwas zu sagen. »Und das ist Michael, mein zweiter Sohn.« Michael verbeugte sich ebenfalls in Annabellas Richtung, ohne das Gesicht zu verziehen. »Sep, das ist der jüngste; er wird bald hier sein. Und dies ist meine Tochter Agnes. Weil sie uns verläßt und bald heiratet, seid ihr hier. Aber weitere Erklärungen später. Jetzt die Suppe, Agnes.«

»Sie ist fertig, Ma.«

Agnes lief durch den Raum zu einer anderen Feuerstelle, die an jeder Seite einen Backofen hatte. Auf dem Einsatz stand ein großer Gulasch-Topf mit zwei Griffen. Sie hob ihn geschickt auf und brachte ihn zum Tisch, wo sie ihn auf einen hölzeren Untersatz stellte, die dicke Suppe in die Näpfe einfüllte und sie schnell in die Runde reichte, wobei sie die ganze Zeit lächelte.

Annabella hatte noch nie eine solche Suppe gegessen. Zu Hause hatte es alle möglichen Arten von Suppe gegeben, Hessische Suppe, Hasensuppe, Rebhuhnsuppe, Fasanensuppe, Suppe *a la reine*, aber keine hatte so wie diese geschmeckt.

»Möchten Sie etwas mehr?« Agnes beugte sich zu ihr vor.

»Ja, bitte, es ist köstlich.«

Die Farmerstochter starrte die neue Hilfe an, und sie konnte nur mit Mühe ein lautes Lachen unterdrücken, denn das Mädchen klang, als ahmte es eine Dame nach, eine Dame, wie sie im Falcon House jenseits des Moors lebten. »Davon bekommt sie nicht mehr –«, es war Mrs. Fairbairn, die sprach, »sonst hat sie keinen Hunger mehr für ihr Dinner. Übrigens, Mädchen, wo haben Sie sprechen gelernt?«

Annabella blickte Manuel nicht an, obwohl sie wußte, daß er sie anschaute, und erwiderte: »Ich bin in einem Kloster aufgewachsen.«

»Aha! Das erklärt einiges.« Ihre Herrin nickte ihr verständnisvoll zu. »In einem Kloster?« wiederholte Agnes erstaunt und sprach aus, was alle dachte. »Warum dann, ich meine, ich will sagen – wenn Sie in einem Kloster aufgewachsen sind, warum sind Sie –?«

Es war Manuel, der sie unterbrach: »Ihre Eltern sind gestorben, und sie hatte niemand anders, deshalb – deshalb ist sie zu meiner Familie gekommen.

Wir waren entfernte Verwandte, sie war an anderes gewöhnt, aber sie hatte ihr Zuhause.«

Sie blickten ihn alle an, und dann nickten die beiden jungen Männer, als ob sie sagen wollten: »Sie haben recht daran getan, sie aufzunehmen.«

Mrs. Fairbairn unterbrach die Stille: »Eine Schande, aber so ist eben das Leben. Komm, Agnes, sieh zu, daß das Dinner serviert wird. Oh, da sind sie ja.« Sie drehte sich zur Tür um, wo ihr Ehemann und ihr jüngerer Sohn eintraten, und rief ihnen zu: »Eßt schnell eure Suppe, das Dinner ist gleich auf dem Tisch. Sie spricht sehr schön.« Sie blickte immer noch ihren Mann an und deutet mit dem Kopf auf Annabella. »Sie hat uns erzählt, warum.« Sie wiederholte jetzt fast Wort für Wort die Geschichte, die Manuel eben erzählt hatte, und Mr. Fairbairn sah Annabella an und nickte, und Sep, der sie beide anschaute, nickte ebenfalls.

»Kommt und setzt euch hin. Sie, Manuel – . Was für ein schwieriger Name, ich habe noch nie so einen gehört. Jedenfalls, setzen Sie sich hierhin.« Sie zeigte auf einen Platz an der rechten unteren Ecke des Tisches. »Das ist Ihr Platz.« Dann zeigte sie auf einen Platz gegenüber: »Das ist Ihrer, Mädchen. Und von jetzt an eßt ihr mit uns und gehört zur Familie. Wenn ihr so lange bei uns bleibt wie Jack und Ruth, die vor euch hier waren, dann könnten es elf Jahre werden. Sie sind nur gegangen, weil er ein Stückchen Land im Süden geerbt hat. Es war natürlich, daß er gehen wollte. Neben Ihnen –«, diesmal zeigte sie auf den Platz an Annabellas Seite, »– sitzt Betty. Betty ist auf der Beerdigung ihrer Mutter. Wir haben sie heute morgen mitgenommen und in den Zug nach Blaydon gesetzt. Sie wird wohl fünf, sechs Tage fort sein. Wie lange es auch dauert, dort ist jetzt ihr Platz. Betty ist ein gutes Mädchen. Sie hilft mir in der Küche und in der Meierei; Sie bleiben im Haus. Agnes wird Sie morgen anlernen, und wenn ihr Hochzeitstag da ist, werden Sie sich überall auskennen.«

»Ja, Madame«, entgegnete Annabella leise, aber Mrs. Fairbairn übertönte sie laut: »Nichts da ›Madame‹, habe ich gesagt; Sie nennen mich ›Missus‹. Das ist alles, ›Missus‹. Das bin ich, und das werde ich bleiben, bis ich sterbe.«

Die ganze Zeit über hatte Agnes Fairbairn große zugedeckte Schüsseln den Tisch entlang abgestellt, und jetzt brachte sie zum Schluß eine große Delft-Platte, auf der eine geröstete Schweinekeule lag, umgeben von berstenden, geschmorten Äpfeln.

An einem Punkt während der Mahlzeit fragte sich Annabella, ob sie träumte, denn als sie meinte, nichts mehr essen zu können, trug Agnes eine enorme Fruchtrolle und einen Krug mit heißem Sirup auf den Tisch.

Sie blickte zu Manuel hinüber. Seine Augen schienen auf ihre zu warten, und als er sie anlächelte, dachte sie: Er ist glücklich, und auch ich werde hier glücklich sein. Aber es scheint alles zu schön, um wahr zu sein.

Als das Mahl schließlich zu Ende war, standen die Männer auf und gingen zu den Sitzbänken. Mr. Fairbairn sagte über seine Schulter zu Manuel: »Eine Pfeife?«

»Ja, Sir.«

»Kommen Sie her und stecken sich eine an.«

Manuel schob seinen Stuhl zurück, und nachdem er einen Blick mit Annabella gewechselt hatte, der zu besagen schien: Ich habe dir ja gesagt, daß wir Glück haben, gesellte er sich zu den Männern am Feuer.

Annabella hätte sich gerne dazugesetzt und ihre Füße an der Glut gewärmt, aber sie lernte schnell. Sie stand auf und begann das Geschirr am unteren Tischende abzuräumen, worauf ihre Herrin sagte: »So ist es richtig, Mädchen; je schneller abgewaschen ist, desto schneller können Sie sich hinsetzen. Agnes wird Ihnen helfen, und weil sie sehen will, was in diesem Paketen ist –«, sie machte eine Kopfbewegung in Richtung ihrer Tochter, «– wette ich zehn zu eins, daß diese Teller gar nicht zur Besinnung kommen, bevor sie wieder in ihren Regalen sind.«

Agnes lachte hell auf, und sie begann ihr Ende des Tisches mit einer Geschwindigkeit abzuräumen, die Annabella verwirrte, aber sie sagte sich selbst: Das muß ich lernen, mich schnell zu bewegen. Wenn sie sich hier einfügen wollte, schien Geschwindigkeit wichtig, und sie wollte sich hier einfügen. O ja, und sie würde es schaffen.

Als Manuel zufällig sah, wie sie um den Tisch eilte, dachte er: Sie begreift schnell. Ja, das tat sie wirklich. Er betrachtete mehrere Minuten versonnen ihren wippenden Rock und ihre schmalen Hüften. Dann wandte er sich ab, und während er in die Glut schaute, fiel ihm wieder Margee ein. Was hatte sie gesagt? Er würde zum Schluß reich werden. Warum mußte er in diesem Augenblick an Margee denken? Vielleicht weil sie im Feuer Bilder sehen konnte. Würde dieses Haus einen Einfluß auf sein Leben ausüben? Er folgte jetzt Agnes Fairbairn mit den Augen, die mit den Armen voller Geschirr den langen Raum hinunterschritt, und er überlegte nüchtern, daß die Tochter des Hauses sein Geschick nicht begünstigen würde, da sie kurz vor der Heirat stand; dieses Märchen war also zu Ende, bevor es begonnen hatte. Aber warum spürte er in diesem Moment so stark die Nähe Margees? Würde er hier jemandem begegnen? Vielleicht einer Frau? Warum stellte er sich selbst so dumme Fragen, wo er wußte, daß er keiner Frau begegnen wollte? In seinem Inneren wußte er, was er wollte. So unmöglich es war, er wußte, was er wollte. Aber Schluß mit diesen entrückten Gedanken; er war für die nächste Zeit gut untergebracht. Die Familie war großartig, und es spielte keine Rolle, wieviel Arbeit sie von ihm erwarteten, er wußte, daß er seine Meinung nicht ändern würde, und wenn es nach ihm ginge, würde er so lange wie seine Vorgänger bleiben.

Was war mit Spanien? Margees Gesicht schaute ihn aus den Flammen an, und ihre Stimme schien das Lachen und das Gespräch um den Kamin verstummen zu lassen, und er antwortete ihr innerlich: Zum Teufel mit Spanien! Ich bin in einen guten Hafen eingelaufen. Ich segele nicht mehr hinaus, es sei denn, ich muß, laß mich also in Ruhe, Margee, und kümmere dich nicht mehr um mich. Gehe jetzt und ruhe sanft.

4

Die Plane Farm hieß so, weil sie auf einem offenen Grundstück lag und wenig oder keinen Schutz vor dem Wind hatte, aus welcher Richtung er auch kam.

Es gab einhundertfünfzig Rinder auf der Farm, davon mindestens zwei Drittel Milchkühe, dazu Schafe, Schweine, Gänse und Hühner; auf den Feldern wuchsen reichlich Kartoffeln, Rüben und anderes Gemüse, so daß in jedem Monat des Jahres der Bedarf gedeckt war.

Das Farmgebäude selbst und fünfzig Morgen Land waren seit acht Generationen im Besitz der Familie. Die Generationen waren auch in der Bibel vermerkt, die im Wohnzimmer mitten auf dem Tisch lag, und Mr. Fairbairn behauptete sogar, daß jahrhundertelang, noch bevor die Farm entstand, ein Cottage hier gestanden hatte, in dem auch schon Fairbairns wohnten.

Das übrige Land, das sich auf dreihundert Morgen belief, hatte Lord Stonebridge gepachtet. Sein Sitz war das zwei Meilen entfernte Falcon House oben auf dem Moorgelände über dem Wear-Fluß und eine Stunde Ritt von der Stadt Stanhope entfernt.

Innerhalb von drei Tagen kannte Manuel die Umgebung in- und auswendig. Er hatte sich der täglichen Arbeitsroutine angepaßt, als sei er sie seit Jahren gewöhnt, und seine Zuneigung zu der gesamten Fairbairn-Familie war noch gewachsen. Die Söhne nannte er ›großartige Burschen‹. Ihre Ma hätte er gern mit ›Mutter› angeredet, wie er es bei Amy getan hatte. Ihre Tochter nannte er ein ›feines Mädchen‹ und seinen Arbeitgeber selbst ›einen Mann, einen richtigen Mann‹.

Eine weitere Quelle seiner Zufriedenheit war die Tatsache, daß es insgesamt sechs Pferde auf der Farm gab. Zwar waren sie nicht von derselben Güte wie die, die er in Redford Hall zurückgelassen hatte, aber es waren immerhin Pferde, jedes mit seinen eigenen charakteristischen Vorlieben und

Abneigungen. Vier waren große Zugpferde mit Haarbüscheln über den Hufen, und eines, ein achtzehnjähriger Grauer, plump und eher unansehnlich, hatte immer noch das Temperament einer munteren jungen Dame. Das dritte war ein junges, gerade erst für die Farmarbeit abgerichtetes Pferd. Aber jedes bereitete ihm seine besondere Freude, und Michael, zu dessen Aufgaben es gehörte, die Pferde zu versorgen, war froh und dankbar für Manuels Interesse und amüsiert und überrascht darüber, wie die Tiere auf ihn reagierten, besonders wenn er diesen eigenartigen Laut in seiner Kehle verursachte.

Und dann sein Haus. Es war ein Cottage für Farmarbeiter, aber für Manuel war es ein Haus, denn es war zweimal so groß wie die Hütte, die Skillen zur Verfügung gestellt hatte, mit vier anständigen Zimmern, alle außer der Küche mit Holzböden, und einem Dachboden, auf dem man, seiner Länge nach zu urteilen, bestimmt vier Betten unterbringen konnte, Kinderbetten. An den beiden vergangenen Abenden hatte er das Feuer in der Küche angezündet, und Annabella war herübergekommen, um ihn zu unterrichten. Abends gab es keine feste Essenszeit, außer wenn Mr. und Mrs. Fairbairn zum Markt fuhren. Gewöhnlich war um halb acht Frühstück, eine Pfeife und ein heißes Getränk um elf und Dinner um halb drei, das so gut und reichlich war, daß man anschließend überhaupt nicht in der Stimmung zum Arbeiten war. Abends dampfte dann immer ein Topf mit Suppe auf dem Herd, von der man sich selbst bediente und ebenso von dem kalten Fleisch, dem Käse und frischen Brot, die auf dem langen Brett unter dem Delft-Regal auslagen.

Um sechs Uhr abends war er fertig, aber jeden zweiten Abend hatte er bis zehn Uhr Bereitschaftsdienst. Gewöhnlich hielt er es so, daß er sich wusch und sein Hemd wechselte, wobei er das schmutzige in einen Eimer Wasser legte, um es später auszuwaschen. Dann ging er in die große Küche hinüber, in die behagliche Familienatmosphäre. Aber nach dem zweiten Abend, den er pfeiferauchend auf der Sitzbank verbracht hatte, wurde ihm klar, daß er seine Zeit vergeudete, und er erschreckte die ganze Familie, als er zu Mrs. Fairbairn sagte: »Wäre es möglich, Missus, daß Annabella abends für eine Stunde oder so in mein Haus kommt und mir Unterricht gibt?«

Sie hielten alle inne in dem, was sie gerade taten – reden, lachen, nähen –, und starrten von ihm auf Annabella, die selbst damit beschäftigt war, sich ein neues Arbeitskleid zu nähen, denn Mrs. Fairbairn hatte gesagt, der Fetzen, den sie trage, würde eine Vogelscheuche beleidigen.

»Stunden?« fragte Mr.. Fairbairn erstaunt, worauf Manuel erklärte: »Ich lerne das Alphabet, Sir.«

»Aber Sie haben doch Ihren Vertrag richtig unterschrieben?«

»Das ist nur der Anfang, Sir; ich habe noch viel vor mir.«

»Also, das ist ja was!« Agnes starrte Manuel an und kicherte, nur um von ihrer Mutter streng verwiesen zu werden, die mit fliegender Nadel und die Augen immer noch auf ihre Näharbeit geheftet sagte: »Ihr wäret besser dran, wenn ihr alle den Unterricht durchgehalten hättet. Zwanzig Bücher sind im Wohnzimmer, und keines ist seit Jahren angerührt worden. Welche Bücher lesen Sie, Mädchen?«

Annabella schluckte, bevor sie antwortete: »Wir – ich habe keine Bücher, nur eine Zeitung, eine alte Ausgabe, und eine Tafel und einen Stift.«

»Nun, wenn Sie die da drinnen gebrauchen können, nehmen Sie sie, Mädchen.« Annabella stand auf und stammelte: »Oh, danke, Missus. Vielen, vielen Dank.«

Sie folgten ihr alle mit den Augen, wie sie schnell durch den Raum ins Wohnzimmer ging, und Sep murmelte vor sich hin: »Sie macht mich irgendwie nervös, dieses Mädchen, wißt ihr; jedesmal, wenn sie den Mund öffnet, macht sie mich nervös. Oh –«, er warf einen Seitenblick auf Manuel, «– ich meine nichts Schlimmes, ich meine nur –.«

Manuel lächelte ihn an und erwiderte beruhigend: »Ich weiß, was du meinst, mir gehts manchmal genauso.«

»Bestimmt?«

»Ja, bestimmt.«

Sie grinsten sich an.

»Stell dir vor, im Kloster aufzuwachsen und dann zu –.«

»Näh mal lieber weiter, Agnes, sonst mußt du im Februar noch nackt übers Moor laufen.«

Daraufhin ertönte ein lautes Gelächter von den Männern und ein Protest von Agnes: »Oh, unsere Ma, du Lose!«

Und die jungen Männer schrien durcheinander: »Du Lose!«, worauf wieder ein brüllendes Lachen folgte.

Manuel merkte, daß der Umgangston in dieser Familie ungewöhnlich und erfrischend war.

Als Annabella in den Raum zurückkam, hatte sie zwei Bücher in der Hand, und auf Mrs. Fairbairns Frage, was sie ausgewählt habe, erwiderte sie: »Eines ist ›Gullivers Reisen‹, Dechant Swifts ›Gullivers Reisen‹, und das andere ist Grimms Märchen.«

Jetzt war es Mr. Fairbairn, der ausrief: »Ah, Grimm. Mein Vater hat es mir einmal zu Weihnachten gekauft. Hat es mir geschenkt, als sei es Goldstaub. Hat auch eine hübsche Summe gekostet, das kann ich euch sagen. Sollte ein Kinderbuch sein, bin aber halb umgekommen vor Angst. Ich habe nachts laut geheult, bis meine Mutter drohte, das Feuer damit anzuzünden. Diese Bande –«, er schwenkte seinen Arm in die Runde der Familie, »– glaubt nicht, daß ein einziger es geöffnet hat.« Er nickte jetzt Annabella zu: »Weihnachten müssen Sie eine Geschichte vorlesen, Mädchen, Schnee auf den Feldern und ein loderndes Feuer, viel zu Essen und zu Trinken und einer Geschichte zuhören, wie auf diesen alten Bildern. Ja, Weihnachten werden wir das tun.«

Annabella verneigte sich leicht vor ihrem Herrn, und sie und Manuel verließen unter dem Schweigen der anderen den Raum.

Als Annabella zum erstenmal Manuels Haus gesehen hatte, war sie so begeistert wie er. »Wäre es nicht wunderbar gewesen«, sagte sie, »wenn wir das bei Skillen gehabt hätten?« Er mußte ihr zustimmen.

Sie brannten eine ganze Kerze herunter, und er kratzte auf seine Tafel: Ratte, Matte, Latte, hatte und so fort; dann lehrte sie ihn seine Zunge benutzen, wie er sie noch nie benutzt hatte, beim Aussprechen des Wortes ›Ratte‹, er rollte das R schnell und scharf vorn im Mund statt hinten in der Kehle, wie er es gewöhnt war. Sie klärte ihn auch über den Unterschied zwischen ›lehren‹ und ›lernen‹ auf. »Ich kann dich lehren, aber nur du kannst lernen. Ich kann dich nicht lernen, verstehst du?«

Er sah sie an und nickte. Dann beobachtete er ihre Lippen, als sie fortfuhr: »Wiederholte: Du lehrst, ich lerne.« Und automatisch sagte er: »Du lehrst, ich lerne«, aber irgendwo im Hintergrund seines Gehirns sagte eine Stimme: »Es sollte anders herum sein: ich lehre, du lernst, du lernst die Dinge, die ich kenne, die Dinge, die du kennen mußt, um eine Frau zu werden.« Er fing an, sich mit ihr zu beschäftigen, wenn er Zeit hatte, über sie nachzudenken, wie jetzt, und wenn er im Bett war.

Am nächsten Abend fragten die Jungen ihn: »Kannst du nicht hier lernen? Gutes Licht, alles, auch ein Tisch ist hier«, und er entgegnete lachend: »Mein Gesicht ist rot genug, wenn ich der Lehrerin ›Ratte‹, ›Matte‹ und ›Latte‹ nachspreche.« Er zeigte auf Annabella. »Entweder käme ich mir wie ein Trottel vor, oder ich würde mich kaputtlachen.«

Es war um die Mittagszeit, als Annabella einen unfreiwilligen Heiterkeitsausbruch hervorrief, wie ihn dieses sowieso schon fröhliche Haus noch nie erlebt hatte. Sie mußte Gemüse vom Seitentisch herbeitragen, wo Mrs. Fairbairn sie aus Pfannen und Schüsseln schaufelte und diese zudeckte. Die größte der Schüsseln enthielt etwa zwölf Pfund Kartoffeln. Annabella trug sie zum Kopfende des Tisches, um sie dort zwischen ihrem Herrn und Willy abzustellen. Als sie sich gerade vorbeugte, rief Mr. Fairbairn ausgelassen: »Ah, so ists recht, Mädchen«, und berührte gleichzeitig mit seinen Fingern eine Stelle von Annabellas Anatomie, die noch niemand angefaßt hatte außer der alten Alice oder dem Kindermädchen. Während sie wie eine Katze quietschte, deren Schwanz in die Mangel geraten ist – so beschrieb Michael es später –, schien sie die Schüssel mit den Kartoffeln in die Luft zu werfen, so daß sie auf die Köpfe von Mr. Fairbairn und Willy regneten, und sie dann wieder aufzufangen, wonach sie sich zitternd und mit hochrotem Gesicht an den Tisch lehnte.

»Was ist los mit Ihnen, Mädchen? Was machen Sie nur? Hör auf zu fluchen, Mr. Fairbairn. Und du auch Willy, du bist nicht tot.«

»Nein, Ma, nur halb verbrannt.«

»Aus dem Weg, Mädchen. Was ist Ihnen denn passiert?«

»Nicht ihre Schuld. Nicht ihre Schuld.« Mr. Fairbairn wischte sich die letzten Kartoffelreste von der Schulter, wobei er freimütig zugab: »Habe ihr in den Hintern gekniffen; sie ist wohl nicht daran gewöhnt.«

»I-ih-ihr in den Hintern ge-gekniffen.« Sep sah vom unteren Tischende Annabella an. Sein Gesicht war vor Vergnügen verzogen. Langsam drang ein tiefes Lachen aus seiner breiten Brust, und während es aufstieg, zeigte er auf Willys Kopf, auf dem immer noch ein Kartoffelstück thronte, eingebettet in dichtes, sandfarbenes Haar.

Sie sahen jetzt alle Willy an, und als er mit seinen Fingern das letzte Fragment herausfischte, begann auch er zu lachen.

Dann kam auch Michael dazu.

Mr. Fairbairn kämpfte einige Minuten dagegen an, aber bald lehnte auch er über dem Tisch, den Kopf in den Händen verborgen.

Agnes lachte schallend mit offenem Munde. Um allem die Krone aufzusetzen, sank Mrs. Fairbairn in einen Stuhl und hob ihre Schürze vors Gesicht, um ihr Lachen zu ersticken.

Als letzter ließ Manuel sich gehen. Die Vorstellung, daß jemand Miß Annabella Lagrange ins Hinterteil kniff, war an sich schon komisch genug, aber das mitzuerleben – das reizte ihn so zum Lachen wie nichts seit vielen Jahren. Aber da sie nicht mehr Miß Annabella Lagrange war und da er wußte, was sie in diesem Augenblick empfand, hatte er versucht, seine Belustigung zu unterdrücken. Jedoch, nachdem die ganze Familie sich in Lachkrämpfen wand, ließ er sein Kinn auf die Brust sinken, bedeckte seine Augen mit den Händen und stimmte mit ein.

Das war zuviel für Annabella. Sie rannte aus dem Raum, durch die Küche ins Waschhaus, wo sie die Hände gegen ihr Gesicht preßte, um die Tränen aufzuhalten, die sie ihrer Meinung nach völlig ihrer Würde berauben würden. In diesem

Augenblick vergaß sie die Güte ihrer neuen Arbeitgeber. Sie vergaß, daß sie am Morgen mit dem Gedanken aufgewacht war: Hier könnte ich glücklich sein, das heißt, solange Manuel bleibt – denn sie konnte sich inzwischen keine Situation ohne Manuel vorstellen. Warum war ihr das passiert? fragte sie sich wieder. Nicht nur, daß ihr Herr sich die Freiheit herausgenommen hatte, sondern daß sie in eine Lage geraten war, wo dies möglich war. Oh, sie wünschte, es wäre ein Jahr früher und sie hätte sterben können, bevor sie diese Erniedrigung erleiden mußte.

Der Riegel zum Waschhaus wurde angehoben, aber sie drehte sich nicht um. Sie erkannte Manuel an seinem Schweigen. Als er sie beim Arm faßte und sie umdrehte, blickte sie ihn nicht an.

»Komm, er hat es nicht böse gemeint. Er ist verstörter als du und – und genauso überrascht.« Bei dem Zittern in seiner Stimme wollte sie ihre Arme aus seinen Händen lösen, aber sie verhielt sich still. »Komm – alle warten auf dich.«

»Ich – ich will kein Dinner, vielen Dank.«

»Jetzt aber Schluß.« Er wurde ernst. »Die Leute sind gut zu uns. Wenn du dich so anstellst, wären sie beleidigt, und du mußt bedenken, daß wir es uns nicht leisten können, sie zu beleidigen. Sie wollen ihr Dinner; sie sind hungrig, aber sie warten auf dich, komm also.«

Sein Ton veranlaßte sie, die Augen zu heben. Er lachte nicht mehr. Er teilte ihr mit, wer sie war und daß Vergeltung irgendwelcher Art für sie nicht in Frage kam.

Sie atmete tief ein, wandte sich von ihm ab und ging hinaus, und als sie in die Küche trat, wurde ihr bewußt, daß alle tatsächlich auf sie warteten, und eben das empfand sie als demütigend. Während sie sich hinsetzte, blickte Mr. Fairbairn sie an: »Es war nicht böse gemeint, Mädchen«, worauf sie mit gesenktem Kopf antwortete: »Es tut mir leid, Sir, es war meine Schuld.«

»Kommt, kommt, genug geredet, macht euch an euer Essen.« Mrs. Fairbairn hatte wieder die Oberhand, und sie aßen alle ihr Dinner. Aber Annabella merkte, daß die drei Söhne immer noch heimlich in sich hineinlachten. Jedesmal, wenn sie sie ansahen, schauten sie beiseite und attackierten eifrig ihre Teller.

Aber noch vor dem Ende des Tages lächelte sie selbst über den Zwischenfall. Sie lächelte, lachte jedoch nicht. Das geschah, als Agnes ihr die täglich Arbeitsroutine in allen Einzelheiten erklärte. Da heute Freitag war, wurde das Wohnzimmer aufgeräumt, sie bürsteten Plüschsessel, schüttelten Sofaschoner aus, wischten Staub von Dutzenden kleiner Gegenstände und besprenkelten schließlich den Teppich mit nasser Kleie. Danach fegten sie alles von beiden Seiten des Zimmers wieder aus und häuften es an einer Stelle. Als sie während dieser Tätigkeit einander in der Mitte des Zimmers begegneten, begann Agnes auf den Knien ihren schweren Körper zu wiegen, wobei sie sagte: »Ich sehe dich immer noch, weißt du. Das Lustigste, was je in der Küche passiert ist. Wenn Betty das jedesmal getan hätte, wenn mein Pa sie gekniffen hat, wäre kein einziger Teller mehr übrig. War es das erstemal, daß dir jemand in den Hintern gekniffen hat?« Annabella hörte auf zu fegen. Sie blieb auf den Händen und Knien am Boden, während sie Agnes anschaute, dann begann sie langsam zu lächeln und gab ebenso langsam zu: »Ja, es war das erste Mal.«

»Stell dir das nur vor. Warte, bis ich es Betty erzähle. Ah, ich wünschte, Betty wäre dabei gewesen; sie hätte lauter gelacht als alle anderen. Betty wird dir gefallen. Nettes Mädchen, Betty. Lustig und fleißig noch dazu.«

Als sie mit dem Teppich fertig waren, zeigte Agnes ihr, wie sie den Kaminsims säuberte. »Nimm erst alles herunter«, sagte sie, »all die Vasen und Miniaturen und paß auf bei den Miniaturen, weil es Mama nichts ausmacht, wie viele Vasen zerbrechen, aber sie würde wahnsinnig, wenn eine davon auch nur einen Kratzer abbekommt.«

Die Miniaturen waren kleine Kinderporträts. Es waren insgesamt dreizehn, und da sie sich alle ähnelten, fragte sie: »Sind das Verwandte?«

»Verwandte! Das kann man wohl sagen. Es sind unsere Brüder und Schwestern.«

»Aber – aber dreizehn?«

»Ja, Ma hatte dreizehn von uns, aber der Rest ist zwischen fünf und zehn Jahren gestorben, meist an Typhus. Sie hat es gerade geschafft, uns vier aufzuziehen.«

Annabella versank in ein bedrücktes Schweigen. Diese kleine Frau in der Küche hatte neun Kinder im Alter von fünf bis zehn verloren. Sie konnte es kaum glauben.

»Sie sind alle drüben bei Stanhope beerdigt. Jeden Sonntag, ob Regen, Hagel oder Schnee – das heißt, wenn der Schnee nicht zu hoch liegt –, geht Mama nach der Kirche zu den Gräbern, und sie bringt für jeden etwas mit. Vielleicht nur ein paar Holunderbeeren, aber immer etwas. Schau nicht so drein – es ist schon in Ordnung; sie ist darüber hinweg. Das letzte ist vor beinahe zehn Jahren gestorben. Du weinst doch nicht etwa, oder?«

»Nein. Nein.«

»Ma weint nie. Oder wenn, dann nur in der Nacht. Ich habe sie noch nie weinen sehen. Ma ist eine großartige Frau.«

»Ja, ja das stimmt.«

Sie waren jetzt am Spinett angekommen, und Agnes sagte: »Achte immer darauf, den Deckel hochzuheben und die Tasten abzustauben. Und sei vorsichtig, unten an den Bässen ist eine locker.« Dann blickte sie Annabella strahlend an: »Weißt du, daß ichs gelernt habe? Ich habe ein ganzes Jahr Unterricht gehabt. Einmal im Monat bin ich nach Hexham gefahren. Es hat mich einen ganzen Tag gekostet für die eine Unterrichtsstunde. Aber es war Zeitverschwendung; ich hatte nicht die Hände dafür und auch nicht die Begabung. Hast du ein Instrument in deinem Kloster gelernt?«

»Ja.« Annabella nickte. »Klavier.«

»Wirklich? Dann kannst du dies sicher auch spielen. Wir haben stapelweise Noten auf dem Dachboden. Mein Großpapa, der die Bücher da gelesen hat –«, sie deutete mit dem Kopf zum Regal, »– er konnte es spielen, und Pa läßt es regelmäßig stimmen; einmal im Jahr läßt er den Mann kommen. Möchtest du jetzt etwas spielen?«

»Oh nein, nicht während der Arbeit.«

»Mach schon, Mama wird sich nicht beschweren.«

»Nein, ich möchte lieber nicht. Vielleicht später.«

»Morgen abend.« Agnes' Gesicht leuchtete auf. »Wir haben am Samstagabend immer ein geselliges Beisammensein. Dave kommt her, das ist mein Verlobter. Samstag ist sein Besuchsabend, und Michael geht zu den Pranks, um Lizzie zu besuchen, und er bringt sie meistens mit zurück, weil die Pranks ein trauriger Haufen sind. Und Seps Freundin, Sarah, sie kommt im Winter her, aber im Sommer gehen sie in die Stadt. Aber jetzt, stell dir nur vor, wenn du Klavier spielst, könnten wir eine richtige Party machen. Ich liebe Parties.« Agnes riß ihre Augen weit auf. »Neujahr machen wir immer eine schöne Party. Kannst du Tänze spielen, glaubst du?«

»Ich könnte Walzer spielen.«

»Oh, das wäre großartig. Ich werde es später Ma erzählen und sehen, was sie sagt. Übrigens –«, Agnes hob warnend den Finger: »Morgen abend, wenn alle hier sind, mußt du damit rechnen, daß jemand den Vorfall von heute zum besten gibt; die Burschen tun alles für einen Lacherfolg, du darfst also nicht beleidigt sein.«

Annabella schlug die Augen nieder: »Nein – keine Angst, Agnes. Ich werde nicht beleidigt sein.««

»Prima.« Agnes nickte ihr zu; dann widmete sie sich mit erneuter Kraft ihrer Arbeit und schloß: »Du, ich freu mich schon auf morgen abend; ich schicke die Burschen auf den Dachboden hoch, damit sie die Noten holen. Mensch, eine Party im November, stell dir das vor. Bin ich froh, daß du zu uns gekommen bist, Annabella, wirklich. Ich wußte es sofort, als ich dich zum erstenmal gesehen habe.«

»Danke, Agnes, vielen Dank.«

Am Samstagabend fand eine Party statt. Annabella und Manuel wurden Dave Pearson vorgestellt, einem jungen Farmer und Agnes zukünftigem Ehemann, und Miß Lizzie Pranks, was einfach mit den Worten geschah: »Hier, ihr drei, Dave, Lizzie und Sarah, dies ist das Mädchen, Annabella, und der Mann, Manuel!« Man nickte ihnen zwar zu, ignorierte sie zunächst jedoch völlig, während die Besucher miteinander wetteiferten, von einem Zwischenfall drüben in Stanhope zu berichten, wo Miß Percy wohnte, und von den Vorgängen der Woche in Woolsingham, wo Miß

Pranks zu Hause war. Dave Pearson redete laut mit Mr. Fairbairn und wollte offensichtlich Eindruck schinden. Annabella fand ihn nicht fein genug für Agnes. Es fiel ihr auch auf, daß keiner der fünf anwesenden Männer so gut aussah wie Manuel, obwohl Michael, Sep und Mr. Pearson schwarze Anzüge trugen und Mr. Fairbairn und Willy, die immer noch ihre Kordhosen anhatten, weil sie die Tiere versorgen mußten, saubere Hemden und Jacken angezogen hatten. Manuel trug einen Kordanzug, dem man ansah, daß er frisch gewaschen war, wie es sich bei Kord nicht vermeiden läßt, wenn er mit Wasser in Berührung kommt. Sein Hemd und sein Halstuch waren sauber, nur seine Jacke hatte einige Flecken. Doch stach er selbst in dieser Kleidung unter den anderen Männern hervor. Ohne Zweifel war sie die schäbigste von den Frauen. Aber offensichtlich war die alte Miß Annabella Lagrange in ihr noch nicht ganz gestorben, denn sie fühlte eine gewissen Überlegenheit, vielleicht nicht gegenüber Mrs. Fairbairn und Agnes, aber ganz gewiß bei den beiden zukünftigen Bräuten, von denen eine sich geziert und vornehm gab und die Wörter falsch betonte – nämlich Miß Lizzie Pranks.

Als Agnes Annabella von der Bankecke zog, wo sie still beobachtend und zuhörend saß, und sagte: »Komm mit ins Wohnzimmer, Annabella, und zeig uns, was du kannst«, hörten die Besucher zu reden auf und starrten das neue Mädchen an. Nur Agnes rief: »Sie spielt! Wartet nur, bis ihrs hört.«

Im Wohnzimmer nahm Agens eines der Notenhefte, das auf dem Piano lag, und flüsterte: »Spiel dies zuerst, damit sie hören, wie du spielst.«

Als Annabella sich ans Klavier setzte, lächelte sie innerlich bei dem Gedanken, daß Agnes sie als ein Prunkstück betrachtete. Nicht jeder hatte ein Hausmädchen, das Klavier spielen konnte – ›schwere Stücke‹, wie Agnes gestern abend gesagt hatte, als sie Kompositionen von Beethoven und Mozart spielte. Das Stück, das Agnes ihr jetzt gab, war Mozarts Sonate in as-Moll.

Als Annabella zu spielen begann, rannte Agnes zur Wohnzimmertür und rief: »Haltet gefälligst den Mund! Hört zu. Hört zu.«

Und sie hörten zu und nacheinander kamen sie in das Zimmer, verlegen zuerst, und setzten sich in die Nähe des Feuers. Sie sahen alle zum Spinett und zu Annabella hin, und als sie aufhörte und sich ihnen halb zuwandte und sie sie immer noch stumm anstarrten, stammelte sie: »Ich – ich bin ein wenig aus der Übung.«

»Hoh! Ich wäre gern aus der Übung, wenn ich so spielen könnte, was meinst du?« Michael stieß seine Verlobte an, und Lizzie Pranks antwortete steif: »Es war ganz ordentlich gespielt.« Annabella mußte sich daraufhin schnell abwenden, um die scharfe Entgegnung zu unterdrücken, die ihr auf der Zunge lag. Als sie ›Gigue‹ spielte, beeindruckte das Überkreuzen ihrer Hände die Gesellschaft ebenso wie die Musik, aber ihr Talent machte sie auch ein wenig verlegen, und Manuel spürte das. Er hatte sich als einziger nicht hingesetzt. Er stand einige Schritte vom Klavier entfernt in der Nähe der Wand, und während sie spielte, wandte er kein Auge von ihr. Die Musik weckte in ihm eine sanfte Traurigkeit und gleichzeitig ein wildes, tiefes Verlangen, das sich zu einem förmlichen Schmerz steigerte, nicht nur wegen seiner Hoffnungslosigkeit, sondern auch wegen des Anblicks, den sie bot – ihr trauriges Gesicht gekrönt von dichtem, glänzend braunem Haar und ihr Körper bedeckt mit Kleidern, deren sich jede anständige Magd schämen würde.

Er mußte ihr ein paar Sachen kaufen. Warum hatte er nicht schon früher daran gedacht? Sie arbeitete an einem Kleid, aber es würde noch Wochen dauern, bevor es fertig war. Er würde ihr ein Kleid kaufen und Schuhe. Was machte es, wenn er seinen Geldbeutel erleichterte? Er hätte es tun sollen, als sie in Hexham waren.

Sie klatschten jetzt, und er klatschte mit ihnen, und die Söhne ergingen sich alle in Lobeshymnen.

»Annabella, Mädchen! Sowas Schönes habe ich noch nie gehört.«

»Du könntest im Konzert auftreten.«

»Es ist eine Schande, daß du Hausarbeit machen mußt, wo

du so spielen kannst.« Willy sprach als letzter. Er blickte mit halb geschlossenen Augen und leicht geöffneten Lippen auf sie hinunter. Manuel beobachtete ihn. Er kannte die Anzeichen, wenn ein Mann sich in eine Frau verliebt. Seine Bauchmuskeln zogen sich zusammen, und seine Gedanken begannen zu rasen.

»Wenn du so schnell Kartoffeln auffangen könntest, wie du spielen kannst, Annabella, hättest du gestern einen Jongliertrick angewandt; habt ihr davon gehört?« Willy drehte sich jetzt grinsend um: »Meine Güte, hab ich gelacht.«

Zehn Minuten später, als sich alle auf ihre Kosten königlich amüsiert hatten, spielte sie auf Agnes Wunsch einen Walzer, und die drei Paare hopsten aus dem Takt und ziemlich unbeholfen um den Küchentisch herum, während Manuel und Willy zuschauten und Mr. und Mrs. Fairbairn sich bequem zurücklehnten und die ganze Vorstellung genossen. Nach dem Tanz aßen sie inmitten von Gelächter und Applaudieren von den Tellern auf der Anrichte und tranken Pastinakwein. Dann sagte Mrs. Fairbairn zu ihrem Sohn: »Hol deine Flöte, Willy, und laß sie den de Coverley tanzen. Können Sie den de Coverley, Annabella?«

Und ob sie ihn konnte! Ja, und Mazurka und Menuett. Sie murmelte: »Ja, Missus.«

»Na also, nehmen Sie Manuel und stellen sich auf.«

Zum erstenmal tanzte sie mit Manuel, wobei sie eine seltsame und tiefe Erregung spürte.

Als es neun Uhr schlug, wurden bedauernde Stimmen laut, wie schnell die Zeit verflogen sei. Nachdem sie mit heißer Suppe aufgewärmt worden waren, verabschiedeten sich die Besucher. Mit fröhlichem Gelächter drängten sie sich in der Begleitung von Michael und Sep in die Kutsche.

Als sie wieder im Haus waren, räumten Annabella und Agnes das Geschirr fort und brachten das Wohnzimmer in Ordnung, da sie es nicht bis zum Montag lassen konnten. Und am Sonntag, erklärte Agnes, wurde solche Arbeit nicht getan, nur was absolut notwendig war zum Essen.

Manuel ging mit Willy hinaus, um noch eine letzte Runde durch die Ställe zu machen, und erst als sie damit fertig waren, bemerkte Willy: »Es war ein fantastischer Abend, Manuel!«

»Ja, Willy, es war ein großartiger Abend; der beste seit langer Zeit.«

»Für mich auch. Deine Cousine, sie ist ein sehr gebildetes Mädchen.«

»Das stimmt.«

»Es ist eine Schande.«

»Was?«

»Na, ja, ich meine, daß sie jetzt in dieser Lage ist mit all ihren Fähigkeiten. Eine Schande, daß ihre Eltern gestorben sind, muß ein schwerer Schlag gewesen sein.«

»Das war's. Ja, das war's.«

»Gute Nacht, Manuel.«

»Gute Nacht, Willy.«

Manuel ging direkt zu seinem Haus. Es war dunkel und kalt. Er zündete eine Kerze an und legte sich schnell ins Bett, aber er konnte noch nicht einschlafen. Er lag da und starrte in die Dunkelheit. Nach einiger Zeit sagte er laut: »Gute Nacht, Manuel. Gute Nacht, Willy.«

Das war das Ende einer sehr aufschlußreichen Gedankenkette.

5

Am Sonntag gingen sie alle zur Kirche mit Ausnahme von Manuel, der auf den Hof aufpaßte. Im Wagen saß Annabella neben Willy, der ihr auf der Fahrt verschiedene Sehenswürdigkeiten zeigte. Dies war Bolts Burn; dort drüben in der Nähe von Rookhope gab es ein paar schöne Wasserfälle, großartiger Anblick, und bei Tunstall konnte man gut fischen, und war sie schon einmal im Schloß und in den Höhlen von Stanhope gewesen?

Sie mochte Willy; er war freundlich, und das glich sein derbes Äußeres und seine ungeschliffene Art zu sprechen weitgehend aus.

Daß er sich in der Kirche neben sie setzte, entging der Familie nicht, und Agnes sagte lachend am Montagmorgen, als sie einen riesigen Stapel Wäsche aussortierte, was an jedem Montag fällig war: »Weißt du was, Annabella, unser Willy hat sich in dich verknallt.« Dann: »Du meine Güte! Du bist ja puterrot geworden.«

»Bitte, Agnes, so etwas solltest du nicht sagen –.«

»Aber ich sage es trotzdem, weil es wahr ist. Wäre komisch, wenn du an ihm hängenbleiben würdest, wie?«

Während Annabella die Tochter des Hauses anstarrte, begriff sie, daß sie keinerlei Klassenunterschiede kannte und daß sie selbst, sollte sie sich in Willy – verknallen, von dieser Familie ohne weiteres akzeptiert würde. Es war sehr seltsam, denn sie waren keine armen Bauern wie die Skillens.

»Obwohl, wenn das der Fall wäre, könnte es Reibereien geben, wenigstens solange Betty hier ist. Sie hat schon vor drei Jahren ein Auge auf unseren Willy geworfen, aber er beachtet sie gar nicht. Wenigstens kaum. Er albert mit ihr, weil es hier manchmal einsam wird im Winter. Ich bin froh, daß du gekommen bist, Annabella, ich bin froh, daß du und Manuel gekommen seid. Manuel sieht gut aus, wie? Ich wünschte, mein Dave sähe ein bißchen aus wie er.« Sie kicherte jetzt. »Aber Dave ist in Ordnung, und er macht sich; fünfundsiebzig Morgen hat er schon, die gehören ihm ganz allein. Das ist ein toller Anfang. Nächsten Februar bin ich nicht mehr hier, ich kann es gar nicht glauben. Bis dahin kannst du alles schon im Schlaf.« Sie hob ein Dutzend Flanellhemden auf und warf sie in die Wanne mit Seifenlauge. Dann nahm sie einen schweren Stock und rührte mit ihm wie mit einem Holzlöffel, und während sie in der Wäsche stocherte, fügte sie hinzu: »Paß aber auf, daß Betty ihren Anteil an der Wäsche übernimmt; sie hat was gegen Waschen, Betty. Sonst macht ihr nichts was aus, Küche, Meierei, alles, aber sie haßt das Waschen. Sie müßte morgen hier sein.«

Annabella lächelte in sich hinein und dachte, daß Agnes genau wie ihre Mutter redete. Sie fing an, sich Gedanken wegen dieser Betty zu machen, aber sie überlegte, wenn die ganze Familie das Mädchen gern hatte, mußte sie über irgendwelche Qualitäten verfügen, und sie würde ihr selbst bestimmt gefallen.

Am Dienstagabend kam Betty um halb neun. Annabella traf sie nicht sofort, weil sie im Bett lag, wohin Mrs. Fairbairn sie vor einer halben Stunde geschickt hatte, weil ihre Nase und ihre Augen liefen und sie andauernd nieste. Der Wechsel zwischen dem dampfend heißen Waschhaus und dem zugigen Stück Feld, wo sie die Wäsche aufgehängt hatte, hatte ihr gestern eine Erkältung beschert.

Nachdem man ihr etwas Hustensaft gegeben hatte, an dem sie fast erstickt war, und Glas mit Gänsefett, das sie sich, wie Mrs. Fairbairn sagte, auf die Brust reiben sollte, war sie nach oben gegangen. Aber nicht, um zu schlafen.

Fast eineinhalb Stunden später war sie immer noch hellwach. Sie konnte Agnes' Stimme hören, die sagte: »Dein Bett ist im selben Zimmer, wir haben Sie an der Fensterseite untergebracht. Sie wird dir gefallen. Wir mögen sie alle sehr gerne. Und was hältst du von ihm, Manuel? Er stellt was dar, nicht wahr? Er hat gute Manieren für einen Schweizer, meinst du nicht? Das liegt daran, daß er noch nicht lange Schweizer ist, war jahrelang Kutscher. Es ist etwas Geheimnisvolles an ihm, glaube ich, wie auch an ihr. Sie ist anders. Wegen des Klosters, wie ich dir erzählt habe, aber sie wird dir gefallen, ich weiß, sie wird dir bestimmt gefallen.«

Die Tür öffnete sich, das Kerzenlicht flackerte über die Decke, und Agnes flüsterte: »Paß auf, daß sie dir nicht im Weg ist. Gute Nacht. Du wirst wie ein Murmeltier schlafen.«

»Gute Nacht, Agnes. Danke. Ich bin froh, daß ich zurück bin.«

»Wir auch.«

Die Tür schloß sich. Sie hörte leise Schritte durchs Zimmer. Licht fiel auf ihr Bett. Sie starrte hoch in die Augen über ihr, und die Augen starrten auf sie zurück. Sie waren verzerrt, vor Überraschung verengt, während sie ihre eigenen voller Entsetzen weit aufriß, während die Erinnerung sie durch die Jahre rückwärts schleuderte zu dem Zeitpunkt, als dieses Gesicht eine wichtige Rolle in ihrem Leben spielte. Es war jetzt dicker, älter, aber es war immer noch dasselbe Gesicht, das Gesicht von Watford. Wie hypnotisiert beobachtete sie, wie ihr Gegenüber allmählich das Unglaubliche der Situation registrierte. Sie beobachtete, wie die Kerze höher stieg und Watfords Gesichts sich dem ihren näherte; sie beobachtete, wie sie sich ans Fußende des Bettes zurückzog, und dann hörte sie sie wispern: »Um Gottes willen, Miß Annabella! Es stimmt, nicht wahr, Miß Annabella? Sie haben sich kaum verändert.«

Annabella sprach nicht; sie stützte sich auf ihre Ellenbogen, stumm und angespannt, und in dieser Stellung verharrte sie mehrere Minuten, bis Betty sagte: »Ich habe gehört, Sie sind spurlos verschwunden. Man sagte, Sie seien ertrunken, nachdem man sie herausgeworfen hat –.«

Annabella zog sich hoch und lehnte sich gegen die Wand, und sie konnte beobachten, wie Watfords Züge sich zu einem seltsamen Lächeln glätteten, und bei diesem Lächeln stieg die Furcht explosionsartig in ihr auf. Watford redete jetzt leise und rasch: »Sieh da, wer hätte das gedacht! Komisch, wie die Dinge manchmal laufen, wie? Mein Gott, wie oft habe ich Sie verflucht, besonders während der zwei Jahre, als ich nirgendwo unterkommen konnte, weil ich keine Empfehlung hatte. Warum haben Sie Ihre letzte Stellung verlassen? haben sie gefragt. Weil ich die Tochter einen Bastard genannt habe. Konnte ich das sagen? Nein. Ich mußte lügen wie gedruckt. Ich hatte sieben Stellen in diesen zwei Jahren. Wußten Sie daß?«

Wieder breitete sich Schweigen aus, bevor sie wieder zu reden begann: »Mein Gott!« Sie schüttelte ungläubig den Kopf. »Ich kann es einfach nicht glauben; sie spielen die Tote und sind quietschlebendig hier. Mein Pa hat mir erzählt, Sie waren in der Zeitung, und die Polizei hat Sie überall gesucht. Und es stimmt, was er gesagt hat, die Mächtigen werden immer gestürzt: Der alte Lagrange bricht sich den Hals oder irgendwas, das Geschäft pleite, das leere Haus verriegelt. Jawohl, jawohl, wie die Mächtigen gestürzt werden. Aber warten Sie einen Augenblick.« Ihre Stimme hob sich, und sie streckte ihren Körper; dann streckte sie den Arm aus, stellte den Kerzenhalter auf ein Schränkchen, rutschte etwas weiter das Bett hinauf und beugte sich wieder vor. »Dieses Gerede von dem Cousin, er da unten, dieser Manuel. Er ist kein Verwandter, habe nie von ihm gehört. Er ist kein Gentleman. Warum dies Gerede vom Cousin?«

Annabella versuchte zu sprechen. Sie öffnete den Mund, brachte jedoch kein Wort heraus. Sie starrte Betty an wie ein Kaninchen, kurz bevor die Schlange es verschlingt, und vor ihr war eine Schlange. Betty war schon immer eine Schlange gewesen, sie klatschte und tratschte.

»Hör zu! Du bist nicht mehr Miß Annabella, deshalb kannst du mit deiner Vornehmtuerei aufhören; ich brauche nicht mehr zu warten, bis ich zum Sprechen aufgefordert werde. Ich habe dir gerade eine höfliche Frage gestellt. Wer ist dieser Cousin, den du ausgegraben hast?«

»Oh! Oh! Watford, ich kann doch –.«

Das Bett knackte unter der heftigen Bewegung von Bettys Körper und sie zischte erregt: »Jetzt ist Schluß mit Watford. Die Zeit ist vorbei, als du mich Watford nennen konntest, mein Name ist Betty oder allenfalls Miß Watford. Ich habe einen Namen, auch wenn du keinen hast, und das tut mir nicht im geringsten leid. Ich habe genug unter deinen Angehörigen gelitten und auch unter dir – verschwiegener, hinterhältiger, heimtückischer kleiner Balg, der du warst ... Nun, wer ist er?«

Annabella löste sich von der Wand, faltete die Hände fest über dem Bettbezug und beugte sich vor. Sie war überwältigt von einem Gefühl der Hilflosigkeit und Angst. Sie sah Betty, wie sie morgen früh allen die ganze Geschichte erzählen würde. Sie sah sich und Manuel wieder auf der Straße, endlos weiterziehen. Sie war erst seit sechs Tagen in diesem Haus, aber ihr kam es wie sechs Jahre vor. Sie hatte den Zipfel eines Glücks und einer Zufriedenheit erfaßt, die sie nie für möglich gehalten hätte, und jetzt konnte diese zufällige Begegnung alles beenden. In ihrer Stimme schwang ein inständiges Bitten, ein Bitten um Verständnis, als sie sagte: »Er – er ist nicht mein Cousin, Betty. Wir – ich mußte es sagen, weil wir zusammen reisten. Er war der Reitknecht. Er kam, kurz nachdem du gegangen bist. Er hat mich reiten gelehrt und war gut zu mir, und als dann die Katastrophe –.« Sie hielt inne. »Als es passierte, habe ich das Haus verlassen.«

»Jawohl, und noch einiges mehr.« Betty nickte.

»Und du bist in die Crane Street gegangen, nicht wahr? Es war überall bekannt, hat mein Pa gesagt, und was du dort herausgefunden hast, hat dich zum Selbstmord getrieben, so erzählte man sich. Alle bedauern dich, aber sie würden es nicht tun, wenn sie wüßten, wo du bist. Aber warum bist du mit ihm auf die Straße gezogen? Hast du das geplant, he?«

»Nein, ich habe es nicht geplant. Natürlich habe ich es nicht geplant.«

Betty konnte beinahe Mrs. Lagrange reden hören, und sie zog ihr Kinn ein und preßte die Lippen aufeinander, als Annabella fortfuhr: »Ich war krank, ich wußte nicht, was ich tat. Ich muß zwei Nächte im Moor gelegen haben, und dann hat mich eine Kätnerin aufgenommen. Sie war zufällig mit Manuel befreundet, und – weil ich nach London wollte und er in die Richtung ging, bin ich – wir – wir sind zusammen gereist.«

»Das kann ich mir denken«, fuhr Betty höhnisch fort.

»Aber warum habt ihr haltgemacht, bevor ihr in London wart?«

»Wir – wir brauchten etwas Geld und – und eine Unterkunft für den Winter.«

»Und so seid ihr hier gelandet?«

Es klang, als hätte sie gesagt: »Und Gott hat dich mir ausgeliefert.« Annabella schloß die Augen und senkte den Kopf, aber nur einen Moment lang. Dann schaute sie Betty wieder an und flehte: »Bitte, bitte, Betty, sag nichts, erzähl ihnen nicht, wer ich bin. Ich – ich könnte es nicht ertragen.

»Das werden wir ja sehen, nicht wahr?« Betty stand auf. »Die Leute hier sind gut, bessere gibt es nicht. Solche Familien muß man suchen. Aber eins können sie nicht ausstehen, und das sind Lügner. Das habe ich schnell begriffen. Sag die Wahrheit, auch wenns den Teufel schaudert, daran halten sich die Herrin und alle anderen. Cousin! Wie lange bist du mit ihm auf der Straße gewesen?«

Als Annabella schwieg, gab Betty sich selbst die Antwort:

»Im Juni ist es passiert, nicht wahr? Und jetzt haben wir November. Fünf Monate, eine lange Zeit für eine junge Dame und ihren Reitknecht, um zusammen umherzureisen, wie?«

Auf diese Feststellung folgte wieder Schweigen, dann ergriff Betty erneut das Wort. Ihr Ton war nicht mehr spöttisch, sondern bitter: »Es ist komisch, Gottes Wege sind seltsam. An dem Abend, als ich nach Hause kam nach allem, was auf der Straße passiert war, glaubte ich, ich müßte sterben. Ich hab' mich nicht getraut, es meinem Pa oder meiner Ma zu erzählen, weil sie mir nicht geglaubt hätten. Sie hätten gesagt, ich hätte was angestellt und wäre deshalb rausgeschmissen worden, und es hätte keinen Zweck gehabt, ihnen zu sagen, sie sollten meine Tante Eva Page fragen, weil sie mit uns Schluß gemacht hatte. Weißt du, was mir an diesem Abend passiert ist – MISS ANNABELLA?« Sie wartete, dann fuhr sie fort: »Ein Mann hat mich überfallen, ein alter, schmutziger, dreckiger Mann. Ich hatte mich in einer Feldscheune untergestellt, weil es in Strömen regnete, und er war im Stroh, und er hat mir praktisch die Kleider vom Leib gerissen. Ich war noch nie in meinem Leben mit jemandem zusammengewesen, weil ich mich für den richtigen Burschen, wenn er kam, aufbewahren wollte, und dann dieser dreckige alte Bettler. Ich war über einen Monat krank, und ich wurde wahnsinnig bei dem Gedanken, was die Folgen sein konnten. Oh, ich muß Ihnen für vieles dankbar sein, Miß Annabella. Meine Ma, Gott habe sie selig, sagte immer, bevor sie starb, daß Gottes Mühlen langsam mahlen, und das tun sie, aber sie mahlen fein.«

In dem abgrundtiefen Schweigen, das sich über das Zimmer senkte, lag Annabella wie gelähmt da und fragte sich, wie auch Rosina es getan hätte, warum Gott gestattete, daß ihr all das geschah. Sie hatte nichts Böses getan, aber sie mußte für die Sünden anderer Menschen büßen. Warum? Warum? Und wie konnte sie weiter in diesem Haus leben, wo Watford sie so haßte? Sie konnte es nicht, sie konnte es einfach nicht. Sie mußte Manuel erzählen, daß sie es nicht konnte.

Es war sieben Uhr am folgenden Abend, als sie Manuel erzählte, daß sie nicht bleiben konnte. Sie blickte ihn über den Tisch im Cottage an und sagte: »Ich kann einfach nicht hier bleiben, ich kann es einfach nicht. Der Tag heute war furchtbar.«

Er hatte schon beim Frühstück geahnt, daß irgend etwas nicht stimmte, und nach dem Mittagessen hatte Michael im Kuhstall zu ihm gesagt: »Sie mögen sich nicht. Ist das nicht schade? Zwei nette Mädchen, und sie verstehen sich nicht.« Er lachte. »Der Grund ist wahrscheinlich, weil sie Annabella in den Himmel gelobt haben, bevor Betty noch richtig in der Tür war. ›Gut, in Ordnung‹, hat sie gesagt, ›aber wie ist sie bei der Arbeit?‹, und unsere Agnes sagte: ›Oh, sie ist willig wie ein Hündchen.‹ Und darauf Betty: ›Ich bin eine alte Hündin, und sie soll sich besser vorsehen.‹ Aber dann ist sie lachend nach oben gegangen. Und jetzt sagt Ma, daß sie sich den ganzen Tag wie eine bissige Hündin gegenüber dem Hündchen aufgeführt hat. Ma macht sich schon Sorgen. Sie möchte, daß alle im Haus glücklich sind.«

Manuel hatte die Ellbogen auf dem Tisch aufgestützt und sah Annabella aufmerksam im Kerzenlicht an: »Nun hör zu, Annabella, das wollen wir von Anfang an festhalten. Ich gehe hier nicht weg, und du gehst hier nicht weg. Der Winter ist da, er wird lang und hart und kalt. Wo würden wir um diese Jahreszeit eine andere Stellung finden? Und selbst wenn das ginge, wären die Leute auch nur im entferntesten mit unseren zu vergleichen? Nein, nein, darauf kannst du wetten; eine solche Familie wie die gibt es nur einmal unter Tausenden. Ich habe dir gesagt, daß ich mich hier wohl fühle, und sie sind mit meiner Arbeit zufrieden, und wir haben Pläne, die Jungen und ich. Wir wollen den Hof pflastern; während unserer Freizeit karren wir die Steine aus dem Bruch. Wir bauen eine Straße, so wie ich es bei Skillen getan habe. Was ich damit sagen will, ich habe mich hier niedergelassen. Ich weiß, wann es mir gut geht. Ich will für diese Leute arbeiten, ich will mich hier ansässig machen, verstehst du!«

Sie schaute ihn mit leicht geöffneten Lippen an. »Du – du meinst für immer, dein ganzes Leben?«

»Jawohl, ja, wenn nötig.«

Sie sah auf die Bücher auf dem Tisch, die Tafel und den Stift. »Du willst nicht weiterkommen, aufsteigen, dein – dein eigener Herr werden irgendwo?«

»Puh!« Er legte den Kopf in den Nacken. Dann brachte er ihn wieder nach vorn und trommelte mit den Fingern auf ein Buch. »Du redest wie dieser hier, Mr. Grimm und seine Märchen. Wie kann ich mein eigener Herr werden? Ich habe keinen Beruf. Das einzige, worüber ich je herrschen könnte, wäre ein Trödlerkarren. Ich will dir mal was sagen.« Sein Kopf näherte sich dem ihren. »In meinem Herzen habe ich immer dagegen protestiert, für einen anderen Mann zu arbeiten, und ich hatte, was man ein Motto nennen könnte –«, er klopfte wieder auf das Buch, «– ein Motto, so nennt man es wohl, ein Motto, und es lautete: ›Ich bin mein eigener Herr‹; immer in harten oder schwierigen Zeiten habe ich mir gesagt: ›Du bist dein eigener Herr, Manuel Mendoza‹, und ich zwang mich zu glauben, daß ich mein eigener Herr war. Aber ich wollte mir nicht eingestehen, daß ich niemals in der Position sein würde, andere Männer unter mir zu haben. In den letzten Tagen habe ich mir einfach gesagt: ›Zur Hölle mit dem eigenen Herrn. Ich bin Mr. Fairbairns Mann. Hier lasse ich mich nieder.‹« Er hielt inne. Seine Stimme wurde zu einem sanften Murmeln. »Ich hatte genaue Pläne, mich in diesem Haus einzurichten, es zu meinem – Heim zu machen.« Er hob jetzt den Kopf und ließ seine Augen durch den Raum schweifen. Als er den Blick wieder auf sie richtete, hielt er ihre Augen fest, sprach aber eine Zeitlang nicht, und als er es tat, sagte er leise: »Ich bin siebenundzwanzig Jahre alt, Annabella. Ich brauche eine Frau.«

Sie spürte, wie sie unwillkürlich vor ihm zurückwich. Ihre gebeugten Schultern streckten sich. Sie saß aufrecht, aber er hatte sich nicht geregt und fuhr etwas lauter fort: »Sieh nicht so schockiert aus, es ist ganz normal.«

»Ich – ich bin nicht schockiert, und wie du sagst, es ist völlig normal.«

»Ja, wie ich sagte, es ist normal.«

Ihre Augen starrten immer noch in die seinen. »Wenn du also heiratest, könnte – könnte ich gehen –?«

»Ja.« Er richtete sich auf. »Ja, selbstverständlich könntest du gehen.« Seine Stimme klang jetzt unbekümmert und sorglos. »Aber nicht vor dem Frühling; und ich heirate auch nicht morgen oder übermorgen oder nächste Woche. Ich – ich muß mich umschauen. Ich bin wählerisch, bin es schon immer gewesen, was Frauen betrifft. Ich konnte immer wählen und nehmen. In der Beziehung habe ich Glück gehabt.«

Der Kopf hing ihr tief auf die Brust, als wollte sie sich gegen seinen hänselnden Ton wehren, und ihre Niedergeschlagenheit trieb ihn an ihre Seite. Er ergriff ihre Hände und sagte knapp: »Schluß damit. Wir bringen sie irgendwie zur Räson, ich kriege sie herum.« Er schüttelte ihre Hände und versuchte, ihr in die Augen zu sehen. »Ich werde ihr ein paar von meinen Geschichten erzählen. Ich kehre den bewährten irischen Charme heraus. Er ist ein bißchen eingerostet, weil ich ihn eine Zeitlang nicht benutzt habe, aber ich werde mich bemühen. Ich kriege sie herum.«

Ihr Kopf blieb gesenkt. Sein Vorschlag gefiel ihr nicht. Der Gedanke widerstrebte ihr, daß er Betty Geschichten erzählte, um sie herumzukriegen. Da sie immer noch schwieg, ließ er ihre Hände abrupt fallen und sage scharf: »Zum Teufel! Soll sie es ihnen doch erzählen. Wir erzählen dann unsere Version, alles außer einer Sache.« Er dämpfte seine Stimme. »Der letzte Abend bei Amy.« Er zögerte, bevor er schnell fortfuhr: » Aber was das übrige betrifft, glaube ich diese Leute gut genug zu kennen, um zu wissen, auf welcher Seite sie sein werden; sie werden alle für dich sein, wenn sie die Wahrheit erfahren.«

»Nein, Manuel, ich könnte es nicht ertragen, sie – sie sollen nicht meine Herkunft erfahren. Siehst du –«, verzweifelt schüttelte sie den Kopf, «– du verstehst nicht, wie es mich berührt hat, mich immer noch berührt. Du weißt nicht, was ein zerstörtes Elternhaus bedeuten kann.«

»Nicht?« Er saß ihr jetzt wieder gegenüber und schüttelte den Kopf: »Weißt du, du mußt begreifen, daß das alles schon vorher einmal passiert ist, und zwar Dutzenden, Hunderten,

Tausenden von Menschen. Du bist nicht der einzige Wechselbalg.« Er blickte ihr tief in die grünen Augen und zwang sie, ihm nicht auszuweichen. »Gefällt dir der Name Manuel Mendoza?«

Ihre ungeduldige Kopfbewegung deutete an, daß sie jetzt keinen Sinn für Späße hatte, aber nach einiger Zeit antwortete sie: »Ja, ich glaube, es ist ein sehr attraktiver Name.«

»So ging es mir auch, als ihn zum ersten Male hörte. Weißt du, wie ich wirklich heiße? Tommy – Tommy McLaughlin. Ja.« Er neigte seinen Kopf. »Mein Name ist Tommy McLaughlin. Den anderen habe ich mir selbst eines Tages am Kai in Dublin ausgesucht. Es stimmt. Es stimmt. Du kannst es mir glauben. Ich bin von den McLaughlins aufgezogen worden, aber ich wußte, daß ich nicht ihr Kind war. Margee, die, von der ich dir erzählt habe, ihre Mutter war eine Art Hebamme, und eines Tages ist ein Mädchen auf einem Leiterwagen ins Dorf gekommen und sie war kurz vor der Niederkunft. Der Kutscher wußte nicht, wo sie herstammte; er hatte sie kurz vorher am Straßenrand aufgelesen. Acht Stunden, nachdem sie ausgestiegen war, wurde ich geboren, und das ist keine irische Geschichte, die ich dir erzähle. Es ist die Wahrheit. Sie war kein großes Licht, sagte Margee, und sie meinte damit, sie hatte ›keine Klasse‹, aber sie hatte Geld bei sich, genug, um für die Entbindung zu bezahlen und eine ganze Menge mehr. Jedenfalls, als ich zehn Tage als war, machte sie sich davon. Niemand sah sie gehen oder hörte später von ihr. Sie ließ mich zurück, zusammen mit zehn goldenen Sovereigns. Margees Mutter nahm die Sovereigns und zog mich groß, und als sie starb, übernahm mich Margee, ich war Tommy McLaughlin bis zu jenem Tag am Kai. Wir gingen da entlang, Margee und ich. Ich war damals ungefähr zehn, und plötzlich kam ein Mann von einem der Schiffe. Er war groß und dunkel und wirkte ausländisch; er hätte Italiener oder Spanier oder so was sein können. Wir bemerkten ihn nicht einmal im Vorbeigehen, er war einfach einer von vielen Männern, und er war schon ziemlich weit entfernt, als eine andere Figur oben an dem Fallreep auftauchte und schrie: ›Manuel! Manuel! Manuel Mendoza!‹

Der Name hatte etwas Melodisches, etwas Ansteckendes, Man-u-el Men-doz-a. Er hatte Rhythmus, Man-u-el Men-doz-a. Ich fragte Margee: ›Was könnte der Mann sein?‹ und sie sagte: ›Oh, ein Spanier wahrscheinlich mit dem Namen.‹ Ich sagte zu ihr: ›Sehe ich wie ein Spanier aus?›, und sie schaute mich an und sagte: ‹Ja, ein bißchen. Du siehst ein bißchen so aus. Aber ich habe auch blonde Italiener gekannt, und in manchen Gegenden Irlands gibt es Hunderte von deinen Gesichtern.‹ Aber ich hatte schon beschlossen, daß ich Spanier war, so daß sie mich nicht mehr umstimmen konnte. Am Abend sagte ich dann zu ihr: ›Ich nehme den Namen von diesem Mann an, ich werde Manuel Mendoza sein.‹ Und sie gab mir zärtlich eins hinter die Ohren: ›Du bist Tommy McLaughlin, du bist beinahe mein eigenes.‹ Aber innerlich war ich von diesem Tag an Manuel Mendoza.« Es herrschte ein langes Schweigen, bevor er hinzufügte: »Ich habe wahrscheinlich nicht mehr spanisches Blut in meinen Adern als du, ich bin ein irischer Bastard; aber Bastarde brauchen etwas, worauf sie sich stützen können, eine Krücke oder etwas Ähnliches.«

»Oh, Manuel!« Tränen waren in ihrer Stimme. »Du beschämst mich.«

»Ich bin froh darüber.« Er schob seinen Stuhl zurück und stand auf, seine Stimme klang wieder normal. Dann beugte er sich schnell zu ihr hinunter: »Überlaß es nur mir, ich kümmere mich um sie. Sie wird nichts sagen, das verspreche ich dir; und wenn sie dir zu nahe kommt, dann wehre dich, weißt du, so wie vor einer Woche bei diesen zwei Burschen. Schlag sie aber nicht mit deinem Bündel, sondern gib ihr deine Zunge zu spüren; etwas anderes verstehen solche Menschen nicht – laß sie deine Zunge spüren.«

Wieder sagte sie: »Oh, Manuel!«, und diesmal als Protest gegen die Vorstellung, daß sie Betty ihre Zunge spüren ließ. Es verging jedoch keine Woche, als sie es schon tat.

Ein Glück, dachte Annabella, daß sie nicht mit Betty zusammen zu arbeiten brauchte, denn dann wäre die Spannung wirklich zu groß geworden. Sie trafen sich nur bei den Mahlzeiten und am Abend, wenn sie aus Manuels Cottage zurückkehrte, ihre Näharbeit aufnahm, sich auf die Bank setzte und nur dann redete, wenn sie angesprochen wurde.

Aber manchmal sah sie Betty vom Fenster aus. Die Zimmer der Söhne gingen von der Rückseite des Hauses auf den Hof, und vom Fenster aus hatte sie Betty dort mit Manuel lachen sehen. Bei einer anderen Gelegenheit hatte sie gesehen, wie sie gemeinsam aus der Meierei kamen und Betty Manuel im Spaß leicht schubste. Die Geste deutete an, daß Manuel sein Versprechen hielt – sich um Betty zu kümmern. Und es überraschte sie, daß ihre offensichtliche Vertraulichkeit sie ärgerte. Aber eben das veranlaßte sie, ihre Zunge zu betätigen.

Es war an einem Freitagabend, kurz bevor sie zu Bett ging. Der Tag war äußerst anstrengend gewesen. Manuel und Sep waren um die Mittagszeit nach Hexham gefahren, um dem Metzger, den Mr. Fairbairn regelmäßig belieferte, ein halbes Dutzend Schweine zu bringen und um ein paar Sachen abzuholen, die Mrs. Fairbairn im Geschäft bestellt hatte. Da Betty zufällig ihren halben freien Tag hatte, war sie mit ihnen gefahren. Als sie um sechs Uhr abends zurückkehrten, sangen sie alle lauthals, und als sie mit Paketen beladen in die Küche traten, lachten und redeten sie, als hätten sie einen großartigen Ausflug hinter sich. Annabella blickte Manuel nicht an, und sie ging nicht um sieben Uhr hinüber, um ihm seinen Unterricht zu geben. Betty neckte sie, als sie beide in er Spülküche waren: »Was! Du willst das Kind heute abend nicht seine Buchstaben lernen?«

Annabella hatte sich zurückgehalten und geschwiegen und sich früh in der Küche entschuldigt und war nach oben in ihr Zimmer gegangen, nicht um sich ins Bett zu legen, sondern um wutentbrannt auf der Kante sitzen zu bleiben, bis Betty eintrat. Und dann überrumpelte sie sie mit ihrem Angriff.

Betty hatte kaum die Tür hinter sich geschlossen, als Annabella aufsprang: »Ich nehme das nicht mehr hin, *Watford.*« Sie betonte den Namen. »Ich gebe dir die Erlaubnis, jetzt nach unten zu gehen und ihnen alles zu erzählen.«

»Du gibst mir was?«

Die Antwort klang wie von Miß Annabella Lagrange: »Du hast gehört, was ich gesagt habe. Ich gebe dir die Erlaubnis, jetzt nach unten zu gehen und ihnen alles zu erzählen. Alles, hörst du mich?«

»Oh, ob ich Sie höre, Madame? Ich will Ihnen mal etwas erzählen, ich suche mir selbst den Zeitpunkt aus, wann ich es ihnen erzähle.«

»In Ordnung, wenn du nicht willst, werde ich es tun.« Damit marschierte sie zur Tür, aber Betty versperrte ihr den Weg und zischte atemlos: »Sei nicht verrückt! Was werden sie denken?«

»Es kümmert mich nicht, was sie denken. Was sie auch denken mögen, ich ziehe es deiner Tyrannei und deiner Erpressung vor.«

Sie standen so dicht beieinander, daß sie gegenseitig ihren Atem spüren konnten. Als Betty die Veränderung in Miß Annabella begriff, brauchte sie keine Zeit mehr zum Nachdenken. Sie wußte, falls Annabella nach unten ging und der Familie die Wahrheit erzählte, würde sie selbst in einem schlechten Licht erscheinen, nicht nur, weil sie Annabella quälte, sondern auch wegen des wahren Grundes, aus dem sie das Haus Lagrange hatte verlassen müssen. Die Geschichte klang ganz anders als ihre Version. Sie hatte behauptet, der Herr habe ihr nachgestellt, und damit hatte sie sofort alle Sympathien erworben.

Sie wußte auch, daß Willy trotz ihrer Gefühle für ihn nichts anderes von ihr wollte als eine gelegentliche Ablenkung. Aber dieser Manuel jetzt, das war etwas ganz anderes, der war von ihr eingenommen, das hatte er deutlich gezeigt. Und das war auch der Grund, warum Madame sich wieder so hochmütig gab. Obwohl sie vorgab, immer noch eine große Dame zu sein, war es auch für sie unmöglich, die ganzen Monate mit ihm umherzuziehen, ohne sich irgendwie an ihn zu gewöhnen, denn er war ein liebenswerter Bursche. Ja, das war er und anders als die meisten. Wenn sie jetzt also hinunterging, würde das zur Folge haben, daß die beiden den Hof verließen, und das wäre das Ende; und ihre Position in diesem Haus wäre nie wieder dieselbe. Sie mußte vorsichtig sein. Ob es ihr gefiel oder nicht, sie mußte gute Miene zum bösen Spiel machen, deshalb zwang sie sich, ihren Kopf zu senken und zu sagen: »Es tut mir leid, daß ich dich gequält habe, aber du hättest es an meiner Stelle auch getan. Du weißt nicht, wie es in diesen ersten zwei Jahren war, als ich versuchen mußte, ohne Zeugnis unterzukommen. Ich bin von Pontius zu Pilatus gerannt, weil sie mich zu Hause nicht behalten konnten, wir waren neun.«

Annabellas Rücken verlor langsam seine Steifheit, ihre Halsmuskeln entspannten sich, und ihr Kopf sank nach unten. Einen Augenblick lang vergaß sie, daß Betty erst vor einer kurzen Weile mit Manuel singend hereingekommen war. Sie vergaß ihre Sticheleien und dachte: Sie hat recht. Ich weiß wirklich nicht, wie es wäre, trotz der harten Erfahrungen der vergangenen Monate, denn bei allen Schicksalsschlägen hatte sie immer Manuel bei sich gehabt.

Langsam wandte sie sich ab und schritt auf ihr Bett zu und Betty zu ihrem. Ein unsicherer Waffenstillstand war erreicht.

6

Weihnachten kam mit messerscharfen Winden und Schneestürmen, so daß Mr. Fairbairn prophezeite: »Wir sind dran, es wird lang und hart. Diese Winde verhärten den Boden, und der Schnee bleibt wochenlang liegen. Also Herrin, plane lieber zwei Monate im voraus, wenn du die Einkaufsliste für die Stadt zusammenstellst.«

Das Haus war freundlich und warm und die Atmosphäre glücklich. Alle lachten und amüsierten sich, und alle versuchten – mit Ausnahme von Betty –, Annabella in ihre Fröhlichkeit einzubeziehen. Eines Abends sagte Mr. Fairbairn im Bett zu seiner Frau: »Sie sieht jeden Tag mehr wie der Alabasterkopf im Wohnzimmer aus. Keine Bewegung darin, und dabei war sie in der ersten Zeit so lebhaft. Es hat mit Betty zu tun. Sie waren von Anfang an eifersüchtig aufeinander, und das ist viel schlimmer geworden, seit Manuel sich der älteren zugekehrt hat. Und ich möchte Gift darauf nehmen, daß Annabellas Gefühle ihm gegenüber nicht nur verwandtschaftlich sind. Mir macht es nichts aus, wer von beiden ihn kriegt, solange er bleibt, denn ich habe noch nie einen besseren Mann in den Ställen gehabt, und mit den Pferden wirkt er wahre Wunder. Und außerdem kann er fast überall zupacken. Man braucht es ihm nur einmal zu zeigen, und schon hat er es begriffen. Das Cottage ist fertig: Er soll seine Wahl treffen, und ich richte ihm eine Hochzeit aus, deren er sich nicht zu schämen braucht.«

»Ich seh's anders«, wandte Mrs. Fairbairn ein. »Egal, welche er auch nimmt, es gibt Probleme.«

»Nun, eins steht fest«, brummte ihr Ehemann, bevor er sich umdrehte und einschlief, »er kann nicht beide haben. Schade zwar, aber so ist es nun einmal.«

Manuel hatte Bettys Namen seit ihrer Ankunft nur ein einziges Mal Annabella gegenüber erwähnt. »Sie hält sich jetzt zurück, nicht wahr?« fragte er, und als sie nicht antwortete, sondern ihn nur anstarrte, insistierte er: »Stimmt's nicht? Sie ist anders, freundlicher?« Worauf sie leicht gereizt erwiderte: »Ja, man könnte es so ausdrücken.«

»Na also.« Er runzelte die Stirn. »Dann ist ja alles in Ordnung, wie ich prophezeit habe.«

Schließlich kam der Heilige Abend. Manuel hatte das große Zimmer im Cottage aufgeräumt, ein Feuer brannte im Kamin, zwei Kerzen standen angezündet auf dem Tisch, und über dem Kaminsims hatte er einen Holunderstrauß angebracht.

Mit weißem, unbewegtem Gesicht stand Annabella vor ihm. Sie war nicht gekommen, um ihm seinen Unterricht zu geben; sie hatte ihm seit mehr als zwei Wochen keine Stunden mehr gegeben, weil alle zu beschäftigt waren mit den Vorbereitungen für die Feiertage. Sie war gekommen, um ihm sein Weihnachtsgeschenk zu überreichen. Sie hatte beschlossen, es lieber hier zu tun als morgen vor allen anderen. Als sie Skillens Farm verließ, besaß sie zwanzig Shilling, aber nachdem sie eine Zahnbürste und etwas Zahnpulver gekauft hatte, ein Stück Leinen und Seide für ein Hochzeitsgeschenk für Agnes und etwas Batist, um daraus Taschentücher als Weihnachtsgeschenke zu machen, hatte sie noch acht Shilling übrig. Vor drei Tagen war sie mit dem Fuhrwerk in die Stadt gefahren und hatte siebeneinhalb Shilling für eine Bruyerepfeife in einem dazu passenden Behälter ausgegeben.

Ihr Gesicht war nicht fröhlich, als sie ihm das kleine Päckchen überreichte: »Frohe Weihnachten, Manuel.«

»Für mich?« Er nahm es ihr langsam aus der Hand und öffnete es, und als er die elegant geformte, braune Holzpfeife sah, biß er sich unwillkürlich auf die Unterlippe. Dann drehte er sich zu ihr um und sagte weich: »Mein ganzes Leben lang habe ich die Männer beneidet, die solch eine Pfeife rauchen konnten. Ich hätte mir nie eine geleistet, selbst wenn ich das Geld gehabt hätte, aber trotzdem wollte ich immer eine besitzen. Oh, Annabella!« Er streckte seine Hände aus und ergriff ihre Arme, und einen atemstockenden Augenblick lang glaubte sie, er würde sie an sich ziehen.

Das Geräusch ihres Atems, der ihr buchstäblich in der Kehle steckenblieb, hielt ihn davon ab. Seine Augen glitten über ihr Gesicht, von ihrem Haar herunter zu den Lippen und zurück zu den Augen. »Ich danke dir.« Er schüttelte langsam den Kopf. »Es muß dich fast dein ganzes Geld gekostet haben.«

»Oh, ganz und gar nicht«, erwiderte sie trocken, worauf er ihre Arme losließ. »Warte eine Minute. Ich habe auch etwas für dich. Ich kann es dir genauso gleich geben. Eigentlich wollte ich bis morgen warten, aber – aber jetzt ist der bessere Moment dafür. Warte eine Minute.«

Er hastete ins Schlafzimmer, und als er herauskam, trug er eine lange, flache Schachtel unter dem Arm, bei deren bloßem Anblick sich ihre Augen weiteten. Er legte sie ihr in die Arme und sagte: »Glückliche Weihnacht.«

Als sie keine Anstalten machte, die Schachtel zu öffnen, schimpfte er: »Nun los, nun los. Willst du nicht sehen, was drin ist?«

Und als sie sah, was es war, schluckte sie und legte ihre Finger auf ihren Mund, um ihre Tränen zu unterdrücken.

Nach einer Weile hob sie langsam ein grünes Kordsamtkleid heraus und hielt es vor sich, dann ließ sie es auf den Tisch fallen, streckte ihre Hände aus und ergriff die seinen. »Manuel! Oh, Manuel! Wie wundervoll. Ich danke dir. Tausend Dank. Es ist wunderschön.«

»Es ist ganz einfach; nichts Ausgefallenes.«

»Es ist das ausgefallenste Kleid, das ich je in meinem Leben gesehen habe.« Sie blickte in sein Gesicht hoch, und während er in das ihre hinunterschaute, konnten sie gar nicht anders, als gegenseitig ihre Gedanken lesen.

Er nahm sie bei der Hand und zog sie zu der Doppelbank am Feuer. »Du warst unglücklich, nicht wahr?«

»Ja, Manuel.«

»Verstehst du mich, wenn ich sage, es war nicht nötig?«

Sie schwieg eine Zeitlang und murmelte schließlich: »Ich will es versuchen.«

Er nahm ihre eine Hand in seine beiden und begann sie zu streicheln, ohne die Augen von ihr zu lassen. »Sehnst du dich manchmal nach dem alten Leben zurück, nach Redford Hall?«

Er hätte ihr bestimmt nicht geglaubt, wenn sie ›nein‹ gesagt hätte, deshalb erwiderte sie wahrheitsgemäß: »Ja. Ja, Manuel, manchmal. Aber – aber nur, wenn ich traurig bin. Als ich hierherkam, konnte ich mir anfangs gar nicht vorstellen, daß ich je wieder so empfinden würde, aber in letzter Zeit ist es passiert.«

»Wenn du die Möglichkeit hättest, würdest du zurückgehen?«

»Darauf kann ich mit Nein antworten, Manuel, weil ich weiß, daß es die Möglichkeit für mich nicht geben wird. Mrs. Lagrange hat das sehr deutlich gemacht.«

»Wie meinst du das?« Er verdrehte die Augen. »Du meinst sicher die alte Dame?«

»Nein, ich meine die Frau, die ich ›Mama‹ genannt habe. Sie hat sich nie wirklich um mich gesorgt. An dem – dem Tag, als sich so verzweifelt war, hat sie nicht einmal –.«

»Wovon redest du, Mädchen?« Er war aufgesprungen und starrte sie entgeistert an. »Sie ist beinahe wahnsinnig geworden. Sie ist sofort nach Durham gehastet, um zu versuchen, die Sache dort für dich in Ordnung zu bringen; als sie dann zurückkam und du fort warst, mußte ich die erschöpften Pferde nach Shields antreiben. Sie ist hingegangen und dieser Frau gegenübergetreten – deiner Mutter selbst, das weiß ich.« Auch sie war aufgesprungen: »Du meinst, daß sie wirklich –.«

»Ja, ja, sie hat es getan. Und noch mehr. Ich mußte die ganze Nacht und den nächsten Tag die Stadt durchkämmen. Warum hast du geglaubt, daß sie sich nicht sorgte? Sie hat sich solche Sorgen gemacht, daß sie den Verstand verlor. Die alte Dame, ihre Mutter, sie war es, die nichts mit dir zu tun haben wollte, aber nicht die Herrin.«

Langsam setzte Annabella sich wieder auf die Bank, und während Manuel sie anblickte, überlegte er, daß es verdammt idiotisch von ihm war, ihr das zu erzählen. Wenn irgend etwas sie zurückgehen ließ, dann dies. Gott, bin ich ein Dummkopf! Aber auf der anderen Seite, wenn es sie innerlich immer noch nach dem alten Leben verlangte, würde sie früher oder später den Schritt machen, und je früher, desto besser. Er würde wenigstens wissen, woran er war, und mit der üblichen Methode das Feuer in seinen Adern löschen, so wie früher, bevor diese verrückte Geschichte begonnen hatte. Er fragte jetzt leise: »Wirst du zurückgehen?«

Sie hatte ins Feuer gestarrt, und als sie ihm ihr Gesicht zuwandte, war die Alabaster-Farbe verschwunden, und sie lächelte, wie er sie seit Wochen nicht mehr hatte lächeln sehen. Sie schüttelte langsam den Kopf: »Nein, Manuel, nein. Ich werde nie zurückgehen, aber ich bin froh, daß ich das weiß. Es macht eigentlich keinen Unterschied, aber es tut mir gut, zu wissen, daß sie mich nicht sofort aus ihren Gedanken verbannt hat.« Sie erkannte jetzt, daß sie – wäre sie damals selbst bei klarem Verstand gewesen – gewußt hätte, daß die Frau, die sie ihre Mama genannt hatte, sie niemals an jenem furchtbaren Tag im Stich gelassen hätte, denn es sah ihr nicht ähnlich, grausam zu sein. Einen Moment lang wünschte sie, sie könnte sie sehen, selbst wenn sie sie nicht erkennen würde. Sie verwarf den Wunsch. Dieses Leben war vorbei, zu Ende; es gab nur noch die Gegenwart und Manuel, und er hatte ihr ein neues Kleid gekauft.

Sie stand auf, ging zum Tisch, hob das Kleid wieder auf und rückte es fest an sich: »Ich kann kaum bis morgen warten, bis ich es tragen kann.«

Seine Augen weiteten sich und verfärbten sich beinahe schwarz. Sein Gesicht verriet Erregung und Erleichterung, während er sie anblickte und lachte: »Aber das Kleid sieht nicht richtig aus ohne die Schuhe. Ich hab's vergessen – hier sind sie.« Er holte eine viereckige Schachtel von dem kleinen Delft-Regal herunter und packte ein paar Schuhe, aus weichem schwarzem Leder mit flachen Absätzen und mit Schnallen verziert, aus.

»Hier, ziehe deine Stiefel aus, und probiere die an.«

Sie hatte sich kaum hingesetzt, als er schon neben ihr kniete und Amys Stiefel aufschnürte, die mittlerweile in einem ziemlich traurigen Zustand waren. Dann hielt er nacheinander ihre Füße, während er ihr die neuen Schuhe überzog.

»Passen sie dir?«

»Perfekt, Manuel. Oh, sie sind entzückend.« Sie stellte sich auf die Zehenspitzen.

»Probier auch das Kleid an.«

»Soll ich?« Sie lachte.

»Ja, warum nicht? Dort drüben.« Er zeigte auf die Tür, und sie raffte das Kleid zusammen und eilte aus dem Zimmer, nur um sich lachend wieder umzudrehen und zu sagen: »Ich habe die Kerze vergessen.«

Sie lachten einander an, als er ihr die Kerze gab.

Als er allein war, ging er zum Tisch und nahm die Pfeife aus ihrem Behälter. Er schob sie in den Mund, stellte sich in Positur, schritt langsam zu der Bank am Feuer, setzte sich mit gespreizten Beinen hin, nahm dann die Pfeife aus dem Mund und hielt sie vor sich hin, verbeugte sich leicht vor einer imaginären Figur, die in dem leeren Stuhl ihm gegenüber saß, und murmelte vor sich hin: »Auf unser Wohl, Mrs. Mendoza.«

Das leise Rascheln ihres Kleides zeigte an, daß sie auf der Schwelle war, und als er sich umdrehte, schien bei ihrem

Anblick sein Herz schneller zu schlagen und gegen seinen Brustkorb zu hämmern. Da stand sie, Miß Annabella. Nein, nicht Miß Annabella, sondern eine Frau. Als er sie das letzte Mal gut angezogen gesehen hatte, war sie noch ein junges Mädchen, aber das junge Mädchen war in den sechs Monaten auf der Straße gestorben, und an ihre Stelle war diese Frau getreten. Es war seltsam, aber sie wirkte in diesem Aufzug älter als in ihrer Arbeitskleidung.

»Gefällt es dir?«

Er nickte langsam, bevor er sprach: »Es ist wunderschön.« Insgeheim überlegte er ängstlich: Wenn irgend etwas mich daran hindert, sie zu besitzen, was wird dann aus mir? Er streckte galant die Hand aus, und sie legte die ihre hinein, und wie bei einem Menuett führte er sie zum Kamin, half ihr, sich hinzusetzen, beugte sich über sie und hob ihre Finger an seine Lippen.

Er hatte sie noch nie so lachen gehört, außer vielleicht ein- oder zweimal in der fernen Vergangenheit am Anfang ihrer Bekanntschaft, wenn sie Seite an Seite übers Moor galoppiert waren.

Ihr Lachen mischte sich mit dem seinen, als es an der Tür klopfte und Willy eintrat. Er blieb abrupt stehen und starrte die Erscheinung an, die jetzt eingerahmt von dem Licht des Feuers und der Kerzen dastand. Annabella sprach als erste. »Es ist – es ist ein neues Kleid. Manuel – Manuel war so lieb, es mir zu Weihnachten zu kaufen.« Sie blinzelte Manuel schüchtern an, als sie hinzufügte: »Er hat sich meiner so geschämt.«

»Seine eigene Dummheit.« Willy starrte Manuel scharf an, und in seinem Blick lag eine Frage. Warum machte er Betty den Hof, lautete die Frage, wenn er Absichten auf seine Cousine hatte? Doppelspiele konnte er nicht leiden. Er wunderte sich über Manuel, er hatte ihn höher eingeschätzt. Aber vielleicht irrte er sich. Andererseits kaufte man gewöhnlich einer Frau keine Kleider, wenn man nicht damit rechnete, sie ihr eines Tages wieder auszuziehen. Ihm waren ähnliche Gedanken durch den Kopf gegangen, als er den roten Schal gekauft hatte, den er ihr morgen geben wollte, und er würde ihn ihr geben und sich damit erklären. Er sagte jetzt: »Kommst du und hilfst mit der Daisy? Ihr Husten wird schlimmer; sie scheint Schmerzen zu haben, und sie ist empfindlich; man kann nur zu zweit mit ihr fertig werden.«

»Jawohl, sofort ... Kann ich dich allein lassen?« Manuel drehte sich um und lächelte Annabella zu, und sie sagte weich: »Ja, ja, natürlich kannst du mich allein lassen.« Sie lachte innerlich. Warum sollte er nicht? Sie hatte sich noch nie besser gefühlt.

Als Manuel seine Jacke vom Türhaken nahm und sie anzog und darüber ein Cape aus Sackleinen streifte, sagte Willy mit einem Blick auf Annabella: »Du siehst bezaubernd aus.«

Ihre Wangen röteten sich, sie neigte den Kopf in seine Richtung und sagte: »Vielen Dank.«

»Dave bringt morgen seine Ziehharmonika mit. Das gibt mir Gelegenheit, zu tanzen, denn sonst spiele ich immer die Flöte, oder du spielst das Spinett. In Ordnung?«

Das war eine Einladung. Sie schluckte, befeuchtete ihr Lippen, und erwiderte formell, als seien sie in einem Ballsaal: »Danke sehr, mit Vergnügen.«

Eine Minute später war sie allein. Sie setzte sich wieder auf die Bank und ließ die Hände in den Schoß sinken. Sie fing an, leise vor sich hin zu lachen, wobei sie wiederholte: »In Ordnung? Danke sehr, mit Vergnügen.« Oh, Willy war komisch, aber nett. Alle waren nett, ja mehr als das, wunderbar. Manuel hatte die ganze Zeit an sie gedacht, als sie glaubte, er sei an Betty interessiert. Und ihr diese wunderschöne Kleid und die Schuhe zu kaufen! Und als er sie gefragt hatte, ob sie je an das alte Leben zurückdachte, hatte er das absichtlich getan. Wenn nur Willy nicht in diesem Augenblick hereingekommen wäre, er hätte vielleicht – sie legte ihr Gesicht ihre Handflächen und träumte vor sich hin. Er hatte ihr wie ein erfahrener Galant ihre Hand geküßt. Er konnte sich wie ein Gentleman benehmen. Wenn er sich entsprechend anzöge, würde er als ein Gentleman durchgehen. Sie hörte auf, sich hin und her zu wiegen. Sie wollte keinen Gentleman, sie wollte nur ihn. Ja, sie wollte nichts anderes im Leben als Manuel. Sie stand auf und flüsterte hörbar vor sich hin: »Ich will im Leben nichts anderes als Manuel. Ich habe immer nur Manuel gewollt.« Wie war es mit ihrem Vetter Stephen? Gelassen beantwortete sie die plötzlich auftauchende Frage. Er gehörte zu ihrer langen Kindheit, in der sie so lange gelebt hatte. Aber ihre Gedanken bohrten weiter. Hatte sie nicht einmal damit gerechnet, Stephen zu heiraten, hatte sie es nicht geplant? Ja, aber während sie plante, ihn zu heiraten, hatte sie nicht gedacht: »Wenn wir uns niedergelassen haben, muß Manuel zu uns kommen; vielleicht wird Papa es erlauben?« Sie mußte ihn von Anfang an geliebt haben, seit dem Morgen, als sie auf dem Baumstamm gesessen hatte und er ihr die Furcht vor Pferden nahm. Dieses andere Wesen, was unter der Fassade von Miß Annabella verborgen war, hatte damals schon gewußt, daß er für sie bestimmt war.

Wie in einer Trance ging sie jetzt in das andere Zimmer und zog wieder ihre Arbeitskleidung und ihren Mantel an. Dann legte sie das Kleid und die Schuhe in die Schachteln zurück, hob sie auf und machte sich auf den Weg nach draußen. An der Tür hielt sie einen Augenblick inne und schaute noch einmal zurück. Eines Tages würde sie hier mit Manuel wohnen. Er hatte gesagt, er wollte hier für immer wohnen. Wo er leben wollte, wollte auch sie leben. Mittlerweile war es Weihnachten.

Annabellas Glück und überraschte Fröhlichkeit, die die Familie verdutzten und die gewisse Mitglieder auf die Bedeutung des roten Schals zurückführten, den Willy ihr am Weihnachtsmorgen übergeben hatte, dauerten nur bis zum Morgen des Neujahrstages. Weihnachten war fröhlich und lebhaft gewesen, aber verglichen mit den rauschenden Silvester-Festlichkeiten war es – und das hatte Mr. Fairbairn Annabella prophezeit – wie ein Nachmittagstee beim Pastor.

Die Stimmung war gegen zehn Uhr aufgekommen, aber erst um zwölf, als Dave Pearson das neue Jahr ankündigte, hatte das richtige Essen und Trinken angefangen.

Annabella hatte nur zwei kleine Gläser Pastinakwein getrunken. Sie brauchte keinen Wein, um sich glücklich zu fühlen; sie brauchte nur Manuel anzuschauen und in seinen

Augen die Worte lesen, die er noch nicht ausgesprochen hatte, denn seit dem Heiligen Abend waren sie kaum eine Minute allein gewesen. Das lag daran, daß sie bis spät jeden Abend bei den Vorbereitungen für das neue Jahr mithelfen mußte. Sie hatte nie geahnt, daß die Zubereitung von Essen soviel Zeit und Energie in Anspruch nahm. Ihre Aufgabe hatte an den Abenden darin bestanden, endlos Pfannen und Geschirr abzuwaschen, während Agnes und Betty Mrs. Fairbairn am Tisch halfen. Aber abgesehen davon, daß sie ›hundemüde‹ war – wie Willy sich ausdrückte –, hatte sie jede Minute seit dem Heiligen Abend genossen. Betty konnte ihr jetzt nichts mehr anhaben, und mehr als einmal war sie versucht, ihr das mitzuteilen, aber sie hatte es sich verkniffen und statt dessen beschlossen, wie Miß Annabella Lagrange es getan hätte, ihre Gefühle durch ihren Gesichtsausdruck und ihr Benehmen kundzutun.

Heute abend hatte sie nicht abgewaschen. Sie hatte ein wenig auf dem Spinett gespielt und war sehr applaudiert worden. Außerdem hatte sie mit Manuel und Willy getanzt. Aber das war vor zwölf Uhr, denn danach wurde nur noch gegessen, getrunken und gesungen.

Es war gegen zwei Uhr morgens, als ihr auffiel, und zwar nicht ohne Widerwillen und Schrecken, daß Manuel schwer betrunken war. Er schwankte und lallte mit irischem Akzent ein dubioses Lied, dessen Text ungefähr so lautete: »In England wird der Garten der Schönheit bewacht/ Von einem Drachen der Prüderie/ Doch sooft dieser böse Drache schläft/ Hat der Garten kaum einen Hüter/ Oh! Sie wollen den wildsüßen Dornenstrauch/ Die um die Blüten von Ayron wohnen/ Er wärmt die Hand und weckt den Sinn/ Und bezaubert dort, wo der Stachel wächst.«

Offenbar hatte sie die Komik dieses Liedes nicht begriffen, so vermutete Annabella, denn sie fand es gar nicht lustig, obwohl die Männer vor Lachen brüllten und die Damen sich mit gesenkten Köpfen verstohlene Blicke zuwarfen, während sie ihr Kichern unterdrückten. Und als das Lied zu Ende war, verlangten sie noch eins, und er sang und sang und sang und ließ sie in die Refrains einstimmen.

Es war beinahe vier Uhr morgens, als man aufbrach. Die Jungen hatten ihre Zimmer den Gästen überlassen – sie hatten für sich selbst Strohsäcke auf dem Heuboden ausgelegt –, und sie schwankten alle, als sie die Küche verließen, Manuel am stärksten. Er nahm keine Notiz von Annabella, als er an ihr vorbeiging, obwohl sie direkt neben ihm stand. Michael und er hatten die Arme umeinander gelegt, und Manuel brüllte, so laut er konnte: »Ich hab deinen jungen Körper gesehn/ Und nicht gedacht, daß der blasse Verfall/ Dem Schritt der Zeit zuvorkommen würd'/ Und die Blume dahinwelkt, Mary.«

Annabella lächelte nicht mehr, ihre Fröhlichkeit war verflogen. Manuels Betragen während der letzten zwei Stunden hatte sie schockiert. Soweit sie wußte, hatte ihr Papa sich nie so aufgeführt, wenn er viel getrunken hatte. Aber sie erinnerte sich daran, während sie müde die Treppe zu ihrem Bett hochstieg, daß sie es vielleicht nicht wußte. Hatte sie nicht gehört, wie er laut mit seinen Freunden lachte? Sie dachte traurig, daß Manuel heute abend etwas verloren hatte, seine Würde, seine natürliche Würde, und das schmerzte sie. Aber irgendwie schien es sein Ansehen bei allen anderen im Haus erhöht zu haben, denn sie nannten ihn ausnahmslos einen prima Kerl.

Sie überlegte, ob diese neue und abstoßende Seite seines Wesens ihre Gefühle für ihn beeinflussen würde. Sie fand nicht sofort eine Antwort, und als sie sie fand, war sie fast eingeschlafen. So etwas, so sagte sie sich, kam nur selten vor, und schließlich war er ein Mann, ein ganzer Mann, und Männer taten solche Sachen, und die Frau mußte darüber hinwegsehen. Annabella Lagrange sprach wieder in ihr.

Als sie das entfernte Klopfen hörte, zwang sie sich aus den Schichten des Schlafs zu der Erkenntnis, daß es Zeit war, aufzustehen. Das Klopfen unten an der Treppe war das Wecksignal.

Erst als sie vor Kälte zitternd in ihre Kleider geschlüpft war, merkte sie, daß das Tageslicht durch die frostbedeckten Scheiben des kleinen Fensters drang. Sie rannte aus dem Zimmer und die Treppe hinunter in die Küche, wo Mrs.

Fairbairn bereits wie an einem normalen Tag bei der Arbeit war.

»Es – es tut mir leid, ich habe mich verspätet, Missus«, fing Annabella an, aber Mrs. Fairbairn, die gerade dicke Scheiben gekochten Schinken aufschnitt, entgegnete heiter: »Überhaupt nicht, Mädchen; habe eben erst geklopf. Wo ist Betty?«

»Betty? Ich – ich dachte, sie ist unten.«

»Wo ist sie dann? Gehen Sie sie suchen.«

»Ja, Missus! Vielleicht – vielleicht ist sie in der Meierei.«

»Sie ist noch nie in die Meierei gegangen ohne ihre Tasse Tee vorher. Weiß der Himmel, wo sie ist nach der vergangenen Nacht. Hat zuviel Met getrunken, gehen Sie sie suchen.«

Als Annabella in der Spülküche ihren Umhang vom Haken nahm und ihn umschlug, dachte sie: Sie hat bestimmt zuviel getrunken. Im Laufe des Abend hat sie alle Hemmungen verloren, beim Holzschuhtanz hatte sie ihre Beine fast bis zum Knie gezeigt. Aber was konnte man anderes erwarten? Sie war eben so ... Oh, sie war selbst durcheinander heute morgen. Sie war immer noch müde, und sie fror, und Manuels Betragen wirkte im Tageslicht nicht freundlicher.

Betty war nicht in der Meierei. Sie ging zum Kuhstall. Keine Menschenseele war im Kuhstall. Sie öffnete die Tür zur Kornkammer, dann ging sie zum Heuboden und sah, wie Michael gerade langsam die Leiter herunterkletterte. Mit der einen Hand hielt er sich an den Sprossen und mit der andren am Kopf fest.

»Hast du Betty gesehen, Michael?«

»Betty?« Er schloß seine Augen in dem hellen Licht und schüttelte den Kopf. »Nicht hier oben.« Er machte eine Kopfbewegung zum Heuboden hoch und grinste. Dann hob er beide Hände, als ob die Bewegung ihm wehgetan hätte, und in dieser Haltung schlich er zur Pumpe.

Sie stapfte durch den Schnee und schaute in die Ställe, aber konnte auch dort niemanden entdeckten. Sie wollte gerade wieder zum Haus zurückgehen, als Willy aus der Richtung von Manuels Cottage kam. »Hallo!« begrüßte er sie. Wie seine Mutter tat auch er seine Arbeit, und die Ausgelassenheit der vergangenen Nacht schien keine Nachwirkungen auf ihn zu haben.

»Hast du Betty gesehen, Willy?«

»Betty?« Er schüttelte den Kopf. »Suchst du sie?«

»Ja.«

»Ich suche auch jemanden. Ich kann Manuel nicht finden – er ist nicht in seinem Bett.«

Es war, als würde ihr Brustkorb von einer unsichtbaren Kraft zusammengepreßt. Sie blickten einander an, und als sie sich umwandte und fortging, ging er mit ihr. Sie schritten durch einen Torbogen am Ende des Stallhofes und nahmen die Abkürzung zur Seitentür der Ställe. Der Pfad dorthin war an der einen Seite von der Stallwand geschützt, aber auf der anderen Seite zu einer Koppel hin offen. Die Koppel wirkte wie eine glatte weiße Ebene, außer dem Planwagen, der etwa zweihundert Fuß von den Ställen entfernt an der Hecke stand. Alle Fairbairn-Kinder hatten den Wagen zum Spielen benutzt. Es war ein Zigeunerwagen, und an den Wänden zeigten hellere Stellen an, wo früher Bilder gehangen haben mußten. Obwohl das Holz an manchen Stellen faulte und das Dach leckte, sah er immer noch wie ein Zigeunerwagen aus. Ein einzelner Zigeuner hatte jahrelang darin gewohnt und zuweilen auf der Wiese unten am Fluß mit Mr. Fairbairns Genehmigung Station gemacht. Er packte manchmal auf der Farm mit an, um sich ein paar Pfennige zu verdienen, besonders bei der Heu- und Obsternte. Eines Tages fanden sie ihn tot in seinem Wagen, und als zwei Jahre verstrichen waren, ohne daß irgendwelche Verwandten auftauchten, um Anspruch auf das Eigentum des alten Mannes zu erheben und den Wagen zu verbrennen, wie es der Brauch war, zogen die Jungen, die in der Zwischenzeit das Pferd des alten Mannes versorgt hatten, den Wagen ins Feld hinaus, damit die Kleinen darin spielen konnten.

Und jetzt öffnete sich die wackelige Tür und Betty kam die vier ausgetretenen Stufen hinunter, hinter ihr Manuel. Auch er hielt, wie Michael, seinen Kopf mit den Händen fest, und als er den Boden erreichte, drehte er sich um und lehnte den Kopf an die Rolle, die das Regendach über dem Kutschbock trug, und Betty legte ihren Arm um seine Taille und ihren Kopf an seine Schulter, und ihr gurgelndes Lachen schien die eiskalte Luft zu zerreißen. Dann führte sie ihn an der Hecke vorbei das Feld hinauf.

Sie stapften weiter durch den Schnee, bis Manuel den Kopf hob und wie vom Schlag getroffen stehenblieb. Seine verschwollenen Augen erkannten die beiden Figuren. Er schleuderte den Kopf von einer Seite zur anderen, als ob er etwas abschütteln wollte. Als er zur Ruhe kam, lag sein Kinn tief auf der Brust, aber als er es wieder hob, war niemand mehr zu sehen.

Erst nach drei Tagen schaffte er es, ein Wort mit ihr zu wechseln.

»Ich war betrunken!« rief er. »Verstehst du nicht? Ich war betrunken. Seit mehr als acht Monaten habe ich nicht mehr so getrunken. Ich brauche das ab und zu, und wenn es passiert, ist mir alles egal. Das war nur ein kurzer Anfall, manchmal dauert es zwei, drei, vier Tage, ich sag's dir besser gleich. Warum habe ich wohl früher meinem Urlaub gespart, he? Damit ich mir eine richtige Tour leisten konnte. Wie ich in den Wagen gekommen bin, weiß ich nicht, das schwöre ich. Du weißt ebensoviel darüber wie ich. Eins weiß ich jedenfalls. Mit klarem Kopf wäre ich da nicht hingegangen.« Er wartete, dann brüllte er: »Sag etwas! Los, sag etwas! Frag mich, was da drinnen geschehen ist, irgend etwas, nur sieh mich nicht so vorwurfsvoll an – ich bin ein Mann, und es gibt Dinge, die ein Mann braucht, um den Drang zu erleichtern, der sich von seinen Gedärmen nach außen frißt. Ich habe ihn monatelang unterdrückt und hätte es auch noch länger getan, weil ich eine bestimmte Vorstellung habe, aber ich habe nicht mit dem Met gerechnet, ich habe nicht damit gerechnet, daß ich die Besinnung verliere.«

Sie wartete, bis er ausgeredet hatte, wandte sich um und schritt davon.

Zwei Wochen später machte Mr. Fairbairn wieder seiner Frau gegenüber eine Anmerkung zu der Situation. »Diese Betty braucht eins hinter die Löffel, Missus, und ich werde es selbst tun, auch wenn ich dadurch Manuel verliere.«

»Du wirst ihn auf keinen Fall verlieren«, entgegnete Mrs. Fairbairn ruhig. »Er nimmt entweder die eine oder die andere.«

»Und wer wird es sein, meinst du?« fragte er sie.

»Wenn es nach mir ginge, nimmt er Betty. Hast du nicht gemerkt, was seit einiger Zeit mit unserem Willy los ist?«

»Ich bin nicht blind, Missus. Was würdest du dazu sagen?«

»Nun, alles in allem wäre ich dafür, denn weder Lizzie noch Sarah können ihr das Wasser reichen. Trotzdem bin ich nicht ganz zufrieden mit ihr, irgend etwas an ihrer Klostererziehung verstehe ich nicht. Hast du dir mal überlegt, warum sie sie nicht dabehalten haben, als ihre Eltern gestorben sind? Ein junges hübsches Mädchen wie sie in die Welt hinauszustoßen und in eine Familie wie die von Manuel – er ist zwar ein prima Bursche, aber er stammt aus einer Arbeiterfamilie. Soweit ich weiß, machen Nonnen so etwas gewöhnlich nicht, besonders nicht, wenn es um unschuldige junge Menschen geht, ich meine, sie stoßen sie nicht in die Welt hinaus. Nein, ich verstehe das nicht, und wenn ich auch sage, ich würde sie willkommen heißen, glaube ich nicht, daß viel Aussicht besteht. Sie zieht Willy nicht vor, obwohl sie seinen Schal angenommen hat. Die Zeit wird es schon zeigen. Eins ist klar, daß ihr Cousin, ob er es ist oder nicht, sie angewidert hat. Aber darüber zerbreche ich mir augenblicklich nicht den Kopf, ich habe genug andere Sorgen mit der bevorstehenden Hochzeit, und wenn es in den nächsten Wochen nicht taut, kannst du mir sagen, wie wir alle zur Kirche kommen?«

Den ganzen Januar hindurch waren die Männer vom frühen Morgen bis zum späten Abend draußen beschäftigt; Tag für Tag gruben sie Schafe mit ihren Lämmern aus den Schneewehen und trugen sie auf höheres Gelände, und tagtäglich schaufelten sie Pfade durch den Neuschnee, um an die Tiere heranzukommen, bis die Schneewälle um die Farm mannshoch aufragten. Die abendlichen Gewohnheiten hatten sich beträchtlich verändert. Man saß nicht mehr gemeinsam um das Feuer wie vor Weihnachten. Manuel hielt sich abends überhaupt nicht mehr in der Küche auf. Nach dem Essen ging er ins Haus oder in die Ställe zurück, wo er den größten Teil seiner kurzen Freizeit verbrachte.

Betty war fröhlich, gesprächig und sehr freundlich, zumindest während des Tages, aber abends, wenn sie im Bett lag, pflegte sie neuerdings Selbstgespräche zu führen. Als es das erstemal passierte, drei Tage nach Neujahr, drang ihre Stimme aus der Dunkelheit, als ob sie laut dächte: »Wahrscheinlich werde ich ein Kind kriegen. Das wird im Oktober sein, aber bis dahin haben wir uns schon gemütlich eingerichtet.«

Annabella hatte diese Nacht nicht geschlafen.

In einer anderen Nacht ließ sie sich aus der Dunkelheit vernehmen: »Bestimmte Leute sollten langsam Pläne machen.« Das war alles.

Dann wieder in der Dunkelheit: »Komisch, daß ich dein Kindermädchen war, als du klein warst, und daß er später dein Kindermädchen spielte und daß er und ich dann zusammengekommen sind. Wie zwei Leute aus dem gleichen Beruf.«

In wieder einer anderen Nacht hatte das Gemurmel lange Zeit angedauert, bis Annabella vor Verzweiflung ihre Ohren zuhielt. Aber damit konnte sie ihr scharfes Gehör nicht ausschalten, und die Worte trafen sie wie Stiche: »Hast dich an ihn angehängt. Du solltest dich schämen. Aber mein Pa hat schon immer gesagt, daß die Herkunft durchschlägt, und deine wahre Herkunft ist verdammt durchgeschlagen, das kann man wohl sagen, du bist schamlos genug, wie eine gewöhnlich Trödlerhure mit einem Mann über die Straßen zu ziehen.«

Bettys Sticheleien hatten eine seltsame Wirkung auf Annabella. Jeder neue Angriff schien sie tiefer in die Vergangenheit zurückzudrängen. Fast jede Nacht sah sie sich jetzt in der Kutsche die Crane Street hinunterfahren, und das Gesicht der Frau war so lebendig wie an dem Tag, als sie ihr zum erstenmal begegnet war. Manchmal gesellte sich der Mann mit der zusammengeschlagenen Nase hinzu, und dann glaubte sie sich allein in der Kutsche, in der sie erst auf der einen Seite die Frau und dann auf der anderen Seite den

Mann erblickte. Sie liefen nebenher und klammerten sich an die Türen. Dann hörte sie zuweilen Manuel sagen: »Sie wollen nichts mehr von ihr wissen, soll sie in die Crane Street zurückgehen.« Bei anderen Gelegenheiten stand sie vor der alten Alice, blickte zu ihr hoch und fragte: »Was ist ein ›Barstard‹, Alice?« An dieser Stelle schlugen ihre Gedanken eine seltsame Richtung ein, denn sie schrie Alice an: »Aber ich bin kein Bar-stard mehr, Alice. Ich habe eine richtige Mama und einen richtigen Papa.«

Und sie hatte eine richtige Mama und einen richtigen Papa, Pa und Ma, Mutter und Vater. Wie immer sie sie auch nannte, die waren ihre Eltern; sie war kein Bastard wie Manuel – Manuel war ein Bastard.

Während des Tages schaffte sie es, sich auf die Arbeit zu konzentrieren. Manchmal lächelte sie Agnes zu, und diese gütige junge Frau versuchte sie aufzumuntern. Sie hatte Agnes sehr liebgewonnen. Sie hoffte, sie würde in ihrer Ehe sehr glücklich sein.

Dann fragte sie sich eines Tages, was sie tun würde, wenn Manuel heiratete. Würde sie hier fortgehen? Ja, sie würde fortgehen. Sie würde sogar schon gehen, bevor er heiratete. Sie würde nach Agnes Hochzeit gehen, den Tag danach. Wenn Agnes glücklich auf dem Weg zu ihrem neuen Heim war, würde sie gehen.

Eine Woche vor der Hochzeit setzte das Tauwetter ein, und sie vergaß vorübergehend ihre Befürchtungen, als Mrs. Fairbairn gegen zehn Uhr morgens zu ihr sagte: »Ziehen Sie sich um, Mädchen. Willy fährt nach Hexham; ich möchte, daß sie mitfahren und ein paar Gänge für mich erledigen.«

Gehorsam war sie nach oben gegangen und hatte ihr Kleid gewechselt. Sie zog nicht das grüne Kordsamtkleid an, sondern das andere, an dem sie monatelang genäht hatte. Sie zog auch nicht die neuen Schuhe über, sondern behielt ihre alten Stiefel an. Bevor sie sich aber in ihren Mantel hüllte, schlang sie Willys Schal um ihre Schultern.

Als er ihr auf den Vordersitz des Wagens half und das Ende unter ihrem Mantel hervorhängen sah, betrachtete er das als ein gutes Zeichen.

Ihnen war beiden sehr kalt, als sie in Hexham ankamen, und als erstes führte er sie zum Mittagessen aus, und als das vorüber war und etwas Farbe auf ihren Wangen lag, nahm er sie mit in ein Pub, und dort bestellt er Kaffee und Kognak, und er bestand darauf, daß sie ihn trank, und zum ersten Male seit Wochen wurde ihr warm. In diesem Augenblick begann er zu sprechen.

»Du weißt, warum ich dich mitgebracht habe, Annabella?«

Sie zuckte mit den Wimpern und sagte: »Ja, Willy, wegen der Botengänge für deine Mutter.«

»Ich habe dich nicht wegen der Botengänge für meine Mutter mitgebracht. Ich habe dich mitgebracht, weil ich dir eine Frage stellen will, die mir seit Wochen auf der Seele liegt. Ich kann keine großen Worte machen; ich bin nur ein einfacher, gewöhnlicher Bursche, und ich bitte dich, meine Frau zu werden.«

Sie starrte ihn mit weit geöffnetem Mund an und faßte sich an den Hals.

»Oh, Mr. Willy! Ich meine, es ist sehr freundlich von dir und vielen Dank für die Ehre, aber – aber daran hätte ich nie gedacht. Siehst du, es wäre mir nicht eingefallen. Es tut mir leid, ich –.«

»Laß dir Zeit, laß dir Zeit. Ich weiß, daß du Manuel gern hast und daß es dich getroffen hat, wie die Dinge gelaufen sind, aber jeder Mann muß seine eigene Wahl treffen. Ich werde gut zu dir sein, das verspreche ich, und wenn Vater stirbt, gehört die Farm mir, weil er Michael und Sep ihren Anteil gibt, wenn sie heiraten. Du wirst ein gutes Heim und Sicherheit haben und brauchst nicht mehr die Straßen entlangzuziehen.«

»Oh, bitte, bitte, ich könnte es nicht. Es tut mir leid. Ich bin mir der Ehre durchaus bewußt, aber –.«

Er unterbrach ihre gestelzten Worte mit einer Handbewegung und blickte sie eine lange Weile still an, bevor er fragte: »Warum hast du dann meinen Schal angenommen?« Er hob das rote Ende hoch, und sie stammelte: »Deinen Schal angeangenommen? Aber es war ein Weihnachtsgeschenk.«

Er schlug die Augen auf und senkte sie wieder, bevor er

sagte: »Kein Mann gibt einer Magd –«, mit ›Magd‹ meinte er in diesem Fall Dienerin, und sie begriff es, »– ein solches Geschenk, jedenfalls nicht hier in der Gegend, es hat eine Bedeutung. Aber vielleicht wußtest du das nicht?«

»Nein. Es tut mir leid, ich wußte es nicht. Ich fürchte, ich kenne mich in vielen Dingen nicht aus …« Ihre Stimme erstarb.

»Wenn ich dir Zeit zum Nachdenken gebe, meinst du, daß du deinen Entschluß ändern wirst?«

Sie schaute in sein rundes, zuverlässiges Gesicht, auf sein helles Haar, den untersetzten, kräftigen Körper und dachte: »Wenn ich es nur könnte. Oh, wenn ich es nur könnte.«

Angesichts ihres Schweigens stand er auf und bemerkte steif: »Wir fangen besser mit den Botengängen an – wir müssen bald zurück, falls es wieder schneit. Der Himmel sieht verhangen aus.«

Manuel war in der Küche, als sie zurückkamen. Er hatte Mrs. Fairbairn einige Fragen beantwortet, und als die Tür sich öffnete, schnellte er herum und blickte sie an. Seine Augen suchten nach einer Antwort und wanderten von einem Gesicht zum anderen, aber er konnte nichts aus ihnen lesen, denn Annabella hatte die Augen gesenkt, und Willy war wie immer. Willys Gesicht konnte man selten etwas anmerken.

Zwei Tage vor der Hochzeit setzte ein scharfes Tauwetter ein, das die Felder in Seen und die Straßen in Sümpfe verwandelte. Agnes sagte am Abend vor dem Hochzeitstag, Gott habe ihre Gebete erhört. Es fror nämlich, und – Freude über Freude – am Morgen brach die Sonne durch die Wolkendecke.

Die Sonne schien die ganze Zeit, während die Hochzeitsgesellschaft nach Stanhope fuhr. Sie schien immer noch, als die lange Reihe der Kutschen und Bauernwagen die fröhliche Rückreise antrat. Sie schien bis drei Uhr nachmittags, als das frischvermählte Paar in den neuen Wagen stieg und der Bräutigam die Zügel der beiden prächtigen Pferde nahm – ein Hochzeitsgeschenk seines Schwiegervaters. Sie verschwand, als das junge Ehepaar davonfuhr, inmitten von

Hochrufen und Händewinken aller Gäste und der Mitglieder des Haushalts – außer einem.

Annabella war im Waschhaus. Sie lehnte sich an die umgedrehte Wanne, über der sie und Agnes an jedem Montag der vergangenen Wochen geschwitzt hatten. Sie weinte, weil Agnes fort war. Es war ein stilles, leises Weinen. Die Tränen rollten ihr langsam die Wangen hinunter, sie konnte im Augenblick an nichts anderes denken als daran, daß Agnes fort war. Ihre einzige Freundin war fort. Mr. und Mrs. Fairbairn waren gut, und die Jungen waren gut und freundlich, aber Agnes war mehr als gut und freundlich gewesen – sie hatte Verständnis. Gestern abend hatte sie zu ihr gesagt: »Ich weiß, wie du dich fühlst, Annabella, ich weiß, wie du dich fühlst. Weißt du, ich liebe Dave nicht so, wie ich John Bailey geliebt habe. Er hatte eine Farm in der Nähe von Bishop Auckland. Eine Zeitlang ist er oft hierher gekommen. Er ließ keinen Zweifel daran, daß er mich wollte, und dann hörte es mit einem Schlag auf, und als nächstes hörte ich, daß er die Tochter des Gutverwalters von Lord Crosby geheiratet hat. Es ging mir danach einige Zeit schlecht, ich hatte an nichts Interesse, und als Dave auftauchte, dachte ich: Nein, nie, weil niemand John ersetzen konnte. Aber mit der Zeit ändert man sich.« Sie fuhr ohne zu unterbrechen fort: »Unser Willy ist ein guter Mann, Annabella, schade, daß du ihn nicht bevorzugst, aber ich verstehe, daß du es nicht kannst, bevor Manuel aus deinem Leben verschwunden ist. Wenn er sich erst einmal wie John damals gebunden hat, wirst du dich beruhigen und dich anders besinnen, du wirst schon sehen.«

Liebe, liebe Agnes. Wenn es nur stimmte, was sie sagte, und sie sich anders besinnen würde. Sie war all dessen so müde, so überdrüssig dieses Gefühls. Aber bald würde es vorbei sein, sie brauchte nicht viel länger zu warten. Ihr Entschluß, sich das Leben zu nehmen, der seit einiger Zeit in ihr gereift war, ging nicht nur auf Manuels Abtrünnigkeit zurück und seine Untreue oder wie immer sie es betrachtete. Es hatte auch mit der Enthüllung ihrer Geburt zu tun und allem, was damit zusammenhing. Die Belastung ihres Körpers in den vergangenen Monaten mit körperlicher Arbeit, an die sie nicht gewöhnt war, und ihre strenge religiöse Erziehung durch Rosina, die ihr jetz einflüsterte, daß sie leiden müsse, weil sie von sündigen Menschen geboren sei und weil, wie Alice so oft gesagt hatte, die Sünden der Eltern an den Kindern heimgesucht werden.

Die Hochzeitsgesellschaft tanzte in der langen Scheune, und während des Abends trug sie Speisen aus der Küche über den hartgefrorenen Hof zu den Gästen. Auf einem ihrer Gänge hörte sie Miß Percy zu Sep sagen: »Was ist mit Manuel los? Er trinkt kein einziges Glas. Er ist ganz anders als zu Weihnachten.« Und Sep erwiderte: »Oh, er will mit dem Wagen fahren. Aber seine Füße sind in Ordnung. Sieh dir nur mal an, wie er mit Tante Mildred tanzt. Nicht zu fassen! Sie bewegt sich wie eine Zweijährige.«

Jedesmal, wenn sie die Scheune betrat, tanzte Manuel. Einmal begegneten sich ihre Augen. Sein Blick war dunkel, beinahe finster, und sie schaute hindurch und über ihn weg. Auf dem Weg zurück in die Küche dachte sie darüber nach, was für seltsame Wesen Männer waren, grausame Wesen. Ihr Papa zum Beispiel, wie er Mama behandelt hatte … Und Manuel konnte tanzen. Sie erinnerte sich plötzlich an einen Ballsaal in London, und ihr fiel ein, daß auch Miß Kathleen Wainheart tanzen konnte, und Stephen konnte tanzen. Er hatte viel mit Miß Wainheart getanzt. Die drei Männer in ihrem Leben, ihr Papa, Stephen und Manuel, hatten alle, jeder in seiner Art, behauptet, sie liebten sie, und sie dann verlassen. Oder hatte sie sich nur eingebildet, daß sie sie liebten? War es ihr Bedürfnis nach Liebe, das sie dazu veranlaßte? Denn keiner von ihnen hatte richtig gesagt: »Annabella, ich liebe dich.«

Um elf Uhr schneite es wieder, und dann war plötzlich ein allgemeiner Aufbruch zu den Kutschen und Wagen, begleitet von lautem Gelächter und Abschiedsrufen, und um zwölf Uhr waren alle fort.

Die Familie räumte in einer gemeinsamen Anstrengung die Scheune von Geschirr und Speiseresten, und um ein Uhr war alles wieder an Ort und Stelle.

Bevor die anderen sich zurückzogen, sagte Mrs. Fairbairn

zu Annabella: »Gehen Sie nach oben, Mädchen, Sie sehen todmüde aus. Es ist alles vorüber; in den nächsten zwei, drei Tagen können Sie etwas ausruhen.«

Gehorsam ging sie nach oben, aber sie legte sich voll angezogen aufs Bett. Sie hörte Betty nach oben kommen und zu Bett gehen. Seltsamerweise führte sie heute abend keine Selbstgespräche. Sie hörte die Uhr zwei schlagen, dann drei, und sie wußte, es war bald Zeit, aufzustehen, aber in diesem Augenblick wurde sie so müde, daß sie in einen leichten Schlummer sank.

Als sie erschreckt aufwachte und sofort aus dem Bett stieg, wußte sie nicht, wie spät es war. Sie wußte nur, was sie tun mußte. Sie nahm ihre Stiefel in die Hand und schlich leise aus dem Zimmer die Treppe hinunter. An der Küchentür zog sie die Stiefel an, schnürte sie aber nicht zu, so daß sie leicht klapperten, als sie über den verharschten Schnee im Hof ging. Die Nacht war sternenklar und still, und sie konnte gerade die große Tür des Kornhauses ausmachen, als sie näherkam. Sie hob den Riegel, schob die eine Türhälfte auf und trat ein. Drinnen war es warm im Gegensatz zu der Kälte draußen. Sie hatte eine Kerze mitgebracht, die sie jetzt anzündete. Sie schaute nach oben. Auf dem Halbpodest am Ende des Raumes hing der Flaschenzug. Über dem Haken lag ein loses Seil, dessen eines Ende unten um einen Kornsack gebunden war.

Die Kerze hoch über ihrem Kopf haltend, kletterte sie langsam die Leiter hoch. Auf dem Podest stellte sie die Kerze in eine Wandnische, nahm das Ende des Seils, das an dem Haken hing, in die Hand und betrachtete es. Wie im Traum legte sie es langsam um ihren Hals und machte einen Knoten. Dann bewegte sie sich auf den Kornsack zu, der am Rande des Podestes stand. Sie betrachtete auch ihn eine Zeitlang, bevor sie mit dem Fuß ausholte und ihn vom Rand stieß. Als sich das Seil um ihren Hals festzog, durchfuhr ein lauter Schrei ihr Gehirn und sie versank in eine tiefe Schwärze …

Willy war aus dem kleinen Stall gekommen, wo gerade eine der Kühe gekalbt hatte, und als er an der Wand entlangging, bemerkte er, daß eine Hälfte der Tür zum Kornhaus offenstand. Das ließ ihn stutzen, denn er war vor kurzem selbst noch drin gewesen und er hatte in diesem Wetter ganz bestimmt nicht vergessen, die Tür zu schließen, besonders nicht die Tür zum Kornhaus. Das war ziemlich merkwürdig, denn es war völlig windstill. Als er gerade den Arm ausstreckte, um nach dem Riegel zu greifen, sah er sie im Kerzenlicht über sich. Sie hatte ein Seil um den Hals, und sie war im Begriff, den Kornsack vom Rand des Podestes zu stoßen. Mit einem Warnungsschrei, der ihn vom Boden abzuheben schien, sprang er auf den Karren, und als der Sack ihn traf, wurde er fast zu Boden geschleudert. Er wankte einen Augenblick unter seinem Gewicht, fing sich und begann gellend zu schreien: »Annabella! Um Gottes willen! Manuel! Irgend jemand! Hilfe! Hilfe!«

Manuel war gerade aufgestanden und zog sich die Hosen an, als er den ersten Schrei hörte. Er klang fern und gedämpft, aber er hastete sofort zur Tür, denn es war ungewöhnlich, zu dieser Morgenstunde irgend etwas anderes zu hören als die Tiere. Er rannte über den Platz zwischen dem Cottage und den Stallwänden, durch den Bogen und weiter in Richtung der Schreie.

Als er in das Kornhaus stürmte und die Situation erfaßte, stieß er ein unartikuliertes Brüllen aus, und bevor dessen Echo noch verklungen war, hatte er den Podest erreicht. Er hob sie hoch, riß das Seil von ihrem Hals, um im gleichen Augenblick war unten ein dumpfer Laut zu hören, als Willy und der Kornsack auf den Karren fielen.

»Annabella. Annabella.« Er kniete neben ihr auf dem Boden und hielt ihren leblosen Kopf in seinen Händen. »Annabella. Um Gottes willen, ein! – Hör mir zu – Oh, allmächtiger Herr!«

Willy stolperte jetzt auf den Podest, wobei er keuchte: »Ist sie?«, und Manuel legte seinen Kopf auf ihre Brust, ohne ihn anzuschauen, dann murmelte er mit unnatürlich gekrümmtem Körper, als ob er sich übergeben müsse: »Sie – sie atmet, ganz schwach.«

»Gott im Himmel!« Willy keuchte immer noch. »Schärfer dran vorbei geht es nicht. Noch eine Sekunde, nur noch eine einzige Sekunde.«

»Bringen – bringen wir sie nach unten; sie – sie ist kalt.« Fast hätte er gesagt ›todkalt‹. »Nimm ihre Beine, ja?«

Willy nahm ihre Beine, und gemeinsam schafften sie sie nach unten. Dann trug Manuel sie in seinen Armen, während Willy den haltlosen Kopf stützte, und sie brachten sie ins Haus. Sie legten sie auf den Teppich vor dem Feuer nieder. Willy ging zur Tür und rief, so laut er konnte: »Ma! Ma! Komm her, du wirst gebraucht.«

Ungefähr eine halbe Stunde später kam Annabella wieder zu Bewußtsein. Sie war immer noch im Dunkeln, und sie glaubte, sie sei tot. Einen Augenblick lang meinte sie zuzuhören, wie Manuel alles Gott erklärte, weil er sagte: »Ja, so ist es, das ist die wahre Geschichte. Das ist ihr Name, Annabella Lagrange, und nachdem sie zu einer Dame erzogen wurde und mit dem ganzen Komfort und so, wurde ihre Welt auf den Kopf gestellt. Sie mußte Schweine füttern und sogar in einer Landstreicherpenne schlafen. Sie ist mit mir gekommen, weil sie niemand anderen hatte. Niemand wollte sich ihrer annehmen außer der Frau, die sie als ihre richtige Mutter betrachtet hatte. Und dann ist sie darüber zusammengebrochen. Und manchmal, als wir bei Skillen waren, fürchtete ich, daß sie ganz den Verstand verliert. Aber dann sind wir hier gelandet, und ich kann Ihnen sagen, es war für uns beide wie der Himmel. Und es wäre so geblieben, wenn sich diese da nicht eingemischt hätte. Sie war ihr Kindermädchen, und sie wurde gefeuert, kurz bevor ich in dem Haus anfing, weil sie das Kind einen ›Bastard‹ genannt hatte, und deshalb und weil sie keine Empfehlung bekam, hat sie es an ihr ausgelassen; nicht nur das, sie hat selbst gesagt, sie hat sich damit gebrüstet, daß sie sie bis aufs Blut quälte und ihr damit drohte, sie würde sie als Hurenkind bloßstellen.«

»Ja, das war sie auch, das war sie. Nicht mehr und nicht weniger«, brauste Betty auf, um sich zu verteidigen. Sie funkelte alle an, die sie anstarrten, und während die Tränen ihre Wangen herunterliefen, schrie sie: »Was wißt ihr denn schon? Keiner von euch weiß, wie das ist, wenn man ohne Zeugnis rausgeworfen wird! Und es sind noch andere Dinge passiert, von denen ihr nichts wißt. Ihr beschuldigt mich, ja, ihr beschuldigt mich alle, aber wenn du –«, sie sah in Manuels Richtung, «– wenn du mich nicht angeführt hättest, wäre es nie so weit gekommen.«

»Ich habe dich nur deshalb angeführt, und Gott verzeih mir meine Dummheit, weil ich dir die Zunge binden, dich von ihr fernhalten wollte. Und da ich schon einmal dabei bin –«, er wandte sich zu Willy um und blickte ihn direkt an, »– will ich dir das erzählen: Ich weiß ebensowenig wie du, wie ich am Neujahrsmorgen in den Wagen gekommen bin. Und noch etwas, wo ich schon angefangen habe, mit Ihrer Erlaubnis, Missus.« Er bewegte den Kopf. »Wenn ich so viel getrunken habe, hat niemand mehr Spaß an mir, das weiß ich genau, wenn Sie also glauben, daß zwischen uns etwas war, es stimmt nicht.«

Die Männer wandten die Augen ab und schauten sich, eindeutig verlegen, im Raum um, nur Mrs. Fairbairn war nicht verlegen. Sie nahm die Situation in die Hand, indem sie sagte: »Gut, im Augenblick brauchen wir keine weiteren Erklärungen. Und auf alle Fälle sprecht nicht so laut, ich glaube, sie kommt zu sich.« Sie blickte vom Boden hoch, wo sie neben Annabellas Kopf kniete: »Wir bringen sie besser hier heraus, ins Bett.« Manuel räusperte sich und wandte sich direkt an Mrs. Fairbairn. »Wenn Sie nichts dagegen haben, Missus, nehme ich sie ins Cottage hinüber. Wir haben schon früher unter dem gleichen Dach gewohnt, in allen Ehren. Ich sage euch lieber jetzt, bevor es jemand anders tut, daß wir die ganze Zeit bei Skillen im Cottage gewohnt haben, und ich auf dem Küchenboden, deshalb, glaube ich, könnt ihr sie mir jetzt anvertrauen. Wie gesagt, wenn Sie nichts dagegen haben, Missus?«

Mrs. Fairbairn stand auf und sah diesen seltsamen jungen Burschen an, der in gewisser Weise ebenso geheimnisvoll war wie das Mädchen hier. Nein, sie hatte nichts dagegen, daß er sie mit ins Cottage nahm. In diesem Augenblick dankte sie Gott, daß sich alles so ergeben hatte, denn hätte ihr Willy das Mädchen geheiratet, und wäre ihre Herkunft später herausgekommen, sie wäre tausend Tode gestorben.

Erziehung oder keine Erziehung, sie hatte ungutes Blut in den Adern. Es war nicht die Schuld des Mädchens, der armen Seele, nein, und wahrscheinlich würde sie ein sauberes Leben führen, aber was war mit den Kindern und Kindeskindern. Das Blut würde durchbrechen. Sie glaubte fest daran, das Blut würde durchbrechen. Sie schaute ihren ältesten Sohn an. Woran dachte er? Man wußte nie, was Willy dachte.

In diesem Moment vermied Willy es, ebenso wie seine Mutter zu denken. Sie war ein reizendes Mädchen, seine Gefühle für sie hatten sich nicht geändert, aber später, das wußte er, wenn er die Dinge nüchtern betrachtete, würde er sich beglückwünschen, daß er heil davongekommen war. Die Frau, die er heiratete, mußte ihm Kinder gebären, und ihn schauderte bei dem Gedanken, daß sich das Blut der Fairbairns, die durch Jahrhunderte freie Bauern waren, mit dem von Annabella vermischt hätte. Er eilte Manuel zu Hilfe: »Laß mich mit anfassen.«

»Ich schaffe es schon, danke.«

Sie legten sie in seine Arme und schlugen Decken um sie. Mrs. Fairbairn selbst begleitete sie, und während sie Annabella entkleidete und sie zudeckte, schickte sie Manuel ins Haus zurück, um eine heiße Ofenkachel zu bringen. Endlich öffnete Annabella die Augen und blickte ihre Herrin an: »Es tut mir leid.« Mrs. Fairbairn erwiderte zärtlich: »Schlaf ein, Kind, schlaf ein. Du brauchst dir keine Sorgen mehr zu machen, es wird alles gut werden. Schlaf ein.«

Annabella gehorchte und schlief ein.

In den nächsten sechsundreißig Stunden wachte sie mehrere Male auf, und immer saß jemand an ihrem Bett, Manuel oder Mrs. Fairbairn, und immer sagte jemand: »Trink das.« Und sie trank die heiße Suppe. Und dann sagten sie: »Schlaf ein. Schlaf ein«, und sie schlief ein, weil sie sich immer noch müde fühlte, sehr müde. Ein- oder zweimal hatte sie zu sprechen versucht, aber es war ihr zu schwer gefallen. Am Abend des zweiten Tages jedoch wachte sie auf, und die Müdigkeit war beinahe verschwunden. Sie hob die schweren Lider, und ihr Blick fiel auf die Kerze, die in einem Messingleuchter auf der Kommoder am Bettende stand. Dann drehte sie ihren Kopf auf dem Kissen und blickte Manuel an. Sie sah ihn lange an, bevor sie dasselbe zu ihm sagte wie vorher zu Mrs. Fairbairn: »Es tut mir leid.«

Sie beobachtete, wie er die Augen fest schloß, nach ihrer Hand tastete und sie gegen seine Brust drückte. Dann glitt er von dem Holzstuhl, kniete neben dem Bett nieder und tat etwas sehr Seltsames. Immer noch ihre Hand festhaltend, legte er sein Gesicht auf das Kopfkissen neben ihr und sprach kein einziges Wort, sondern lag einfach da und schaute sie an. Und als sie nach einer langen Zeit sagte: »Oh, Manuel!«, bedeutete er ihr mit einer leichten Kopfbewegung, nicht zu sprechen. Und so lagen sie eine Weile, während seine Augen sie einhüllten, bis sich sein Kopf noch näher heranschob und seine Lippen die ihren berührten. Weich ruhten sie auf ihrem Mund, wartend, und als ihre Reaktion kam, erschütterte es sie beide. Ihre angestauten Gefühle brachen in einem ständig wachsenden Tränenstrom aus ihr, während er sie hielt und wiegte wie ein kleines Kind. Und als es endlich vorüber war, sagte sie zu ihm: »Du wirst mich nie verlassen, Manuel?«, und er antwortete: »Nie, solange ich lebe.«

Am nächsten Tag fiel der Schnee so dicht, daß man vom Cottage aus die Farmgebäude nicht mehr sehen konnte, und Manuel brachte das Bett aus dem Schlafzimmer und stellte es gegenüber dem Kamin an die Hinterwand der Küche, und da sie fast den ganzen Tag durch weiterschlief, sagte Mrs. Fairbairn: »Lassen wir sie in Ruhe, die Natur heilt sie.«

Erst eine knappe Woche später stand sie auf, zog sich an und begann mit leichten Hausarbeiten im Cottage. Sie wußte nicht, was geschehen sollte. Manuel hatte gesagt, sie solle es ihm überlassen, und das tat sie. Nur eines hatte sie klargemacht: Sie wollte nicht wieder im Haus arbeiten, weil das bedeutet hätte, daß Betty gehen mußte, und obwohl sie nie etwas für Betty übrig haben würde, sondern sie im Gegenteil immer noch mühelos hassen konnte, tat sie ihr in gewisser Weise leid.

Sie saß jetzt am Feuer und wartete auf Manuel. Als er kam,

stand sie schnell von ihrem Stuhl auf, flog in seine Arme, und er preßte sie fest an sich.

Während er seinen Mantel und die schneeverklebten Stiefel auszog und seine eiskalten Füße am Feuer wärmte, in der Hand eine dampfende Tasse Tee, suchte er die ganze Zeit nach den richtigen Worten, um ihr etwas zu sagen. Er fürchtete, daß sie sich bei der bloßen Erwähnung des Zigeunerwagens verkrampfen würde, aber früher oder später mußte er ihr diesen Zwischenfall erklären, warum also nicht jetzt? Er beugte sich vor, um seine Tasse auf einem Stuhl abzustellen, und murmelte: »Bevor wir irgend etwas beschließen, Annabella, möchte ich wegen – wegen Silvester erklären, und mit –.«

Sie schob ihre Hand durch seinen Arm, tastete nach seinen Fingern und entgegnete mit gesenktem Kopf: »Das ist nicht nötig.«

Er zog sie schnell an sich und flüsterte: »Es war nichts, nichts. Wenn ich so betrunken bin, kann ich –.« Sie verschloß ihm den Mund mit ihrer Hand und flüsterte: »Schon gut, ich weiß. Ich war wahrscheinlich halb wach vor einigen Tagen.«

»Oh!« Er starrte sie einen Augenblick an, atmete tief aus und lehnte sich schwer an sie, wobei er murmelte: »Oh, Liebling, Liebling.«

Er nahm jetzt ihr Gesicht in seine Hände. »Was hältst du davon, in einem Haus auf Rädern zu wohnen?«

»In einem Haus auf Rädern, Manuel?«

»Du willst doch nicht immer hier bleiben?«

Sie schlug die Augen nieder. »Es – es könnte sehr peinlich sein. Jedesmal, wenn ich einen von ihnen aus der Ferne sehe, wird mir bewußt, was sie vielleicht denken.«

»Ach, Unsinn.«

»Nein, Manuel. Mrs. Fairbairn ist eine wunderbare und liebe Frau, aber – aber sie wird froh sein, wenn ich weg bin. Ich bin eine Belastung geworden. Und ich weiß noch etwas anderes – Willy hat mich gestern besucht, und als ich mich bei ihm bedankt habe –«, ihr Kopf sank noch tiefer, »– ich – ich wußte, daß er nicht mehr verletzt war, er war froh.« Sie hob die Augen. »Erleichterung macht froh, Manuel.«

»Ach, Unsinn, Willy würde alles hergeben, um dich zu bekommen.«

»Jetzt nicht mehr. Weißt du, daß er mich einmal gebeten hat, ihn zu heiraten?«

»Hat er das wirklich getan?« Er verzog das Gesicht und beugte sich zu ihr. »Es überrascht mich eigentlich nicht. Das war an dem Tag, als er dich mit nach Hexham genommen hat, nicht wahr?«

»Ja, das stimmt. Und was würde er jetzt empfinden, wenn ich ja gesagt hätte? Ich sage dir, er ist erleichtert, daß die Dinge sich so entwickelt haben. Ich weiß, daß niemand mich heiraten will, der Bescheid weiß. Damit – damit mußte ich fertig werden, das heißt, niemand außer –.«

»Ja, sprich weiter.«

Sie ließ wieder den Kopf sinken: »Ich kann keine Frage beantworten, die mir gar nicht gestellt wird.«

Es herrschte langes Schweigen, bevor er ernst und von tief innen heraus fragte: »Willst du mich heiraten?«

Ihre Antwort klang ruhig und fest: »Ja, Manuel; und ich betrachte deinen Antrag als eine Ehre. Aber – aber ich möchte dir etwas sagen.« Ihre Augen flackerten seitwärts zum Feuer, als sie fortfuhr: »Du – du brauchst mich nicht zu heiraten, du brauchst dich nicht dazu verpflichtet zu fühlen. Ich – ich bin bereit, mit dir zu leben –.«

»Genug!« Er sprang auf, und seine Stimme klang scharf. »Ich habe dir eine Frage gestellt, und ich will eine Antwort. Ich will sie noch einmal. Ich habe dich gefragt, ob du mich heiraten willst, und mich heiraten bedeutet, den Namen anzunehmen, der mir nicht gehört, es bedeutet auch, daß die Leute hinter vorgehaltener Hand reden und sagen werden: ›Wieso hat sie den geheiratet, wo ihm das Wort Arbeiter im Gesicht geschrieben steht?‹ Es bedeutet, daß du für den Rest deines Lebens wahrscheinlich die Frau eines Arbeiters bleiben wirst. Es bedeutet, daß du in dem vornehmen Teil der Gaststätten nicht zugelassen wirst. Erinnere dich daran, es ist dir schon einmal passiert. Es bedeutet wahrscheinlich, daß sich all die Dinge der letzten sechs Monate wiederholen, aber du wirst keine andere Wahl haben, weil du nicht mehr frei bist. Es bedeutet, daß du arbeiten mußt, während du meine Kinder trägst ... Jetzt frage ich dich noch einmal: Willst du mich heiraten?«

Sie stand auf, und sie antwortete aus ihrem neuen Bewußtsein als Frau. Sie schlang ihre Arme um ihn, küßte ihn auf die Lippen und drückte ihn mit aller Macht an sich. Er seinerseits hielt sie sanft umschlungen, denn manchmal – wie jetzt – mußte er seine Begierde unterdrücken, denn wenn er ihr stattgab, drohte sie ihn zu verschlingen wie seine Trinkerei.

Er zog sie wieder auf den Stuhl: »Wir müssen einen Ort finden, wo wir drei Wochen wohnen könnten, und dann bestellen wir das Aufgebot. Richtig in einer Kirche, wie sich das gehört, und wir werden die Heiratsurkunde einrahmen, damit unsere Kinder von Anfang an wissen, wer sie sind.«

Sie erwiderte nichts darauf, sondern legte nur den Kopf an seine Schulter und dachte: Oh, mein lieber, lieber Manuel. Oh. mein liebster, lieber Manuel. Dann fragte sie mit einer Stimme, die wie von weit herkam: »Aber wo sollen wir hingehen? In welcher Stadt sollen wir wohnen?«

Er hob ruckartig den Kopf von seiner Schulter: »Das wollte ich dir am Anfang dieses Gesprächs erzählen. Wir können in jede Stadt gehen, die wir wollen. Wir können sagen ›Hüh, Pferdchen‹ und bis nach Bishop Auckland, Darlington oder sogar Stockton fahren.«

Sie sah ihm mit weit aufgerissenen Augen fragend an, bis er hinzufügte: »Der Wagen.«

»Der Wagen?« Sie zog die Augenbrauen hoch, und er nickte. »Ich bin zum Herrn gegangen und habe ihn gefragt, ob er mir den Wagen und die alte Dobbie verkauft. Er meinte, Dobbie sei sowieso am Ende, und er hätte sie auf den Markt geschickt. Und weißt du was? Er hat sie mir geschenkt, Wagen und Pferd. Das nenne ich großzügig. Und die Jungen haben mir alle versprochen, ihn aufzumöbeln, bewohnbar zu machen. Und die Missus gibt mir Sachen fürs Bettzeug, und sie sucht nach alten Leinen und Resten, Pfannen und so weiter. Sie ist Feuer und Flamme. Außerdem gibt mir der Herr vier Monate vollen Lohn und dir auch. Er brauchte uns keinen Pfennig zu geben, weil wir noch für zwei Monate oder länger verdingt sind, aber er ist ein guter Mensch. Sie sind alle gute, freundliche Menschen. Was sagst du dazu?«

»Es – es ist wunderbar, Manuel, wunderbar. Wir brauchen nie wieder über die Straßen zu wandern, und wir haben immer ein Dach über dem Kopf. Es ist wunderbar, aber –«, sie hielt inne und schaute ihm prüfend ins Gesicht, »– wenn ich mich recht erinnere, hast du mehr als einmal gesagt, daß du für immer bei diesen Leuten bleiben wolltest, und – und je mehr ich über sie erfahre, desto besser kann ich das verstehen. Wird es dir nicht schwerfallen, von hier wegzugehen?«

Er lächelte sie zärtlich an, während er sie wieder in seine Arme zog und sie neckte: »Weißt du, wenn der Teufel heute nacht käme und zu dir sagte: ›Annabella Lagrange, ich nehme dich mit in die Hölle, wo du auf ewig bleiben wirst‹, würde ich ihm antworten: ›Da kriegst du sie nicht ohne mich hin.‹ Und du kannst mir glauben, für einen Iren sind das ungeheure Worte, denn es gibt nur zwei Dinge, die einen Iren erschrecken – die Vorstellung, mit dem Teufel in der Hölle zu schmoren, und eine drohende Kartoffelknappheit.«

»Oh, Manuel! Manuel!« Sie lachte und legte die Hand auf den Mund, wie sie es oft tat, wenn sie glücklich war. Er drückte sie an sich: »Nur eins höre ich lieber als den Wind, und das ist dein Lachen.«

Ihre Augen glitten über sein Gesicht, und sie wurde ernst: »Manuel, ich – ich liebe dich so sehr. Ich habe dich geliebt vom ersten Tag an, und ich werde dich mein ganzes Leben lang lieben.«

Der Schluß von Margees Prophezeiung fiel ihm ein. Hatte sie nicht gesagt, daß er Reichtümer erwerben würde? Margee hatte sich immer komisch ausgedrückt: Ihre Worte hatten eine doppelte Bedeutung. Ein Butterblumenfeld nannte sie einen goldenen Teppich – eine leichte Brise war das Flattern der Flügel von Eiderenten. Sie hatte ihm Reichtum versprochen, und jetzt besaß er ihn, und zwar in der einzigen Form, die er sich wünschte. Margee war eine Hellseherin gewesen, das stimmte, und Gott war gut.

BUCH FÜNF

Wohin du auch gehst …

1

Sie waren seit einer Woche auf der Straße. Sie waren durch Sturm, Regen, Schnee und Hagel gefahren. Jeden Abend, nachdem Manuel den Wagen von der Straße in ein Feld oder an ein Bachufer gelenkt, das Pferd versorgt hatte, saßen sie im Wagen vor dem kleinen Eisenofen und aßen ihr Abendessen. Danach nahm er sie in seine Arme und stellte jedesmal die gleiche Frage: »Bist du glücklich?«

Und sie antwortete jedesmal: »Oh, Manuel! Nie, nie in meinem Leben bin ich so glücklich gewesen. Wenn das Glück ist, könnte ich daran sterben.« Frage und Antwort mochten zuweilen ein wenig variieren, aber ihre Bedeutung blieb dieselbe. Dann rauchte er seine Pfeife, und sie räumte den Tisch ab und holte von dem Regal über dem Bettende die Bücher, die Mr. Fairbairn ihr geschenkt hatte, und gab ihm seinen Unterricht.

Sie achtete jetzt noch mehr darauf als er. Sie hatten mittlerweile, wie sie es in Anlehnung an Miß Howards Unterricht nannte, die Stufe der ›Syllabifikation‹ erreicht, wo sie versuchte, ihm das Buchstabieren und Schreiben von zwei- und dreisilbigen Wörtern beizubringen. Sie hatten ihren Spaß an den Unterrichtsstunden, zum Beispiel wenn er die Syllabifikation eine › konfuse Perturbation‹ nannte. Aber insgeheim war er stolz auf seinen bisherigen Erfolg, denn er konnte jetzt schon allein lesen.

Am siebten Tag beschloß er, den Weg nach Darlington einzuschlagen. Er wollte in der Stadt Arbeit suchen, vielleicht bei einem Gastwirt, wo sie keine Miete zu zahlen brauchten und sparen konnten. Und wer weiß, vielleicht fand er billig ein kleines Cottage und ein kleines Stück Land, wo sie Hühner und eine Kuh halten und ihr eigenes Gemüse anbauen konnten. Die Vorstellung war herrlich.

Sie fuhren durch Winston und Gainford, und da es an diesem Tag stürmte und schneite, beschloß er am frühen Nachmittag haltzumachen. Er lenkte den Wagen von der Straße in ein Feld, das in einem kleinen Tal lag, und nachdem er angehalten hatte, ging er in das dichte Gebüsch an der Hügelseite, um Holz zu sammeln.

Es war ungefähr drei Uhr nachmittags, als er den Wagen verließ, und als er eine halbe Stunde später noch nicht zurückgekehrt war, stand Annabella auf den Stufen und sah sich suchend um.

Nach einer weiteren halben Stunde erfaßte sie ein Gefühl der Panik. Sie rannte über das Feld und in das Gebüsch und fing an zu rufen: »Manuel! Manuel!«, aber es antworteten nur die Raben. Sie lief weiter über das offene Gelände und erklomm einen kleinen Hügel, wobei sie in dem schlüpfrigen Gras hinfiel, und die ganze Zeit über war sie in heller Aufregung – jemand könnte ihn wegen seines Geldgürtels überfallen haben. Aber wer wußte über den Gürtel Bescheid? Ihm könnte schlecht geworden sein, aber Manuel wurde nie schlecht. Er könnte auf eine Wirtschaft gestoßen sein und trank dort, aber nein, er brauchte jetzt keinen Alkohol. Nein, er trank bestimmt nicht.

Als sie den Gipfel des Hügels erreichte, blieb sie keuchend stehen und hielt die Enden ihres Umhangs fest, weil die Windstöße ihn wie einen Ballon aufblähen und sie hochzuheben drohten. Unter ihr erstreckte sich ein anderes weites Tal mit Häusern und Gebäuden. Aus einigen der Gebäude stieg Rauch, und irgend etwas an ihnen kam ihr bekannt vor, aber das interessierte sie nicht. Wo war Manuel? Sie sah, wie drei Männer aus einer Haustür kamen und miteinander redeten, dann löste sich einer aus der Gruppe und schritt davon. Als er den Hügel hochkam, flog sie ihm entgegen: »Manuel! Manuel!«

»Was ist? Was ist denn?«

Sie hätte ihn beinahe umgeworfen. Sie klammerte sich an ihn und keuchte: »Ich – ich wußte nicht, wo du warst, ich – ich habe mir alles mögliche vorgestellt. Ich – ich –.«

»Aber ich bin doch gar nicht so lange weggewesen, nur eine halbe Stunde.«

»O nein, nein, mehr als eine Stunde.«

Er hielt sie von sich und schaute sie an. Dann zog er sie mit einer raschen Bewegung wild an sich, und er küßte sie dort auf dem Hügel, wie er sie noch nie geküßt hatte – nicht nur wegen des Wunders ihrer Liebe zueinander, sondern weil er in der letzten halben Stunde ihre Zukunft geregelt hatte. Jetzt schwang er sie herum, und indem er ins Tal hinunterzeigte, fragte er: »Was ist das da unten?«

»Ich – ich weiß nicht. Eine Fabrik?« Sie drehte sich begeistert zu ihm um, die Augen weit geöffnet. »Es könnte eine Glashütte sein.«

»Es ist eine Glashütte.«

»Aber wer käme auf die Idee, hier eine Glashütte zu bauen?« »Der Ort liegt näher an der Stadt, als du denkst. Und jetzt halt dich fest – ich fange dort an zu arbeiten.«

»NEIN! Manuel.«

»Ja, einfach so.« Er schnippte mit den Fingern. »Und ich muß dir noch was erzählen: Wir kriegen auch ein Haus. Der Besitzer hat vier Arbeiterhäuser da unten, nur zwei davon sind belegt, eines mit einem Franzosen. Deine Sprachkenntnisse werden sich da auszahlen. Und der Mann, der Besitzer, ein Mr. Carpenter, er ist nett, einer von der besten Sorte, sehr anständig wie Mr. Fairbairn, nur ein anderer Typ. Man kann offen mit ihm reden, und das habe ich getan. Ich habe ihm gesagt, daß ich keine Erfahrung in der Glasherstellung habe, nur was ich mir in den wenigen Monaten damals in Shield angeeignet habe, und ich habe ihm gesagt, daß ich eine Frau bei mir habe, die ich heiraten will, und daß ich nach einem Ort Ausschau halte, wo wir uns niederlassen und das Aufgebot bestellen können. Und weißt du, er schien interessiert, er ist diese Sorte Mensch. Und er war ebenfalls ganz ehrlich, weil er sagte, er kann keine guten Arbeiter finden, denn sobald sie ein bißchen Geld verdienen, hauen sie ab. Er meinte, es liegt an den unregelmäßigen Arbeitsstunden, und ob ich etwas dagegen hätte, nicht immer zur selben Tageszeit anzufangen und aufzuhören? Und ich hab' gesagt, es macht mir nichts aus.«

Sie sah ihn jetzt eindringlich an: »Manuel, du hast mir erzählt, daß dir die Arbeit in den Glaswerken nie gefallen hat.«

»Man kann doch seine Meinung ändern, oder nicht?« Er berührte leicht ihre Wange. »Über manche Dinge jedenfalls. Ich habe ein Gespür für Menschen. Ich glaube, daß ich mit ihm gut auskommen könnte. Das gleiche Gefühl hatte ich bei Mr. Fairbairn. Und das will ich dir sagen, Annabella, damals bei euch hatte ich das Gefühl nie. Die einzigen, mit denen ich zurechtkam, waren Armorer und der junge Dinning. Die anderen waren nicht nach meinem Geschmack, aber –«, er lächelte breit, »– ich weiß, dieser Mann wird dir gefallen. Und er hat mir gesagt, ich soll den Wagen mitbringen; hinter den Cottages ist ein Feld, auf dem wir ihn abstellen können, und sogar ein alter Stall für Dobbie. Komm, wir brechen auf.« Er lief den Hügel hoch und an der anderen Seite wieder hinunter, und er lachte beim Laufen.

Als Manuel Annabella Mr. Carpenter vorstellte, musterten beide einander. Mr. Carpenter war ein alter Mann mit weißem Haar, einem Schnurrbart und einem freundlichen Gesichtsausdruck. Ihre Mama hätte ihn wohl kaum als ›Gentleman‹ bezeichnet, er war eher ein Kaufmann. Aber das spielte keine Rolle, er mochte Manuel, und deshalb gefiel er ihr.

Mr. Carpenter war in seiner Jugend viel gereist und hatte Leute der verschiedensten Herkunft getroffen. Er war, wie er manchmal lachend sagte, ein Beobachter der menschlichen Natur, und deshalb hatte er wohl auch sofort die Aufrichtigkeit dieses Mannes gespürt, der ihm einen spanisch klingenden Namen angab und der tatsächlich wie ein typischer Spanier aussah. Aber er fand seine Verbindung mit der jungen Frau seltsam, denn ihrem Benehmen und ihrer Sprache nach zu urteilen war sie kein Kesselflickerliebchen. Er war noch überraschter, ja verblüfft, als sie bei einem Rundgang durch die kleine Fabrik von Aufbereitungen und Sandqualitäten sprach. Sie benutzte Wörter wie ›Laufkran‹, ›Hefteisen‹ und ›Bruchglas‹. Sie prahlte nicht mit ihrem Wissen – es kam ganz natürlich im Lauf der Unterhaltung. Mr. Carpenter war es ein Rätsel. Ihm war noch nie eine Frau begegnet, die etwas von Glas verstand.

Als sie wieder draußen waren, fragte er sie direkt: »Wo haben sie Ihr Wissen her, Miß – ?« Und sie erwiderte einfach:

»Meine Verwandten hatten eine Fabrik; zu Hause hatten wir eine Menge Bücher über Glas.«

»Und wo sind Ihre Verwandten jetzt? Und wo war die Fabrik?« Sie schwieg eine Weile, bevor sie stotternd entgegnete: »Sie – sie sind tot, und – und die Fabrik lag an der Tyne, aber sie hat leider Bankrott gemacht.«

»Oh, das kommt heutzutage in der Glasindustrie häufig vor. Trotzdem, ich kann mich nicht beschweren, mein Werk ist nicht groß, aber ich habe sehr gute Handelspartner.«

»Exportieren sie viel?«

»Nicht viel, weil man dafür einen Agenten beschäftigen muß, aber ich komme über die Runden.« Dann nickte er ihr zu: »Wenn Sie Ihr Gedächtnis auffrischen wollen, ich habe ein paar Bücher in meinem Haus. Sie können sich ausleihen, was Sie wollen.«

»Vielen Dank.«

»Und jetzt sehen sie sich besser das Haus an. Wie ich höre, werden Sie bald heiraten.« Er blickte sie nacheinander an, und Manuel überließ Annabella die Antwort: »Ja, sobald wir die erforderliche Zeit hier gewohnt und eine Kirche zur Trauung gefunden haben.«

Er lächelte sie an. »Das dürfte nicht allzu schwierig sein, Sie können auswählen. In Denton drüben gibt es eine Kirche oder andernfalls eine jenseits der Grenze in Yorkshire bei Piercebridge. Ich würde Denton vorschlagen, es ist ein hübsches kleines Dorf, und ich kenne den Pfarrer.« Er blieb stehen und fuhr fort: »Meine Frau und ich sind dort getraut worden, ich meine meine erste Frau, und meine beiden Frauen sind dort begraben.« Er schritt weiter, wobei er hinzufügte: »Ich habe einen Stiefsohn. Er kommt manchmal von Hartlepool herüber – er ist Schiffskapitän.« Er schaute jetzt Manuel an. »Er macht sich nichts aus Glas. Bei manchen Menschen ist das so, wissen Sie, und andere können ohne es nicht leben. Faszinierende Sache, dieses Glas.« Er schüttelte nachdenklich den Kopf. »Ich hoffe, daß Sie beide auch so empfinden werden.«

Er wartete ihre Antwort nicht ab, sondern ging an ihnen vorbei ins Haus. Sie sahen sich schweigend an, und Manuel dachte: wie komisch das Leben ist. Ich dachte, ich würde als Landarbeiter enden, bestenfalls mit meinem eigenen Stück Land, aber jetzt frage ich im Glasgewerbe an, und wer weiß, wohin das führt? Ich könnte auch ein Ausheber werden. Wenn die da drinnen es können, kann ich es auch.

Und Annabella dachte: Jetzt muß sich das Blatt wenden; von nun an wird alles gut werden. Und ich kann mich hier nützlich machen, ich weiß, daß ich es kann. Wer macht wohl die Buchhaltung? Ich habe keinen Buchhalter gesehen.

Am nächsten Tag erfuhr Annabella, wer die Buchhaltung machte. Mr. Carpenter selbst, und schlechter konnte er es kaum tun. Er gestand, er habe gehofft, sein Stiefsohn würde diese Seite des Geschäfts neben dem Management der Fabrik übernehmen aber, wie gesagt, der hätte keinen Gefallen daran.

Trotzdem brauchte Mr. Carpenter eine ganze Woche, bevor er sich entschloß, eine Frau einzustellen. Vielleicht würden die Männer aus Darlington etwas dagegen haben. Es gab Gilden, und außerdem bildeten sich diese neuen Gewerkschaften. Doch als er die Männer fragte, lachten sie nur und sagten: »Warum nicht? Sie ist eine nette Miß, eine Verschönerung.« Und Jacques Furnier, der Franzose, hatte das letzte Wort. »Sie spricht meine Sprache«, sagte er. »Nicht meinen Dialekt, aber immerhin ein verständliches Französisch. Ja, das tut sie.«

Also wurde Annabella zu dem erstaunlichen Lohn von zehn Shilling pro Woche beschäftigt, was nur der Hälfte von Manuels Verdienst entsprach. Doch ihr gemeinsames Einkommen kam ihnen wie plötzlicher Reichtum vor.

Annabella leistete gute Arbeit für ihr Geld. Sie führte nicht nur die Bücher, sie übernahm auch freiwillig Aufgaben wie das Prüfen der Gläser und Kelche und das Sortieren der Flaschen, die das kleine Werk produzierte. Und an den Abenden saß sie mit Manuel in ihrem neuen Haus – nicht so gemütlich wie das Cottage der Fairbairns, aber ein Haus mit Möglichkeiten, in dem sie vorläufig noch allein schlief – und während von nebenan französisches Stimmengewirr herüberdrang, las sie mit ihm Mr. Carpenters Bücher über Glas und machte ihn mit den verschiedenen Arten von Schmelztiegeln und Öfen vertraut. Und wenn er ihr zuhörte, lösten sich seine Augen von den Diagrammen und sahen sie in einem völlig neuen Licht, und ihr Wissen flößte ihm beinahe Furcht ein. Und da ihm dieses Gefühl mißfiel, konzentrierte er sich mehr und mehr auf die jeweilige Unterrichtsstunde.

Als jedoch die Lektüre immer schwieriger wurde, weil er viele Wörter nicht kannte, fragte er sich manchmal, ob dieses Buchwissen ihm auf lange Sicht wirklich helfen würde. Seiner Meinung nach konnte man das Handwerk am besten in der Praxis erlernen. Aber trotzdem hielt er durch, und er war irgendwie stolz, wenn sie ihm wie eine Lehrerin grundlegende Fragen über Glastypen stellte und er wie ein Schulkind auswendig wiederholte: »Aus hohlem Material entsteht geblasenes und gepreßtes Glas, und aus geblasenem Glas entsteht Flaschenglas, Röhren- und Lampenglas, aus Flachmaterial entsteht Scheiben- und Kronen- und Mosaikglas und Spiegelglas und optisches Glas.«

In der dritten Woche ihres Aufenthaltes stellte sie ihm Fragen wie: »Welche Bestandteile braucht man, um Glas zu bilden? Was muß man den Grundelementen hinzufügen, um eine bessere Qualität zu erzielen? Beschreibe einen Kühlofen. Woran erkennt man gutes Bleiglas? Was passiert, wenn man bei der Herstellung von Bleiglas zuviel Soda hinzufügt?« Eines Abends schloß er eines der Bücher mit einem lauten Knall: »Genug!« Sie zog die Augenbrauen hoch und fragte überrascht: »Was meinst du damit, Manuel, ›genug‹?«

Er sah sie ernst an. »Ich muß das doch gar nicht wissen, um Strecker oder sogar Glasbläser zu werden. Ich könnte zwar noch mehr in meinen Kopf kriegen, aber soweit ich das beurteilen kann, kommt es doch auf die Handhabung der Werkzeuge an.«

Sie schaute ihn lange an, bevor sie entgegnete: »Manche Menschen sind zum Arbeiten geschaffen, Manuel und andere zum Verwalten. Du kannst mit Leuten umgehen, besonders mit Männern. Du kommst mit jedermann zurecht, das weißt du. Und ich sehe dich nicht als Strecker oder Bläser. Ich – ich sehe dich als einen Manager. Du kannst lesen und schreiben und rechnen. Du hast in zwei Wochen so viel über Glas gelernt wie ich in zwei Jahren oder mehr. Ich habe Mr. Carpenter erzählt, daß du eifrig studierst, und er schien sehr –«

Er riß sie vom Tisch hoch, zog sie hart an sich und schüttelte langsam den Kopf, während sich seine Augen verengten: »Du berechnendes Weib, du! Du hast alles geplant, nicht wahr?« Sie erwiderte mit aufreizend unschuldigem Gesichtsausdruck: »Ja, Manuel, bis ins letzte Detail.«

Sie brachen in ein Gelächter aus und wiegten sich eng umschlungen hin und her. Er seufzte: »Laß uns nach draußen gehen und nach frischer Luft schnappen.«

Draußen wehte ein Wind, und der Abend war kalt, aber sie sogen die Luft tief ein, als wäre es ein köstliches Parfüm, besonders Manuel. Nachdem er jahrelang draußen gearbeitet hatte, war ihm die Luft in den Glashäusern ein Greuel – aber eins, an das er sich im Lauf der Zeit gewöhnen würde, wie er hoffte.

Sie schlugen den Weg zu dem Feld ein, wo Dobbie und der Wagen untergebracht waren. Manuel meinte, das Tier müsse glauben, es sei gestorben und im Himmel angekommen, da es jetzt seinen eigenen Stall und eine üppige Weide hatte und nicht mehr zu arbeiten brauchte.

Als sie sich näherten, trottete Dobbie auf sie zu. Sie streichelten sie und gaben ihr ein paar Brotkrusten. Dann kletterten sie in den Wagen. Annabella berührte den kalten Ofen und die ausgeblichenen Farben des Holzes: »Wir dürfen uns nicht davon trennen.« Manuel hatte seinen Arm um ihre Taille gelegt und fügte hinzu: »Uns von ihm trennen? Auf keinen Fall! Er wird den gleichen Zweck erfüllen wie bei den Fairbairns, hoffe ich.«

Miß Annabella Lagrange wäre bei dieser Bemerkung mindestens errötet. Mit niedergeschlagenen Augen hätte sie sich von ihrem Cousin Stephen abgewandt, wenngleich die Implikationen sie erregten. Annabella Connolly tat nichts dergleichen. Sie blickte zu ihm auf und legte ihren Kopf an seine Brust. Die Berührung ihrer Arme ließ seinen Körper erzittern, bis er sie fast rauh von sich stieß und ausrief: »Komm jetzt.« Er zog sie hinter sich her, so daß sie von der

Treppe herunterspringen mußte, dann liefen sie um die Wette durch das Feld, über eine holprige, gefurchte Straße, einen Hügel hoch. Hier sahen sie auf die andere Seite des Tals, von wo aus er zum ersten Male die Carpenter-Glaswerke erspäht hatte. Aber jetzt schaute er in die entgegengesetzte Richtung und deutete in die Dämmerung: »Siehst du diesen Fleck?«

»Ja, es ist ein früher Stern.« »Das ist kein Stern, es ist eine Straßenlaterne in Darlington. Es könnte Glas sein, ich weiß es nicht, sie legen es jetzt in den Städten an. Aber deshalb habe ich dich nicht hierhergebracht, Miß. Folge meinem Finger.« Er bewegte ihn zur Rechten. »Siehst du einen dunklen Gegenstand, der in den Himmel ragt?«

»Ja, Sir.« Ihre Stimme war unterwürfig.

»Gut, paß auf.«

»Ja, Sir.«

»Das ist die Kirche von Denton, und dort gehst du in neun Tagen von heute an hin, du wirst es nicht vergessen, oder?« Er sprach, wie Lagrange zu sprechen pflegte, und sie antwortete, wie eine Magd geantwortet hätte! »Nein, Sir.« Er steckte die Hände unter die Rückseite seines kurzen Jacketts und ließ die Jacke wie die Enden eines Schwalbenschwanzes flattern, wobei er sich auf die Zehenspitzen stellte: »Du mußt den Vertrag unterzeichnen, weißt du das?«

»Ja, Sir, ich bin mir dessen bewußt.«

Während er weiter auf seinen Zehen balancierte, fuhr er fort: »Du hättest nicht sagen sollen, daß du dir dessen bewußt bist, du hättest sagen sollen: › Ja, Sir, sehr wohl, Sir.‹ Du nimmst dir Freiheiten heraus.«

»Oh, Manuel!« Sie klang verletzt. Dann warf sie den Kopf in den Nacken: »Hör mit diesem Spiel auf. Wir haben es zu oft durchexerziert. Ich habe es dir auf tausend Arten mitgeteilt. Wenn ich dich immer noch nicht überzeugt habe, schaffe ich es nie.«

»Das ist das Problem.« Er schaute zu Boden. »Ich weiß nicht, ob es dir je gelingen wird. Ich wage es einfach nicht zu glauben. Ich fürchte, daß irgend etwas passiert, daß du plötzlich aufwachst und begreifst, was du tust, denn du stehst im Begriff, einen Vertrag als Dienstmädchen zu unterzeichnen.«

»Solange ich nur *dein* Dienstmädchen bin, Manuel, werde ich glücklich sein.«

Sie wartete darauf, daß er sich zu ihr umwandte und sie wieder in die Arme nahm, aber er tat es nicht. Er hob lediglich den Kopf und starrte sie nachdenklich an. »Ich frage mich ständig, wie du reagieren würdest, wenn du wieder einen Tag, nur einen einzigen Tag deines alten Leben zurückhättest.«

»Genau so.«

Sie hatte geantwortet, ohne nachzudenken, und beide wußten es.

Sie gingen einen anderen Weg zum Haus zurück, am Zaun von Mr. Carpenter entlang. Mr. Carpenters Haus stand gesondert. Es war ein solides, einfaches Haus aus Granitblöcken, und der große Garten war von einem Lattenzaun umgeben.

Vor dem Tor hielt an diesem Abend ein schmucker Zweisitzer mit einem Pony davor, und daneben stand ein Mann und eine Frau und Mr. Carpenter.

Sie hatten beide den Mann und die Frau schon vorher einmal gesehen. Es waren Mr. Carpenters Stiefsohn und seine Frau. Wie Annabella damals gesagt hatte, war der Kapitän überlebensgroß, nicht nur was seine Statur betraf, sondern auch sein Benehmen, denn sie fand, daß er mit seiner überjovialen Art und überlauten Stimme wie ein Schauspieler wirkte, der einen lustigen Matrosen darstellt.

Im Gegensatz zu dem großen, stämmigen und redseligen Mann war seine Ehefrau mager und zurückhaltend, und Annabella hatte bei ihrer ersten Begegnung mit weiblicher Intuition sofort erkannt, daß die Schwiegertochter ihres Arbeitgebers etwas dagegen hatte, daß Frauen in den Glaswerken beschäftigt wurden. Sie hatte ihr Mißfallen weniger durch Worte als durch Blicke geäußert.

»Hallo, hallo«, begrüßte der Seekapitän sie laut. »Wenn man vom Teufel spricht, erscheint er, wie man sagt. Wir haben gerade von Ihnen gehört. Sie wollen heiraten, wie? Sehr gut, sehr gut. Du hast bisher noch keine Hochzeit im Werk gehabt, nicht wahr?« Er drehte sich zu seinem Stiefvater um, und Mr. Carpenter entgegnete, wobei er nicht seinem Stiefsohn, sondern dem Paar zulächelte, das vor ihm stand: »Nein, es wird unsere erste Hochzeit sein.«

Während er sie betrachtete, dachten sie beide das gleiche: Er ist ein netter Mann, und sie dankten Gott, daß er sie in seine Dienste geführt hatte. Sie hatten Glück, sie hatten ausgesprochenes Glück.

Als wenn er Manuels Gedanken gelesen hätte, sagte der Seekapitän: »Sie sind ein Glückspilz. Wissen Sie das? Sie sind ein Glückspilz.«

»Ja, das weiß ich, Sir.«

»Eine Frau, die alles über Glas weiß und die sich in einem Glashaus neben die Männer stellen kann, ohne daß sie die Arbeit niederlegen, das ist ein richtiges Wunder. Fast genau so, als wenn man meiner Mannschaft einen weiblichen Kapitän präsentierte. Ha! Ha! Ha!« Er lachte dröhnend. Dann beugte er sich zu Annabella, so daß sein Gesicht nur Zentimeter von ihrem entfernt war, und sagte mit bedeutungsvollem Ton: »Und dazu noch hübsch.«

»Mark!« Der Name kam wie ein Peitschenknall, aber der Kapitän richtete sich nur langsam auf. Jetzt blickte er Manuel an: »Wenn ich an dem Tag noch nicht zurück bin, viel Glück, aber wenn ich an Land bin, werde ich kommen und auf ihr Wohl trinken.«

Jedem anderen hätte Manuel gesagt: »Tun Sie das. Sie sind herzlich willkommen«, aber nicht bei diesem Mann. Statt dessen nahm er Annabellas Arm und ging davon, nachdem er Mr. Carpenter einen guten Abend gewünscht hatte. Und Mr. Carpenter antwortete schlicht: »Guten Abend, Manuel.«

»Ich kann ihn nicht ausstehen.« Manuel sprach erst, als sie das Haus erreicht hatten.

»Ich auch nicht. Und sie gefällt mir ebensowenig. Sie ist eine sehr kleinliche Frau, kann ich mir vorstellen.«

Schweigen herrschte, als sie ihren Mantel auszog und Manuel die Kerze anzündete, und als sie wieder am Tisch saßen, spann Manuel seine Gedanken weiter: »Wir würden uns nicht lange halten, wenn sie hier wären.« Sie antwortete, als er seine Hand auf die ihre legte: »Aber sie sind nicht hier, und Mr. Carpenter mag dich. Und weißt du was, Manuel? Ich habe das Gefühl, daß er die beiden auch nicht mag, also steht alles zum besten.«

»Ich hoffe es.«

Während er im Kerzenlicht in ihre Augen starrte, formte sich Margees Gesicht in ihnen, und er schüttelte heftig den Kopf, woraufhin sie schnell fragte: »Was ist Manuel?« »Nichts, nichts.« Aber innerlich hatte er Angst, und er fragte sich, woran es lag, daß er wochenlang nicht an Margee dachte und dann plötzlich ihr Gesicht vor ihm aufstieg. Er betrachtete es inzwischen als ein Zeichen, eine Warnung. Aber was konnte jetzt passieren? Was konnte hier in dieser abgelegenen kleinen Fabrik passieren, deren Nachbarschaft sie erst am Mittwoch nächster Woche verlassen würden, um über den Hügel ins Tal hinunter und zur Kirche zu gehen? Nichts konnte passieren. Nichts würde passieren. Er wünschte, er hätte beten können.

2

Es war vorüber, unterzeichnet, besiegelt und bezeugt von Mr. Carpenter und Mr. Furnier. Der alte Geistliche hatte die Andacht gehalten. Vorher hatte er Annabella lange und durchdringend angeschaut, und als er zu den Worten kam: »Wenn jemand von einem Ehehindernis weiß –«, hatte er länger als gewöhnlich auf eine Antwort gewartet, obwohl er wußte, daß er keine erhalten würde, denn außer Mr. Carpenter und einigen Arbeitern mit ihren Frauen war niemand in der Kapelle.

Mr. Carpenter hatte allen Arbeitern nicht nur einen freien Tag gegeben, er hatte den Männern von Darlington auch gesagt, sie könnten ihre Frauen und Familien mitbringen, denn er richtete dem Paar im Sortierschuppen eine Feier aus, und hinterher wollte man sich ein wenig vergnügen.

Die meisten Arbeiter hatten dieses Geschenk ohne zu fragen akzeptiert, denn ihr Herr war bekannt dafür, daß er freigebig und gerecht war. Doch wurden einige Stimmen laut, die sagten, es wäre verständlich gewesen, wenn der Herr es für einen altgedienten Mitarbeiter getan hätte. Aber dieser junge Bursche, so sympathisch er auch war, war ja gerade erst angekommen. Andere behaupteten, er tue es nicht ihm, sondern ihr zuliebe. Sie war eine Art Kuriosität, denn wer hatte schon jemals von einer Frau gehört, die in einer Glasfabrik nicht nur die Bücher führte, sondern dazu noch so über Glas reden konnte wie sie? Und mit einer Stimme, die eher in einen Salon paßte als in eine Werkhalle? Die Situation war seltsam, darin stimmten alle überein, und schwierig, fügten einige hinzu, denn man mußte seine Zunge hüten. Aber je weniger Worte man darüber verlor, desto besser, denn der Herr schien sie zu begünstigen.

Dann stellte eine Stimme die Frage, die sie alle beschäftigte: Wie war es gekommen, daß der Spanier sie heiratete? Er war schließlich, wie immer er aussah oder sich benahm, nichts als ein einfacher Arbeiter. Irgend etwas stimmte nicht. Aber es war eine Hochzeit, und eine Hochzeit bedeutete Trinken und Vergnügen, und wer schaute schon einem geschenkten Gaul ins Maul?

Um vier Uhr nachmittags setzten sie sich gemeinsam am Kopfende des langen Tisches im Sortierschuppen nieder. Insgesamt waren zweiundvierzig Personen an dem Tisch, darunter Mr. Carpenters Stiefsohn und dessen Frau.

Zuerst waren die Gespräche an dem Tisch leise, aber als das Faß Bier halb geleert war, gab es lautes Gelächter sowie Witze und Anspielungen, die gewissermaßen die Speisen würzten.

Als man bemerkte, daß Manuel seinen Krug nicht mit Bier nachfüllen ließ, flogen ihm Witze wie Wurfpfeile entgegen, darunter die Stimme des Kapitäns. »Will sich wohl einen klaren Kopf bewahren für später, damit er nichts versäumt, eh?«

Während der ganzen Mahlzeit fühlte sich Annabella nicht sehr wohl in ihrer Haut. Sie war verlegen. Das hatte sie nicht erwartet. Fröhlichkeit ja, aber nicht diese offene Diskussion einer sehr, sehr persönlichen Angelegenheit. Sie wünschte, o wie sie wünschte, sie könnte den Tisch verlassen. Aber sie durfte nicht, sie mußte weiter lächeln. Eine leichte Furcht stieg in ihr hoch, wie schon bei der Hochzeitszeremonie, denn da war ihr beinahe panisch bewußt geworden: das gilt für immer, für immer und unaufhörlich. Aber das hatte sie gewußt, oder nicht? Sie hatte gewußt, daß sie Manuel für immer nahm. Er hatte sie noch am Abend zuvor gewarnt. »Es gibt kein Zurück«, hatte er gesagt, »bis einer von uns stirbt. Verstehst du das?«

Manuel verkrampfte sich ebenfalls. Er war früher auf Hochzeiten gewesen – auf der von Agnes, und außerdem hatte er zwei Hochzeiten in Redford Hall miterlebt. Er hatte gewußt, womit zu rechnen war. Einige der Anspielungen hätten selbst die abgebrühtesten Leute erröten lassen, aber die Braut und der Bräutigam schienen immer alles gut zu überstehen. Agnes und Dave hatten keine Miene verzogen. Aber er wußte, daß Annabella sich innerlich wand, er spürte, wie angespannt sie war. Das, worauf er so lange gewartet hatte, drohte nun verdorben zu werden. Seine Liebe sollte anders, außergewöhnlich sein. Er wußte, daß alle Männer, die wirklich liebten, so empfanden. Sie hatten die Illusion, daß es noch nie zuvor geschehen war, und so sollte es sein, und so würde es sein, so hatte er zumindest empfunden, bis sie mit ihren Späßen begannen. Und dieser große Seemann mit dem knallroten Gesicht schoß den Vogel ab. Er wollte seine Hand heben und ihn auf dem Mund schlagen.

»Ruhe jetzt. Ruhe.« Mr. Carpenter hatte die Gefahrensignale erkannt. Wie gewöhnlich trank sein Stiefsohn zuviel, und dann wurde er beleidigend.

Die Gäste waren überrascht, als der Bräutigam nicht aufgefordert wurde, sein Sprüchlein zu sagen. Aber es spielte keine Rolle. Sie würden tanzen, es gab noch genügend zu essen und zu trinken, und es war noch früh am Abend.

Es war gegen acht, als die Stimmung ihren Höhepunkt erreicht hatte. Alle waren glücklich. Sogar die Frau des Kapitäns war nach vier Gläsern Wein aufgetaut und hatte am

Tanzen teilgenommen. Jetzt agierte sie als Gastgeberin und verteilte Essen. Als sie jemandem ein Glas Bier aushändigte, vergoß sie anscheinend unabsichtlich den Inhalt über Annabellas grünes Samtkleid. Ein Grund dafür war nicht zu erkennen. Vielleicht tat sie es deshalb, weil ihr Mann die Braut zweimal stürmisch durch den Raum gewirbelt hatte, oder weil das Kleid ihr zu gut stand, oder der Vorfall war eine schwache Andeutung dessen, was sie diesem fremden Mädchen gern antun würde, das sich in die Gunst ihres Schwiegervaters stahl und das nichts anderes war als eine Arbeiterin, obwohl es sich wie eine Dame gab. Was immer der Grund war, die Angelegenheit machte alle betroffen, Annabella am meisten. Sie besaß nur dieses eine präsentable Kleid. Manuel hatte es ihr gekauft, und sie liebte es. Es war ihr Hochzeitskleid. Sie würde nie den großen braunen Bierfleck herausbekommen. Wenn Kordsamt einmal gewaschen wurde, war er nicht mehr der alte. Auf die Bedauernsrufe der mageren, dunkelhaarigen Frau erwiderte sie, so ruhig sie konnte: »Es macht nichts. Ich werde mich umziehen.« An den Tänzern und an Manuel vorbei, der die füllige Mrs. Furnier herumwirbelte ging sie hinaus.

Im Cottage zog sie das nasse Kleid aus und streifte das Arbeitsgewand über, das sie bei den Fairbairns genäht hatte. Dann nahm sie die Kerze und ging in das kleine Waschhaus, wo sie einen Augenblick zögerte, bevor sie ihr Hochzeitskleid in die Wanne tauchte. Es kam ihr wie ein Opfer vor, denn sie hatte dieses Kleid geliebt, und sie hatte sich vorgestellt, wie sie es Jahre später ihren Kindern zeigen und sagen würde: »Dieses Kleid hat mir euer Vater gekauft, ich habe es an meinem Hochzeitstag getragen.« Aber jetzt taugte es nur noch als Arbeitskittel. Trotzdem – sie eilte in die Küche –, was machte es aus, es war nur ein Kleid. Sie würden Geld verdienen, und Manuel würde ihr ein anderes kaufen. Sie würden nach Hexham in eines der feinen Geschäfte gehen und sich hinsetzen, wie sie und ihre Mama es getan hatten, und man würde ihnen die Stoffe bringen, und sie würde zu Manuel sagen: »Was hältst du von diesem zarten Rosa oder diesem Violett?«, und er würde antworten: »Alles sieht schöner aus, wenn du es trägst«, denn Manuel konnte galant sein – das war sein irisches Erbe. Bald würde die Hochzeitsfeier vorbei sein, und er würde hinter der fest verschlossenen Tür bei ihr sein. Sie drückte die Hände an ihre Wangen und strich dann über ihr Gesicht. Sie schob ihre Haare zurück, wobei sie schon aus dem Haus und über den Hof zu den Schuppen lief.

Es geschah, als sie den dritten Schuppen erreichte – ein Arm schoß hervor und ergriff sie. Einen Moment lang glaubte sie, es sei Manuel, und schrie halb vor Freude auf, aber der Schrei endete in einem schrillen Protest, als sie im Dämmerlicht das Gesicht des Kapitäns erkannte. Er atmete schwer, und ihre verzweifelte Gegenwehr schien die Worte aus ihm herauszupressen. »Ha! Ha! – Kleine Wildkatze! Vorrecht jedes Mannes – die Braut küssen. Wollte dich schon immer küssen, mein Herzchen.«

»MANUEL! MANU–!«

Als sein Mund den ihren traf, befreite sie eine Hand und schlug ihm ins Gesicht, und da das keine Wirkung hatte, kratzte sie ihn. Als ihr Mund wieder frei war, hatte sie einen Moment lang nicht genug Atem, um zu schreien, aber dann stieß sie einen hohen, klagenden Laut aus: »*Man-u-el! Man-u-el!*« Als sie das zweite Mal den Namen rief, endete sie mit einem Kreischen, denn sie fühlte die Hand des Kapitäns unter ihrem Kleid, seine Finger griffen nach ihrer Brust.

In diesem Augenblick riß sie jemand von ihm los. Sie fiel rückwärts gegen die Wand, stieß mit dem Kopf dagegen, sank zu Boden und verlor einen Augenblick das Bewußtsein.

Aber sie kam wieder zu sich, als mehrere Hände sie aufhoben und von den kämpfenden Gestalten fort zur Seite zogen.

Der Kapitän war ein großer, kräftiger Mann. Er erwiderte Manuels Schlag in seine Rippen mit einem Stoß, der ihn gegen den Haufen Stapelholz schleuderte.

Manuel lehnte sich einen Augenblick an das Holz. Er war im Schatten, und er starrte mit wachsender Wut auf den Kapitän, der in geduckter Haltung im Schein der Laterne wartete. Manuel spürte nur dunkel, daß Mr. Carpenter seinen Arm faßte und schrie: »Hör auf! Hör damit auf, Mann!« Er merkte auch nicht, daß er den Arm beiseite stieß und den alten Mann beinahe zu Boden warf. Nur eines war klar in seinem Kopf, nur ein Wunsch, nämlich seine Fäuste in dieses dicke, lüsterne Gesicht zu stoßen. Er hatte den Mann nie leiden können, aber Abneigung hatte nichts zu tun mit den Gefühlen, die ihn jetzt beherrschten. Hätte er ein Gewehr in der Hand gehabt, er hätte es benutzt. Hätte er ein Messer gehabt, er hätte es geworfen. Statt dessen warf er sich selbst vorwärts. Seine stählernen Fäuste, die unter den rudernden Armen des Kapitäns hin und her zuckten, trommelten anscheinend ohne Effekt auf den dicken Körper ein, bis er direkt aus der Schulter zuschlug und mit seinen Knöcheln den Mann am Kinn erwischte. Es war der gleiche Schlag, der auch Lagrange gefällt hatte.

Der Kapitän fiel wie ein großer schwammiger Baumstamm rückwärts gegen den Holzstapel, an den Manuel sich kurz zuvor gelehnt hatte. Er prallte mit solcher Wucht dagegen, daß die Stützbalken des Stapels abrutschten und die dicken Planken von allen Seiten auf ihn herunterregneten.

Einen Moment lang herrschte absolutes Schweigen unter der Menge im Hof. Dann zerrten die Männer das Holz fort und zogen den großen, schlaffen Körper des Kapitäns hervor. Auf seinem Gesicht war kein Blut, aber sein Mund sah schief aus, und seine Frau warf sich schreiend auf ihn: »Mark! Mark!«, und als ihr Ehemann sich nicht regte, drehte sie langsam ihren Kopf um und schrie zu Manuel hoch, der allein und wie betäubt dastand. »Du hast ihn getötet! Du Biest! Du hast ihn getötet!«

Annabella trat jetzt an Manuels Seite, außer ihr jedoch niemand sonst. Alles drängte sich um den leblos daliegenden Mann. Die Leute rannten planlos hin und her. Dann hoben sie ihn auf und trugen ihn ins Haus.

»Komm, komm«, wisperte Annabella, aber Manuel blieb stehen, als seien seine Füße am Boden festgewachsen. Um ihn herum wurden Stimmen laut, die plötzlich nüchtern klangen.

»So etwas Furchtbares.«

»Ist er tot?«

»*Die* Hochzeit werden wir so schnell nicht vergessen.«

»Wie ist das passiert?«

»Sie schrie, und er lief nach draußen und hat ihn dabei erwischt.«

»Deshalb braucht man ihn nicht gleich umzubringen.«

Annabella mußte ihn scharf am Ärmel ziehen, bevor er sich rührte, dann taumelte er wie ein Betrunkener.

Im Cottage ließ er sich wie ein alter Mann auf einen Stuhl fallen, und als sie einen Lappen holte und das Blut von seiner aufgeplatzten Lippe wischte, regte er sich nicht. Sie fiel auf die Knie und preßte ihren Kopf an seine Brust, wobei sie rief: »Oh, Manuel. Manuel.«

Er murmelte irgend etwas, und als sie den Kopf hob, sah er ihr in die Augen. »Ich habe es wieder getan, ich habe wieder einen Menschen getötet.«

»Nein, nein, Manuel, nein. Es war das Holz, das auf ihn gefallen ist. Aber – aber vielleicht ist er nicht tot, wir wissen es nicht.«

»Ich habe wieder einen Menschen getötet. Was für ein Fluch liegt bloß auf mir?« Er schob sie sanft von sich und betrachtete seine Hände, indem er sie hin- und herwandte, als ob er sie noch nie gesehen hätte.

Als sie anfing zu weinen, tröstete er sie nicht. Er schien nicht zu merken, daß sie weinte. Er saß nur da und beschaute seine Hände, die zwischen seinen Knien baumelten.

»Du hast es zu meiner Verteidigung getan, er – er hat mich beleidigt.« Ihre Stimme klang gebrochen.

»In manchen Gegenden hat man sie früher abgeschlagen als Strafe für Mord.« Er hob seine rechte Hand und untersuchte sie wieder. Dann stand er auf, ging zum Feuer und starrte in die Flammen, wobei er mit dem Rücken zu ihr und mit etwas normalerer Stimme sagte: »Ich könnte das Gefängnis nicht ertragen. Mir wäre lieber, sie hängen mich auf.«

»Das darfst du nicht sagen.« Sie zog ihn herum und drückte ihn an sich. Er streichelte zart ihr Haar. »Es ist wahr. Hinter Mauern würde ich eingehen. Ich – ich bin Zeit meines Lebens im Freien gewesen. Ich könnte es nicht aushalten, ich kenne meine Grenzen. Lieber sollen sie mich sofort hängen.«

»Oh, Manuel.« Verzweifelt wiegte sie ihren Kopf hin und her. »Es ist meine Schuld, ich bin der Grund. Ich habe dir das eingebrockt. Wenn ich nicht –.«

»Sei ruhig. Was geschehen soll, wird geschehen: Wir könne jetzt nichts mehr ändern.«

»Was sollen wir tun?«

»Warten, einfach warten.«

Sie warteten eine weitere Stunde, fast ohne zu sprechen, Hand in Hand vor dem Feuer sitzend. Schließlich trat Mr. Carpenter ein. »Seid ihr da?« fragte er.

Sie standen auf und starrten ihn an, und es dauerte einige Sekunden, bevor er sprechen konnte, denn sein Atem ging schnell, als ob er gelaufen sei. »Wie lange braucht ihr, um den Wagen wieder auf die Straße zu bekommen?«

»Er ist also tot?« Manuels Stimme war kaum zu hören.

»Nein, nein, er ist nicht tot.«

»Er ist nicht tot?« Es war, als wollten Manuels Kopf und Schultern nach vorn auf den alten Mann fallen.

»Nein, sein Kiefer und seine Schulter sind ausgekugelt, und ich glaube, er hat eine leichte Gehirnerschütterung, aber er lebt. Trotzdem droht ihnen Gefahr. Ich habe nach einem Arzt geschickt, aber sie hat nach der Polizei geschickt. Im Augenblick ist sie aufgeregt und außer sich, und ich kann nichts machen, sie ist entschlossen, euch loszuwerden. Ich sage es euch besser gleich, sie ist eifersüchtig auf euch beide. Es war dumm von mir, euer Loblied zu singen. Bis morgen früh kann ich sie vielleicht zur Vernunft bringen, aber dann könnten Sie schon unter Anklage stehen und im Gefängnis sein, deshalb rate ich euch, wieder eine Zeitlang über die Straße zu ziehen, eine Woche oder zwei.« Er sah sie lächelnd an. »Es wird euch nicht schaden, eine Art Urlaub. Und dann macht euch auf den Weg zurück. Kommt aber nicht direkt hierher, fahrt erst nach Darlington, und wenn alles in Ordnung ist, hinterlasse ich euch eine Nachricht im Geschäft, versteht ihr?«

»Ja, Sir.« Manuels Körper schien vor Erleichterung zusammengesunken. »Und vielen Dank, Sir. Vielen Dank.«

»Gut, haltet euch jetzt nicht auf. Packt, was ihr braucht,

und verschwindet. Sie können innerhalb der nächsten zwei Stunden hier sein. Aber selbst wenn sie die Beschuldigung aufrechterhält, können sie euch in der Dunkelheit schlecht suchen. Am besten fahrt ihr die Nacht durch und meidet Hexham und die Städte, denn sie könnten einen Boten vorausschicken.« Er griff in seine Tasche und holte einen Umschlag hervor: »Das ist der Lohn, der euch noch zusteht, und ein bißchen mehr. Und vergeßt nicht, ich freue mich darauf, daß ihr zurückkommt.«

Annabella trat vor den alten Mann, ergriff seine Hand und drückte sie fest. »Vielen Dank für Ihre Güte, Mr. Carpenter. Und – und wir werden irgendeinen Weg finden, es ihnen zu vergelten, glauben sie mir.«

»Ist schon in Ordnung, mein Liebes.« Er nickte ihr zu, erwiderte ihren Händedruck und sagte dann traurig: »Daß so etwas an einem solchen Abend passieren mußte.« Dann drehte er sich um und ging hinaus, und in ihren Köpfen klang das Echo seiner Worte nach: »Daß so etwas an einem solchen Abend passieren mußte.« Es war, dachte Manuel, als ob Gott in der letzten Minute eingeschritten wäre, um ihn an einem Sakrileg zu hindern. Aber es war kein Sakrileg. Sie war keine Lagrange, keine hochgeborene Dame. Sie stammte von gewöhnlichen Leuten, jawohl, von sehr gewöhnlichen Leuten stammte sie, und sie war seine Frau. Und Annabellas Gedanken drehten sich um den Angelpunkt: Ich bin dazu verdammt, ihm Unheil zu bringen.

Aber ihre Gedanken hinderten sie nicht daran, in wenigen Minuten ihre Habseligkeiten zusammenzutragen und in der Schaffelltasche zu verstauen, die sie schon als ein Souvenir aus der vergangenen Zeit betrachtet hatten. Zum Schluß wrang Annabella das Kleid aus. Dann gingen sie vorsichtig durch den Hintereingang zu dem Feld, und nachdem Manuel das Pferd angeschirrt und die kleine Lampe angezündet hatte, führte er das Tier auf die Straße. Es fiel kein einziges Wort zwischen ihm und Annabella, die steif auf dem Kutschbock saß, die Zügel in den Händen.

Gegen zwei Uhr morgens führte er das Pferd auf einen grünen Nebenpfad und sagte mit heiserer Stimme: »Ich laß es ein wenig ausruhen, und wir könnten was Heißes zu trinken vertragen. Es ist ziemlich kalt.«

Als sie im Wagen saßen, das Licht zwischen ihnen, schaute er in ihr bleiches Gesicht. Dann streckte er ihr die Hände entgegen und murmelte: »Oh, Annabella!«, und sie kam in seine Arme, und sie standen still beieinander. Sie küßten sich nicht, sie waren wie gelähmt. Er schob sie sanft von sich. »Ich zünde den Ofen nicht an, es dauert zu lange. Ich mache draußen ein Feuer.«

»Wo sind wir jetzt, Manuel?«

»Ich bin mir nicht sicher, ich kenne die Straße nicht. An der Kreuzung nach Bildershaw bin ich in Richtung Norden abgebogen, weil wir sonst nach Bishop Auckland gekommen wären. Wahrscheinlich sind wir irgendwo zwischen Mildridge und Mordon. Es gibt Städte und Dörfer hier in der Gegend. Wir müssen uns zwischen ihnen hindurchschlängeln.«

Er ging hinaus, und sie setzte sich auf das Bett, das man als Doppelbett benutzen konnte, das aber in den Tagen ihrer Reisen ihr allein gehört hatte. Sie faltete die Hände fest zwischen den Knien. Diese Haltung hatte sie noch nie eingenommen, aber sie hatte sich auch noch nie so sehr gefürchtet. Wenn sie in der Vergangenheit Angst gehabt hatte, dann immer um sich selbst. Diese Angst um Manuel wühlte jetzt in ihren Eingeweiden und verursachte ihr Übelkeit. Was würde geschehen, wenn diese Frau tatsächlich die Polizei auf sie hetzte? Die Antwort, die sie sich selbst auf die Frage gab, lautete nicht: »Was wird dann aus mir werden?«, sondern: »Wie wird Manuel es ertragen?« Er hatte sein ganzes Leben im Freien verbracht, und er würde es nicht aushalten, auf Wochen, Monate, vielleicht sogar Jahre eingesperrt zu werden. Oh, lieber, lieber Gott.

Als Manuel mit der schwarzen Teekanne in der Hand die Stufen hochkam, sah er sie zitternd im Licht der Laterne kauern, ihre Hände zwischen den Knien. Schnell stellte er die Kanne auf den Tisch, setzte sich neben sie aufs Bett, nahm sie wieder in seine Arme und drückte ihren Kopf an seine Schulter: »Ist schon gut. Ist schon gut. Alles wird sich einrenken. Aber hör zu, ich habe nachgedacht.« Er legte seine Hand zärtlich unter ihr Kinn und hob ihr tränennasses Gesicht hoch. »Dies ist eine Art Vorsichtsmaßnahme für den Fall, daß diese Frau ihre Drohung wahrmacht. Ich gebe dir meinen Gürtel.« Er stand auf, knöpfte seine Jacke auf, zog das Hemd aus der Hose und nahm den Flanellgürtel ab.

Mit den Fingern über ihrem Mund schaute sie auf die nackte Haut am Leib ihres Mannes, während er diese für ihre Begriffe sehr persönliche Handlung vollzog, und protestierte schwach: »Nein, nein, Manuel.«

Er entgegnete darauf beinahe grob: »Ja, ja. Steh auf. Heb jetzt dein Kleid und deinen Petticoat hoch.« Sie starrte ihn einen Augenblick an. Ihr Kopf bewegte sich kaum merklich in einer Geste, die bedeutete, daß sie ihm nicht folgen könne. Schließlich hob sie langsam ihren Rock bis zur Taille hoch, dann ihren oberen Petticoat, worunter der abgetragene und verblaßte seidene zum Vorschein kam, der kaum ihre rüschenbesetzten Unterhosen bedeckte.

Manuel kniete jetzt auf dem Boden, seine Augen auf den Gürtel gerichtet, aber er nahm jede Einzelheit an ihr deutlich war. Sein Blut raste, sein Magen drehte sich. Plötzlich schwitzte er an den Händen. Sie war seine Frau. Es könnte jetzt geschehen. Es war kein Sakrileg. Zur Hölle mit solchen Gedanken. Wenn er gleich beim erstenmal ein Kind zeugte, was dann? Und wenn sie wer weiß wie lange allein blieb? Was würde er kriegen für seine Tat? Einen Monat? Sechs Monate? Nein, wahrscheinlicher ein Jahr.

Er sagte, ohne aufzublicken: »Siehst du diese Taschen? Sie gehen um den ganzen Gürtel herum. Da sind insgesamt siebenundzwanzig Sovereigns drin. Wo immer du hingehst, nimm ihn nicht ab, auch nicht beim Schlafen, nur zum Waschen, und dann behalt ihn im Auge … Und – und schau her.« Er steckte seine Hand in eine Innentasche. »Ich stecke unsere Heiratsurkunde und alles mit hinein – es ist der sicherste Ort.«

»Aber – aber Manuel.« Sie hatte den Petticoat fallengelassen, hielt aber immer noch den Rock und beugte sich zu ihm hinunter: »Aber meinst du nicht, sie werden –?«

»Nein, nein.« Er hob den Kopf und blickte sie an. »Aber es ist besser, auf Nummer Sicher zu gehen, und ich hab' mir dort draußen überlegt, wir schlagen die Richtung zur Spennymoor-Straße ein.«

»Spennymoor?« fragte sie leise. »Aber – aber das ist auf der Straße nach Durham.«

»Ja, es gibt dort Wälder und Höhlen. Wir könnten uns leichter verstecken, glaube ich, wenigstens für die zwei Wochen oder so, die Mr. Carpenter angeraten hat. Und dann machen wir uns auf den Rückweg ... Heb deinen Petticoat hoch.«

Wieder zog sie langsam ihren Petticoat nach oben, wobei sie die Augen auf die Wagenwand gerichtet hielt und auf das verblichene Bild, das ein langes Boot darstellte. Als sie fühlte, wie seine Hände an ihrer Taille entlangtasteten und wie seine Finger über die Stäbe ihres Korsetts glitten, während er den Gürtel festzog, zitterte sie unwillkürlich. »Trage ihn von jetzt ab direkt auf deiner Haut«, murmelte er gepreßt.

Sie antwortete nicht, sondern stand nur ganz steif da. Seine Hände legten sich auf die ihren, die immer noch den Rock und den Petticoat umklammert hielten. Langsam löste er sie von dem Stoff, und als ihre Röcke wieder nach unten fielen, schaute er kniend zu ihr auf. Mit einer raschen Bewegung lehnte er sich gegen sie und vergrub sein Gesicht in ihrem Schoß, während sie seinen Kopf mit beiden Händen festhielt.

Einen Moment später war es vorüber.

Als er aufstand, stieß er sie beinahe um, und er streckte nicht seine Hand aus, um sie aufzufangen, sondern ging zum Tisch und goß den Tee ein.

Eine halbe Stunde später waren sie wieder auf der Straße.

Bei den ersten Anzeichen der Dämmerung saß Manuel auf dem Bock, die Zügel in der Hand, und Annabella lehnte sich – gegen den Schlaf ankämpfend – an ihn. Obwohl sie bei den Steigungen häufig ausgestiegen waren, um dem Pferd die Last zu erleichtern, ging es jetzt nur noch schleppend. Manuel hatte neben einem Feld ein Gebüsch erspäht und wandte sich an sie: »Weiter können wir im Augenblick nicht. Es ist sowieso klüger, nur nachts zu fahren und tagsüber zu ruhen.«

Sie erwiderte nichts. Als er den Wagen hielt und Manuel das Pferd abgeschirrt hatte, sagte er zu ihr: »Leg du dich hin, während ich uns etwas zum Essen mache«, und sie antwortete: »Ich könnte nichts essen, Manuel; ich will nur schlafen.«

»Gut, tu das.« Seine Stimme war zärtlich, sein Blick war zärtlich, und er half ihr die Stufen hoch, aber er folgte ihr nicht.

Wie lange sie geschlafen hatte, wußte sie nicht, aber es mußte ziemlich lange gewesen sein, denn als sie die Augen öffnete, stand die Sonne schon hoch am Himmel. Irgend etwas hatte sie aufgeweckt, nicht nur das Licht. Dann wußte sie auf einmal, was es war. Sie sprang aus dem Bett und beugte sich zum Fenster, und da sah sie die häßliche Kutsche auf der Straße und die drei Männer, die davor standen. Und in einiger Entfernung stand Manuel, und die drei Männer redeten mit ihm über die Entfernung hinweg. Sie achtete nicht auf die Stufen, als sie den Wagen verließ, sondern sprang sie hinunter, wie er es getan hätte, und flog ihm entgegen. Sie ergriff seinen Arm und flüsterte: »Was ist los? Was wollen sie? Oh, Manuel!« Dabei wußte sie ganz genau, was sie wollten. Ihre Uniformen sagten ihr, was sie wollten.

Er hielt seinen Blick weiter auf die Männer gerichtet, während er zu ihr sagte: »Hör zu. Hör mir jetzt gut zu. Wir sind nicht weit von Durham. Du kennst den Weg von dort aus. Geh zu Amy. Halte unter keinen Umständen unterwegs an – geh zu Amy.«

»Manuel!«

»Tu, was ich dir sage.« Er streckte seine Hand aus und ergriff die ihre, die seinen Arm umklammerte.

Einer der Männer rief: »Heh, wir wollen keinen Streit mit dir«, aber er kam nicht näher – als ob er Streit erwartete und sich darauf vorbereitete.

»Was wollt ihr von mir?«

»Du weißt ganz genau, was wir von dir wollen. Angriff und Körperverletzung eines gewissen Kapitän Weir auf dem Gelände der Carpenter-Glaswerke. Kommst du jetzt freiwillig, oder sollen wir dich holen?«

»Wo werdet ihr mich hinbringen?«

»Das ist unsere Angelegenheit.«

»Wenn ich freiwillig kommen soll, dann sagt mir, wo ihr mich hinbringt.«

Der Mann zögerte einen Augenblick. »Durham. Wir kommen von dort. Wir sollen dich festnehmen.«

Manuel erinnerte sich wieder an die Pferdehufe in der Nacht. Mrs. Weir hatte nicht viel Zeit vergeudet, verdammt und zur Hölle mit ihr. Und mit ihm. Oh, jawohl, er sollte in der Hölle schmoren. Er blickte jetzt auf Annabella hinunter. »Hör zu.« Er mußte ihre beiden Unterarme ergreifen, damit sie aufhörte zu zittern. »Hörst du mich? Hör mir gut zu. Tu, was ich sage, gehe direkt zu Amy, da wird dir nichts passieren.«

»Oh, Manuel, Manuel. Das dürfen sie nicht tun, nein das dürfen sie nicht tun.«

»Sei ruhig, sie können es – sie tun es.« Er zog sie in seine Arme und hielt sie einen kurzen Augenblick. Dann küßte er sie ein einziges Mal, bevor er sie von sich schob und auf die Männer zuschritt.

Während er sich ihnen näherte, schwärmten sie aus, aber da er keine Anstalten zur Gegenwehr machte, umringten sie ihn. Sie öffneten die Tür der Kutsche und stießen ihn hinein, und zwei der Männer folgten ihm, während der dritte die Tür schloß. Dann bestieg er den Bock, und die schwarze, häßliche Kutsche fuhr davon, während sie am Straßenrand stehenblieb und ihr nachschaute.

»Oh, Manuel, Manuel. Oh, Manuel, Manuel.« Das war alles, was sie in diesem Augenblick denken konnte. »Oh, Manuel, Manuel.«

Erst eine ganze Weile später schritt sie zum Wagen zurück, wo sie sich auf der untersten Stufe niederließ und vor sich hinstarrte. Das Pferd graste friedlich, die Sonne schien, auf dem fernen Hügel bewegten sich junge Lämmer wie winzige schwarze Punkte. Eine Lerche schoß aus dem Gras in ihrer Nähe und flog geradewegs zum Himmel hoch, die Kehle vor Gesang berstend. Oh, Manuel, Manuel. Was würden sie ihm an diesem Ort antun? Das Gefängnis war ein schlimmes Gebäude; sie hatte es einmal zu Gesicht bekommen. Ihre Mama hatte ihr erzählt, dort seien die bösen Männer untergebracht. Böse Männer? Manuel war nicht böse, Manuel war gut. Bis ins tiefste Innere seines Herzens war er gut. Was er getan hatte, hatte er zu ihrem Schutz getan. Aber würde man das in Betracht ziehen, wenn er vor den Richter trat? Sie hob den Kopf und bog langsam die Schultern nach hinten. Wenn er vor den Richter trat und niemand zu seiner Verteidigung sprach, würde man ihn wie einen Kriminellen behandeln. Ihr Körper spannte sich noch mehr. Sie mußte Hilfe beschaffen, jemanden, der sich seiner annahm. Sie besaß Geld. Sie legte ihre Hand an die Taille. Siebenundzwanzig Sovereigns, hatte Manuel gesagt. Aber wieviel waren siebenundzwanzig Sovereigns für Juristen? Für Leute auf der Straße, wo sie selbst gewesen waren, bedeutete es ein Vermögen, aber für die Menschen aus ihrem alten Leben war es ein bloßes Taschengeld, noch nicht einmal das. Sie mußte nachdenken, sie mußte nachdenken. Sie würde tun, was er gesagt hatte, und zu Amy gehen. Aber nein, das war zu nahe am Haus. Sie könnte es nicht ertragen, wieder so nahe am Haus zu sein. Aber wo sollte sie sonst hingehen? Was konnte sie tun? Sie stand auf und sah sich schnell um, als ob sie im nächsten Moment fliehen wollte. Sie wußte, was sie tun würde; sie wußte, wo sie Hilfe finden würde, juristische Hilfe. Sie würde zum Weirbank-House gehen – sie würde Stephen aufsuchen. Stephen war Jurist. Er würde wissen, was zu tun war, er würde ihr helfen.

Aber konnte sie Stephen gegenübertreten? Natürlich konnte sie Stephen gegenübertreten. Warum nicht? Sie hatte keinen Stolz mehr. Wenn die Landstreicherei ihren Stolz nicht schon vernichtet hätte, dann wäre es bei Manuels Unglück geschehen. Er allein war wichtig, ihn freizubekommen war wichtig und sonst nichts. Sie würde hingehen, jetzt, in dieser Minute.

Sie rannte zum Wagen, stieg auf den hohen Fahrersitz, ergriff die Zügel und trieb Dobbie an: »Hüh! Hüh! Dobbie!«

Wie würde man Mrs. Manuel Mendoza empfangen? Wie würden sie die Tatsache hinnehmen, daß ihre liebe Annabella jetzt die Frau eines Reitknechts war? Während sie wieder scharf mit den Zügeln peitschte, spürte sie, daß es ihr nichts ausmachen würde, wie sie es hinnehmen würden. Es war eine Tatsache, die nicht mehr zu ändern war. Sie war Manuels Frau für immer. Für immer und ewig. Manuels Frau. Ob er im Gefängnis oder frei war, sie war die Frau von Manuel Mendoza.

3

Vor einer halben Stunde hatte sie den Wagen auf der Straße vor dem Tor der kurzen Auffahrt gelassen, die zum Weirbank-House führte, und als sie geklingelt hatte und die Tür sich öffnete, hatte Frances, das alte Hausmädchen, bei ihrem Anblick laut aufgeschrien, und Bella, das zweite Hausmädchen, hatte die Schürze über ihr Gesicht geschlagen und gejammert. Aber ihre Reaktionen waren überhaupt nichts, verglichen mit denen ihrer Großtante Emma, denn als die sie sah, fiel sie sofort in Ohnmacht. Nur Onkel James schien einen klaren Kopf zu behalten. Und jetzt saß sie auf einer Couch und hielt die Hände ihrer Großtante Emma, und die alte Dame starrte sie unverwandt an, wobei sie den Kopf schüttelte, als ob sie es immer noch nicht glauben könnte, daß sie kein Geist war, der ärmlich gekleidete, traurige, veränderte Geist des schönen jungen Mädchens, das einmal Annabella Lagrange gewesen war. Und auch das konnte sie nicht begreifen: Sie war kein junges Mädchen mehr. Diese Person, die neben ihr saß, war eine Frau, und sie sprach wie eine Frau. Sie erinnerte sich daran, daß Annabella zu lautem Gelächter und Ausgelassenheit neigte, aber das Gesicht vor ihr sah aus, als ob es nichts von Lachen oder Ausgelassenheit irgendwelcher Art wüßte. Und diese erstaunliche Geschichte, die sie erzählte, war unglaublich, absolut unglaublich und durchaus nicht akzeptabel. Das Kind war ausgenutzt worden, daran bestand kein Zweifel.

Ihr Mann stellte ähnliche Überlegungen an, und er war es,

der ihrer beider Gedanken Ausdruck gab, indem er Annabellas Kopf tätschelte: »Die ganze Sache war ein unglückseliger Irrtum, von Anfang bis Ende, mein Liebes, sehr unglückselig, aber trotzdem läßt er sich ausbügeln. Nach dem, was du uns erzählt hast, ist noch kein wirklicher Schaden angerichtet. Auf gewisse Weise ist Manuel dafür zu loben, daß er dich beschützt hat, aber – aber er hätte niemals so weit gehen dürfen, dich zur Heirat zu zwingen.«

»Mich zwingen! Aber Onkel, du verstehst nicht. Er hat mich nicht gezwungen, ich – ich wollte es, ich wollte Manuel schon lange heiraten, bevor er mich gefragt hat.«

»Du weißt nicht, was du sagst, Kind. Du weißt nicht, was du sagst.« Tante Emma fächerte sich mit ihrem spitzenbesetzten Taschentuch. »Du kannst unmöglich Manuel heiraten. Manuel ist ein Stallknecht, ein Arbeiter.«

Annabella sah auf die zerbrechliche Gestalt hinunter. Dann sprach sie, als ob sie versuchte, einem begriffsstutzigen Kind eine ganz einfache Sache zu erklären. »Tante Emma, ich habe Manuel geheiratet, ich bin schon mit Manuel verheiratet. Ich habe die Heiratsurkunde. Hier ist sie, in meinem Gürtel um meine Taille.«

Sie klopfte gegen ihren Leib.

»Ich möchte sie sehen.« Onkel James sprach jetzt, und als sie zu ihm aufblickte und sagte : »Ich müßte mich erst ausziehen«, wischte er sich über die Stirn und murmelte: »Nun, nun, dann werde ich sie mir später ansehen.«

»Du wirst sie sehen, Onkel James.« Sie löste ihre Hand aus der der alten Dame und stand auf. Dann schaute sie den großen alten Herrn an: »Ich bin hierher gekommen, Onkel James, um Stephen zu bitten, daß er Manuel verteidigt.«

»Ach du meine Güte, mein Liebes. Das trifft sich nun äußerst unglücklich. Ich weiß, wenn Stephen verfügbar wäre, mein Liebes, würde er alles tun, um dir zu helfen. Aber du konntest nicht wissen, daß er letzte Woche geheiratet hat und jetzt mit der lieben Kathleen seine Flitterwochen in Italien verlebt.«

Sie setzte sich auf einen Stuhl, als ob ihre Beine nachgegeben hätten und ließ ihren Kopf nach vorn sinken, und Onkel

James sagte pragmatisch: »Aber es gibt andere Rechtsanwälte und Advokaten. Zunächst jedoch, meine ich, sollten wir alle etwas essen. Es ist beinahe drei Uhr, und wenn ich mich nicht täusche, wird es gleich klingeln.«

Gleich darauf schellte es auch schon, worauf Tante Emma von der Couch aufstand: »Weißt du, wir haben alle nicht daran gedacht nach dem Schock, den du uns versetzt hast, mein Liebes, welches Glück du jetzt wieder Rosina bereiten wirst.«

»Ma-Mama?« Sie benutzte den Ausdruck, weil sie sich keine andere Form der Anrede vorstellen konnte. »Ich – ich dachte, sie ist schwer krank und will nichts von mir wissen.«

»Nichts von dir wissen?« Es war Onkel James, der wieder sprach. »Wie kommst du darauf?«

»Manuel hat Großmutter aufgesucht, als ich krank war. Er wollte Mama sprechen, aber Großmutter hat ihn fortgeschickt und ihm gesagt, daß Mama mich nicht erkennen würde, selbst wenn sie mich sähe, weil sie ihren Verstand verloren habe.«

»Oh! Oh! Diese Gemeinheit.« Tante Emma schaute ihren Mann an. Sie schlug die Hände vor ihr Gesicht und wiederholte: »Oh, diese Gemeinheit, diese Gemeinheit.« Dann fügte sie hinzu: »Ich habe schon immer gesagt, daß Constance schlecht ist, James, wenn sie auch tot ist und deine Schwester war, ich habe immer gesagt, sie war schlecht und eine bittere, hartherzige Frau.« Sie wandte sich jetzt Annabella zu und ergriff ihre Hand: »Rosina, deine liebe Mama, hat nie den Verstand verloren. Sie war krank, sehr krank, nachdem sie dich verloren hatte, aber ihr Geist war nie getrübt. Sie wollte eine Zeitlang nicht mehr leben, verständlicherweise, aber sie hat sich erholt, und sie ist nach wie vor deine liebe Mama, und wie gesagt, wird sie außer sich sein vor Freude, daß du wieder zu Hause bist.«

»Liebe Tante Emma, du mußt verstehen –«, Annabella drückte ihre schmalen Hände, »– daß ich nicht mehr das junge Mädchen von früher bin – ich meine damit, ich bin nicht mehr Annabella Lagrange.«

»Kommt, kommt.« Onkel James schob sie beide sanft

durch den Raum zum Eßzimmer hin. »Wir sprechen später darüber, aber jetzt laßt uns erst, bevor wir das Tischgebet sagen, Gott danken dafür, daß du uns zurückgegeben bist, und dann müssen wir essen, weil man mit leerem Magen nicht nachdenken und diskutieren kann.«

Wie oft hatte sie sich während der ersten Tage auf der Straße nach dem Komfort von früher zurückgesehnt. Sogar in den letzten Tagen vor ihrer Hochzeit hatte sich der Gedanke in ihr Bewußtsein gestohlen, wie schön es wäre, wenn die Feier im Haus stattfinden könnte.

Jetzt war sie wieder in ihrem alten Leben – zwar nicht direkt in Redford Hall, aber in einem ähnlichen, nur etwas kleineren Haus, da Weirbank nur über etwa zehn Dienstboten verfügte. Doch es befremdete sie mehr als alles andere, daß sie sich in dieser Umgebung nicht wohl fühlte, so unwohl, als hätte sie die ersten siebzehn Jahre ihres Lebens in der Crane Street verbracht und sei dann plötzlich hierherversetzt worden.

Vierundzwanzig Stunden waren seit ihrer Ankunft vergangen, und mit jeder Stunde ärgerte sie sich mehr über alles, was sie hörte und sah: Wie die alten Leute Stunden damit verbrachten, um über Trivialitäten zu reden, sogar wie die Dienstboten sich bewegten. Ein- oder zweimal dachte sie, die brauchten jemanden wie Mrs. Fairbairn oder besser noch Mrs. Skillen über sich. Dazu kam die Verzögerungstaktik von Onkel James. Er schien sich sogar mit seinem Rat zurückzuhalten, an welchen Anwalt sie sich in der Stadt für Manuels Fall wenden sollte. Als sie ihm erzählte, sie besitze siebenundzwanzig Guineen, und da sie wisse, daß dies nicht genug sei, um die Kosten zu decken, sei sie bereit, zu arbeiten und alles zu bezahlen, was darüber hinaus gehe, lachte er zunächst, dann wirkte er leicht schockiert, und schließlich sagte er, er brauche einige Zeit, um sich die Sache zu überlegen. Und als er ihr später mitteilte, er habe es sich überlegt, und er halte es für das beste, morgen seinen Freund Oberst Ryson zu konsultieren, wenn er aus London zurück sei, verschreckte sie ihn mit der Bemerkung: »Morgen kann es zu spät sein«, und außerdem werde sie morgen zum Gefängnis gehen und um die Genehmigung bitten, Manuel zu besuchen.

Tante Emma hatte bei dieser ungeheuerlichen Feststellung echte Tränen vergossen. »Du würdest doch etwas so Ungehöriges nicht tun, Annabella, nicht wahr? Ganz allein zum Gefängnis gehen!«

In diesem Augenblick begriff sie, daß sie am neunzehnten Juni des vergangenen Jahres ihre Welt für immer verlassen hatte, und ihr wurde gleichzeitig bewußt, daß diese Leute nicht die geringste Ahnung davon hatten, wie die Menschen außerhalb der Mauern lebten, die ihren gesellschaftlichen Bereich eingrenzten. Tante Emma tat gute Werke, sie nähte für die Armen und stiftete eine ganze Menge Geld für wohltätige Zwecke, besonders für die Heiden, die nach ihrer Meinung nichts so dringend brauchten wie Gott, aber weder sie noch ihr Ehemann wußten irgend etwas über die Lebensbedingungen der einfachen Leute um sie herum.

Sie wartete jetzt in dem kleinen Salon darauf, daß ihr Onkel kam und sie zum Gefängnis begleitete. Er sagte, er habe viele Räder in Bewegung setzen müssen, um die Genehmigung zu erlangen, daß sie Manuel sehen konnten, denn der Besuchstag sei erst in einer Woche. Tief in ihrem Inneren fragte sie sich, ob der Besuch heute zustande gekommen wäre, wenn sie es nicht strikt abgelehnt hätte, zum Haus zurückzukehren und ihre Mama zu begrüßen, bevor sie Manuel gesehen und mit ihm gesprochen habe. Und die unverhüllte Drohung, sie werde wieder zu ihrem Wagen gehen und am Stadtrand wohnen, bis sie wisse, was mit Manuel geschehen werde, veranlaßte schließlich Onkel James, ›die Räder in Bewegung zu setzen‹. Es waren nur zehn Minuten zu Fuß vom Haus zum Gefängnis, aber sie legten die Strecke im Wagen zurück. Als er in die Stone Street einbog und vor einer Reihe von Cottages anhielt, blickte sie über die Straße auf die düsteren hohen Mauern gegenüber und dachte: Lieber Gott! Dahinter sitzt er. Das allein wird ihn ums Leben bringen.

Sie gingen durch das Tor, über einen Hof, durch eine weitere Tür, und dann redete ein Beamter mit Onkel James. Sie registrierte kein einziges seiner Worte, denn sie wartete, sie wartete nur.

Sie gingen in einen Korridor, und als die Tür hinter ihnen ins Schloß fiel, schreckte sie hoch, und Onkel James legte seine Hand auf ihren Ellbogen, und dann führte man sie in einen großen, kahlen Raum, wo der Beamte sie warten ließ.

Sie wollte sich nicht hinsetzen, sondern starrte stehend auf die Tür, bis Manuel mit einem anderen Beamten hinter sich eintrat. Und dieser Mann kam ebenfalls herein und blieb mit dem Rücken zur Tür stehen, während Manuel sie und sie ihn anblickte, und mehrere Sekunden lang bewegten sich beide nicht. Dann stürzte sie vor und schlang ihre Arme um ihn und küßte seine steifen Lippen. Sie untersuchte sein Gesicht mit ihren Augen und sagte: »Oh, Manuel! Manuel! Wie geht es dir?«

Er schluckte tief, blinzelte mit den Augen, preßte die Lippen fest aufeinander und entgegnete: »Ganz gut – ganz gut.«

»Das ist Onkel James.« Sie drehte sich halb um. »Ich wollte dir Hilfe besorgen. Ich – ich bin zu Stephen gegangen, aber er ist fort. Aber Onkel James wird helfen, er wird dir einen Anwalt besorgen. Manuel sah Mr. Dorcy-Grant an, aber er gab kein Zeichen des Erkennens von sich oder eine Geste des Dankes, und der alte Mann hüstelte in sich hinein und trat von einem Fuß auf den anderen, als ob er derjenige sei, der sich in einer mißlichen Lage befände. Dann verkündete er pompös: »Wir werden tun, was wir können.« Er ließ den Zusatz ›mein guter Mann‹ aus, denn er fürchtete, die neue Annabella könnte ihm an den Hals springen. Wie seine Frau gesagt hatte, hatte sie während ihrer Abwesenheit viele ihrer guten Manieren verloren und dafür schlechte erworben.

Annabella plapperte jetzt: »Sobald wir fort sind, suchen wir einen Rechtsanwalt auf. Dein Fall wird nächsten Dienstag verhandelt. Wir haben nicht viel Zeit, aber ich – ich habe an Mr. Carpenter geschrieben und ihn gebeten, wenn irgend möglich zu kommen. Er kann alles aufklären, meinst du nicht?«

»Vielleicht.«

Dieses kurze Wort schnitt ihr ins Herz, und sie drückte

wieder seine Hände an sich. »Oh, Manuel! Manuel! Es wird alles gutgehen, ganz bestimmt. Onkel James kennt einen zuverlässigen Anwalt.«

Manuel blickte ihr in die Augen und fragte: »Wo wohnst du jetzt?«

Sie wollte ihm eigentlich nicht antworten, weil er von ihr die Antwort hören wollte:»Ich bin immer noch im Wagen«, aber sie erwiderte wahrheitsgemäß: »Ich wohne bei Großonkel James, sie – sie sind sehr freundlich zu mir gewesen. Aber – aber das ist nur vorübergehend, bis dein Fall verhandelt wird.«

Durch das verlegene Schweigen, das sich anschloß, ertönte die Stimme des Polizisten: »Die Zeit ist vorbei!«, und sie schrie ihn an: »Aber er ist doch erst seit ein paar Minuten hier.«

Der Mann starrte sie an und wiederholte automatisch: »Die Zeit ist vorbei!«

Erst jetzt schien Manuel zum Leben zu erwachen. Er schloß sie in seine Arme und hielt sie fest, bevor er sich schnell umdrehte und, gefolgt von dem Beamten, hinausging.

Onkel James war beleidigt. Der Bursche benahm sich nicht einmal höflich. Er war flegelhaft geworden. Als Stallknecht war er sehr gefällig gewesen, aber es klaffte eine große Kluft zwischen dem Stallknecht und dem Ehemann von Annabella. Je schneller er diese Angelegenheit abwickelte, desto besser für alle Beteiligten. Er mußte hart durchgreifen – er mußte es.

Als sie wieder in der Kutsche saßen, spielte er seine Karten aus: »Annabella, hör mir gut zu. Ich werde nichts für diesen Burschen unternehmen, bis du mir versprichst, daß du deine Mama besuchst. Es hat keinen Zweck, dich mit mir zu streiten, ich höre nicht hin. Das ist mein letztes Wort. Du gehst und besuchst Rosina, und ich setze die Rechtsmaschinerie in Bewegung, aber sonst nichts.«

Aus ihrem steifen Gesicht und ihrem Schweigen erriet er, daß er die erste Runde gewonnen hatte. Von jetzt an würde alles glatt verlaufen, denn sobald sie wieder unter dem

Schutz von Rosina war und bis zu einem gewissen Grade ihr altes Leben lebte, würde sie diesen Bruch der gesellschaftlichen Etikette vergessen, das war es nämlich im Grunde, und während der Bursche im Gefängnis saß – Rechtsanwalt hin, Rechtsanwalt her, er mußte auf alle Fälle seine Zeit für den Überfall auf den Kapitän absitzen –, würden sie schon für eine Annullierung der Ehe sorgen.

4

Onkel James und Tante Emma sagten beide, sie würden sie zu dem Treffen mit Rosina begleiten, weil dies eine höchst erfreuliche Angelegenheit sei. Rosina war außer sich vor Glück. Sie konnte die Nachricht nicht glauben, und sie sagte, sie müsse erst Annabella selbst sehen.

Daß ihr Vorschlag sofort zurückgewiesen wurde, entsetzte sie beide. Ja, tatsächlich Annabella hatte sich geändert, und ihrer Ansicht nach leider nicht zu ihrem Vorteil. Die Umstände, unter denen sie in den vergangenen Monaten gelebt hatte, waren nicht spurlos an ihr vorübergegangen. Onkel James hatte Rosina davor gewarnt. Er hatte auch sorgfältig ihren Aktionsplan ausgearbeitet. Er war dagegen, daß Rosina sofort nach Durham kam. Es sei besser, sagte er, daß Annabella zum Hause komme, wenigsten zu dem Cottage, da das Haus nicht mehr bewohnt war. Dort jedenfalls sei die Atmosphäre ihrer Kindheit, hier habe sich unter Rosinas Anleitung ihr Charakter geformt, und hier werde sie wieder zu sich selbst finden, so es Gott gefalle. Aber er hatte sie gewarnt, daß Annabella nicht mehr das zugängliche Mädchen war, wie sie sie in ihrer Erinnerung bewahrt hatten. Sie habe sich völlig verändert. Natürlich sei das verständlich, wenn man ihre Erlebnisse bedenke. Sie sei jetzt seit einem Jahr mit Arbeitern umgegangen, habe sogar mit ihnen gelebt. Hatte sie nicht einen von ihnen geheiratet? Natürlich durften sie Manuel gegenüber nicht ungerecht sein. Er habe sein Bestes getan, um sie zu beschützen, denn Annabella zufolge sei er der Inbegriff der Ehrenhaftigkeit gewesen. Aber die Notwendigkeit für seinen Schutz bestand nicht mehr. Annabella könne jetzt in das Leben zurückkehren, für das sie geschaffen sei – zumindest, schränkte er ein, in das Leben, das die teure Rosina für sie geschaffen habe. Und wenn der Skandal abgeklungen sei – darauf müsse sie sich vorbereiten, daß Annabellas Wiederauftauchen als die Ehefrau ihres früheren Stallknechts mit Sicherheit einen Skandal bewirken würde –, würde das alte Leben, von da, wo es unterbrochen wurde, weitergehen. Und sie sei gut dran insofern, als sie in ihrem isolierten Leben die Zungen leicht ignorieren könne. So hatte er Rosina beruhigt, wobei er abschließend hinzufügte, sobald der Prozeß vorüber und die Annullierung eingereicht sei, werde die Sache eines natürlichen Todes sterben.

»Glaube mir, Onkel James, ich will dir nicht weh tun, du – du bist so gut zu mir gewesen –, aber ich möchte diese Reise lieber allein machen. Ich kann die Postkutsche bis zur Kreuzung nehmen.«

»Aber, Kind!«

»Bitte, Tante Emma.«

Sie starrten beide dieses Mädchen an, das ihnen von Stunde zu Stunde unheimlicher wurde, und gaben endlich nur deshalb nach, weil sie fürchteten, sie könne darauf bestehen, in diesem furchtbaren Wagen zum Haus zu fahren. Aber Tante Emma mußte das letzte Wort behalten. »Du kannst dir alles Mögliche in diesen öffentlichen Verkehrsmitteln holen«, sagte sie, wobei sie mit einem parfümierten Taschentuch ihre Nase abtupfte. Annabella wünschte, sie könnte lachen. Ein seltsames Gefühl stieg in ihr auf, das beinahe an Wildheit grenzte. Sie wollte Tante Emma in Reubens Herberge fortreißen, in Skillens Farm, auf den Marktplatz, wo die Landarbeiter angeheuert wurden.

In der Eingangshalle stieß sie beinahe Frances' Hände beiseite, als sie ihr den Mantel zuknöpfen wollte, und im nächsten Atemzug entschuldigte sie sich fast für ihre Grobheit, aber Frances hätte es nicht verstanden; Frances war glücklich in ihrer Knechtschaft, wie es so viele Leute zu sein schienen, aber nicht alle – o nein, bei weitem nicht alle.

»Aber die Kutsche fährt erst in einer halben Stunde, mein Liebes.« Onkel James stand jetzt hinter ihr, und sie sagte, ohne sich umzudrehen: »Ich weiß, Onkel James, aber ich möchte vorher noch eine Kleinigkeit erledigen.«

Er entgegnete nichts darauf, sondern blieb oben auf der Treppe stehen und beobachtete, wie sie die Auffahrt hinunterging. Er wußte, welche Kleinigkeit sie meinte, und er war verärgert und schockiert.

Gegen zwölf Uhr stand Annabella vor den Cottages in Stone Street und blickte zu der hohen Steinmauer hinüber und den häßlichen Gebäuden dahinter, und sie schickte ihre Gedanken durch die Ziegel und den Mörtel, um Manuel auf ihre Anwesenheit aufmerksam zu machen. Das Tor war geöffnet, und ein Mann trat hervor. Er sah wie ein Arbeiter aus, und sie mußte sich zurückhalten, um nicht hinzulaufen und ihn zu fragen: »Kennen Sie Manuel Mendoza? Gehen Sie wieder hinein? Können Sie ihm bitte etwas ausrichten? Sagen Sie ihm, daß ich auf ihn warte. Ich habe es ihm gestern erzählt, aber er schien es nicht zu verstehen. Aber sagen sie ihm, daß ich warte, egal wie lange es dauert.«

Der Mann schritt an der anderen Straßenseite vorbei, ohne sie anzusehen. Hätte er ihr sein Gesicht zugewandt, wäre sie in Versuchung geraten, ihm die Botschaft aufzutragen.

Eine alte Frau vor einer der Cottage-Türen brummelte vor sich hin: »Jawohl, Sie sind nicht das einzige Mädchen, das hier steht. Aber so ist es eben, wenn sie ein bißchen nachgedacht und auf dem rechten Pfad geblieben wären, säßen sie jetzt nicht hinter diesen Mauern.«

Sie wurde zornig auf die alte Frau. Sie wollte sie anfahren: »Mein Manuel ist auf dem rechten Pfad geblieben! Er ist dort drin, weil er mich verteidigt hat.« Statt dessen ging sie mit gesenktem Kopf zu der Marktecke, wo die Postkutsche anhielt, und während sie wartete, sagte sie sich, daß diese Wutausbrüche zu nichts führten und daß sie ihr Temperament zügeln mußte.

Der Wagen setzte sie um zwei Uhr nachmittags an der Kreuzung ab, und sie fragte den Kutscher, um welche Zeit sie nach Durham zurückfahren könne. »Fünf Uhr«, rief er ihr zu, »oder so ungefähr, aber kommen sie lieber etwas früher. Manchmal ist es zehn Minuten früher, manchmal zehn Minuten später. Man weiß nie genau.«

Nachdem die Kutsche fortgerattert war, blieb sie stehen und schaute sich um. Hier ging die Straße nach Newcastle ab und dort nach Jarrow und Shields. Es waren doch nicht erst zehn Monate vergangen, seit sie blind diese Straße entlanggelaufen war, unmöglich! Unmöglich. Es mußte vor zehn Jahren, vor zehn Lebensaltern geschehen sein. Denn das Mädchen, das damals so außer sich war vor Trauer und Entsetzen, kannte sie jetzt überhaupt nicht mehr, es spielte in ihrer heutigen Existenz nicht die geringste Rolle mehr. Sie war in den vergangenen Monaten schnell gereift, aber seit Manuel in diesen Wagen gestiegen war, zählte jede Stunde als ein Jahr. Und jetzt war sie innerlich eine alte Frau, alt und wissend, denn sie hatte Schmerzen erfahren, Schmerzen, die Miß Annabella Lagrange nie erfahren hätte, die Schmerzen der wahren Liebe ohne irgendwelche Romantik, die Schmerzen des Mitleidens und der Sorge und der Angst.

Als sie das Parktor erreichte, blieb sie überrascht stehen und starrte auf die grasüberwachsene Auffahrt, auf die wuchernde, buntgefleckte Ligusterhecke, die den Garten umgab und die früher immer so fein säuberlich zurechtgestutzt war.

Die Tür war im Schloß, aber nicht verriegelt, und sie trat ein und ging an den dunklen, leeren Fenstern des Pförtnerhauses vorbei, die Auffahrt hoch und um die Ecke, und da lag das Haus vor ihr, wie sie es noch nie gesehen hatte, denn es wirkte einsam, verloren. Sie konnte sich das Haus ohne irgendwelche Menschen darin nicht vorstellen. Früher war die Dienerschaft so zahlreich wie die Fliegen, die um die Mauern summten. Jetzt war kein Anzeichen von Leben zu bemerken. Es wurde ihr traurig ums Herz, tief traurig.

Sie ging an den Stufen vorbei zu den Ställen. Zwischen den Steinplatten des Hofes wuchs Gras, alle Türen im Hof waren geschlossen, mit Ausnahme von einer. Sie ging langsam hin und blickte hinein. Die Geschirrkammer war leer, nicht nur waren keine Menschen darin, sondern auch keine

Sättel und Zügel und Messingbeschläge und Kandaren. Sie dachte, während sie sich in dem Raum umschaute, daß dieser Anblick Manuels Herz brechen würde. Aber sein Herz war bestimmt ohnehin gebrochen wie auch sein Mut, und sein Körper würde ebenfalls bald zusammenbrechen, wenn sie ihn nicht befreite.

Sie verließ den Hof mit schnellen Schritten und ging den Pagodenweg hinunter. An einer Stelle mußte sie das Rosengestrüpp vom vergangenen Jahr beiseite schieben, bevor sie die Gärten erreichte, und sie fragte sich unwillkürlich: Konnte ein Anwesen in zehn Monaten so verwildern? Aus den Pfauenhecken schossen Federzweige in alle Richtungen, was ihnen ein betrunkenes Aussehen verlieh. Dann ging sie durch den Park, und da war das Cottage.

Ihr Schritt verlangsamte sich, und ihr Herz begann zu hämmern. Wie sollte sie sie anreden? »Mama?« »Mrs. Lagrange?« Sie stand an der Tür. Sie klopfte.

Harris öffnete. Es wirkte, als habe er wartend dahinter gestanden, und wie die Dienstboten in Weirbank war er überwältigt von ihrem Anblick, und er murmelte: »Oh, Miß Annabella! Miß Annabella.«

»Guten Tag, Harris.«

»Guten Tag, Miß Annabella. Darf ich sagen, wie froh ich bin, Sie wiederzusehen?«

»Und ich Sie, Harris.« Ihre leise Stimme verstummte bei dem Anblick von Alice, die die Treppe herunterkam. Drei Stufen von unten hielt Alice einen Augenblick inne, dann eilte sie so schnell in die Halle, daß sie auf ihr langes Kleid trat und Annabella beinahe in die Arme fiel. »Oh, Kind! Kind!«

»Hallo, Alice. Wie geht es Ihnen?«

»Oh, mein Liebes! Oh, Kind, es tut so wohl, dich wiederzusehen. Mir geht es gut. Mir geht es gut. Wie geht es dir? Oh, du hast so viel durchgemacht.« Ihre kurzen Stakkato-Sätze jagten einander. »Sie wartet, wartet schon seit Stunden, sitzt nur da und wartet. Das ist der glücklichste Tag ihres Lebens. Ich möchte schwören, das ist der glücklichste Tag ihres Lebens.« Alice hatte sich so weit vergessen, daß sie das Wort

›Schwören‹ benutzte, was Annabella durchaus bemerkte. Sie lächelte die alte Frau freundlich an, die Annabella jahrelang für ein Produkt des Teufels gehalten hatte. Sogar als sie selbst noch nichts von ihren wirklichen Eltern wußte, hatte Alice das Gefühl in ihr erweckt, sie sei sündig geboren. »Geh nun. Geh, verschwende keine Zeit.« Sie schob sie auf die Salontür zu.

Jetzt hatte sie ihre Hand auf der Klinke, und sie drehte sich um und sah Alice an, und ein dünnes Lächeln überzog Alices pergamentartiges Gesicht, das im gleichen Augenblick vorwärts stieß, als könne sie damit Annabella durch die Tür schieben.

Ihr Herz hatte schon vorher gepocht, aber jetzt hämmerte es wild und ungleichmäßig.

Die Tür öffnete sich, und sie betrat das Zimmer. Da stand Rosina, wie sie sie unzählige Male gesehen hatte, würdevoll, geduldig, einfach, und das Mitleid, das sie für Redford Hall empfunden hatte, verstärkte sich tausendfach, und es drängte sie, vorwärts zu stürzen und die traurig blickende Frau in ihre Arme zu schließen, in ihre neuen, schützenden Arme. Aber sie konnte sich nicht von der Tür bewegen.

Es war Rosina, die mit gebrochener Stimme sagte: »Oh, mein liebstes, liebstes Kind.« Und plötzlich konnte sie sich bewegen. Sie umarmten sich jetzt, fest und liebevoll.

»Laß mich dein Gesicht ansehen.« Rosina schob sie sanft von sich und führte sie zu einem Sofa, auf das sie sich gemeinsam setzten. Sie blickten sich an, und Rosina seufzte: »Kind, oh, Kind, du hast dich verändert.« Annabella verfiel beinahe wieder in die Routine von Frage und Antwort, die sie früher automatisch befolgt hatte. »Ja, Ma –.« Dann senkte sie leicht den Kopf. »Ja, ich habe mich verändert. Es – es ist eine lange Zeit vergangen.«

»Ja, mein Liebes, es ist eine lange Zeit vergangen.« Rosina hielt inne und fuhr dann fort: »Warum hast du bei meinem Namen gezögert?«

Annabella sah in das blasse Gesicht, das sich überhaupt nicht verändert zu haben schien. »Ich – ich weiß nicht, wie ich dich nennen soll.«

»Wie kannst du mich anders nennen als ›Mama‹?« fragte Rosina sanft. »Ich war siebzehn Jahre lang deine Mama, mein Liebes. Nicht die Geburt bestimmt das Wesen des Menschen, sondern das soziale Milieu. Ich habe dir das Milieu gegeben; du bist immer noch meine Tochter, ich bin deine Mama. Glaube mir, Liebes, ich bin deine Mama. Und mehr will ich nicht vom Leben, ich will nur deine Mama sein. Du bist mein Kind, Annabella, in jeder Hinsicht außer einer, und die spielt keine Rolle. Du verstehst das, nicht wahr? Ich bin deine Mama.«

»Ja –.«

Rosina beugte sich jetzt vor, sie zog Annabellas Hände an ihre Brust und flüsterte: »Sage es. Laß mich bitte hören, wie du es sagst.«

»– Mama.«

Rosina lächelte langsam und streckte ihre Hand aus und berührte Annabellas Wange. »Du bist so mager, Kind.«

Während sie ihrerseits Rosina anblickte, hätte sie das gleiche sagen können. Und als sie sie jetzt aus der Nähe betrachtete, erkannte sie, daß sie viel älter aussah als bei ihrem letzten Beisammensein.

»Dies ist wirklich der glücklichste Tag meines Lebens. Glaubst du mir das, mein Liebes?«

»Ja, Mama.«

Jetzt war es an Rosina, das vor ihr sitzende Mädchen prüfend zu betrachten. Die Worte waren immer noch dieselben, unterwürfige, gehorsame Worte: »Ja, Mama«, aber der Ton, in dem sie sie aussprach, war anders. Onkel James hatte sie vor diesem Unterschied gewarnt, aber darüber machte sie sich keine Sorgen. Man sollte sie nur eine Weile mit ihrem Kind allein lassen, und alles würde wieder so sein wie früher. Diese schrecklichen zehn Monate, in denen sie über die Landstraßen gezogen war, wären ausgelöscht. Natürlich mußte man Manuel in Betracht ziehen, aber das ließ sich Gott sei Dank leicht erledigen aus dem einfachen Grund, daß die Ehe nicht vollzogen worden war. Oh, in dieser Sache hatten sie Glück, großes Glück, und sobald Annabella wieder Geschmack an ihrem alten Leben gewonnen hatte, würde auch sie einsehen, daß alles sich zum Besten gewendet hatte. Sie sagte jetzt: »Du siehst müde aus, mein Liebes; wir trinken erst Tee, und dann werden wir uns unterhalten. Alice und Bridget haben dein Zimmer fertig vorbereitet für –.«

»Es tut mir leid, Mama.« Annabella stand nicht direkt auf, aber sie rutschte ein Stück das Sofa hinunter. »Es tut mir leid, aber ich fahre zu Onkel James zurück; ich – ich nehme um fünf Uhr die Postkutsche an der Kreuzung.«

»Aber mein Kind, du bist eben erst gekommen und –.«

»Ich kann wiederkommen. Aber bis ich weiß, was mit Manuel geschieht – ich, ich weiß, daß Onkel James dir alles über Manuel und mich erzählt hat –, jedenfalls bis ich weiß, was sie mit ihm vorhaben, will ich so nahe wie möglich bei ihm sein.«

Rosina spürte, wie sie gefror, auf eine Weise, die sie nicht mehr erlebt hatte, seit ER fort war. Ihre Gedanken überstürzten sich, und sie betete: Lieber Gott, lege mir keine weiteren Hindernisse in den Weg, denn ich könnte es nicht mehr ertragen. Du hast sie mir zurückgegeben, laß uns in Frieden leben. Aber sie beherrschte sich: »Ja, Onkel James hat es mir erzählt. Aber mein Liebes, du kannst Manuel nicht jeden Tag besuchen. Und das wird bestimmt schmerzlich für dich sein, du hast genug gelitten.«

»Ich habe wenig gelitten – Mama. Manuel hat gelitten, und er leidet immer noch.«

»Ja, ja, natürlich.« Rosina schlug die Augen nieder. »Er hat sich, alles in allem, sehr gut, sehr umsichtig benommen. Aber wenn er nur an jenem Tag, als er hierherkam, mich gesprochen hätte statt meiner Mutter, hättest du all das Elend nicht ertragen müssen, und du hättest diesen letzten großen Fehler nicht begangen.«

Annabella zog langsam ihre Hände aus denen Rosinas und erwiderte langsam, aber ohne Bitterkeit: »Wenn du auf meine Heirat mit Manuel anspielst, Mama, dann hast du das falsche Wort benutzt, um sie zu charakterisieren. Es war kein Fehler, ich wollte es. Ich – ich kann jetzt frei eingestehen, daß ich es wollte, lange bevor er mich gefragt hat.«

»So seltsam es klingen mag, mein Liebes, auch das kann

ich verstehen, denn deine Lage muß dir untragbar vorgekommen sein, als du mit ihm umhergereist bist, und du hast es wahrscheinlich als den einzigen richtigen und anständigen Ausweg betrachtet.«

»Nein, Mama. Nein, Mama.« Annabella schüttelte den Kopf. »Es war überhaupt nicht so. Ich – ich wollte Manuel heiraten, weil ich ihn liebte.«

»Oh, Kind!« Rosina schüttelte langsam den Kopf. »Was weißt du über Liebe außer deinen mädchenhaften Vorstellungen? Du bist erst achtzehn, und –.«

»Ich war mit siebzehn alt genug, um Stephen zu heiraten, wenn ich ihn gekriegt hätte.«

Rosina stand auf, ging zum Kamin und schaute einen Moment lang in die Flammen, bevor sie sich umdrehte und Annabella anlächelte: »Mein Liebes, du mußt wissen, daß ich Manuel sehr schätze und die Situation nicht im gleichen Licht betrachte wie Onkel James. Ich weiß, daß Manuel von Anfang an richtig gehandelt hat. Er hat nicht nur nach dir gesucht, er hat dich gefunden, und dann ist er gekommen, um es mir mitzuteilen. Es war nicht seine Schuld, daß ich die Nachricht nicht erhalten habe oder daß er zu der falschen Annahme verleitet wurde, ich hätte sie ohnehin nicht verstanden. Dann hat er sich deiner angenommen. Alles, was er getan hat, sogar dich zu heiraten, ist zu deinem Schutz geschehen, dessen bin ich sicher, aber nachdem sich jetzt die ganze Situation geändert hat und du wieder zu Hause bist, wird er nichts dagegen haben, daß die Ehe annulliert wird, oder ich müßte mich sehr in ihm täuschen.«

»Er wird nicht zustimmen!« Auch Annabella war aufgestanden. »Er wird es nicht tun. Du kennst Manuel nicht. Er liebt mich, er liebt mich leidenschaftlich, ich weiß es. Ich allein bin wichtig für ihn und er für mich.«

Rosina konnte sich nur mit Mühe daran hindern, ihre Meinung dazu zu sagen, die sowohl scharf wie enthüllend ausgefallen wäre. Statt dessen sagte sie: »Du merkst nicht, wie du mich verletzt, Liebes.«

»Es tut mir leid.« Annabellas Stimme wurde weicher. »Es tut mir wirklich leid, weil – weil ich so froh bin, dich zu sehen. Ich habe mich danach gesehnt. Aber Manuel hat einen Platz in meinem Leben, und er wird ihn nie verlieren, soweit es an mir liegt.«

Sie blickten einander nicht an. Rosina blickte zu Boden und Annabella aus dem Fenster. Dann näherten ihre Augen sich wieder langsam, und es war die geduldige Rosina, die das Wort ergriff und die Weichen für die Zukunft stellte: »In Ordnung, mein Liebes, wir wollen den Dingen ihren Lauf lassen; wir werden alles für Manuel tun, was wir können. Das verspreche ich dir. Inzwischen bist du zu Hause, ob in Durham oder hier, du bist zu Hause, und ich freue mich darauf, dich zu verwöhnen und dich zu entschädigen für das lange –«, sie ließ den Kopf sinken und lächelte scheu, »– ich darf nicht sagen ›Leiden ‹, weil du meinst, du hättest es beinahe genossen. Aber komm nun. Deine Kleider sind noch genauso, wie du sie zurückgelassen hast. Alice und ich haben sie jede Woche aufgefrischt, obwohl ich glaubte, daß du sie nie wieder tragen würdest. Komm also und zieh dich um ...«

»Das ist dein alter Gartenumhang, nicht wahr?« Sie zeigte auf den Stuhl, wo der Umhang lag.

»Mama.« Annabella trat vor und nahm Rosinas lange, dünne Hände in die ihren: »Bitte, verstehe mich richtig. Glaube bitte nicht, daß ich undankbar bin oder mich nicht freue, zu Hause zu sein, ich freue mich. Ich kann dir gar nicht sagen, wie ich mich immer wieder danach gesehnt habe, bei dir zu sein, bitte versuche mich also zu verstehen, wenn ich sage, ich kann meine alten Kleider nicht wieder anziehen – ich meine – «, sie lächelte scheu, » – meine eleganten Kleider. Ich könnte Manuel nicht in teuren Kleidern besuchen. Wenn ich weiß, was mit ihm geschieht, dann – dann nehme ich vielleicht eines der einfachen Kleider und werde mich dafür bedanken.«

»Oh, mein Liebes.« Rosina atmete tief und heftig. »Sehr wohl. Wie du willst, Liebes.« Sie brachte sogar ein Lächeln zustande. »Jetzt trinken wir Tee, ja?«

»Danke, Mama.« Annabella verstummte und sagte schließlich zögernd: »Ich komme mir schrecklich vor, aber ich möchte gegen vier Uhr gehen, weil ich noch Amy – Mrs. Stretford – besuchen will.« Sie brachte es nicht über sich, zu sagen: »Ich habe es Manuel versprochen«, sondern sie fügte hinzu: »Amy hat sich damals um mich gekümmert. Sie wohnt drüben am Flußufer. Sie hat mich gesund gepflegt. Ohne sie hätte ich kaum die Folgen der Nächte überlebt, die ich im offenen Moor verbracht habe. Wenn du also nichts dagegen hast, werde ich um vier Uhr gehen.«

Wenn sie nichts dagegen hatte! Rosina starrte ihr Kind an, das kein Kind mehr war, das auch kein junges Mädchen mehr war, sondern eine Frau, eine Frau mit Autorität und Haltung, eine Frau – das begriff sie –, die sie nicht mehr formen oder anleiten konnte. Aber seltsamerweise wollte sie die Frau noch mehr als das Kind oder das junge Mädchen. Der Gedanke, sie nicht um sich zu haben, war ihr jetzt so unerträglich, daß sie wußte, sie würde alles tun, um ihre Sehnsucht zu stillen. Aber zu diesem Zweck mußte sie vorsichtig taktieren, und wenn sie ihr wieder zurückgegeben wurde, dann durfte sie niemals, unter keinen Umständen, Mrs. Manuel Mendoza sein. Oh, nein! Die bloße Vorstellung war unmöglich. Ein Segen, daß sie noch Jungfrau war. Tante Emma hatte das auf ihre sanfte, aber beharrliche Art herausgefunden. Aber soweit es auf sie ankam, würde sie Jungfrau bleiben, denn alle Männer waren schmutzig. Für Stephen hätte sie ihre Hand ins Feuer gelegt, und wie hatte er gehandelt. Nein, kein Mann würde mehr in Annabellas Leben treten, wenn sie es verhindern konnte. Annabella sollte eine wirkliche Glasjungfrau werden. So hatte Edmund sie einmal in einem Wutanfall genannt, und jetzt würde sie dafür sorgen, daß Annabella die gleiche Entwicklung nahm.

Annabella, diese neue Annabella, mußte zu ihrem eigenen Besten bekämpft werden, aber behutsam, denn falls sie sie wieder verlor, wäre ihr zweites Schicksal schlimmer als das erste. Das durfte nicht geschehen. Sie würde selbst nach Durham fahren und nicht nur noch einmal mit Onkel James sprechen, sondern auch Mr. Fraser aufsuchen und ihm die ganze Situation darlegen. Mr. Fraser war ein kluger Mann. Er hatte sie vor großen Schwierigkeiten bewahrt, als Edmund starb. Mr. Fraser würde die Situation meistern. Nur ein Mann konnte einen anderen Mann meistern, genauso wie nur eine Frau eine andere Frau meistern konnte.

5

Das Gerichtsgebäude war überfüllt, und nicht nur das Gerichtsgebäude, sondern die ganze Stadt. Wer in der Stadt und selbst weit vor ihren Toren Zeit hatte, ließ es sich an diesem Tag nicht nehmen, nach Durham zu kommen, um die Verhandlung zu hören und einen Blick auf Lagranges Tochter zu erhaschen, die plötzlich von den Toten auferstanden war. Und das war noch nicht alles: Sie hatte einen Ehemann mitgebracht, den früheren Reitknecht von Lagrange. Wenn das kein Skandal war.

Die Anklageschrift war innerhalb von neun Tagen nach der Festnahme des Häftlings eingebracht worden, weil der Kapitän auf sein Schiff zurück wollte. Wer nicht lesen konnte und nicht über den Fall Bescheid wußte, fragte, was der Häftling verbrochen habe, außer das Lagrange-Mädchen zu heiraten und er erhielt zur Antwort, daß er einen Kapitän zusammengeschlagen und wie tot liegengelassen habe.

Warum hatte er den Kapitän zusammengeschlagen? Oh, weil der Mann sich seiner Braut ein bißchen zu weit genähert habe.

An ihrem Hochzeitstag?

An ihrem Hochzeitstag.

Na ja, dann könne man verstehen, daß er zornig wurde und ihn zusammengeschlagen habe.

Ja, das träfe wohl zu. Aber er sei ein seltsamer Vogel, dieser Manuel Mendoza, ein Ausländer, was sein Name schon andeute. Und man erzählte sich, er habe nie Anschluß an die anderen Angestellten in Redford Hall gefunden, er habe immer etwas Seltsames an sich gehabt. Und sei es etwa nicht seltsam, daß er mit der Tochter des Hauses durchgegangen war? Ah, ja, sie wußten über ihre wahren Eltern Bescheid, aber das war kein Grund, sie auf die Straße mitzuschleppen. Sei es nicht allgemein bekannt, daß er sie als Magd in der Wildnis von Muggleswick Common und Gott weiß wo verdungen hatte? Sie arbeitete mit ihm in einer Glasfabrik von Darlington, als dies passiert sei. Er hatte sie zur Arbeit in einer Glasfabrik angehalten, eine Frau, nein, ein Mädchen, denn das sei sie, wenn man es recht überlege.

Stimmte es, daß ihre Mutter eine Prostituierte aus der Crane Street in Shields war?

Jawohl, so heiße es. Aber das war nicht ihre Schuld, oder? Aber wahrscheinlich habe dieser Bursche Mendoza sie deshalb ausgenutzt.

Die Gespräche in den anderen Häusern der Stadt variierten vielleicht ein wenig, aber die Substanz blieb die gleiche. Man empfand kein Mitleid für den ›Ausländer‹, und auch Mr. Justice Lear, der Richter, hatte sich von diesem Gefühl anstecken lassen und eine innere Barriere gegen den Häftling errichtet, lange bevor er ihn zu Gesicht bekam.

Er hatte an diesem Vormittag zwei Hauseinbrüche und einen Fall von Weibesmißhandlung verhandelt. Ein äußerst seltsamer Fall. Der Mann hatte seiner Frau nach überholter Sitte buchstäblich das Maul verbunden, damit ihre Zänkereien aufhörten. Statt Mitgefühl für die Frau kam Gelächter im Gericht auf, dem er sich nicht entziehen konnte.

Aber jetzt zu dem ernsteren Fall eines gewissen Manuel Mendoza, eines Spaniers, der aus Irland stammte. Was für eine Mischung! Auf der anderen Seite jedoch gar nicht so ungewöhnlich, denn in vielen irischen Adern floß eine Menge spanisches Blut.

Der Bericht des Gefängnisdirektors lautete, der Mann sei zwar ein unfreundlicher Kunde, habe aber bis jetzt noch keine Schwierigkeiten gemacht. Auf der anderen Seite hatte der Gerichtsschreiber ihn davon informiert, daß zwei Arbeitgeber des Häftlings von weither angereist seien, um für ihn auszusagen. Nun, wie auch immer, was sie auch sagen mochten, es änderte nichts daran, daß dies ein häßlicher Fall war, und er dachte nicht nur daran, daß der Häftling diesen Kapitän verprügelt hatte. Das war unter den Umständen verständlich, an seinem Hochzeitstag, an dem der Kapitän sich an der Braut vergreifen wollte. Ah, das war der Punkt, das hinterließ einen schlechten Geschmack im Mund, die Braut, die Ehefrau, ein junges Mädchen mit tadelloser Erziehung, wenn auch nicht vornehmer Herkunft. Er selbst legte nicht viel Wert auf Herkunft. Er hatte zu oft erlebt, wie aus Schweinejungen große Herren wurden. Und dieses Mädchen hatte siebzehn Jahre lang im Lagrange-Haushalt die beste Erziehung genossen, und soweit er wußte, liebte die Herrin sie zärtlich, deren Leben – wenn man den Geschichten glauben konnte – eine einzige Hölle war, bis Lagrange beschloß, von seinem Pferd zu fallen, nicht ohne aber vorher dem Mädchen seine wahre Identität enthüllt zu haben. Soweit er wußte, hätte Mrs. Lagrange deswegen beinahe den Verstand verloren, und als es die Pflicht des Mädchens war, ihr zur Seite zu stehen, schien es sich zu ertränken. Dann, nach Monaten des Trauerns, kehrt das Mädchen zurück und bringt noch größeres Leid, nämlich Schande mit.

Die Tatsache, daß dieser Mann vor ihm, der ehemalige Stallknecht, diese Situation ausgenutzt hatte, stempelte ihn zu einer gemeinen, schlauen und berechnenden Person ab. Seine Berechnungen waren nur wegen der Schlägerei mit dem Kapitän fehlgeschlagen, denn wäre alles glatt gegangen, wäre er ohne Zweifel nach Redford Hall zurückgekehrt und hätte sich als Ehemann dieses Mädchens präsentiert in dem Bewußtsein, daß man ihn entweder akzeptieren mußte, was unmöglich war, oder ihn abfinden mußte. Diese Ausländer waren gerissene Burschen.

Mr. Justice Lear starrte den Häftling unter gesenkten Lidern an. Ja, ja. Er konnte verstehen, daß ein solcher Mann ein junges Mädchen begeistern konnte, ein junges, unschuldiges Mädchen, daß er sogar erfahrenere Frauen zu beeindrucken vermochte. Irgend etwas hatte er an sich. Aber er stand zu aufrecht, seine Lippen waren zu schmal und zu stark aufeinandergepreßt. Er konnte den Ausdruck in den Augen des Mannes auf diese Entfernung nicht sehen, aber das brauchte er auch nicht. Seine ganze Einstellung drückte sich in seiner arroganten Haltung aus.

Annabella empfand das gleiche, und sie flehte innerlich: »Oh, Manuel, Manuel, sei vorsichtig Bitte, bitte, sei vorsichtig mit deinen Worten und wie du sie aussprichst.« Sie beobachtete, wie seine Augen durch den Gerichtssaal schweiften wie bei jemandem, der aus dem Dunkel in hellen Sonnenschein getreten ist. Dann blieben sie auf ihr ruhen. Sie beugte sich nach vorne, wie um aufzustehen und zu ihm zu gehen, aber Rosinas sanfter Händedruck auf der einen Seite und Onkel James' kurzes, bedeutungsvolles Husten auf der anderen brachte sie zur Besinnung. Als seine Augen von ihr abließen, folgte sie seinem Blick und sah, daß sie auf Amy ruhten, und in diesem Augenblick hätte sie alles dafür gegeben, um neben Amy sitzen zu können, denn das hätte seine Stimmung gehoben. Es hätte die Kluft verringert, die sich zwischen ihnen auftat. Sie hatte bei den beiden Gelegenheiten, als sie ihn besuchen durfte, alles in ihrer Kraft stehende getan, um diesen Bruch zu heilen, aber sie wußte, daß sie versagt hatte.

Jetzt weiteten sich seine Augen leicht, als er Mr. Fairbairn und Mr. Carpenter erblickte, die Seite an Seite auf den erhöhten Bänken ihr gegenüber saßen. Sie konnte diesen beiden Männern nie genug dafür danken, daß sie ihrer Bitte entsprochen hatten und hergekommen waren, um für Manuel auszusagen. Insgesamt kostete sie das drei Tage ihrer Zeit, und drei Tage waren für Mr. Fairbairn sehr kostbar, genau wie für Mr. Carpenter.

Inzwischen ruhten seine Augen auf der Ursache des ganzen Unglücks. Der Kapitän – mit einem großen Verband um den Kopf, den Arm in einer Schlinge, so daß seine Verletzungen Mitleid erregen mußten – saß neben seiner mageren, mürrischen Frau, deren Züge von Streitsucht und Rachedurst gezeichnet waren.

Die Verhandlung begann und ging nur langsam voran. Manuel wurde nach seinem Namen gefragt. Die Polizisten gaben die näheren Umstände der Verhaftung zu Protokoll, und dann wurde dem Gericht mitgeteilt, wessen der Häftling angeklagt war.

Als der Verteidiger aufstand, redete er ruhig und vernünftig, zu ruhig, zu vernünftig. Seine Worte hatten keine Durchschlagskraft, sie wirkten mehr wie eine Erklärung. Sein Klient sei seit achteinhalb Jahren in diesem Land. Während dieser Zeit habe er vier Herren gedient. Einer von ihnen, Mr. Edmund Lagrange, sei inzwischen gestorben, aber er selbst habe erfahren, daß sein verstorbener Herr große Stücke auf ihn hielt. Danach habe er als Schweizer auf einer Farm vor Hexham gearbeitet, und anschließend habe er sich bei Mr. Fairbairn auf der Plane Farm in East Allen Dale verdingt. Später war er bei Mr. Roland Carpenter beschäftigt, dem Besitzer einer Glasfabrik. Er wolle jetzt Mr. Fairbairn aufrufen.

Mr. Fairbairn wurde vereidigt und gab auf die Frage des Anwalts in seiner geradlinigen Art zur Antwort, Manuel Mendoza sei nicht nur ein äußerst fleißiger Arbeiter gewesen, sondern darüber hinaus ein rücksichtsvoller, gutherziger Mensch, und er sei nicht auf seinen Wunsch aus seinen Diensten geschieden.

Als nächster trat Mr. Carpenter in den Zeugenstand. Welches Urteil hatte er sich über Manuel während der kurzen Zeit gebildet, die er in der Glasfabrik war?

Mr. Carpenter sagte, daß Manuel Mendoza ein außergewöhnlich guter Arbeiter war, ausgeglichen, willig und sehr intelligent.

»Würden Sie sagen, daß er ein boshafter, nachtragender Mensch ist?«

»Nein, nicht im geringsten.«

»Hat er bei der Hochzeitsfeier getrunken, die Sie ausgerichtet haben?«

»Nein, man hat darüber Bemerkungen gemacht, weil er es ablehnte, zu trinken.«

»Warum hat er Ihrer Ansicht nach Ihren Stiefsohn angegriffen?«

Mr. Carpenter atmete an dieser Stele tief ein. »Weil mein Stiefsohn sich Freiheiten bei seiner Frau herausnehmen wollte.«

Der Anklagevertreter protestierte, und es kam zu einem Austausch von Bemerkungen zwischen dem Gerichtsschreiber und Mr. Justice Lear.

Anschließend daran begann der Verteidiger: »Euer Ehren, dieser Mann hatte gerade geheiratet –.«

»Ich glaube, das ist allgemein bekannt.« Mr. Justice Lear schien leicht gelangweilt.

»Ich wollte nur darauf hinweisen, Euer Ehren, daß die Sinne eines Mannes an seinem Hochzeitstag besonders geschärft sind, und –.«

Aus dem Gerichtssaal wurde Gemurmel laut, gefolgt von unterdrücktem Gelächter. Mr. Justice Lear rief zur Ordnung, und die Verhandlung ging langsam, mühselig weiter, und Annabella dachte, Onkel James hat gesagt, dieser Mann sei brillant, und sie schöpfte den Verdacht, daß der Anklagevertreter vielleicht der brillante Mann war, und damit hatte sie recht.

In dem Augenblick, als der Verteidiger sich hinsetzte, veränderte sich die Atmosphäre im Gericht. Die Stimme des Anklagevertreters war vital, seine ganze Art war vital, seine Gesten waren vital. Kleider raschelten, als die Frauen sich aufrechter hinsetzten und dann in ehrfürchtiges Schweigen versanken, die Augen gebannt auf den Mann gerichtet, der den Verteidiger nach Strich und Faden fertigmachte.

»Euer Ehren, das Bild, das man Ihnen von dem Häftling gezeichnet hat, ist nach meinem Ermessen falsch.«

»Einspruch.«

»Einspruch abgewiesen.«

»Natürlich war er ein Arbeiter. Es besteht kein Zweifel daran, daß er ein Arbeiter war – genau wie tausend andere im Land. Er war willig. Ja. Ja. Diese Feststellung kann ich durchaus verstehen, denn gerissene Leute geben sich zunächst oft willig, übereifrig.«

»Einspruch, Euer Ehren.«

Mr. Justice Lear, der Gerichtsschreiber, der Verteidiger und der Anklagevertreter unterhielten sich flüsternd, und dann sprach der letztere wieder: »Warum hat dieser Mann, obwohl er wußte, daß die ganze Grafschaft nach der Tochter von Edmund Lagrange suchte, warum hat dieser Mann nicht die Behörden über ihren Aufenthaltsort informiert? Warum hat dieser Mann dieses junge Mädchen, dieses junge, unschuldige Mädchen, mit auf die Straße genommen, so wie die Kesselflicker sich ihre Frauen nehmen, wenn er sich auch nur im geringsten um ihr Wohlergehen sorgte? Und warum hat er sie dann zur Ehe verführt –.«

»Das habe ich nicht getan!« Manuels Stimme schnitt wie ein Peitschenhieb durch den Gerichtssaal. »Und ich bin nicht angeklagt, weil ich eine Frau geheiratet habe. Ich stehe hier, weil ich einen Mann geschlagen habe –.« Die Polizisten zerrten Manuel von der Brüstung des Zeugenstandes zurück, über die er sich lehnte. Mr. Justice Lear rief das Gericht zur Ordnung und mahnte den Verteidiger, er solle seinen Klienten darauf hinweisen, daß solche Ausbrüche ihm nicht nützten. Er mahnte ebenfalls den Anklagevertreter, bei der Sache zu bleiben, nämlich dem Angriff auf Kapitän Mark Weir.

Der Anklagevertreter beherzigte die Anweisung, er blieb bei der Sache, und zwar sehr wirksam. »Ist es nicht Brauch«, fragte er, »daß die Hochzeitsgäste die Braut küssen? Und in den meisten Fällen wünscht es die Braut, daß die männlichen Gäste sie küssen; und wenn sie dieser Pflicht nicht genügen, muß sie den Eindruck gewinnen, daß sie reizlos und nicht begehrenswert ist. Mein Klient hat nichts anderes getan, als die Braut zu küssen. Das bestreitet er nicht; der Kapitän hat keinen Hehl daraus gemacht. Er hat ganz offen gesagt, sie sei ein hübsches Mädchen, und er wolle sein Privileg wahrnehmen, sie zu küssen. Aber gerade als er das tun wollte, wurde er von dem Häftling angegriffen, der seinen Kiefer brach, sein Schulterbein brach und ihm außerdem eine Gehirnerschütterung beibrachte –.«

»Es ist nachgewiesen, Euer Ehren, daß alle Verletzungen außer dem Kieferbruch dadurch verursacht wurden, daß der Kläger in einen Stapel Holz fiel.«

»Ja, nachdem der Häftling ihm einen Schlag versetzt hat.«

»Ich muß den Verteidiger bitten, nicht zu unterbrechen.« Mr. Justice Lear schaute ernst den müde wirkenden Anwalt an, und der Anklagevertreter endete mit den bedeutungsvollen Worten: »Das Verhalten des Häftlings an dem betreffenden Tag war nicht typisch für einen glücklichen Bräutigam, der die Tatsache, daß ein anderer seine Braut küssen wollte, als Kompliment für sich selbst auffassen würde, sondern es war typisch für einen Mann, der unter starker Anspannung stand, der wußte, daß er hinterhältig und gemein gehandelt hatte, dieses junge Mädchen zu heiraten, und man könnte sagen, daß ihn sein schlechtes Gewissen dazu getrieben hat, blindlings zuzuschlagen, als sich die erste Gelegenheit dazu ergab.«

Als er sich wieder hinsetzte, lehnte Manuel wieder mit fest zusammengebissenen Zähnen über die Brüstung. Böse starrte er diesem lügnerischen Teufel unter ihm – denn als solchen betrachtete er den Anklagevertreter – in sein unbewegliches Gesicht. Er wußte nicht, daß er für ihn einer von vielen Fällen war, eine weitere Gelegenheit, sein Geschick zu beweisen, eine weitere Chance, seinen schwachen Gegner, Mr. Peebles, auszustechen.

Aber Mr. Justice Lear ließ sich weder von der taktischen Brillanz noch von dem Unvermögen des Verteidigers täuschen. Ihm gefielen beide Männer nicht. Noch gefiel ihm der Angeklagte, aber er war nicht hier, um den Häftling nett zu finden – er war hier, um über ihn zu urteilen, aber seltsamerweise hatte er einen ganz anderen Eindruck von ihm gewonnen, seit er auf der Anklagebank saß. Eines war ihm klar, daß der Mann nämlich nicht ein solcher Schurke war, wie der Anklagevertreter ihn hingestellt hatte. Sicherlich, er hatte das Mädchen mit sich auf die Straße genommen, aber da gab es noch diesen anderen Gesichtspunkt. Er wußte aus einer privaten Quelle, daß sie damals nicht mehr Miß Annabella Lagrange, sondern die Tochter einer Frau von höchst zweifelhaftem Charakter war, und wenn sie nicht verschwunden wäre, hätte wahrscheinlich niemand von den Leuten, die sie jetzt unterstützten, etwas von ihr wissen wollen, das heißt mit Ausnahme der Frau, die sie aufgezogen hatte. Was war aber nun mit diesem Mann? Da es sich bei dem Fall um einen Streit an einem Hochzeitstag handelte, wenn im allgemeinen die Emotionen einen Höhepunkt zu erreichen pflegen, hätte er ihn unter normalen Umständen bestimmt mit einer Warnung entlassen, falls – und das spielte hier eine wichtige Rolle –, falls sein Gegner aus seiner eigenen Gesellschaftsschicht gestammt hätte und nicht der Stiefsohn seines Arbeitgebers gewesen wäre und dazu noch ein Kapitän, obwohl er persönlich nicht viel für Kapitäne übrig hatte – brutale, großmäulige Wesen, wenig im Kopf und alles in den Fäusten, so hatte er sie kennengelernt. Natürlich gab es Ausnahmen, aber der Kläger gehörte seinem Empfinden nach nicht dazu. Er merkte, daß er seine Verletzungen übertrieben zur Schau stellte. Er sah wie ein Wickelbaby aus. Wahrscheinlich war seine Frau dafür verantwortlich, sie sah wie eine alte Hexe aus.

Aber der Häftling, welche Strafe sollte er ihm geben? Wenn er eine harte, lange Strafe verhängte, würde der alte Dorcy-Grant das unbedingt billigen. Denn obwohl das Mädchen in keiner Weise mit ihnen verwandt war, zumindest nicht blutsverwandt, betrachteten sie die ganze Sache als persönliche Beleidigung, und soweit er wußte, setzten sie Himmel und Hölle in Bewegung, um die Ehe annullieren zu können. Da der Häftling das größte Hindernis dabei bildete, würde es ihnen ohne Zweifel nützen, wenn er ihn für zwei Jahre oder länger einsperrte; und er konnte es tun, denn er war des Überfalls und der Körperverletzung angeklagt, und der Schlag, den er ausgeteilt hatte, mußte außergewöhnlich hart gewesen sein, sonst hätte er nicht den Kiefer eines solch stämmigen Mannes wie des Kapitäns gebrochen ... Er seufzte tief. So streng wollte er nicht sein. Aber auf der anderen Seite konnte er ihn auch nicht zu glimpflich davonkommen lassen. Er war ein Arbeiter, der einen Gentleman angegriffen hatte – er nahm an, daß Kapitäne unter diese Kategorie fielen.

Er sah jetzt den Häftling über den Rand seiner Brillengläser an, und eine erwartungsvolle Stimmung breitete sich im Gerichtssaal aus. Niemand aber wartete so gespannt wie Manuel, und er hielt den Atem an, während er dem kleinen, bebrillten Richter zuhörte, der mit trockener, gleichmäßiger Stimme sprach: »Nach meiner Ansicht besteht kein Zweifel daran, daß Sie dem Kläger einen Schlag versetzt haben, der ihn hätte töten können. Es ist Ihr Glück, daß Sie ihm nur den Kiefer gebrochen haben. Ich habe in Betracht gezogen, daß es Ihr Hochzeitstag war und daß Sie wahrscheinlich aus Anlaß dieses Ereignisses besonders empfindlich waren. Ich habe ebenfalls in Betracht gezogen, daß zwei Ihrer Arbeitgeber lange Reisen unternommen haben, um für Sie auszusagen, und das hat beträchtlich dazu beigetragen, daß ich Ihre Tat in einem milden Licht betrachte; deshalb verhänge ich nicht das Urteil über Sie, das Sie nach Meinung mancher Leute verdient haben, sondern schicke Sie von diesem Tag an für sechs Monate ins Gefängnis.«

Ein Rumoren kam im Gericht auf, das Annabellas lautes Stöhnen übertönte. Alle blickten jetzt den Häftling an. Er stand gerade aufgerichtet. Er hatte seine Hand an seine Stirn gelegt, und aus seiner Haltung ging nicht hervor, ob das eine Geste der Erleichterung oder der Verzweiflung über das Urteil war. Aber als der Polizist seinen Arm ergriff, um ihn umzudrehen, zuckte er zusammen. Er stieß den Mann beiseite, und einen Augenblick sah es so aus, als wolle er über die Brüstung des Zeugenstandes springen. Aber wieder beugte er sich lediglich vor und starrte Annabella an, die dastand und ungläubig ihren Kopf schüttelte, wodurch sie zu verstehen gab, was sie von dem Urteil hielt.

Erst als Rosina und Onkel James sie umdrehten und fortführten, lockerte er seinen Griff an der Brüstung des Standes und ließ sich nach unten bringen.

Fünf Minuten später war Annabella allein mit ihm, das heißt, allein außer dem Polizisten, der mit dem Rücken an der Tür des kleinen, kahlen Raums stand. Aber der Polizist störte sie nicht; er hinderte sie nicht daran, wie Rosina und Onkel James es getan hätten, frei zu reden. Völlig ungezwungen schlang sie ihre Arme um Manuel, drückte ihn fest an sich, schaute forschend in sein verschlossenes Gesicht und überschüttete ihn mit Worten, mit beruhigenden Worten, die ihm sagten, daß sie auf ihn warten werde: »Glaube mir. Glaube mir, Lieber. Hab keine Angst. Ich meine – ich meine, um mich. Sie können nichts tun, um mich zu ändern, ich meine mich wieder zu verwandeln in das, was ich war. Ich –«, ihre Stimme senkte sich zu einem Flüstern. »Ich bin Mrs. Manuel Mendoza, und das bleibe ich.« Sie schüttelte ihn, um den toten, ungläubigen Ausdruck, der tief in seinen Augen lag, zu vertreiben.

»Wo wirst du wohnen?« fragte er gepreßt.

»Ich weiß es noch nicht. Ich würde am liebsten im Wagen bleiben, wirklich, glaube mir, Manuel, weil ich von niemandem abhängig sein möchte als von dir.«

»Wirst du dich um ihn und um Dobbie kümmern?«

Ihre Augen weiteten sich leicht. Warum redete er jetzt von dem Pferd und dem Wagen, wo jede Sekunde kostbar war? »Natürlich, natürlich.«

»Oben über dem Fahrersitz ist eine undichte Stelle im Dach. Sieh zu, daß du sie mit der Plane bedeckst.«

»Ja, ja, Manuel. Ja, ich werde darauf achten, natürlich, weil wir ihn brauchen, um zu Mr. Carpenter zurückzufahren.«

Der tote Blick wich jetzt aus seinen Augen, aber er wich nicht einem hoffnungsvollen Ausdruck, sondern einem tiefen, durchdringenden Starren. »Sie werden versuchen, unsere Ehe zu annullieren.«

»WAS!«

»Dein Onkel hat mich besucht.«

»Oh, Manuel! Manuel! Das habe ich nicht gewußt. Ich habe es nicht gewußt, glaube mir. Aber hör zu. Sie werden es nicht tun – ich gestatte es nicht –.«

»Du bist noch nicht volljährig. Das hat er gesagt.«

»Aber – das spielt keine Rolle. Begreifst du nicht, daß weder Onkel James noch Rosina noch irgendein anderer von ihnen mit mir irgendwie verwandt sind? Die einzige Person, die einen Einwand wegen meines Alters erheben könnte, wäre –.« Sie ließ ihr Kinn auf die Brust sinken und fuhr dann fort: »Du weißt, wer, und ich bin sicher, daß sie es nicht tun wird – warum sollte sie?«

»Sie war im Gerichtssaal.«

»Ja, ja, ich weiß, aber – nur aus Neugierde, glaube ich. Sie hat keinen Versuch unternommen, mit mir zu sprechen, und dafür bin ich ihr dankbar. Aber was die Annullierung betrifft – ich kann es nicht glauben.«

»Du kannst es ruhig glauben, und – und sie haben Mittel, dich kleinzukriegen. Sie haben die Mittel.«

»Das schaffen sie nicht. Oh, Manuel, Manuel! Halte mich, halte mich fest.« Er schaute sie eine Weile an, bevor er ihrer Bitte Folge leistete. Er hielt sie fest umschlungen, aber kaum hatte ihre Umarmung begonnen, als der Polizist sich meldete: »Die Besuchszeit ist zu Ende.« Einige Sekunden hielten sie sich noch umschlungen, dann hob sie die Hand und berührte erst seine eine, danach seine andere Wange. »Ich werde warten, vergiß das nicht, ich werde warten – wo immer ich bin, ich werde auf dich warten. Auf Wiedersehen, mein lieber, lieber Manuel.« Sie beugte sich vor und küßte ihn sanft, bevor der Polizist ihn abführte.

6

»Es schickt sich nicht, daß du das Pferd versorgst, Annabella.«

»Aber Mama, ich habe nichts anderes zu tun.«

»Oh, meine liebe Annabella! Ich bin sicher, daß ich eine angemessenere Beschäftigung für dich finden kann. Aber du weißt selbst, daß es Männerarbeit ist, ein Pferd zu versorgen. Schau, ich setze mich wieder mit Armorer in Verbindung. Ich bin sicher, er würde mit großer Freude zurückkommen. Und, mein Liebes –«, Rosina ergriff Annabellas Hand, »– ich erwähne jetzt etwas, was ich bisher nicht berührt habe, Geld. Ich kann es mir durchaus leisten, Armorer und einige der anderen Dienstboten zurückzuholen. Ich wohne nicht mehr aus Armut hier im Cottage. Ich könnte sogar das Haus wieder eröffnen. Weißt du, mein Liebes, Mr. Fraser hat sich sehr rührend für uns eingesetzt, nachdem –«, sie konnte nicht die Worte über sich bringen ›dein Papa‹, sondern setzte statt dessen ein »– mein Mann gestorben ist. Er hat das Land und die Fabrik für einen sehr ansehnlichen Preis an die Firma Cookson verkauft. Ich habe nie gewußt, daß das Land so viel wert war. Und dann waren da natürlich noch die ganzen Geräte in der Glasfabrik, und außerdem hat er noch eine Menge Außenstände eingetrieben, ich war also, schon bevor Mama starb, mehr als wohlhabend. Ihr Vermögen war nicht sehr groß, etwa dreißigtausend Pfund, aber das gibt dir vielleicht einen Begriff davon, wie wenig du dich um Geld zu sorgen brauchst. Bitte, Annabella, laß mich nun Armorer zurückholen, damit er sich um das Pferd kümmert. Und noch besser –«, sie breitete die Hände aus, »– wir können uns ein zweites Pferd anschaffen und wieder die Kutsche benutzen. Das würde dir gefallen, nicht wahr?«

Annabella stand auf und blickte auf diese Frau nieder, die während der vergangenen Wochen alles in ihrer Kraft stehende getan hatte, um sie vergessen zu machen, daß sie je ihren Schutz verlassen hatte, und sie begriff, daß keines ihrer Argumente sie davon überzeugen würde, daß sie längst nicht mehr die liebe Annabella war, die fügsame Annabella, die sanfte, damenhafte Annabella, sondern daß sie eine Frau war, die mit ihren Händen einfache Arbeit verrichtet und gesehen hatte, welche Art Leben die meisten Menschen führen. Sie war eine Frau, eine Ehefrau, wenn auch nur dem Namen nach. Sie war eine Ehefrau, und das würde sie bleiben. Die ganz neuen Kleider, die Rosina ihr gekauft hatte, bedeuteten ihr überhaupt nichts. Das Essen, das sie in der Küche bestellte, gutes Essen, exquisites Essen, bei dem ihr noch vor wenigen Monaten das Wasser im Mund zusammengelaufen wäre, reizte jetzt nicht einmal ihren Appetit, denn jedesmal, wenn sie die verschiedenen Gerichte sah, die man ihr reichte, fragte sie sich, was Manuel wohl in diesem Augenblick bekam.

Sie machte sich Sorgen um Manuel. Sie war ständig in Sorge um ihn, nicht nur, weil er im Gefängnis war, sondern weil er sich verändert hatte. Sie hatte ihn letzte Woche zum ersten Male seit der Verhandlung gesehen, und er wirkte hager, sogar alt, aber was sie am meisten quälte, war seine Traurigkeit. Fast ohne zu sprechen hatte er sie nur angestarrt, als ob er sich innerlich vollpumpen wollte mit der Erinnerung an sie, als wenn er sie als Bollwerk errichten wollte gegen seine ungeheure Hoffnungslosigkeit.

Und der Besuch war nicht privat. Sie saßen zusammen mit zwanzig anderen Häftlingen in einem Raum. Die meisten von ihnen redeten, manche lachten sogar, nur in Manuels Gesicht regte sich kein Muskel.

Sie hatte ein Tagebuch in ihrem Zimmer, das sie Rosina verdankte, aber sie trug kein einziges Wort ein, sondern hakte nur jeden Abend das Datum ab. Heute Abend würde sie den zwanzigsten Juni abhaken, und morgen war ihr Geburtstag. Morgen war sie achtzehn Jahre alt, und sie hoffte, oh, wie sie es hoffte, daß Rosina ihr kein teures Geschenk machte, denn sie würde es nicht mitnehmen, wenn es Zeit wurde für sie, zu gehen, auch nicht all die schönen Kleider, die sie jetzt besaß und die sie nicht im geringsten interessierten. Das einzige Kleid, das sie interessierte, war das grünsamtene mit dem Bierflecken an der Vorderseite, und eines Tages würde sie es wieder tragen, wie es auch aussah, und an diesem Tage würde Manuel freigelassen.

Als sie durch das Zimmer schritt, klang Rosinas Stimme scharf an ihr Ohr: »Wo gehst du hin?«

»Zu Amy.«

Rosina erhob sich nicht vom Sofa, sondern seufzte nur: »Mußt du sie jeden Tag besuchen?«

»Sie lebt ganz allein, wie du weißt, und sie freut sich über meine Besuche.«

»Was ist, wenn Onkel James kommt? Er – er wollte mit dir etwas bereden.«

Annabellas Schultern strafften sich, und sie schaute Rosina kurz an, bevor sie entgegnete: »Ich bleibe nicht lange, und sollte Onkel James kommen, werde ich ihn gern sehen, aber ich habe nicht vor, das mit ihm zu diskutieren, was er im Sinn hat. Das habe ich ihm bereits klargemacht.«

Sie hatte in diesen Sätzen nicht ein einziges Mal das Wort ›Mama‹ benutzt. Früher einmal hatte sie ihre Gespräche so häufig mit der Anrede durchsetzt wie mit Kommas, aber es fiel ihr jetzt immer schwerer, sie auszusprechen. Trotzdem lag ihr noch an dieser Frau, ja, sie liebte sie sogar. Es war eine Liebe, die voller Dankbarkeit war, aber auch eine Liebe – das wußte sie –, die sie fortwischen würde, wenn sie sich zwischen sie und Manuel schob. Sie ging in die Halle, wo sie Alice traf. Die alte Frau lächelte sie an: »Wenn du ausgehst, zieh deinen Mantel an, draußen weht ein frischer Wind, überhaupt nicht wie im Juni.« Es war, als hätte sie gelauscht und wüßte, wo sie hinging. Alice war freundlich zu ihr und sanft, aber sie wäre auch zum Teufel freundlich und sanft, wenn sie damit ihre Herrin glücklich machte. Sie nahm ihren Mantel, einen neuen, aus der Garderobe, zog ihn an und ging mit zurückgeschlagener Kapuze hinaus, ohne Alice eines Wortes zu würdigen. Alice beobachtete sie kopfschüttelnd, wie sie den Pfad hinunter zum Tor ging.

Als sie eine Viertelstunde später Amys Cottage betrat, schaute die alte Frau, die gerade ihr Ginger-Bier braute, zu ihr hoch und begrüßte sie so beiläufig: »Oh, hallo«, als ob Annabella erst vor wenigen Minuten das Zimmer verlassen hätte. »Wie steht es? Warten Sie einen Augenblick, ich fülle nur noch die letzte Flasche ab. Sie sehen blaß aus, essen Sie richtig?« Sie hielt beim Abfüllen inne, und während sie die Flasche aufhob, sah sie Annabella forschend an. Annabella zog ihren Mantel aus, warf ihn über eine Stuhllehne am Kamin und setzte sich hin. »Zuviel, Amy. Ich tue nichts anderes als schlafen und essen.«

»Ist auch gut so. Sie brauchen es.«

»Onkel James kommt heute, um mit mir über die Annullierung zu sprechen, Amy!«

»Oh, ja?« Amy goß wieder Bier in die Flasche. »Er ist beharrlich, das muß man ihm lassen.«

»Sie sind alle so, Amy.« Annabella seufzte. »Sie glauben, sie brauchen mir nur teure Kleider zu geben, gutes Essen und mir einen Urlaub in Paris zu versprechen, für den sie –«, sie nickte Amy zu, »– für den sie noch kein festes Datum angesetzt haben, der aber stattfinden soll, wenn Manuel herauskommt. Sie brauchen das nur zu tun, glauben sie, und ich werde ihn vergessen. Amy –«, sie beugte sich zu der alten Frau vor, »– wie können Menschen so verschieden sein? Warum können manche Leute ihre Gefühle verbergen? Mama kann es. Sie muß jahrelang unter furchtbarem Druck gelebt haben, aber sie hat es nie richtig zu erkennen gegeben.«

»Es ist Erziehung. Wie alles andere ist es Erziehung. Blikken Sie nur selbst zurück.« Amy trug die Flaschen in die

Spülküche, und Annabella nahm ebenfalls einige und folgte ihr. »Ja, ja, Sie haben vermutlich recht. Es hieß nur immer ›Ja, Mama. Nein, Mama. Ja, Papa. Nein, Papa‹, und ich durfte nie vergessen, daß junge Damen nicht laut lachten oder rannten und daß man niemals vor anderen weinte. Oh! Es war eine unverzeihliche Sünde, öffentlich Tränen zu vergießen. Es galt als Höhepunkt schlechter Manieren, in der Öffentlichkeit seine Emotionen zu zeigen. Aber, wissen Sie, Amy.« Sie stellte die Flaschen auf die Bank und legte ihren Arm vertraulich um Amys Schulter und lächelte die alte Frau an. »Ich könnte jetzt öffentlich genauso laut schreien wie jede andere.«

»Darauf würde ich sogar wetten.« Amy lachte gluckernd und stieß sie an: »Den Rest lassen wir, jetzt trinken wir eine Tasse Tee, ja?«

Als der Tee aufgegossen war, stellte Amy die Kanne auf ein Blechtablett und trug es nach draußen. Sie setzten sich auf die Bank, und während Annabella das Gebräu trank, das so anders war als der Tee früher im Haus, konnte sie nicht aufhören, an das Cottage zu denken.

Völlig unvermittelt sagte Amy: »Ich habe gestern nacht von ihm geträumt. Es war aber ein angenehmer Traum. Er schwamm im Fluß, und er genoß es. Wußten Sie, daß er früher hier splitternackt im Fluß geschwommen ist?«

Annabella senkte einen Augenblick den Kopf; dann blickte sie Amy von schräg unten an und erwiderte lächelnd: »Das habe ich sehr bald herausgefunden, nachdem wir hier fortgegangen sind, Amy, und ich fürchte, ich war nicht nur erstaunt, sondern ziemlich pikiert.«

Sie lachten beide. Annabella trank ihren Tee aus und lehnte sich an die Steinmauer. Es war schön hier. Hier konnte sie sie selbst sein, ohne Belastung, ohne das ständige Verbot, Manuels Namen zu erwähnen. Hier war Manuel ein Mann, lebendig und vital, ein attraktiver, charmanter Mann, aber drüben war er immer noch der Stallknecht, der Arbeiter, das untergeordnete Wesen, der Häftling.

Sie seufzte: »Sie wollen es einfach nicht glauben, daß ich entschlossen bin, durchzuhalten. Sie können nicht begreifen, daß ich alles aufgeben will, was sie mir anbieten oder zumindest was sie mir anbietet, um in einem Zigeunerwagen zu leben. Ich habe ihr vor einigen Tagen zu erklären versucht, daß Mr. Carpenter Manuel mit Freuden wieder einstellen würde, weil er sich inzwischen völlig von seiner Schwiegertochter und seinem Stiefsohn getrennt hat. Ich habe betont, daß er sich auf unsere Rückkunft freue, aber sie hat mich nur ausdruckslos angesehen, als ob ich im Traum fantasiere und erkennen würde, wie lächerlich die ganze Situation war, wenn ich aufwachte.«

Amy betrachtete sie nachdenklich: »Nun, Mädchen, welchen Weg sie auch wählen und wie ich Sie jetzt kenne, bin ich sicher, daß Sie bis zum Schluß zu ihm halten werden, es wird schwierig sein, denn er ist stolz, unser Manuel, starrköpfig in gewisser Weise, und Sie werden ihn bis zu ihrem Tode davon überzeugen müssen, daß Sie es nicht bereuen, all das aufgegeben zu haben.« Sie wies mit dem Kopf in Richtung des Besitzes. »Und es wird nicht leicht sein. Ich sage es Ihnen jetzt, es wird nicht leicht sein.«

»Alles ist leicht nach den letzten beiden Monaten, Amy, alles. Wissen Sie, daß ich morgen achtzehn werde?«

»Wirklich, Mädchen?«

»Ja, morgen ist mein Geburtstag, Amy. Aber ich fühle mich nicht wie achtzehn, innerlich fühle ich mich wie achtundzwanzig, achtunddreißig. Gestern vor genau einem Jahr bin ich nach Shields gelaufen, vor nur zwölf Monaten, aber seitdem scheint eine Ewigkeit vergangen zu sein. Ich bin nicht mehr dieselbe Person, Amy. Ich denke nicht mehr wie das Mädchen, das ich vor einem Jahr war. Ich rede nicht einmal mehr wie sie.« Sie lächelte, während sie Amys Arm tätschelte und hinzufügte: »Und das betrübt Mama sehr, und Miß Howard würde in Ohnmacht fallen, wenn sie mich manchmal hören könnte.« Wieder lachten sie beide.

»Wissen Sie, Amy, wenn das letzte Jahr nicht gewesen wäre, hätte ich nie gewußt, was Leben heißt. Ich wäre weiter die selbstzufriedene, korrekte Miß Annabella Lagrange geblieben, wen ich auch geheiratet hätte, und ich hätte nie gelebt. Ich hätte lediglich meine Bildung vervollkommnet und gelernt, wie man graziös in Ohnmacht fällt.« Wie um dies zu demonstrieren, blickte sie zum Himmel, hob eine Hand müde in die Luft und legte die andere unter ihr Kinn. Amy lachte laut auf. »Sie haben sich wirklich verändert.«

»Amy.« Annabellas Stimme klang jetzt ernst. »Tun Sie mir einen Gefallen?«

»Wenn es in meiner Kraft steht, Mädchen. Alles, was in meiner Kraft steht.«

»Kommen Sie am nächsten Besuchstag mit mir nach Durham?«

»Mit Ihnen kommen. Aber wollen Sie ihn nicht allein sprechen?«

»Ja, aber ich will ihn auch davon überzeugen, daß sie nicht völlig die Kontrolle über mich gewinnen. Wenn er mich mit Ihnen sieht, wird das helfen.«

»Mit Vergnügen, Mädchen. Aber was werden die da drüben sagen?« Sie machte eine Kopfbewegung in Richtung des Besitzes.

»Sie werden es nicht erfahren. Onkel James bietet mir an den Besuchstagen nie die Kutsche an. Sonst wird sie mir immer aufgezwungen, aber nicht an den Besuchstagen. Ich fahre mit der Postkutsche. Wir verabreden uns später, Amy.«

»Ja, das werden wir, Mädchen. Und ich werde ihm sagen, daß er sich keine Sorgen zu machen braucht.«

»Danke, Amy. Wenn Sie ihn davon überzeugen, bin ich glücklich, so glücklich, wie ich sein kann, bis er frei ist.«

7

Manuels Haftzeit lief erst in der letzten Oktoberwoche aus. Doch am ersten Freitag des Monats kam er unerwartet zum Cottage. Sie waren gerade beim Essen. Harris hatte eben Hasen serviert und dem Hausmädchen einen Pflaumenpudding aus der Hand genommen, und als das Mädchen wieder in die Halle hinausging, klopfte es an der Tür. Als sie sie öffnete, stand dort der fremdländisch aussehende Stallknecht vor ihr, der Mann, der all die Probleme verursacht hatte. Einen Augenblick lang starrten sie einander an, bis sie schließlich fragte: »Ja?«, worauf er antwortete: »Sagen Sie meiner Frau, daß ich hier bin.«

Sie musterte ihn mit offenem Mund, dann drehte sie sich um und blickte auf die Tür zum Eßzimmer. Es war niemand in Sicht, den sie um Rat fragen konnte, weder Harris noch Miß Piecliff, nicht einmal die Köchin. Aber sie wußte, daß sie die Tür schließen mußte, weil es zog. »Kommen Sie herein.« Er trat ein, den Hut in der Hand. Er stand in der Halle, die ihm so vertraut war, als hätte er sie gestern noch durchquert.

Das Mädchen klopfte jetzt an die Eßzimmertür, trat ein, schlich sich seitwärts zu Harris, der am Serviertisch stand, und flüsterte ihm ins Ohr:

»Er ist da.«

»Was sagen sie?« Er flüsterte genauso leise.

»Er ist da, der Mann Mendoza.«

Seine Augen glitten von ihr in Richtung des Tisches, aber er bewegte nicht seinen Kopf. »Wo ist er?«

»In der Halle.«

Er war in einer Zwickmühle. Sollte er die Herrin benachrichtigen oder Miß Annabella? Er war zwar Miß Annabellas Ehemann, aber er mußte taktvoll vorgehen. Er ging zum Tisch, stellte sich zwischen seine Herrin und Annabella und beugte sich leicht zu beiden vor, aber er redete seine Herrin an: »Jemand möchte Miß Annabella sprechen, Madame.«

Annabella legte langsam Messer und Gabel auf ihren Teller, schaute zu Harris auf und fragte: »Jemand?«

»Wer ist es, Harris?« fragte Rosina steif.

»Manuel. Manuel Mendoza, Madame.«

Als würde eine unsichtbare, magische Kraft sie ziehen, durchquerte Annabella das Zimmer und flog durch die Tür. Und er sah sie an. Manuel, ihr Manuel, frei. Sie stürzte sich in seine Arme, umschlang ihn, vergrub ihren Kopf an seiner Schulter und murmelte wieder und wieder: »Oh, Manuel! Manuel! Oh, Manuel! Manuel!« Dann schaute sie ihm ins Gesicht. »Ich wußte nicht, ich dachte –.«

»Man hat mich vorzeitig entlassen.« Seine Stimme klang

gepreßt, flach, gefühllos. Er starrte in ihr Gesicht. Sie waren allein in der Halle. Sie bleiben einen Augenblick still stehen, bis er fragte: »Bist du fertig?«

»Ja, Manuel, ja.« Ihre Antwort kam ohne Zögern. Dann fügte sie hinzu: »Aber – aber du mußt etwas essen. Einen Augenblick. Hier setz dich hin. Ich – ich werde es ihr sagen.« Sie flüsterte jetzt und führte ihn zu einem Stuhl, aber er lehnte es ab, sich hinzusetzen. Statt dessen sagte er: »Ich kann im Stehen warten.«

Sie starrte ihn wieder an, dann drehte sie sich um und eilte ins Eßzimmer zurück.

»Es ist Manuel.« Sie blickte auf Rosina nieder, doch Rosina sah sie nicht an, sondern hielt die Augen auf ihren Teller gerichtet. »Er ist früher gekommen, als du erwartet hast?«

»Ja.«

»Was soll ich tun?« Sie stellte die Frage, ohne ihre Augen zu heben.

»Lade ihn zum Essen ein.«

Jetzt blickte Rosina Annabella an, das Gesicht ungläubig verzogen über diese Zumutung. »Das kann ich nicht. Ich kann unmöglich mit Manuel essen, ich esse nicht einmal mit Alice. Du mußt verstehen, ich kann unmöglich mit Manuel essen, niemals.«

Es herrschte Schweigen, während ihre Blicke sich trafen.

»Es tut mir leid. Dann gehen wir zum Wagen.«

»Annabella!« flehte sie. »Das kannst du nicht tun, das darfst du nicht tun. Merkst du nicht, daß – daß ich dich brauche? Merkst du nicht, wie sehr ich dich brauche? ... Und nach all diesen Monaten zusammen, mich – mich zu verlassen. Das kannst du nicht – ich werde mit Manuel reden und es ihm erklären –.«

»Nein, das wirst du nicht tun. O nein.«

»Annabella! Du vergißt, mit wem du sprichst.«

»Nein, nein – *Mama*.« Sie betonte das Wort absichtlich.

»Ich vergesse es nicht, und ich weiß, was du alles für mich getan hast, besonders in den vergangenen Monaten, aber ich habe dich von Anfang an gewarnt, daß ich mit Manuel gehe, sobald er frei ist. Es tut mir leid, es tut mir wirklich sehr leid, dich zu verlassen, aber ich muß es. Ich bin Manuels Frau, aber ich tue es nicht nur aus Pflichtgefühl, weil ich seine Frau bin. Ich tue es, weil ich ihn liebe. Er ist für mich der einzige Mensch in der Welt, jetzt und in Zukunft, und das habe ich dir bereits gesagt.«

Sie starrten einander noch eine Weile länger an, und als Annabella sich abwenden wollte, murmelte Rosina gebrochen: »Annabella, geh nicht so von mir, bitte. Laß dir Zeit, bleib nur ein wenig länger, bis – bis morgen.« An der Tür drehte Annabella sich um und sagte nach kurzem Zögern: »Nun gut, bis morgen.«

Als sie in die Halle trat, konnte sie ihren Augen nicht trauen, denn Manuel war nicht mehr da, sondern statt dessen Alice.

»Wo ist er? Wo ist er, Alice?«

»Er ist fort. Er ist durch den Wald davongelaufen. Die Tür war offen, er hat Ohren.« Alices Stimme klang tadelnd. Ihre unbeugsame Haltung besagte: Du bist eine undankbare Dirne und sonst nichts.

Ohne ihren Mantel anzuziehen, stürmte sie aus der Tür, zum Tor hinunter und durch den Park zum Haus, wobei sie rief: »Manuel, Manuel!« Aber sie sah ihn erst, als sie den Pagodenweg erreichte, und dann schrie sie, so laut sie konnte, gegen den Wind: »Manuel! Manuel!«

Er blieb stehen und wartete auf sie, und als sie sich stürmisch an ihn drängte, hielt er sie mit seinen Armen fest und sagte: »Es ist gut. Es ist schon gut. Reg dich nicht auf.«

»Er ist fertig«, keuchte sie. »Der Wagen. Ich habe getan, was du mir aufgetragen hast, ich habe ihn wasserdicht gehalten, und Dobbie ist gesund und munter. Wir – wir fahren morgen früh los. Ich will meine Sachen packen.« Sie unterbrach sich: »Ich meine, ein paar persönliche Sachen, die gleichen, die ich hierher mitgebracht habe. Oh Manuel, Manuel!«

Sie waren in der Auffahrt vor den leeren, gähnenden Fenstern des Hauses stehengeblieben, und sie legte jetzt ihre Arme um seinen Hals, und er konnte ihr nicht länger widerstehen. Er preßte sie fest an sich, sein hungriger Mund suchte den ihren, und sie schwankten wie betrunken in dem scharfen Wind.

Als sie in den Wagen gestiegen waren, umarmten sie sich wieder, sie klammerten sich schweigend aneinander fest, als fürchteten sie, der geringste Luftzug könnte sie trennen, bis sie atemlos hervorstieß: »Schau her, gefällt es dir? Das habe ich gemacht.« Und er schaute sich in dem frisch gestrichenen Inneren des Wagens um, das mit ländlichen Motiven ausgemalt war. Er sah sie überrascht an: »Das hast du gemacht?«

»Ja, ja.« Sie nickte ihm stolz zu. »Und hier, diesen Bettbezug habe ich gehäkelt. Und die Gardinen – ich habe sie genäht und bestickt.« Sie hob den Saum der winzigen Gardine, dann warf sie sich wieder in seine Arme und rief: »Oh, Manuel. Ich mußte jede Stunde ausfüllen, jede Minute, sonst wäre ich verrückt geworden. Nun erzähl du.« Sie senkte ihre Stimme und zog ihn neben sich auf das Bett. »Wie fühlst du dich? Wie – war es dort drinnen?«

Er schüttelte den Kopf und betrachtete ihre Hände, die er zwischen den seinen hielt. »In gewisser Weise war es wie der Tod, weil ich eingeschlossen war, fürchterlich, weil ich den Gedanken daran nicht verbannen konnte. Aber andererseits war es wiederum nicht so schlimm, das Steinebrechen und Segeltuchnähen. Die Arbeit war wie ein Urlaub, verglichen mit dem, was ich vorher getan habe. Aber ich hätte gern dreiundzwanzig Stunden am Tag gearbeitet, nur um nachts ein Stück Himmel über mir zu sehen, nur um dein Gesicht in der freien Luft zu erblicken. Manchmal dachte ich, ich würde verrückt, und wollte ausbrechen, aber dann habe ich mir überlegt, daß sie mich doch einfangen und wieder zurückbringen würden. Deshalb habe ich mich gut geführt, und das hat sich zum Schluß bezahlt gemacht: Man hat mir einen Teil der Strafe erlassen.«

»Oh, mein Liebster.« Sie rieb ihre Wange an seinem Ärmel. »Bist du hungrig?«

»Ich könnte schon einen Bissen vertragen. Ich bin seit acht Uhr heute morgen unterwegs, als sie mich entlassen haben.«

»Oh, Manuel, meinst du, du hast seitdem nichts gehabt?

Paß auf.« Sie sprang auf die Füße. »Bleibe hier, ich komme zurück. Versprich mir, daß du dich nicht rührst.«

»Ich verspreche es dir.« Seine Stimme klang müde, aber er legte seine Arme um ihre Taille und vergrub seinen Kopf zwischen ihren Brüsten, und sie zitterte, während sie ihn hielt. Dann küßte sie ihn sanft. »Leg dich hin, ruhe dich aus, und du wirst in zehn Minuten etwas zu essen bekommen.«

Er legte sich hin und ruhte sich aus, aber während er auf sie wartete, begannen die Worte in seinem Kopf umherzuwirbeln, genauso wie im Gefängnis. Nur mit einem Unterschied. Damals hatten die wirbelnden Worte besagt: »Wird sie mit mir kommen?«, und jetzt besagten sie: »Sie wird mit mir kommen, sie wird mit mir kommen. Niemand kann sie festhalten. Sie weiß, was sie will, sie ist eine Frau, endlich ist sie eine Frau.« Und mit diesem Gedanken fiel er in einen tiefen Schlaf.

Im Cottage stand Annabella wieder Rosina gegenüber. »Gestattest du, daß ich ihm etwas zu essen bringe?« fragte sie gezwungen, und Rosina murmelte, das Gesicht vor innerem Schmerz verzogen: »Oh, Annabella, natürlich.« Dann fügte sie hinzu: »Es tut mir leid – es tut mir leid, aber es ist eben eine lebenslange Angewohnheit.«

»Es ist schon gut, ich verstehe.«

»Du kannst es wahrscheinlich nicht ganz verstehen – aber teile mir doch bitte deine Pläne mit.«

Annabella schwieg einen Augenblick, den Blick geradeaus gerichtet. Sie wollte Rosina nicht verletzen, aber sie durfte nicht mit der Wahrheit hinter dem Berg halten. »Ich gehe morgen früh mit ihm. Wie ich dir schon gesagt habe, wird Mr. Carpenter uns willkommen heißen.«

»Oh, Annabella!« Rosina preßte ihre Finger auf die Lippen, um deren Zittern zu unterdrücken, und ihre Stimme bebte. »Ich – ich hatte große Pläne, ich wollte sie sehr bald mit dir besprechen. Ich – ich habe sie mit Onkel James diskutiert, und sie waren alle zu deinem Vorteil, und – und laß mich –«, sie neigte den Kopf zur Seite, »– laß mich aufrichtig sein, auch in meinem eigenen Interesse. Aber – aber, weißt du, was ich vorhatte, Annabella?«

»Nein – Mama.«

»Ich habe daran gedacht, das Haus – oder zumindest die Hall – in eine Glasfabrik umzubauen. Wie es heißt, geht es in der Branche wieder aufwärts, und du weißt ja, daß man eine Glasfabrik überall errichten kann. Und – und ich habe mir gestern erst das Gebäude noch einmal angeschaut, und ich habe die Möglichkeiten gesehen. Du hast selbst gesagt, daß du nichts zu tun hattest, nichts, was dich interessierte, und ich habe mir gedacht, wenn du bereit bist, in Mr. Carpenters Glasfabrik zu arbeiten, würdest du das vielleicht um so lieber in deinem eigenen Unternehmen tun.«

Annabella blickte in die flehenden Augen. Dann ließ sie selbst langsam die Lider über ihre Augen sinken und murmelte in wirklicher Qual: »Oh, Mama! Oh, Mama!«

»Wirst du – wirst du bleiben und es erwägen?«

Sie hob ihre Lider. »Nein, Mama. Ich danke dir, ich danke dir aus dem Grunde meines Herzens für diese großzügige Geste, aber ich kann nirgendwo bleiben, wo Manuel nicht willkommen ist.«

»Aber, Kind, du mußt verstehen, es liegt nicht nur an mir; die Nachbarschaft, ja die ganze Grafschaft würde Manuel nicht willkommen heißen. Die Situation wäre untragbar, du würdest nicht akzeptiert.«

»Bin ich ohne Manuel akzeptiert worden? Bin ich in den letzten Monaten akzeptiert worden? Wer hat uns besucht, Mama? Sag mir, Mama, wer hat dich besucht, seit ich hier bin? Du sagst, du seist ohne mich sehr einsam gewesen, aber mit mir wärest du noch einsamer, denn niemand von deinen Freunden hat dich ein einziges Mal besucht – oder du sie. Wie viele Einladungen zum Essen hast du bekommen? Nicht eine, seit ich bei dir bin. Wie du selbst sagst, wäre die Situation untragbar.«

»Ich will keine anderen Menschen, Annabella.« Rosinas Stimme war müde und schwer. »Ich will niemanden als dich. Ich habe auch nicht viele Besuche gemacht, bevor das alles passiert ist. Die Menschen draußen interessieren mich nicht. Sie sind mir gleichgültig, aber bei dir ist es anders, denn du bist jung. Du fängst dein Leben gerade erst an. Du bist erst achtzehn Jahre alt, Annabella. Du stehst kaum auf der Schwelle des Lebens. Du hast noch so viele wundervolle Dinge vor dir.«

»Eines davon ist bereits geschehen, Mama. Wenn ich dich nur davon überzeugen könnte, eines ist geschehen. Ich werde nie wieder jemanden begegnen, der wundervoller ist als Manuel. Und Manuel bleibt nicht immer das, was er jetzt ist. Er wird aufsteigen, das weiß ich. Ich wünsche es ihm, nicht meinetwegen. Er begreift sehr schnell. Er hat in einem Zehntel der Zeit Lesen und Schreiben gelernt, die normale Leute brauchen. Wenn es ihm darauf ankommt, wenn sein Interesse geweckt wird, begreift er schnell und mühelos. Oh, da habe ich keine Befürchtungen, Mama, Manuel wird aufsteigen. Aber selbst wenn er es nicht schaffte, würde ihm meine Lieber immer noch so gehören wie heute. Doch jetzt entschuldige mich bitte, ich – ich will ihm etwas zum Essen besorgen.«

Sie zitterte vor Erwartung, als sie sich dem Wagen näherte. Sie war so lange fortgewesen – mehr als eine halbe Stunde. Was sollte er denken? Als sie die Tür öffnete und ihn ausgestreckt daliegen sah, entspannte sie sich, und die Verkrampfung wich aus ihrem Körper. Sie stellte das schwer beladene Tablett ab, ließ sich neben dem Bett auf dem Boden nieder, legte ihren Kopf an die Bettkante und blickte ihn an. So blieb sie sitzen, bis sie selbst beinah einschlief. Vorsichtig stand sie auf, zündete mit einem Streichholz das Feuer an, das in dem kleinen Kamin schon vorbereitet war, und setzte den Teekessel auf.

Als sie den Tisch deckte, regte er sich. Sie drehte sich schnell um, und als er die Augen öffnete, saß sie neben ihm, mit ihren Händen sein Gesicht bedeckend. Er blickte einen Augenblick verwundert zu ihr auf, wie in einem Traum. Endlich legte er seine Arme um sie, zog sie aufs Bett und drückte sie eng an sich. Dann blieb er ganz ruhig liegen, um den Augenblick zu genießen.

In ihrem Körper stieg eine Erregung auf, die jeden Augenblick aus ihr hervorbrechen mußte, aber er sagte leise. »Hast du Tee gemacht?« Ihre Erregung ließ nach. Sie öffnete die Augen und starrte ihn an und flüsterte zärtlich: »Ja, Lieber, ich gieße dir eine Tasse ein. Und dein Essen ist hier. Du mußt sehr hungrig sein.«

»Nein, eigentlich nicht.« Er nahm ihr Gesicht in seine Hände und blickte in ihre Augen. »Ich habe nur auf eines Hunger, aber das kommt – später.« Sie spürte, wie ihr das Blut in's Gesicht schoß, denn während er redete, blickte er tief in ihr Inneres, und seine Augen sprachen eine noch deutlichere Sprache als seine Worte.

Als er sie losließ, stand sie hastig auf und goß den Tee ein. »Ich habe deinen Gürtel sicher aufbewahrt. Er ist unter dem oberen Querbalken des Bettes.« Er entgegnete einfach: »Gut.«

Sie nahm jetzt den Deckel von der Schüssel: »Komm, iß.«

Während er aß, brachte er sie mit einer Bemerkung zum Lachen. »Hase«, sagte er, während er sich einen Bissen in den Mund schob. »Recht gut.« Er nickte wie ein Kenner. Sie fing an zu lachen, und ihr Gelächter steigerte sich, als er fortfuhr: »Aber nicht so gut wie der Kesselflicker-Gulasch.« Er spielte auf den Hasen an, den er gefangen und in der schwarzen Pfanne gebraten hatte, nachdem sie die Farm der Fairbairns verlassen hatten. Auf dem Höhepunkt ihres Gelächters prustete sie: »Das mußt du der Köchin erzählen. Das wird sie amüsieren. Du mußt ihr zeigen, wie du es gemacht hast.«

»Klar, natürlich.« Er lachte mit ihr, aber nicht ganz so laut, und sein Gelächter hatte nichts von Hysterie an sich.

Ihr Gelächter hatte vermutlich das erste Klopfen an der Tür übertönt, und als es wieder klopfte, starrten sie einander an.

Annabella schritt die drei Stufen im Wagen hinunter, öffnete die Tür und erblickte Rosina, die am Fuß der Treppe stand.

»Darf – darf ich eintreten?«

Annabella vermied es, Manuel anzusehen, und erwiderte: »Natürlich, natürlich.« Sie streckte ihre Hand aus und half Rosina die schmalen Stufen hoch.

»Guten Tag, Manuel.«

Manuel erhob sich. »Guten Tag, Madame.«

Einen Augenblick lang herrschte Schweigen, bevor er auf die schmale Bank deutete, auf der er gesessen hatte. »Wollen Sie sich nicht setzen?«

»Danke.« Gemessen ließ sie sich nieder, wobei sie das Vorderteil ihres Kleides zurückschieben mußte, damit es sich nicht über den kleinen Tisch ausbreitete. Sie blickte sie beide nacheinander an und sagte mit ausgesuchter Höflichkeit: »Bitte, bitte, laßt euch nicht bei der Mahlzeit stören.«

Vor wenig mehr als einer Stunde hatte sie gesagt: »Du kannst nicht von mir erwarten, daß ich mit Manuel esse«, aber jetzt erwartete sie, daß Manuel in ihrer Gegenwart aß, und er tat genau das. Er setzte sich hin und verzehrte anscheinend ruhig sein Essen.

Auch Annabella setzte sich hin, aber sie war alles andere als ruhig. Sie suchte nach einem Gesprächsthema, um das peinliche Schweigen zu füllen, das sich über sie gesenkt hatte.

Es war Rosina, die das Schweigen brach. Sie schaute von Annabella auf den Herd und wieder zurück auf Annabella, lächelte dünn und sagte: »Du hast Tee gemacht? Kann ich wohl eine Tasse haben?« Annabella schluckte krampfhaft, öffnete leicht ihren Mund, schloß ihn wieder und stand auf, wobei sie verzweifelt in die Runde blickte. Sie besaßen nur zwei Tassen und Untertassen, und beide waren benutzt. Jetzt nahm sie ihre eigene Tasse und Untertasse vom Tisch, tauchte sie in den Wassereimer neben dem Eingang, trocknete sie und ging damit zum Herd. Unmittelbar bevor sie den Tee eingoß, schaute sie Rosina an. »Ich fürchte, er ist stark.«

»Ich habe nichts gegen starken Tee.« Sie klang genauso wie im Salon.

»Wir haben keine Milch und keine Zitrone.«

Rosina weitete das dünne Lächeln auf ihrem Gesicht ein wenig aus, um zu verbergen, wie sehr sie schwarzen Tee haßte und bekräftigte: »Es macht nichts. Manchmal ziehe ich meinen Tee schwarz vor. Er hat dann die gleiche Wirkung wie Kaffee, nicht wahr?«

»Ja, ja.«

Ein weiteres Schweigen schloß sich an. Es war schrecklich,

dachte Annabella. Sie hatte doch recht. Es wäre unmöglich, daß sie alle drei miteinander lebten. Vielleicht war sie deshalb gekommen, um zu beweisen, wie unmöglich es war. Wenn das ihre Absicht war, hatte sie Erfolg. Annabella schaute in den schwarzen Tee. Sie wußte, daß Rosina nie in ihrem Leben schwarzen Tee getrunken hatte. Sie könnte zum Haus laufen und Milch holen, aber das hieße, sie beide allein zu lassen. Aber vielleicht war es gerade richtig, Manuel mit ihr allein zu lassen. In ihrer Abwesenheit würde Manuel sich vielleicht entspannen und reden, und wenn er redete, wie er es konnte, würde er sogar Rosina bezaubern. Das war eine Chance, und sie ergriff sie. »Ich kann es nicht zulassen, daß du deinen Tee ohne Milch trinkst. Warte, ich laufe zum Cottage und hole etwas Milch.«

Wenn sie einen Protest von Rosina erwartet hatte, so erfolgte er nicht. Statt dessen ließ sich Rosina vernehmen: »Wärest du so lieb? Das ist sehr freundlich, Annabella, obwohl ich ihn auch ohne trinken kann, ziehe ich Milch vor. Oder besser noch, bring mir Zitrone.« Ihr Lächeln wurde beinahe humorvoll, als sie hinzufügte: »Die wirst du beim Laufen nicht verschütten.«

Die verborgene Bedeutung dieser Worte konnte Manuel natürlich nicht erkennen, aber Annabella wußte, daß sie getadelt wurde, weil sie rennen wollte.

Sie blickte Manuel nicht an, als sie aus dem Wagen eilte, aber seine Augen lagen auf ihr, und sie blieben auf der Tür, nachdem sie fort war.

Wieder war es Rosina, die das Schweigen zwischen ihnen brach, während er mit gesenktem Kopf weiter seine Mahlzeit verzehrte. »Ich habe Ihnen nie dafür gedankt, Manuel, daß Sie sich Annabellas angenommen haben.« Langsam legte er Messer und Gabel auf den Teller, und zwar nicht im rechten Winkel, sondern nahe beieinander, wie Annabella es ihm gelehrt hatte. Dann blickte er die Frau an, diese kühle Frau. Aber nein, man konnte ihr Gesicht nicht mehr kalt nennen. Die Augen, die ihn ansahen, hatten einen tief traurigen Ausdruck, den man nur als flehend bezeichnen konnte. Doch ihr Rücken war kerzengerade, ihre Hände lagen gefaltet im Schoß, und ihre ganze Haltung wirkte, als säße sie in einem Salon statt in einem Zigeunerwagen. Während er sie anstarrte, wußte er, daß er ihr nichts als die Wahrheit sagen würde, wie furchteinflößend sie auch aussah. Sie war nicht mehr seine Herrin. Sie hatte keine Macht über ihn. Er fürchtete sich weder vor ihrem Auftreten noch davor, was sie sagen würde. Er erwiderte ruhig: »Sie sind mir nicht dankbar wegen meiner Verbindung mit Annabella, Madame.«

»Für Sie ist die ganze Angelegenheit eine Schande, besonders daß ich sie geheiratet habe. Und wenn es in Ihrer Kraft stünde, würden Sie – wie Mr. Dorcy-Grant gesagt hat – die ganze Sache lösen. «

Der Ausdruck in ihren Augen veränderte sich kaum merklich. Es wirkte, als habe sie einen Stein umgedreht und darunter nicht das erwartete ekelhafte Insekt, sondern ein berührbares Wesen gefunden. Sie murmelte: »Sie haben recht, Manuel, ich kann es nicht abstreiten.«

Wieder herrschte ein kurzes Schweigen, bevor er antwortete: »Sie können sie nicht daran hindern, mit mir zu kommen, das wissen Sie, nicht wahr?«

»Ja, Manuel, ja, das weiß ich. Ich kann sie nicht daran hindern, aber Sie können es.«

Sie starrten einander mit weit aufgerissenen Augen an, bis sie hastig fortfuhr: »Ich suchte diese Gelegenheit, um mit Ihnen zu sprechen. Ich – ich dachte nicht, daß sie sich so leicht ergeben würde, ich meine, daß Annabella hinausging. Sie ist fest entschlossen, mit Ihnen zu kommen, aber ich glaube, und das muß ich Ihnen sagen, daß ihre ganze Reaktion emotional ist. Sie ist noch ein sehr junges Mädchen, Manuel –.«

»Sie ist kein junges Mädchen, sie ist eine Frau.«

Ihre Augenlider flatterten. »Ich hoffe, Manuel«, sagte sie, »daß sie noch ein Mädchen ist.«

Wieder starrten sie einander an, bis er erwiderte: »In dieser Hinsicht, die Sie meinen, Madame, ist sie noch ein junges Mädchen, aber in ihrer Einstellung ist sie eine Frau. Es besteht so wenig Verwandtschaft zwischen ihr und dem jungen Mädchen, das von hier fortgegangen ist, wie zwischen mir und Disraeli, sozusagen.«

»Das mögen Sie denken, Manuel. vielleicht wollen Sie das denken. Es ist nur natürlich, aber die Umwelt, die frühe Umwelt hat einen entscheidenen Einfluß. Annabella ist immer noch das Kind, das ich aufgezogen habe, das junge Mädchen, das ich zur jungen Dame herangebildet habe. Sie ist immer noch das junge Ding, und in Ihrem Herzen wissen Sie es.«

»Was wollen Sie damit sagen? Worauf zielen Sie ab?«

»Ich sage Ihnen, Manuel, es wäre alles anders ohne die Emotion, ohne das Mitleid, ohne die Romantik Ihrer – Ihrer Freilassung aus dem Gefängnis, und ich gebrauche absichtlich das Wort Romantik in Verbindung mit Gefängnis, denn es hat etwas Romantisches an sich, wenn eine Frau darauf wartet, daß der Mann nach seiner Strafe endlich herauskommt, besonders wenn sie der eigentliche Grund war. Ich zeichne Ihnen die Situation mit Annabellas Augen. Vielleicht erkennt sie sie selbst nicht, aber das ist die wahre Situation, und wenn Sie ein wenig darüber nachdenken, werden Sie es bestimmt einsehen.«

Er brauchte nicht darüber nachzudenken, um es einzusehen. Seine Gedanken waren während der vergangenen Monate nur darum gekreist. Aber sie hatte ihn schließlich geheiratet, oder? Aber auch darauf gibt es eine logische Antwort: Sie hatte es nur in der Romantik des Unglücks getan, denn irgendwie schuf ein Unglück, das man teilte, dieses Gefühl, das die Frau ihm gegenüber zu beschreiben versuchte. Ja, er wußte es: das brauchte sie ihm nicht erst zu sagen. Außerdem war es sowieso gleichgültig. Annabella kam mit ihm. Erst die Zukunft würde zeigen, wer recht hatte und wer nicht.

»Würden – würden Sie etwas für mich tun, einen großen Gefallen?«

»Das hängt davon ab, was es ist, Madame.«

»Geben Sie mir eine Woche Gnadenfrist?«

»Eine Woche Gnadenfrist?« Er blickte sie verständnislos an.

»Ich bitte Sie darum, sie noch eine Woche bei mir zu lassen, nur eine Woche, während Sie ohne Erklärung fortgehen,

Sie gehen nur für eine Woche, und wenn sie dann immer noch derselben Meinung ist –.«

»Nein, ich tue es nicht.« Er war aufgestanden. »Sie hat ihre Entscheidung längst getroffen, und eine Woche mehr wird sie nicht umstimmen.«

»Sie sind eben aus dem Gefängnis gekommen, Manuel, Sie sind frei. Ihre Gedanken gelten also nicht mehr einem hinter Mauern eingekerkerten Mann, was sie nach eigenem Eingeständnis gequält hat. Wenn sie jetzt an Sie denkt, dann weiß sie, daß Sie ein freier Mann sind, der hingehen kann, wo er will, und auf keine Weise mehr gebunden ist –.«

»Ich bin bis zu meinem Tode an sie gebunden, ob es Ihnen gefällt oder nicht.«

»Das mag so sein, Manuel.« Sie schwieg einen Augenblick, bevor sie fortfuhr: »Aber glauben Sie, sie wird die gleiche bleiben? Sie ist erst achtzehn. Sie sind achtundzwanzig, wie ich höre. Sie sind innerlich reif. Sie werden sich nicht mehr ändern, aber sie ist immer noch ein beeindruckbares Mädchen – ja, ich wiederhole, ein Mädchen. Wenn sie eine Woche Zeit gehabt hat, um über die Tatsache nachzudenken, daß Sie frei sind und hingehen können, wo Sie wollen, und immer noch der gleichen Meinung ist, dann werde ich Ihnen kein Hindernis mehr in den Weg legen. Ich werde es als –«, sie atmete tief ein, »– als Gottes Willen akzeptieren.«

Er starrte jetzt auf sie hinunter. Es sah aus, als lächelte er, aber der Laut, der aus seiner Kehle drang, hatte nichts mit Lachen zu tun: »Wenn ich über die passenden Worte verfügte, könnte ich alles erklären, was mich bewegt, ich könnte erklären, daß ich Ihren raffinierten Plan durchschaue, aber gegenwärtig ist mein Wortschatz noch beschränkt. Ich kann nur sagen, daß Ihr Plan zu simpel klingt, zu kindisch, um Erfolg zu haben.«

»Nun, wenn Sie so wenig davon halten, sollte es Ihnen nicht schwerfallen, zuzustimmen.«

Allmächtiger Gott! Es sollte ihm nicht schwerfallen! Ihm seine Hochzeitsnacht zum zweiten Male zu stehlen, und das nach all diesen Monaten der Marter, der wahnsinnigen Folter. Er konnte es nicht tun. Er würde es nicht tun. Weder für diese Dame noch für Gott den Allmächtigen. Er war wie betäubt, seine Gedanken schienen auszusetzen, während er sie weiter anstarrte. Dann kehrte sein Bewußtsein zurück, und er sagte zu sich selbst: Aber wenn er es nicht tat, würden die Worte dieser Frau ihn sein ganzes Leben verfolgen, und er würde sich ständig fragen, ob Annabella aus Mitleid und einem romantischen Gefühl mit ihm gekommen war, und romantische Gefühle sterben bekanntlich ab. Und er würde sich fragen, ob sie unter ihrem veränderten Äußeren nach wie vor Miß Annabella Lagrange war, ein Mädchen, das in dem neuen Leben nur schauspielerte. Sie wartete auf seine Antwort, aber er konnte sie nicht mehr geben, da Annabella in den Wagen stürzte, in der einen Hand die Zitrone, in der anderen einen Krug Milch. »Ich habe beides gebracht.« Sie blickte sie ängstlich nacheinander an. Manuels Gesicht war verschlossen und grau, und Rosina sah genauso aus wie vorher, beherrscht und kühl.

Rosina wandte sich zu ihr: »Ich danke dir, Liebes. Ich glaube, ich nehme Milch, nachdem du sie schon gebracht hast.«

Annabella goß den abgestandenen Tee ein und reichte Rosina das Milchkännchen.

Rosina nippte an dem schalen Tee, blickte Annabella an und sagte: »Ich habe Manuel gerade erzählt, daß wir die alte Hall in eine Glasfabrik umbauen wollen, weil es eine Schande wäre, dein Fachwissen zu vergeuden.«

»Oh!« Annabella schaute rasch Manuel an. Sein Gesichtsausdruck hatte sich nicht verändert. Nur seine Augen wurden nach dieser Neuigkeit ein wenig größer. Annabella sah Manuel fragend an: »Das ist ein guter Vorschlag, nicht wahr, Manuel? Wäre es nicht wunderbar, wenn wir zusammen dort arbeiten könnten, in der alten Hall?« Sie redete, als ob sie ihm die Idee schmackhaft machen und ihn überzeugen wollte, daß es besser sei, unter allen Bedingungen hierzubleiben. In ihrem Kopf formte sich schnell ein Plan. Sie könnten im großen Haus wohnen, zumindest in einem Teil, und den Rest konnten sie als Lagerraum benutzen, und sie würden wieder Pferde haben – das würde Manuel gefallen. Ihr Gesicht glühte, als sie mit strahlendem Lächeln von ihm zu

Rosina blickte. Deshalb war ihre Mama zu dem Wagen gekommen, um Manuel diesen Vorschlag zu machen, damit sie ihn jetzt zum Hierbleiben überredete, denn – ja, sie mußte es zugeben – im Grunde ihres Herzens wollte sie Rosina nicht verlassen. Rosina brauchte sie, und wenn sie nur bereit war, ihre Liebe zu teilen, konnte sie so glücklich sein. Sie würde sich an Manuel gewöhnen. Sie würde ihn bald wie einen Sohn liebgewinnen, dessen war sie sicher. Wenn man Manuel kannte, mußte man ihn einfach gern haben.

Rosina trank ihren Tee aus und erhob sich: »Kommst du mit mir zurück, Liebes? Wenn du nämlich morgen früh fort willst, gehst du wahrscheinlich früh, und ich werde dich nicht mehr sehen.« Sie wandte sich an Manuel: »Sie haben doch nichts dagegen?«

Er starrte sie wortlos an. Sie war ein Teufel, ein gerissener, hinterlistiger Teufel von Frau. Nein, sie war kein Teufel, sie glich einer Göttin, die seinen Lebensweg bestimmte. Und wie eine Göttin wußte sie, was in den Köpfen vor sich ging, sie wußte, wie Männer reagierten, Männer seines Schlages. Sie war eine kluge Frau, diese Madame Lagrange. Woran lag es nur, daß sie ihr eigenes Leben schlechter verwaltet hatte als seines?

»Ich bleibe nicht lange, Liebling.« Trotz Rosinas Anwesenheit streckte Annabella ihre Hand aus und griff die Manuels und lächelte ihm zärtlich zu, bevor sie als erste die Stufen hinunterstieg und dann Rosina half. Zum ersten Male seit ihrer Rückkehr hakte sie sich bei Rosina unter, und sie gingen gemeinsam durch den Park, wie sie es früher so oft getan hatten. Manuel sah ihnen schweigend nach.

Rosina hatte den Fußweg zum Cottage hinausgezögert. Sie hatte charmant über ganz gewöhnliche Dinge geredet, und als sie das Haus erreichten, hatte sie Annabella Ratschläge gegeben, was sie mitnehmen solle, und Annabella hatte ein wenig verwirrt gesagt: »Aber, Mama, eben – eben im Wagen hatte ich den Eindruck, du hoffst, daß ich Manuel zum Bleiben überreden kann. Ich – ich meine, falls du die Idee mit dem Glashaus durchführst.«

Rosina wandte ihr Gesicht ab. »Das kommt auf Manuel an,

mein Liebes. Aber ich bezweifle, daß er bleibt. Wir gehen jetzt von der Voraussetzung aus, daß du morgen früh abfährst. Was ist mit diesem kleinen Porzellan-Service?« Sie zeigte auf die Glasvitrine in der Zimmerecke.

»Aber, Mama, das ist Coalport-Porzellan, es könnte zu leicht zerbrechen. Nein, nein, trotzdem vielen Dank, aber ich könnte es nicht mitnehmen. Aber eines möchte ich gern: die blauen Näpfe in der Küche, die mit den Blumen. Weißt du? Davon hätte ich gern einen oder zwei.«

»Nimm sie, mein Liebes. Nimm, was du willst. Und – nun zu den Kleidern. Du kannst sie nicht alle mitnehmen, aber du brauchst eine angemessene Garderobe.«

»Oh, Mama.« Annabella warf ihre Arme um Rosina, legte den Kopf an ihre Schulter und lachte. »Du bist süß, weißt du, du bist so süß, aber ich brauche keine Garderobe, wie du es nennst. Ich werde die meiste Zeit arbeiten, und Mr. Carpenter gibt am Wochenende keine Feste, dessen kann ich dich versichern.«

Rosina reagierte nicht auf diesen Spaß, sondern drückte Annabella nur eng an sich. »Nun, komm mit, wir sortieren aus, was du mitnehmen kannst.« Das Aussortieren dauerte länger, als Annabella angenommen hatte. Dieses und jenes wurde vorgeschlagen und zurückgewiesen. Schließlich entschloß sie sich für vier der einfachsten Kleider, zwei Hemdblusen und Röcke und eine beträchtliche Menge Unterwäsche, dann rief sie aus: »Aber ich kann das alles niemals tragen. Ich gehe Manuel holen, ja, Mama?« Sie sah Rosina bittend an, und Rosina entgegnete mit abgewandtem Kopf: »Ja, ja, tu das, mein Liebes. Wie du sagst, allein kannst du das niemals tragen.« Nachdem sie Rosina noch einmal schnell umarmt hatte, eilte Annabella aus dem Haus, durch den Park und zu der Wiese, wo sie reiten gelernt hatte. Am Gatter blieb sie wie angewurzelt stehen. Der Wagen war verschwunden.

Ihr Kiefer fiel nach unten, sie schaute sich fassungslos um. Dann schrie sie, so laut sie konnte: »Manuel! Manuel!«, sie raffte ihre Röcke, rannte zu den Ställen, weiter zur Auffahrt und zum Haupttor hinunter. Dort blieb sie stehen und sah verzweifelt nach rechts und links in die hereinbrechende Dämmerung. Welchen Weg hatte er eingeschlagen? Welchen Weg? Sie rannte jetzt in die Richtung der Kreuzung, und als sie sie erreichte, waren die beiden Hauptstraßen – die nach Newcastle und die andere nach Jorrow und Shields –, so weit sie in dem Licht sehen konnte, leer. Die Straße ihr gegenüber, eine Abzweigung nach Rosiers Dorf, war ebenfalls leer. Plötzlich sackte sie in sich zusammen, verbarg ihr Gesicht in den Händen und weinte: »Warum, Manuel? Warum?« Statt einer Antwort fiel ihr Rosinas Gesicht wieder ein. Warum war sie zum Wagen gekommen? Was hatte sie Manuel wirklich gesagt? Sie erinnerte sich an seinen Gesichtsausdruck, als sie mit der Milch und Zitrone zurückgekommen war. Er hatte schon seltsam ausgesehen, als er am Nachmittag eingetroffen war, aber diese Fremdartigkeit in seinem Blick, diese angespannte Fremdartigkeit war noch nicht dagewesen, als sie ihre Mahlzeit begonnen hatten. Und diese rührende Szene im Cottage. Die unzähligen Vorschläge, dies oder das mitzunehmen. All das war nur Verzögerungstaktik. Oh, wie konnte sie nur? Wie konnte sie nur?

Wieder rannte sie atemlos die Auffahrt hoch und durch den Park. Aber sie mußte stehenbleiben und Atem holen, bevor sie das Cottage erreichte.

Halb rennend, halb schreiend stürzte sie in das Haus. Rosina war im Salon. Keuchend funkelte Annabella sie an: »Du hast es gewußt! Du wußtest, daß er ging. Du hast ihn fortgeschickt. Was hast du ihm gesagt? Wie konntest du! Aber es wird dir nichts nützen. Ich gehe, ich gehe, um ihn zu suchen.«

»Annabella! Annabella! Sei still. Sei bitte ruhig.«

»Ich kann nicht ruhig sein, ich fühle mich nicht ruhig.«

»Manuel hat es zu deinem Besten getan.«

»Manuel hätte es niemals freiwillig getan. Du hast ihn gezwungen.«

»Ich habe ihn nicht gezwungen. Ich habe ihm einen Vorschlag gemacht.«

»Du – du hast ihm einen Vorschlag gemacht? Dann wußtest du also, daß er ging. Du hast mich absichtlich aufgehalten.«

»Nein, ich wußte nicht, daß er ging. Wie gesagt, habe ich ihm lediglich einen Vorschlag gemacht. Ich hoffte, er würde ihn akzeptieren, aber – aber es ist nicht endgültig. Ich – ich habe ihn gebeten, für eine Woche fortzugehen und dich bei mir zu lassen –.«

»Eine Woche? Mich hierlassen?« Sie war einen Moment lang sprachlos. »Aber ich bin monatelang bei dir gewesen. Was meinst du damit, er sollte mich eine Woche bei dir lassen?«

»Du warst unter einem gewissen Druck bei mir. Er war die ganze Zeit über im Gefängnis. Für dich war er ein Häftling. Jetzt ist er ein freier Mann und kann kommen und gehen, wie er will, und – und all das tun, woran Männer seiner Art normalerweise Spaß haben.«

»Er ist kein freier Mann. Er ist verheiratet – und das mit mir. Ich bin seine Frau; er gehört an meine Seite.« Ihr Stimme brach. »Und ich gehöre an seine Seite. Ich bleibe bei ihm. Manuel braucht mich, ich weiß es. Und was meinst du damit, woran Männer seiner Art –.«

»Kind, wenn du dir nur etwas Zeit läßt, um dich zu beruhigen und die Dinge klar zu sehen, dann wirst du begreifen, daß Manuel nicht mehr im Gefängnis ist. Und du wirst auch begreifen – er hat es bereits –, daß ihr zueinander paßt wie Feuer und Wasser. Trotzdem, falls er nach einer Woche zurückkommen sollte –.«

»*Falls* er zurückkommen sollte? Du weißt, daß er nicht zurückkommen wird. Du hast ihn fortgeschickt. Du hast geredet, wie nur du reden kannst, und du hast ihn eingeschüchtert. Jetzt ist es vorbei. Es ist vorbei.« Sie wandte sich von Rosina ab und flog die Treppe hoch in ihr Zimmer. Sie riß das weiche rosafarbene Wollkleid vom Leib, zog eine Schublade auf und klaubte aus mehreren Schichten Seidenpapier ihr grünes Kordkleid hervor. Sie streifte es gerade über, als Rosina in der Tür erschien und erregt fragte: »Wo gehst du hin?«

»Wo gehe ich wohl hin?« Annabella wandte sich nicht um. »Ich gehe meinen Mann suchen, wo immer er sein mag.«

Rosina schluckte krampfhaft. »Annabella, bitte, bitte hör

mir zu. Sei vernünftig. Du kannst jetzt am Abend nicht fortgehen, und allein.«

»Kann ich das nicht? Ich kann es, und wie.« Sie öffnete den Kleiderschrank und nahm den Mantel heraus, den sie gerettet hatte, als Alice ihn verbrennen wollte. Sie zog ihn an und verschwendete keine weitere Zeit damit, ihre kleinen Besitztümer einzupacken, sondern ging zur Tür. Aber dort versperrte Rosina ihr den Weg und flehte sie an, die Hände fest vor ihrer flachen Brust gefaltet: »Annabella, mein Liebes, mein Liebes, bitte geh nicht. Verlaß mich nicht. Ich brauche dich – du weißt nicht, wie sehr ich dich brauche. Ich habe erst wieder angefangen zu leben, als du zurückkamst. Ich halte es nicht aus, wenn du gehst. Ich kann das Leben ohne dich nicht ertragen. Bitte. Bitte.«

Annabella hätte nie geglaubt, daß sie diese Frau kalt anblicken könnte, aber jetzt tat sie es, und ihre Stimme war eiskalt, als sie sagte: »Genau das gleiche empfinde ich bei Manuel. Ich kann es nicht ertragen, daß er mich verläßt. Ich würde sterben, wenn er mich verließe. Verstehst du jetzt? Und wenn irgend etwas passiert, was mich für immer von ihm trennt, werde ich – werde ich dich hassen. Hast du mich verstanden? Ich werde dich hassen. Läßt du mich jetzt bitte vorbei? Ich bin nicht mehr Miß Annabella Lagrange oder Miß Annabella Connolly, sondern ich bin – mit Manuel oder ohne ihn – seine Frau, Mrs. Manuel Mendoza.«

Einen Augenblick herrschte Totenstille im Raum, dann trat Rosina beiseite und lehnte sich an den Türrahmen. Annabella ging mit steifen Schritten an ihr vorbei die Treppe hinunter, und als Harris zögerte, bevor er ihr die Tür öffnete, schaute sie ihn an. »Oh, Miß Annabella!« war alles, was er sagte, als er langsam den Riegel zurückzog. Annabella ging an ihm vorbei in die schwarze Nacht hinaus.

Sie war jenseits des Tors, als die Tür sich schloß, und einen Augenblick lang durchfuhr sie Panik. Wohin sollte sie gehen? Am Flußufer entlang zu Amy oder wieder zur Kreuzung, in der Hoffnung, daß er auf dem Weg nach Gateshead war, dann nach Low Fell und weiter in der gleichen Richtung nach Darlington?

Aber nein, sie würde zu Amy gehen. Höchstwahrscheinlich hatte er sie besucht, höchstwahrscheinlich. Das hatte er bestimmt nicht versäumt, wo er schon in der Gegend war. Aber es war besser, in der Dunkelheit das Flußufer zu vermeiden, sie könnte zu leicht ins Wasser fallen. Statt dessen wählte sie die Straße.

Sie mußte sich langsam durch den Park tasten, aber als sie die Auffahrt erreichte, begann sie zu laufen, und sie rannte den größten Teil der Strecke über die Hauptstraße bis zu Amys Haus. Und nun hoffte sie gegen alle Einsicht, daß sie dort den Wagen vorfinden würde.

Aus einiger Entfernung sah sie schon den Schein von Amys Lampe. Sie klopfte an die Tür und rief: »Amy! Amy!«

»Guter Gott, Mädchen! Haben Sie mich erschreckt, obwohl ich Sie halb erwartet habe. Treten Sie ein, treten Sie ein.«

»Haben Sie ihn gesehen, Amy?«

»Ja, Mädchen, ich habe ihn gesehen. Setzen Sie sich.«

»Nein, Amy, nein, ich kann nicht. ich kann nicht warten. Wo ist er?«

»Setzen Sie sich, habe ich gesagt.« Sie drückte sie sanft auf einen Stuhl.

»Schöpfen Sie Atem, und hören sie zu.«

»Aber sagen Sie mir erst, wie lange ist er schon fort, ich meine fort von hier? Ich will –.«

»Ich weiß, was Sie wollen, Mädchen. Sie wollen ihn finden, Sie wollen bei ihm sein, hören Sie gut zu. Er ist vor einer knappen Stunde weg von hier, und er hat sich nur wenige Minuten aufgehalten, er wollte kaum absteigen. Er war in furchtbarer Eile, aber ich habe ihn gezwungen, ein Glas Bier zu trinken, und ich habe soviel aus ihm herausgeholt, wie ich konnte. Anscheinend hat man ihm eine Prüfung auferlegt, aber er will nichts damit zu tun haben. Er hat die Nase voll, wissen Sie, Manuel hat die Nase voll. Erst kam die Sache mit Lagrange, und dann Sie. Und Sie waren das größte Problem. Und dann die Monate in Durham, und gerade als er herauskommt, sagt man ihm, er müsse Ihnen mehr Zeit geben, um zu entscheiden, ob sie bei ihm bleiben wollen oder nicht.«

»Aber ich hatte nichts damit zu tun, Amy. Ich wußte nichts davon. Ich war überrascht, fast verrückt, als ich merkte, daß er fort war. Sie hat es ohne mein Wissen getan.«

»Ja, das weiß ich, und er weiß es, aber im hintersten Winkel seiner Seele ist er sich Ihrer noch nicht sicher, deshalb müssen Sie ihn überzeugen, nicht wahr?«

»Ich werde es tun, ich werde es tun, wenn ich nur wüßte, wo er ist. Wissen Sie es, Amy? Wissen Sie es?«

»Ich könnte es mir vorstellen. Aber ich soll Ihnen von ihm ausrichten, Sie möchten nach Hause zurückgehen, und er wird sich nach der Woche seine Antwort bei Ihnen abholen. Aber ich bezweifle, daß er zurückkommt, wenn er so lange warten muß. Je weiter er sich entfernt, desto weiter wird er ziehen. Ich kenne Manuel. Er ist ein seltsamer Mann. Er ist aufrecht und ehrlich, aber seltsam. Er hat seinen eigenen Kodex. Er hat gesagt, er fährt nach Darlington, die ganze Nacht durch. Aber er wollte nicht über die Kreuzung, sondern diese Straße hier entlangfahren, und ich nehme an, er wird die Nacht auf dem Feld des alten Jakob verbringen.«

»Jakobs Feld?«

»Jawohl, Sie nennen es, glaube ich, Glockenblumenwiese, aber das Land gehört dem alten Jakob, einem Farmer aus der Nähe von Pelaw. Es ist zwar nur eine Vermutung, aber ich würde es versuchen. Ich würde diese Laterne nehmen – wie kann man nur in einer solchen Nacht ohne Laterne ausgehen! Weit wären Sie nicht gekommen.«

Als Annabella nicht antwortete, sondern aufstand, fuhr Amy fort: »Es – es ist eine gute halbe Stunde von hier aus die Straße entlang, etwas über eine Meile, würde ich sagen. Wenn Sie ihn nicht finden, kommen Sie hierher zurück. Versprechen Sie mir das?«

»Ja, Amy. Oh, ja, ich komme zurück. Ich könnte sowieso nicht die ganze Nacht durch laufen, aber – aber morgen gehe ich wieder. Ich werde mit dem Zug nach Hexham fahren und von dort weitersuchen.«

»Ja, das könnten sie tun. Aber kommen Sie jetzt, nehmen Sie das.« Sie hob die Laterne auf, die sie gerade angezündet hatte, befeuchtete ihre Fingerspitzen mit der Zunge, zwickte das oberste Ende des Kerzendochts ab und sagte: »Hier, das wird hell genug sein, und wenn Sie innerhalb der nächsten zwei Stunden nicht zurück sind, weiß ich, daß Sie ihn gefunden haben. Aber gehen Sie nicht weiter.«

»Nein, Amy, nein.« Sie beugte sich vor und umarmte die alte Frau. »Danke, liebe Amy, vielen Dank. Ich weiß nicht, was wir ohne Sie getan hätten.«

»Gehen Sie schon. Los, los.« Sie schob sie zur Tür. »Vergessen Sie nicht, ich warte. Seien Sie spätestens in zwei Stunden zurück. Sind Sie warm genug angezogen?«

»Ja, Amy, danke. Auf Wiedersehen.«

»Auf Wiedersehen, Mädchen.«

Sie schritt durch die schwarze Nacht über die Straße, nur die Laterne als Begleitung. Es wehte ein scharfer Wind, die Bäume rauschten und wimmerten, Tiere huschten über ihren Weg, und einmal schrie sie laut auf, als plötzlich ein Schatten – wahrscheinlich ein verirrtes Schaf – vor ihr aufsprang. Trotz ihrer Nervosität hatte sie nicht wirklich Angst. Sie fürchtete nur, daß sie den Wagen nicht auf der Wiese finden würde.

Amy hatte gesagt, es sei etwas weiter als eine Meile. Es war eher etwas weiter als zwei Meilen, aber als das Laternenlicht den Teich neben der Straße beleuchtete, wußte sie, daß die Wiese in der Nähe war. Der Teich war der Grund, warum viele Reisende auf dieser Wiese Station machten. Die Weide war von einer Steinmauer umgeben, mit einer Lücke für die Wagen, und sie hob in dieser Öffnung die Laterne hoch. Ihr Herz hüpfte vor Freude, als sie Dobbie erblickte, unter einem Baum angepflockt und halb verborgen von dem groben Segeltuchdach.

Aus dem Inneren des Wagens kam kein Geräusch, kein Lichtzeichen, nur aus dem kleinen Schornstein quoll grauer Rauch. Sie stieg die Stufen hinauf, öffnete die Tür und hob wieder die Laterne. In ihrem Schein sah sie Manuel, der mit aufgestütztem Ellbogen auf dem Bett lag und sie überrascht ansah:

»Annabella!« Mit einem Sprung war er auf. »Um Gottes Willen, um diese Zeit!«

»Oh, Manuel! Manuel!« Sie stellte die Laterne ab und warf sich schluchzend in seine Arme. »Warum? Oh, wie konntest du mich verlassen? Du solltest doch inzwischen wissen – verstehst du nicht? Immer noch nicht?« Sie legte ihren Kopf in den Nacken und schaute in sein Gesicht hoch, das sich allmählich belebte. Er konnte nur stammeln: »Annabella! Annabella!« Einen Augenblick später bedeckte er ihr Gesicht mit seinen Händen und sagte gepreßt: »Es war Wahnsinn, in der Dunkelheit nach draußen zu gehen.«

»Das ist deine Schuld.« Ihre Stimme bebte immer noch. »Alles mögliche hätte mir auf der Straße zustoßen können, alles mögliche.« Sie schüttelte den Kopf. »Und es wäre deine Schuld gewesen, weil du mich verlassen hast. Als ich zu dem Feld kam, wäre ich beinahe wahnsinnig geworden. Manuel, verstehst du nicht?«

Er starrte sie im trüben Licht der Laterne an. Endlich nickte er langsam und murmelte: »Ja, ja. Jetzt verstehe ich alles, was ich verstehen will.« Und seine Stimme steigerte sich beinahe zu einem Schrei, als er ausrief: »Ja, ich verstehe!« Er riß sie an sich und küßte sie, wie er sie nie zuvor geküßt hatte. Sie begannen in ihrer engen Umarmung zu schwanken und fielen rückwärts aufs Bett. Die ganze Zeit hatte sie immer noch ihren Mantel an. Lachend knöpfte er ihn mit zitternden Händen auf, und als er darunter das grüne Samtkleid mit dem Bierfleck sah, nahm er den Rock in seine Hände und vergrub sein Gesicht darin.

Wie er es sich so oft erträumt hatte, zog er ihr jetzt ein Kleidungsstück nach dem anderen aus. Sie vollzogen die Ehe, wie es nur die Körper zweier Liebenden können, und als es vorbei war, lag sie nicht entspannt in seinen Armen, sondern schluchzte hemmungslos. Er gebrauchte besänftigende Worte, die er nie zuvor gesagt hatte, wie: ›mein Liebling‹, ›mein Liebes‹, ›meine Schöne‹, ›mein Herz‹, und die ganze Zeit über weinte sie. Aber ihr Weinen beunruhigte ihn nicht, weil er wußte, daß manche Frauen so ihrem Glück Ausdruck gaben. Als ihr Weinen aufhörte, lachte sie unsicher und zärtlich, und sie aßen die Überreste seiner Mahlzeit, etwas Brot und Schweinefett, und tranken das Kräuterbier, das Amy im letzten Augenblick in den Wagen gesteckt hatte. Dann liebten sie sich wieder und schliefen bis zur Morgendämmerung.

Die Sonne war gerade über den Horizont gestiegen, als sie Dobbie vor den Wagen spannten. Manuel nahm Annabella in seine Arme, küßte sie fest auf die Lippen und hob sie auf den Sitz. Als er neben sie geklettert war, fuhr er durch die Mauerlücke in die Richtung nach Darlington und Mr. Carpenter.

Während der ersten Meile lachten und scherzten sie. Doch dann wurde Manuel plötzlich still, so still, daß sie sich vorbeugte und in sein Gesicht blickte und fragte: »Was ist los?« Sie fühlte sich ihm jetzt so nahe, daß sie fast in seinen Gedanken lebte. »Macht dich irgend etwas traurig?« fragte sie.

»Ja. Ja.« Er nickte ihr mit ernstem Gesicht zu. »Sie tut mir leid.«

»Mama?«

»Ja, Mam-ma.« Das Wort klang melodisch aus seinem Mund. »Tut sie dir nicht leid?«

»Ja, doch, Manuel.« Sie schaute nach vorn, ihr Gesicht war jetzt ebenfalls ernst. »Sie tut mir sehr, sehr leid. Aber sie hätte uns getrennt, und als ich gestern außer mir war, nachdem ich entdeckt hatte, daß du fort warst, habe ich etwas Schreckliches zu ihr gesagt.«

»So? Was denn?«

»Ich habe ihr gesagt, ich würde sie mein ganzes Leben lang hassen, wenn ich dich nicht fände.«

»Das hättest du nicht sagen sollen.«

»Nein, ich weiß, denn sie war so gut zu mir, aber – aber nur du allein warst wichtig, und es stimmt, wenn sie uns getrennt hätte, hätte ich sie gehaßt.«

»Aber sie hat uns nicht getrennt.« Er nahm die Zügel in eine Hand, legte die andere um ihre Taille und zog sie dicht an sich. Aber sein Gesicht war immer noch ernst, als er sagte: »Für eines muß ich ihr dankbar sein, denn weißt du, wenn wir zusammen dorthin zurückgekommen wären, hätte ich mich deiner nie ganz sicher gefühlt. Ja, das stimmt. Du kannst ruhig deinen Kopf schütteln, es stimmt. Da wäre immer ein Zweifel geblieben. Aber jetzt kann ich sagen, daß weder Mann noch Frau, weder Gott noch Teufel meinen Glauben an dich erschüttern können.«

»Manuel! Oh, mein liebster Manuel.« Sie rieb ihre Wange an seiner Schulter, und als sie an eine Straßenbiegung kamen, zog er an der rechten Zügelleine, worauf Dobbie stehenblieb. Dann wandte das Pferd sich vorsichtig in die entgegengesetzte Richtung, und der Wagen folgte ihm. Sie löste sich von ihm und fragte: »Was hast du vor?«

»Ich fahre zurück; wir fahren zurück.«

»Aber Manuel!«

»Hüh, hüh, Dobbie.« Er hob den Kopf und hielt seine Augen auf einen Punkt zwischen den Ohren des Pferdes gerichtet. »Sie kann mir nichts mehr anhaben. Sie hat keine Macht, uns zu trennen, was immer sie tut. Wo ich hingehe, gehst du hin, das weiß ich, und deshalb kann ich zurückfahren ... Und weißt du was, Mrs. Mendoza?« Er grinste ihr zu. »Ich werde ihre Glasfabrik leiten.«

»Manuel, Manuel.« Sie lachte laut, mit weit geöffnetem Mund.

»Ja, das werde ich tun, Mrs. Mendoza, ich werde ihre Glashütte leiten. Und ich werde noch etwas anderes tun, Mrs. Mendoza.«

»Oh, Manuel, sei still.«

»Nein, ich bin erst still, wenn ich es dir erzählt habe. Und höre mir gut zu, denn du hörst richtig: Ich werde ihr den Hof machen.«

Jetzt produzierte Annabella ein höchst undamenhaftes Quietschen, und Manuel fuhr fort: »Es wird ein schwieriges Unterfangen sein, Mrs. Rosina Lagrange den Hof zu machen. Verglichen damit war es ein Kinderspiel, dir den Hof zu machen. Aber ich werde es tun.« Er wurde wieder ernst, wandte sich zu ihr um und fügte ruhig hinzu: »Sie ist eine einsame Frau, eine verlorene Frau, ohne dich wird sie langsam vor sich hinsterben. Das habe ich gestern gemerkt, als sie ihre letzten Waffen ins Gefecht warf. Ihre Einsamkeit hat mich besiegt. Einsamkeit ist eine furchtbare Geißel der Seele.

Für einen Mann ist es schon schlimm genug, aber viel schlimmer für eine Frau.«

Sie legte wieder den Kopf an seine Schulter und flüsterte mit Tränen in der Stimme: »Wenn ich dich nie zuvor geliebt hätte, Manuel Mendoza, in diesem Augenblick würde ich es tun.«

»Hüh, Dobbie! Hüh! Hüh! Gott gebe deiner Seele den ewigen Frieden, Margee.«

Nancy Thayer

Ein Morgen am Meer

312 Seiten, gebunden mit Schutzumschlag

In »Ein Morgen am Meer« lernen wir Sara Kendall kennen, die freiberuflich für ein Verlagshaus in Boston arbeitet. Die an ihrem Selbstbewußtsein zweifelnde, narzißtische Heldin lebt mit ihrem Mann Steve auf Nantucket. Beide wünschen sich sehnlichst ein Baby, aber Sara wird nicht schwanger. Sie schwankt zwischen Selbstmitleid und Euphorie. Saras Babywunsch wird für sie zur Besessenheit. Sie versucht alles – von Hexenmitteln bis zu Ritualen und letztendlich eine Operation. Nichts hilft. Während sie eine Romanze redigiert, bemerkt sie ein paar Seiten, die thematisch nicht zu dem Manuskript passen. Bei ihrem Versuch, mit der Autorin, Fanny Anderson, Kontakt aufzunehmen, stößt sie auf viele Hindernisse, da diese sehr zurückgezogen lebt. Je mehr sich jedoch die Autorin ihr öffnet, desto mehr verliert Sara den Wunsch, schwanger zu werden. Das Ende bringt für beide ein Happy-End. Sara wird schwanger und Fanny Andersons Buch ein Bestseller. Nancy Thayer beweist mit diesem Roman erneut ihr ungeheures Sprachgefühl und eine große Sensibilität für ihre Protagonisten. Ein echter Thayer-Roman, der seine Leser erfreuen wird.